Die Sara-Trilogie

Esther & Jerry Hicks

Die Sara-Trilogie

Sara und die Eule

Sara und Seth

Sara und das Geheimnis des Glücks

Aus dem Amerikanischen übertragen
von Manfred Miethe und Martina Kempff

Ansata

FSC
www.fsc.org
MIX
Papier aus ver-
antwortungsvollen
Quellen
FSC® C014496

Verlagsgruppe Random House FSC®-N001967

Ansata Verlag
Ansata ist ein Verlag der Verlagsgruppe Random House GmbH.

ISBN 978-3-7787-7519-6

www.ansata-verlag.de
www.facebook.com/Integral.Lotos.Ansata

Inhaltsverzeichnis

Esther & Jerry Hicks

Sara und die Eule

Aus dem Amerikanischen übertragen
von Manfred Miethe

Vorwort

Dies ist nicht nur ein inspiriertes, sondern auch ein inspirierendes Buch über den Weg eines Kindes hin zu grenzenloser Freude. Sara ist ein schüchternes, introvertiertes zehnjähriges Mädchen, das nicht besonders glücklich ist. Sie hat einen nervtötenden Bruder, der sie ständig aufzieht, und grausame Klassenkameraden, die völlig gefühllos zu sein scheinen. Außerdem hat sie absolut kein Interesse an der Schule. Kurz gesagt: Sie steht stellvertretend für viele Kinder von heute. Als ich dieses Buch zum ersten Mal las, war ich von Saras Ähnlichkeit mit meiner zehnjährigen Tochter verblüfft. Sara ist eigentlich eine Mischung aus vielen Kindern.

Sara möchte, dass es ihr gut geht, sie möchte glücklich und liebevoll sein – aber wenn sie sich umschaut, kann sie nicht viel entdecken, was ihr diese Eigenschaften entlocken würde. Das ändert sich, als sie Salomon begegnet, einer weisen alten Eule, die ihr zeigt, wie sie die Welt auch anders, nämlich durch die Augen bedingungsloser Liebe, sehen kann. Salomon bringt Sara bei, wie sie stets in einer Atmosphäre reiner, positiver Energie leben kann. Sara sieht zum ersten Mal, wer sie wirklich ist, und erkennt ihr grenzenloses Potenzial. Die Leser werden schon bald merken, dass dies mehr als eine Kindergeschichte ist. Dieses Buch ist eine Anleitung, mit deren Hilfe wir die Freude und das Glück finden können, die unser Geburtsrecht sind.

Meine ganze Familie hat das Buch gelesen – und seither sind wir nicht mehr dieselben. Mein Mann war wahrscheinlich am stärksten davon berührt. Er sagte, es habe einen so nachdrücklichen Eindruck auf ihn gemacht, dass er die Welt nun mit neuen Augen sehe – so, als ob er sein ganzes Leben lang kurzsichtig gewesen wäre und nun endlich eine Brille bekommen hätte. Alles wird kristallklar.

Ich kann dieses das ganze Leben verwandelnde Buch nicht genug loben. Während die Leser auf Saras Weg zu größerer Erfüllung an ihren Höhen und Tiefen teilhaben, verstehen sie, dass in jedem von uns eine Sara lebt. Wer nur ein einziges Buch in seinem Leben kauft, der sollte sich dieses kaufen. Er wird es nicht bereuen.

Denise Tarsitano

Eindrucksvoll. Magisch. Stärkend.

Sara und die Eule ist die herzerwärmende Geschichte eines Mädchens, das entdeckt, wie man sich selbst ein glückliches Leben erschafft. Und während sie dies tut, lernen auch die Leser etwas. Wie durch Magie werden beide verwandelt.

Die Leser dieses erfrischenden, inspirierenden Buches werden der ihnen innewohnenden Kraft gewahr werden, mit deren Hilfe sie sich das Leben erschaffen können, das sie schon immer führen wollten.

Sara und die Eule ist ein Buch, das man seiner ganzen Familie und all seinen Freunden schenken möchte, weil es tiefe Erkenntnisse über das Leben auf eine Weise vermittelt, die leicht zu verstehen und umzusetzen ist. Der inspirierte Schreibstil der Autoren zieht die Leser in einen Zauberbann, der ihr Leben schon während des Lesens verändern kann. Dies ist nicht im eigentlichen Sinn ein Kinderbuch, denn es ist eine transformierende Geschichte für das Kind in jedem von uns. Eindrucksvoll. Magisch. Stärkend. Ein Muss!

Joe Vitale, Autor von
The Seven Lost Secrets of Success

Dieses wunderbare Büchlein ist ein Kleinod mit einer klaren Botschaft. Seine Lehre fliegt direkt ins Herz hinein und verbindet uns mit der Sara, die in uns allen lebt. Es erzählt eine stille, charmante Geschichte, die manchmal witzig, häufig treffend, aber vor allem von einer wunderbaren Freude erfüllt ist. Es wird sicherlich ein Leitfaden für alle Schüler der Lebenskunst werden.

Audrey Harbur Bershen, Psychotherapeutin

Einleitung

Die Leute wollen lieber unterhalten als informiert werden.« Das war, wenn wir uns recht erinnern, eine Bemerkung des berühmten Verlegers William Randolph Hearst. Wenn das zutrifft, dann scheint die effektivste Methode der Informationsvermittlung – besonders bei Informationen von großem persönlichem Nutzen – darin zu bestehen, auf unterhaltsame Weise zu informieren. *Sara und die Eule* unterhält und informiert. Der Strom tiefer Weisheit und bedingungsloser Liebe – von Saras äußerst unterhaltsamem gefiedertem Mentor behutsam vermittelt – vermischt sich mit den Strömungen von Saras äußerst lehrreichen Erlebnissen mit ihrer Familie, anderen Kindern, Nachbarn und Lehrern, um Ihnen, den Lesern, zu einer neuen Wahrnehmung Ihres natürlichen Zustands zu verhelfen – damit Sie wissen, dass tatsächlich alles gut ist.

Denken Sie darüber nach, wer Sie sind und warum Sie hier sind, während Sie sich überlegen, ob Sie das Buch lesen wollen. Achten Sie dann, nach dem ersten gemütlichen Lesen, darauf, wie weit und wie schnell Sie sich dem genähert haben, was für Sie wichtig ist.

Sie können aufgrund der klareren Perspektiven, die Sie durch das Lesen dieser kurzen, einfachen, nachdenklich machenden Erzählung gewonnen haben, erwarten, dass Sie auf eine neue Ebene der Freude und Erfüllung gehoben werden.

Jerry und Esther Hicks

Teil I
Freunde gleichen Gefieders für alle Ewigkeit

Kapitel 1

Sara runzelte bereits die Stirn, obwohl sie noch im warmen Bett lag. Sie war enttäuscht darüber, dass sie schon aufgewacht war. Draußen war es zwar noch dunkel, aber Sara wusste, dass es Zeit zum Aufstehen war. *Ich hasse diese kurzen Wintertage,* dachte sie. *Am liebsten würde ich im Bett bleiben, bis die Sonne aufgeht.* Sara wusste noch, dass sie etwas geträumt hatte. Es war etwas sehr Schönes gewesen, auch wenn sie sich nicht mehr daran erinnern konnte.

Ich möchte noch nicht wach sein, dachte Sara, während sie versuchte, den Übergang vom angenehmen Traum zum nicht ganz so angenehmen kalten Wintermorgen zu bewältigen. Sie kuschelte sich noch einmal tief in die warme Decke und spitzte die Ohren, um zu hören, ob ihre Mutter wohl schon auf war. Dann zog sie die Decke über den Kopf, schloss die Augen und versuchte sich an den Traum zu erinnern, der so wunderbar gewesen war, dass sie mehr davon wollte.

Wie dumm. Ich muss auf die Toilette. Vielleicht kann

ich es noch eine Weile aushalten, wenn ich ganz ruhig liegen bleibe und mich entspanne. Sara legte sich anders hin und versuchte, das Unvermeidliche hinauszuzögern. Es klappt nicht. Also gut, dann stehe ich eben auf. Wieder so ein Tag. Was soll's.

Sara schlich auf Zehenspitzen den Flur entlang zum Badezimmer und gab Acht, nicht auf die quietschende Stelle im Holzboden zu treten. Dann schloss sie leise die Tür hinter sich. Sie beschloss, nicht sofort zu spülen, damit sie den Luxus, wach und allein zu sein, noch etwas länger genießen konnte. Nur noch fünf Minuten Ruhe, dachte sie.

»Sara? Bist du auf? Komm her und hilf mir!«

»Da kann ich auch genauso gut spülen«, murmelte Sara vor sich hin. Dann rief sie: »Ich bin gleich da!«

Sara verstand nicht, wieso ihre Mutter immer wusste, was jemand gerade machte. Wahrscheinlich hat sie überall Abhörgeräte installiert, vermutete sie. Sie wusste natürlich, dass das nicht stimmte, aber die Lawine negativer Gedanken war bereits losgetreten und durch nichts mehr aufzuhalten.

Ich werde vor dem Zubettgehen einfach nichts mehr trinken. Noch besser: Ich werde ab Mittag nichts mehr trinken. Wenn ich dann aufwache, kann ich einfach im Bett liegen bleiben und in Ruhe nachdenken. Niemand wird wissen, dass ich schon wach bin.

Wie alt man wohl sein muss, um keinen Spaß mehr an seinen eigenen Gedanken zu haben? Ich weiß, dass es passiert, denn die meisten Menschen sind niemals still. Sie können ja wohl kaum ihren eigenen Gedanken zuhören, wenn sie immer reden oder fernsehen. Und wenn sie ins Auto steigen, drehen sie als Erstes das Radio an. Niemand scheint gern allein zu sein. Ständig treffen sie sich, um ins Kino oder zum Tanzen oder zum Fußball zu gehen. Am liebsten würde ich *über alles eine Decke des Schweigens breiten können, damit ich ab und zu meine eigenen Gedanken hören kann. Ob es wohl möglich ist, wach zu sein und nicht vom Krach anderer Leute belästigt zu werden?*

Ich werde einen Klub gründen: Leute gegen andauernden Lärm, LEGAL. Beitrittsbedingungen sind: Man darf andere Menschen mögen, aber man muss nicht unbedingt mit ihnen sprechen. Man darf andere beobachten, aber man muss niemandem erklären, was man gesehen hat. Man muss manchmal allein sein, um seine eigenen Gedanken zu denken. Es ist okay, anderen helfen zu wollen, aber nicht immer und jedes Mal, da Helfen eine Falle sein kann, die alles kaputt macht. Wenn man zu oft hilft, ist es vorbei. Die anderen bombardieren einen dann mit ihren Ideen, sodass man keine Zeit mehr für sich selbst hat. Man muss bereit sein, sich zurückzuhalten und andere zu beobachten, ohne dass sie es merken.

Ob wohl jemand meinem Klub beitreten möchte? Nein, das würde alles verderben! In meinem Klub geht es ja darum, keine Klubs zu brauchen! Es geht darum, dass mein Leben so wichtig und so interessant ist und so viel Spaß macht, dass ich niemanden sonst brauche.

»Sara!«

Sara fuhr zusammen, als ihr bewusst wurde, dass sie vor dem Waschbecken stand und wie blöde den Spiegel anstarrte. Ihre Zahnbürste putzte lustlos in ihrem Mund herum.

»Willst du den ganzen Tag da drin bleiben? Nun mach schon! Wir haben heute viel zu tun!«

Kapitel 2

»Sara, möchtest du etwas sagen?« Sara schrak zusammen, als ihr bewusst wurde, dass Mr. Jorgensen ihren Namen gerufen hatte.

»Ja, also ... ich meine ... wozu?«, stotterte Sara, während die anderen siebenundzwanzig Schüler im Klassenzimmer kicherten.

Sara hatte noch nie verstehen können, warum sie solchen Spaß daran hatten, wenn jemand in Verlegenheit geriet; aber sie amüsierten sich immer darüber und lachten so laut, als ob etwas Witziges passiert wäre. *Was wohl so witzig daran ist, wenn es jemandem schlecht geht?* Sara fiel keine Antwort auf diese Frage ein, aber jetzt war sowieso nicht der richtige Moment, um darüber nachzudenken, denn Mr. Jorgensens Aufmerksamkeit galt noch immer ihr. Ihre Klassenkameraden sahen mit unverhohlener Schadenfreude zu.

»Kannst du die Frage beantworten, Sara?«

Das Lachen wurde lauter. *Hört das denn nie auf?*

»Steh auf, Sara, und gib uns eine Antwort!«

Warum ist er bloß so gemein? Ist das denn so wichtig?
Fünf oder sechs eifrige Hände schossen in die Höhe.
Die Streber der Klasse machten sich einen Spaß daraus,
Sara noch schlechter dastehen zu lassen.
»Nein«, flüsterte Sara und sank auf ihrem Stuhl zusammen.
»Was hast du gesagt, Sara?«, bellte der Lehrer.
»Ich sagte Nein. Ich weiß die Antwort auf die Frage
nicht«, sagte Sara etwas lauter. Aber Mr. Jorgensen war
nicht fertig – noch nicht.
»Wie war meine *Frage*, Sara?«
Saras Gesicht wurde vor Verlegenheit rot. Sie hatte
nicht die geringste Ahnung, worum es ging. Sie war tief
in Gedanken versunken, in ihrer eigenen Welt gewesen.
»Sara, darf ich dir einen Vorschlag machen?«
Sara sah nicht auf, da sie wusste, dass Mr. Jorgensen
weiter bohren würde.
»Ich schlage vor, junge Dame, dass du mehr Zeit damit
zubringst, über die Dinge nachzudenken, die wir hier
behandeln, und weniger damit, aus dem Fenster zu schauen
und deine Zeit mit unsinnigen Träumereien zu vergeuden.
Hast du mich verstanden?« Das Lachen wurde
noch lauter.
Geht die Stunde denn nie zu Ende?
Dann wurde sie endlich von der Pausenklingel erlöst.
Langsam ging Sara nach Hause und sah zu, wie ihre
roten Stiefel im weißen Schnee versanken. Sie war dankbar
dafür, dass es geschneit hatte, dankbar für die Ruhe,
dankbar für die Gelegenheit, nachdenken zu dürfen, während
sie auf dem Heimweg war.
Sara fiel auf, dass das Wasser unter der Brücke an der
Hauptstraße fast vollständig gefroren war. Sie überlegte
sich, ob sie die Böschung hinunterrutschen sollte, um herauszufinden,
wie dick das Eis war. Doch sie entschied sich,
es ein andermal zu tun. Sie konnte das Wasser unter dem

Eis fließen sehen und musste lächeln, als sie daran dachte, wie viele verschiedene Gesichter der Fluss im Lauf eines Jahres hatte. Diese Brücke, die sich über den Fluss spannte, war ihre Lieblingsstation auf dem Heimweg. Hier geschah immer etwas Interessantes.

Hinter der Brücke sah Sara, zum ersten Mal seit sie das Schulgelände verlassen hatte, wieder auf. Sie wurde traurig, als ihr klar wurde, dass ihr kleiner einsamer Spaziergang nach zwei Häuserblöcken enden würde. Sie ging etwas langsamer, um die wiedergewonnene Ruhe auszukosten, dann drehte sie sich um und ging ein Stückchen zurück, um die Brücke noch einmal zu betrachten.

»Also, was soll's?«, seufzte sie leise, während sie später den Kiesweg zum Haus betrat. Auf der Treppe hielt sie kurz inne, um gegen ein großes Stück Eis zu treten, und sie kickte es in den Schnee hinaus. Im Haus zog sie ihre nassen Stiefel aus, schloss die Haustür so leise wie möglich und hängte ihren schweren, durchnässten Mantel auf. Sie war nicht wie die anderen Mitglieder der Familie, die bei der Heimkehr immer ein lautes »Ich bin da!« schmetterten. *Ich wäre am liebsten eine Einsiedlerin*, überlegte Sara, als sie durch das Wohnzimmer in die Küche ging. *Eine stille, glückliche Einsiedlerin, die denkt, redet oder nicht redet und ihren Tag selbst bestimmt. Jawohl!*

Kapitel 3

Das Einzige, was Sara wahrnahm, als sie, alle viere von sich gestreckt, vor ihrem Spind auf dem nassen Boden lag, war ihr Ellenbogen, und der tat so richtig weh. Wenn man hinfällt, ist das immer ein Schock, weil es so schnell geht. Gerade noch war Sara auf den Beinen gewesen und gerannt, um ihren Platz zu erreichen, bevor die Schulglocke zum letzten Mal klingelte, und eine Sekunde später lag sie flach auf dem Rücken – unfähig, sich zu bewegen, völlig verblüfft und voller Schmerzen. Aber das Schlimmste, das einem überhaupt passieren kann, ist, in der Schule hinzufallen, wo einen jeder sehen kann.

Sara sah hoch in ein Meer hämisch grinsender Gesichter, die vor sich hin kicherten oder lauthals loslachten. *Die tun ja so, als ob ihnen das noch nie passiert wäre.*

Als klar war, dass es hier nichts Aufregendes zu sehen gab – keine gebrochenen Knochen, keine blutenden Wunden, kein sich vor Schmerzen krümmendes Opfer –, löste sich der Haufen auf. Saras schreckliche Schulkameraden rannten zurück in ihre Klassen, um sich wieder ihrem eigenen Leben zuzuwenden.

Ein Arm in einem blauen Pullover streckte sich zu Sara hinunter. Eine Hand nahm die ihre, zog sie in eine sitzende Position und eine Mädchenstimme sagte:»Bist du in Ordnung? Möchtest du aufstehen?«

Nein, dachte Sara, *ich möchte mich in Luft auflösen* – aber da das wahrscheinlich sowieso nicht geschehen würde, und da sich die Gaffer inzwischen zerstreut hatten, lächelte sie unsicher und ließ sich von Ellen auf die Beine helfen.

Sara hatte noch nie mit Ellen gesprochen, aber sie hatte sie schon ein paarmal auf dem Flur gesehen. Ellen war zwei Klassen über Sara und erst seit etwa einem Jahr auf dieser Schule.

Sara wusste eigentlich nichts über Ellen, aber das war nicht weiter ungewöhnlich, da die älteren Kinder sich nie mit den Jüngeren abgaben. Es schien in dieser Beziehung ein ungeschriebenes Gesetz zu geben. Aber Ellen lächelte immer freundlich, und obwohl sie anscheinend nicht besonders viele Freunde hatte und immer ziemlich allein war, schien sie vollkommen glücklich zu sein. Deshalb war sie Sara wahrscheinlich auch aufgefallen. Auch Sara war eine Einzelgängerin. Ihr war es so lieber.

»Der Boden ist immer so glatt, wenn es draußen nass ist«, sagte Ellen. »Es wundert mich, dass nicht mehr Leute ausrutschen.«

Sara war immer noch etwas benommen und vor Verlegenheit wie taub. Obwohl sie Ellens Worte nicht richtig wahrnahm, war da doch etwas an deren Verhalten, durch das es Sara schon viel besser ging.

Für Sara war es ungewohnt, etwas Derartiges von einem anderen Menschen zu spüren. Es kam selten vor, dass Sara die Worte eines anderen dem Rückzug in ihre innere Welt vorzog. Es war ein äußerst merkwürdiges Gefühl.

»Danke«, murmelte sie, während sie versuchte, den Schmutz von ihrem Rock abzuwischen.

»Es wird wahrscheinlich gar nicht mehr so schlimm aussehen, wenn es erst einmal getrocknet ist«, sagte Ellen. Und wieder waren es nicht Ellens Worte. Die waren eher normal, ganz alltägliche Worte – es war etwas anderes. Irgendetwas in der Art, wie sie sie sagte.

Ellens ruhige Stimme schien das Gefühl des Unglücks zu lindern, sodass Saras Verlegenheit fast schon verschwunden war und sie sich bereits wieder stärker und besser fühlte.

»Ach, das ist doch egal«, erwiderte sie. »Wir müssen uns beeilen, sonst kommen wir noch zu spät.«

Und als sie mit pochendem Ellenbogen, schmutzigen Kleidern und losen Schnürsenkeln auf ihrem Stuhl saß – das verstrubbelte braune Haar fiel ihr in die Augen –, da fühlte sie sich besser, als dies je zuvor auf diesem Stuhl der Fall gewesen war. Das machte zwar keinen Sinn, war aber trotzdem so.

Saras Heimweg an diesem Tag war anders als sonst. Statt sich in die stille Welt ihrer eigenen Gedanken zurückzuziehen und kaum mehr als ein Stückchen verschneiten Wegs direkt vor sich wahrzunehmen, fühlte sie sich lebendig und hellwach. Am liebsten hätte sie gesungen. Also tat sie es. Ein Liedchen vor sich hin summend, hüpfte sie den Weg entlang und beobachtete die anderen Leute, die in der kleinen Stadt lebten.

Als sie am einzigen Restaurant der Stadt vorbeikam, überlegte sich Sara, ob sie sich dort einen kleinen Imbiss gönnen sollte. Schon oft hatte ein gezuckerter Krapfen oder ein Eis oder auch eine Tüte Pommes frites sie zumindest vorübergehend von den langen, langweiligen Stunden abgelenkt, die sie in der Schule verbracht hatte.

Ich habe noch mein ganzes Taschengeld für diese Woche, dachte Sara, als sie auf dem Bürgersteig vor dem kleinen Lokal stand. Aber sie beschloss, sich nichts zu kaufen, weil ihr die mahnenden Worte ihrer Mutter einfielen: »Verdirb dir bloß nicht den Appetit!«

Sara hatte nie begriffen, was das bedeuten sollte, denn sie hatte immer Appetit, wenn das Essen gut schmeckte. Wenn das Essen allerdings schon nicht gut aussah oder – noch schlimmer – nicht gut roch, dann fiel ihr immer eine Ausrede ein, nichts oder zumindest so wenig wie möglich zu essen. *Mir kommt es eher so vor, als ob jemand anders mir den Appetit verdirbt*, dachte Sara grinsend, während sie den Heimweg fortsetzte. Heute brauchte sie sowieso nichts, denn heute war Saras Welt ausnahmsweise einmal in Ordnung.

Kapitel 4

Sara hielt auf der Brücke an, um nachzusehen, ob das Eis schon dick genug war. Sie entdeckte zwar ein paar Vögel, die auf dem Eis hockten, und im Schnee einige ziemlich große Hundespuren, fand aber doch, dass das Eis wahrscheinlich noch nicht dick genug war, um ihr Gewicht auszuhalten – besonders mit ihrem dicken Mantel, den Stiefeln und der schweren Schultasche. *Ich warte besser noch ein bisschen*, dachte sich Sara, als sie auf den gefrorenen Fluss schaute.

Sie lehnte sich über das rostige Brückengeländer, das ihrer Meinung nach nur zu ihrem persönlichen Vergnügen da war, und da es ihr so gut ging wie schon lange nicht mehr, betrachtete sie ihren wunderbaren Fluss noch eine Weile. Sie ließ ihre Tasche fallen und beugte sich noch weiter über das rostige Metallgeländer hinaus. Dies war Saras allerliebster Lieblingsort auf der ganzen Welt.

Sara musste lächeln, als sie daran dachte, wie das alte Geländer durch Mr. Jacksons mit Heu beladenem Lastwagen in einen perfekten Aussichtsbalkon verwandelt worden war. Er hatte auf der eisglatten Straße eine Vollbremsung gemacht, um Mr. Petersons Dackel Harvey auszuweichen. Monatelang hatten alle in der Stadt über nichts anderes geredet als darüber, wie viel Glück er gehabt hatte, dass er nicht im Fluss gelandet war. Sara staunte immer darüber, dass die Leute alles größer und schlimmer machten, als es tatsächlich war. Wäre Mr. Jacksons Lastwagen tatsächlich in den Fluss gestürzt, dann wäre es etwas anderes gewesen. Oder wenn er in den Fluss gestürzt und ertrunken wäre, dann hätte es wirklich einen Grund für die ganze Aufregung und das viele Gerede gegeben. Aber er war eben nicht hinuntergestürzt. Soweit Sara es beurteilen konnte, war eigentlich überhaupt kein Schaden entstanden. Der Lastwagen war nicht beschädigt, Mr. Jackson hatte nicht gelitten, Harvey war zwar verängstigt und blieb einige Tage zu Hause, aber er war nicht verletzt. *Die Leute machen sich einfach gern Sorgen*, schloss Sara daraus. Sie war überglücklich gewesen, als sie ihren neuen Aussichtsbalkon entdeckt hatte. Die Stahlträger ragten nun über das Wasser hinaus – so perfekt, als ob dies alles nur geschehen sei, um Sara eine Freude zu machen.

Sara beugte sich über das Geländer und sah flussabwärts. Dort konnte sie den großen Baumstamm sehen, der über den Fluss gefallen war. Wieder musste sie lächeln. Das war noch so ein »Unfall«.

Einer der großen Bäume, die das Flussufer säumten, war während eines Wintersturms schwer beschädigt worden. Also beschloss der Bauer, dem das Land gehörte, ein paar freiwillige Helfer zusammenzutrommeln. Sie hatten zuerst alle Zweige entfernt und sich dann darangemacht, den Baum zu fällen. Sara konnte nicht begreifen, was daran so aufregend sein sollte. Schließlich war es einfach ein großer, alter Baum.

Ihr Vater ließ sie nicht nahe genug heran, um genau

30

mitzubekommen, was besprochen wurde. Aber Sara hörte doch, wie jemand sagte, sie hätten Angst wegen der Stromleitungen, die ziemlich nahe vorbeiführten. Dann fingen die schweren Kettensägen wieder an, ihren Lärm zu machen, und Sara konnte nichts mehr hören. Gemeinsam mit fast allen anderen Einwohnern der Stadt schaute sie dem großen Ereignis zu.

Plötzlich waren die Sägen still und Sara hörte, wie jemand rief:»O nein!« Sie erinnerte sich noch daran, wie sie sich die Ohren zugehalten und die Augen ganz fest zusammengekniffen hatte. Als der riesige Baum umfiel, kam es ihr vor, als ob die ganze Stadt erbebte. Als sie dann die Augen öffnete, entfuhr ihr ein Schrei des Entzückens. Sie sah zum ersten Mal die perfekte Baumbrücke, die die Trampelpfade auf beiden Seiten des Flusses miteinander verband.

Sara hing in ihrem metallenen Nest direkt über dem Fluss und atmete tief ein. Sie wollte den wunderbaren Duft des Flusses riechen. Die Gerüche und das stetige Geräusch des fließenden Wassers hielten sie gefangen. *Ich liebe diesen alten Fluss*, dachte Sara, während sie auf ihren großen Baumstamm blickte, der weiter unten den Fluss überspannte.

Sara gefiel es, ihre Arme auszustrecken und so schnell wie möglich über den Baumstamm zu laufen. Sie hatte zwar nie Angst, dachte aber immer daran, dass sie schon beim kleinsten Ausrutscher in den Fluss fallen würde. Und jedes Mal, wenn sie über den Stamm balancierte, hörte sie in Gedanken die mahnende Stimme ihrer Mutter: »Sara, halt dich vom Fluss fern. Du könntest ertrinken!«

Aber Sara schenkte solchen Worten nicht besonders viel Aufmerksamkeit, denn sie wusste etwas, das ihre Mutter nicht wusste: Dass sie nicht ertrinken konnte.

Völlig entspannt und mit der Welt zufrieden, lehnte sich Sara gegen das Brückengeländer und dachte daran

zurück, was vor zwei Jahren auf dem Baumstamm geschehen war. Es war Spätnachmittag gewesen. Sara hatte ihre Hausaufgaben erledigt und war zum Fluss hinuntergegangen. Eine Weile hatte sie sich auf ihrem Brückenbalkon aufgehalten, dann war sie über den Trampelpfad zum Baumstamm gelaufen. Der durch das Schmelzwasser angeschwollene Fluss führte mehr Wasser als üblich, sodass es teilweise sogar über den Baumstamm schwappte. Sara hatte lange überlegt, ob es wirklich eine gute Idee wäre hinüberzugehen. Aber dann war sie, einer plötzlichen Laune folgend, doch auf die Baumbrücke gestiegen. Auf halber Strecke hielt sie einen Moment lang inne und drehte sich seitwärts, sodass beide Füße flussabwärts zeigten. Sie schwankte nur leicht hin und her, bis sie ihr Gleichgewicht und ihren Mut wiedergefunden hatte. Da kam plötzlich wie aus heiterem Himmel Fuzzy, der Köter der Pittfields, über den Stamm gerannt und sprang fröhlich auf Sara zu, sodass sie in das schnell fließende Wasser fiel.

Das wär's dann wohl, hatte Sara noch gedacht. *Jetzt*

werde ich ertrinken, wie es meine Mutter vorausgesehen hat. Aber alles ging viel zu schnell, um lange darüber nachdenken zu können. Sie befand sich plötzlich auf einer erstaunlichen, herrlichen Flusspartie, als sie mit großer Geschwindigkeit auf dem Rücken den Fluss hinuntertrieb. Über sich sah sie den schönsten Anblick, den sie je gesehen hatte.

Sara war schon hundertmal am Flussufer entlanggegangen, aber jetzt war alles anders, denn plötzlich hatte sie eine Aussicht, die sich von allem unterschied, was sie bisher gesehen hatte. Während sie sanft von einem Kissen aus Wasser getragen wurde, konnte sie über sich den blauen Himmel sehen, der von perfekt geformten Bäumen eingerahmt wurde. Mal waren sie mehr, mal weniger üppig, mal dicker und mal dünner. Aber vor allem gab es so viele verschiedene Grüntöne.

Sara merkte nicht einmal, dass das Wasser extrem kalt war. Sie hatte das Gefühl, weich, ruhig und vollkommen sicher auf einem fliegenden Teppich zu liegen.

Einen Augenblick lang schien es, als ob es dunkler würde. Sara, die durch ein dichtes Wäldchen getrieben wurde, konnte den Himmel fast nicht mehr sehen.

»Mann, sind diese Bäume schön!«, rief sie aus. Sie war noch nie so weit flussabwärts gekommen. Die Bäume waren mächtig und wunderschön. Einige ihrer Äste reichten bis ins Wasser hinein.

Und dann sah es so aus, als ob ein netter langer Ast sich zu ihr niedersenkte, um ihr aus dem Wasser herauszuhelfen.

»Danke, Baum«, sagte Sara höflich und zog sich aus dem Fluss. »Das war sehr nett von dir.«

Dann stand sie am Flussufer – verwirrt, aber lebendig wie nie zuvor – und überlegte, wo sie gelandet war.

»Irre!«, murmelte sie, als sie die rote Scheune der Petersons sah. Sie konnte es kaum glauben. Ihr kam es vor, als wären nur ein oder zwei Minuten vergangen, aber sie war über acht Kilometer flussabwärts durch Weide- und Ackerland getrieben worden. Der lange Heimweg machte ihr allerdings überhaupt nichts aus. Dank ihrer neu gefundenen Begeisterung für das Leben lief und hüpfte sie zurück nach Hause.

Dort angekommen, schlüpfte sie so schnell wie möglich aus ihren schmutzigen, durchnässten Kleidern, stopfte sie in die Waschmaschine und ließ sich ein heißes Bad einlaufen. *Es hat keinen Sinn, Mutter einen weiteren Grund zur Sorge zu liefern*, hatte sie gedacht. *Das würde wohl kaum dazu beitragen, dass es ihr besser geht.*

Sie hatte sich ins heiße Wasser gelegt und gelächelt, während sie Blätter, Schmutz und kleine Tierchen aus ihrem braunen Haar gewaschen hatte. In einem war sie sich nun völlig sicher: Sie wusste, dass ihre Mutter unrecht hatte, denn sie – Sara – würde niemals ertrinken.

Kapitel 5

Sara! Warte doch auf mich!« Sara blieb mitten auf der Kreuzung stehen und wartete auf ihren kleinen Bruder, der mit Höchstgeschwindigkeit auf sie zugerannt kam.

»Du musst mitkommen, Sara. Ich muss dir was Tolles zeigen!«

Ja, ja, dachte Sara, als sie an die letzten »tollen« Dinge dachte, von denen Jason ihr erzählt hatte. Zum Beispiel an die Ratte, die er in einer selbst gebauten Falle gefangen hatte und die, wie er erklärt hatte, »vorhin wirklich noch lebte«. Zweimal hatte Jason Sara überredet, in seine Schultasche zu schauen, wo sie erst einen armen kleinen Vogel und dann eine Maus gefunden hatte, die Jason und seinen kleinen Freunden zum Opfer gefallen waren: Sie hatten es kaum erwarten können, die Luftgewehre auszuprobieren, die sie zu Weihnachten bekommen hatten.

Was ist bloß mit Jungens los?, überlegte Sara, während sie auf Jason wartete, der nun etwas langsamer auf sie zukam. *Wieso macht es ihnen bloß Spaß, wehrlose kleine Tiere zu quälen? Ich würde sie gern mal in eine Falle stecken und sehen, wie ihnen das gefällt,* dachte sie weiter. *Ich kann mich noch erinnern, dass Jasons Streiche früher einmal nicht so blutig und manchmal sogar lustig waren, aber in letzter Zeit scheint er immer gemeiner zu werden.*

Sara stand mitten auf der wenig befahrenen Landstraße und wartete, bis Jason sie eingeholt hatte. Sie versuchte, nicht zu grinsen, als sie an den Streich dachte, den Jason einmal seiner Lehrerin gespielt hatte. Er hatte so getan, als ob ihm schlecht sei, und dabei seinen Kopf so auf sein Pult gelegt, dass darunter das braune Gummi-Erbrochene nicht gleich zu sehen war. Als Mrs. Johnson sich besorgt über ihn gebeugt und sein ekliges Geheimnis entdeckt hatte, war sie in Panik aus dem Klassenzimmer gerannt, um den Hausmeister zu suchen, der das Malheur wegwischen sollte. Aber als sie zurückkam, erklärte Jason ihr, dass er sich schon darum gekümmert habe. Mrs. Johnson war so erleichtert, dass sie nicht einmal Fragen stellte. Und Jason durfte nach Hause.

Sara war überrascht, wie leichtgläubig Mrs. Johnson gewesen war. Sie hatte sich anscheinend nicht einmal überlegt, wie das Erbrochene, das ja ganz frisch und dünnflüssig aussah, auf einem abgeschrägten Pult einen so ordentlichen Haufen bilden konnte. Aber Mrs. Johnson hatte natürlich auch nicht so viel Erfahrung mit Jason wie Sara, und wie Sara zugeben musste, hatte Jason auch sie – als sie noch kleiner und dumm war – mehr als einmal hereingelegt. Die Zeiten waren allerdings vorbei, denn nun konnte Jason Sara nichts mehr vormachen.

»Sara!«, rief Jason aufgeregt.

Sara trat einen Schritt zurück. »Jason, du musst mich nicht anbrüllen. Ich stehe doch direkt vor dir!«

»'tschuldigung.« Jason schluckte, während er versuchte, wieder zu Atem zu kommen. »Du musst mitkommen. Salomon ist wieder da!«

»Wer ist denn Salomon?«, fragte Sara und ärgerte sich sogleich über ihre Neugier. Sie hatte sich fest vorgenommen, kein Interesse an Jasons Gefasel zu zeigen. »Salomon. Du weißt schon, Salomon. Der riesige Vogel von Thackers Weg!«

»Ich hab noch nie etwas von einem Riesenvogel an Thackers Weg gehört«, erwiderte Sara und versuchte dabei so gelangweilt wie möglich zu klingen. »Jason, ich habe kein Interesse an deinen blöden Vögeln!«

»Dieser Vogel ist nicht blöd, Sara, er ist riesig. Du solltest ihn mal sehen. Billy sagte, er ist größer als das Auto seines Vaters. Sara, du musst einfach mitkommen. Bitte!«

»Jason, ein Vogel kann nicht größer als ein Auto sein!«

»Kann er wohl! Du kannst ja Billys Vater fragen. Als er nach Hause fuhr, hat er einen Schatten gesehen, der so groß war, dass er dachte, es wäre ein Flugzeug. Er war größer als das Auto. Aber es war kein Flugzeug, Sara. Es war Salomon!«

Sara musste gestehen, dass Jasons Begeisterung ihr allmählich auf die Nerven ging.

»Ein andermal, Jason. Ich muss nach Hause.«

»O Sara, bitte komm doch! Vielleicht kommt Salomon nie wieder. Du musst mitkommen, Sara, du musst einfach.«

Jasons Ausdauer fing an, Sara Sorgen zu machen. Normalerweise war er nicht so hartnäckig. Wenn er merkte, dass er Sara nicht erweichen konnte, gab er auf und hielt sich eine Weile zurück, bis sich eine neue Gelegenheit ergab, sie zu überrumpeln. Er hatte aus Erfahrung gelernt, dass es umso schwieriger wurde, je mehr er versuchte, Sara zu etwas zu bewegen, was sie nicht wollte. Aber dieses Mal war es anders. Jason war auf eine Weise begeistert, die Sara noch nie an ihm gesehen hatte. Und so gab sie zu seiner großen Überraschung und noch größeren Freude nach.

»Also gut, Jason. Wo ist der Riesenvogel?«

»Er heißt Salomon.«

»Woher weißt du seinen Namen?«

»Billys Vater hat ihm den gegeben. Er sagt, es ist eine Eule. Und Eulen sind weise. Daher sollte er Salomon heißen.«

Sara ging etwas schneller, um mit Jason Schritt zu halten. *Er ist wirklich aufgeregt wegen dieses Vogels*, dachte sie. *Merkwürdig.*

»Er ist irgendwo da drinnen«, sagte Jason. »Er lebt dort.«

Sara amüsierte sich häufig über Jasons erstaunliches Selbstvertrauen, besonders dann, wenn sie wusste, dass er überhaupt keine Ahnung hatte, wovon er redete. Aber meistens spielte Sara mit und tat so, als würde sie nichts merken. So war es wesentlich einfacher.

Sie schauten zum kleinen Wäldchen hinüber, das jetzt ganz mit Schnee bedeckt war. Dann gingen sie an einem verfallenden Zaun entlang und folgten einem schmalen Pfad, den ein Hund gebahnt hatte, als er hier vor Kurzem entlanggelaufen war.

Sara ging hier, abseits ihres normalen Schulwegs, im Winter fast nie. Aber im Sommer hatte sie hier schon viele glückliche Stunden verbracht. Während sie jetzt den Pfad entlangging, fielen ihr die vielen vertrauten Ecken und Winkel auf. Es war schön, wieder einmal hier zu sein. *Das Beste an diesem Weg*, dachte Sara, *ist, dass ich ihn meistens ganz für mich allein hatte. Keine vorbeifahrenden Autos, keine Nachbarn. Was für ein stiller Ort! Ich sollte öfters herkommen.*

»Salomon!«, erklang Jasons Stimme und riss Sara aus ihren Gedanken. Sie war nicht darauf gefasst gewesen, dass er so laut brüllen würde.

»Jason, schrei hier nicht so herum. Wenn Salomon hier ist, wird er wohl kaum bleiben, wenn du so laut bist.«

»Er ist da drin, Sara. Ich hab dir doch gesagt, er lebt da. Und wenn er abgehauen wäre, hätten wir es doch gesehen. Er ist wirklich groß, Sara, wirklich!«

Sara und Jason gingen weiter auf das Wäldchen zu und duckten sich unter einem rostigen Drahtgeflecht durch, dem letzten Überbleibsel eines alten Zaunes. Sie gingen langsam und vorsichtig, weil sie nicht wussten, was sich unter dem kniehohen Schnee verbarg.

»Jason, mir wird kalt!«

»Nur noch ein kleines Stück, Sara. Bitte!«

Sara gab mehr aus Neugier als wegen Jasons Drängen nach. »Gut, Jason, noch fünf Minuten.«

Sara schrie auf, als sie plötzlich bis zur Hüfte in einem Bewässerungsgraben versank, der durch den Schnee verdeckt worden war. Der kalte, nasse Schnee drang sofort unter Saras Mantel und Bluse und lag eiskalt auf ihrer Haut. »Jason, das war's. Ich gehe nach Hause!«

Jason war zwar enttäuscht, dass sie Salomon nicht gefunden hatten, aber Saras Verärgerung tröstete ihn ein wenig darüber hinweg. Schließlich gab es nicht viel, das ihm mehr Vergnügen bereitete, als Sara zu ärgern. So lachte er aus vollem Hals, als Sara den Schnee unter ihrer Kleidung hervorschüttelte.

»Das hältst du wohl für witzig, was, Jason? Wahrscheinlich hast du dir die ganze Salomon-Geschichte nur ausgedacht, damit ich erst nass und dann wütend werde!«

Jason lachte weiter, während er Sara vorauslief. Er genoss zwar ihre Verärgerung, aber er hatte auch gelernt, dann einen Sicherheitsabstand zu halten. »Nein, Sara, Salomon gibt es wirklich. Du wirst schon sehen.«

»Ja, ja«, schnappte Sara.

Aber aus irgendeinem Grund wusste sie, dass Jason recht hatte.

Kapitel 6

Sara konnte sich nicht daran erinnern, wann es ihr leicht gefallen war, sich auf den Unterricht zu konzentrieren. *Schule ist mit Sicherheit der langweiligste Ort der Welt*, hatte sie schon vor langer Zeit beschlossen. Aber der heutige Tag war ohne Zweifel der schwierigste Tag, den Sara je erlebt hatte. Sie konnte sich überhaupt nicht auf das konzentrierten, was der Lehrer sagte. Ihr Geist kehrte immer wieder ins Wäldchen zurück. Und sobald die Schulglocke geläutet hatte, stopfte sie ihre Tasche in den Spind und begab sich auf kürzestem Weg dorthin.

»Wahrscheinlich bin ich verrückt«, murmelte Sara vor sich hin, als sie immer tiefer in das Wäldchen eindrang und im tiefen Schnee ihre Spur hinterließ. »Ich suche nach einem blöden Vogel, den es vermutlich nicht einmal gibt. Wenn ich ihn nicht gleich finde, kehre ich wieder um. Ich will nicht, dass Jason erfährt, dass ich hier war oder auch nur das geringste Interesse an diesem Vogel habe.«

Sara blieb stehen und lauschte. Es war so still, dass sie ihren eigenen Atem hörte. Sie konnte kein anderes leben-

41

des Geschöpf sehen – keinen Vogel, nicht einmal ein Eichhörnchen, nichts. Wären da nicht die Spuren gewesen, die Jason, sie und der Hund gestern hinterlassen hatten, so hätte sie gedacht, dass sie das einzige lebende Wesen auf dem ganzen Planeten war.

Es war wirklich ein wunderschöner Wintertag. Die Sonne hatte den ganzen Nachmittag über geschienen, und die oberste Schneeschicht leuchtete nass, während sie vor sich hin schmolz. Normalerweise hätte ein solcher Tag Saras Herz höher schlagen lassen. Was konnte besser sein, als sich allein draußen aufzuhalten und an einem so schönen Tag wie diesem ihren eigenen Gedanken nachzuhängen? Aber Sara war irgendwie genervt. Sie hatte gehofft, Salomon leicht zu finden. Irgendwie hatte der Gedanke an das Wäldchen und an die Möglichkeit, den geheimnisvollen Vogel aufzuspüren, Saras Interesse geweckt. Aber als sie jetzt bis zu den Knien im Schnee stand, kam sie sich dumm vor. »Wo ist denn bloß dieser Vogel? Ach, vergiss es! Ich geh wieder nach Hause!«

Sara stand verärgert mitten im Wäldchen. Sie war wütend und etwas verwirrt. Sie ging denselben Weg zurück, blieb dann aber stehen, um zu überlegen, ob es nicht schneller ginge, wenn sie wie im Sommer die Abkürzung über die Wiese nehmen würde. *Der Fluss ist bestimmt schon zugefroren. Vielleicht kann ich ihn dort überqueren, wo er am schmalsten ist,* dachte Sara, als sie sich wieder unter dem Draht hindurchduckte.

Es überraschte sie, wie orientierungslos sie im Winter war. Immerhin war sie hundertmal über diese Wiese gegangen. Ihr Onkel ließ hier während der Sommermonate sein Pferd weiden. Aber jetzt, wo all die vertrauten Markierungen unter dem Schnee begraben lagen, sah alles so anders aus. Der Fluss war völlig mit Eis bedeckt, das unter mehreren Zentimetern Schnee lag. Sara blieb stehen und versuchte sich zu erinnern, wo die schmalste Stelle war.

Da merkte sie, dass das Eis unter ihr nachgab, und schon lag sie auf dem Rücken und das eiskalte Wasser drang durch ihre Kleider. Sie erinnerte sich an den unfreiwilligen Ausflug, den sie auf diesem Fluss schon einmal unternommen hatte, und einen Augenblick lang überkam sie Panik. Denn dieses Mal würde sie in dem eiskalten Wasser flussabwärts in den sicheren Tod getrieben werden.

Hast du vergessen, dass du nicht ertrinken kannst? Irgendwo über Sara erklang eine freundliche Stimme.

»Wer ist da?«, rief Sara und sah sich um. Sie schaute in die kahlen Baumwipfel hinauf und musste die Augen wegen der blendenden Sonne, die überall vom Schnee reflektiert wurde, zukneifen. *Wer du auch immer sein magst, warum hilfst du mir nicht hier herauszukommen?*, dachte Sara, als sie hilflos auf dem knirschenden Eis lag. Sie hatte Angst, dass das Eis bei der nächsten Bewegung endgültig brechen würde.

Das Eis wird dich tragen. Roll dich auf die Knie und kriech hier herüber, sagte der geheimnisvolle Helfer.

Ohne noch einmal hochzusehen, drehte sich Sara auf den Bauch und kam ganz langsam auf die Knie. Und dann begann sie vorsichtig auf die Stimme zuzukriechen. Sara war nicht in der Stimmung, eine Unterhaltung anzufangen – nicht jetzt. Sie war nass, ihr war kalt und sie war wütend auf sich selbst, dass sie so etwas Dummes getan hatte. Im Moment war sie vor allem daran interessiert, nach Hause zu kommen und ihre Kleider zu wechseln, bevor irgendjemand merkte, dass sie wieder einmal pitschnass war.

»Ich muss weg«, sagte sie und blinzelte gegen die Sonne in die Richtung, aus der die Stimme gekommen war. Fröstelnd und ärgerlich über ihre Idee, den dummen Fluss zu überqueren, verfolgte sie ihre eigene Spur zurück. Und plötzlich ging ihr ein Licht auf. »He, woher wusstest du, dass ich nicht ertrinken kann?« Aber sie erhielt keine Antwort.

»Wo bist du? He, wo bist du?«, rief sie aus.

Da schwang sich der größte Vogel, den Sara je gesehen hatte, von einer Baumspitze hinauf in die Lüfte, kreiste über dem Wäldchen und den Wiesen und verschwand in Richtung der untergehenden Sonne.

Sara stand mit offenem Mund da und blinzelte. *Salomon*.

Kapitel 7

Als Sara am nächsten Morgen aufwachte, verkroch sie sich wie gewöhnlich wieder unter der Decke und bereitete sich so auf den neuen Tag vor. Dann fiel ihr Salomon wieder ein. *Salomon, dachte sie, habe ich dich wirklich gesehen oder habe ich das alles nur geträumt?* Aber als sie langsam wacher wurde, erinnerte sie sich daran, dass sie nach der Schule zum Wäldchen gegangen war, um Salomon zu suchen, und dass das Eis unter ihr eingebrochen war. *Nein, Salomon, du bist kein Traum. Jason hatte recht. Es gibt dich wirklich.*

Sara zuckte zusammen, als sie daran dachte, wie Jason und Billy auf der Suche nach Salomon brüllend durch das Wäldchen gerannt waren. Da überwältigte sie dieses unangenehme Gefühl – wie schon so oft, wenn sie daran dachte, wie Jason in ihre Welt eindrang. *Ich werde es weder Jason noch sonst jemandem erzählen. Es bleibt mein Geheimnis.*

Sara bemühte sich den ganzen Tag, im Unterricht aufzupassen. Aber ihre Gedanken wanderten zurück zum schneebedeckten Wäldchen und zu diesem riesigen, magischen Vogel. *Hat Salomon tatsächlich mit mir geredet?* fragte sie sich. *Oder habe ich es mir nur eingebildet? Vielleicht war ich durch den Sturz etwas durcheinander? Vielleicht war ich ja bewusstlos und habe es nur geträumt? Oder sollte es wirklich geschehen sein?* Sara konnte es kaum erwarten, wieder zum Wäldchen zu laufen, um herauszufinden, ob es Salomon nun wirklich gab.

Als die Schulglocke endlich läutete, ging Sara zuerst einmal zu ihrem Spind, um dort wieder ihre Bücher zu verstauen. Ihre Tasche stopfte sie auch noch hinein. Heute geschah es zum zweiten Mal, dass Sara ihre Bücher nicht heimschleppte. Sie hatte nämlich entdeckt, dass eine Ladung Bücher auf dem Rücken sie vor den neugierigen Klassenkameraden schützte. Irgendwie stellten Bücher einen Schutz gegen die Aufdringlichkeiten kindischer Störenfriede dar. Heute wollte Sara nicht durch das unnötige Gewicht ihrer Bücher aufgehalten werden. Wie der Blitz schoss sie zur Tür hinaus und machte sich in Richtung Thackers Weg auf.

Kaum hatte sie die asphaltierte Straße hinter sich gelassen und war auf Thackers Weg eingebogen, da sah sie – für alle sichtbar – eine sehr große Eule auf einem Zaunpfosten sitzen. Fast schien es, als ob sie auf Sara warten würde. Sara war überrascht, dass sie Salomon so leicht gefunden hatte. Schließlich hatte sie ja einige Zeit damit zugebracht, den geheimnisvollen Vogel zu suchen – und nun saß er einfach da, als ob er schon immer da gewesen wäre.

Sara wusste nicht so recht, wie sie sich Salomon gegenüber verhalten sollte. *Was mach ich bloß?*, dachte sie. *Ich kann doch nicht einfach zu einer Eule hingehen und sagen:»Hallo, wie geht es dir?«*

46

Hallo, wie geht es dir?, sagte die Eule zu Sara. Sara machte unwillkürlich einen Schritt zurück, woraufhin Salomon herzhaft lachte. *Ich wollte dich nicht erschrecken, Sara. Wie geht es dir?*

»Gut, danke. Ich bin einfach nicht daran gewöhnt, mit Eulen zu reden, das ist alles.«

Wie schade, sagte Salomon. *Einige meiner besten Freunde sind Eulen.*

Jetzt musste Sara lachen. »Salomon, du bist echt witzig.«

Salomon, so so, sagte die Eule. *Salomon ist ein schöner Name. Ich glaube, er gefällt mir.*

Sara wurde vor Verlegenheit ganz rot. Sie hatte vergessen, dass sie einander ja nicht vorgestellt worden waren. Jason hatte ihr gesagt, der Name der Eule sei Salomon. Aber den Namen hatte Billys Vater ausgesucht.

»Oh, es tut mir leid«, entschuldigte sich Sara. »Ich hätte dich nach deinem Namen fragen sollen.«

Na ja, ich hab noch nie darüber nachgedacht, antwortete die Eule. *Aber Salomon ist wirklich ein schöner Name. Er gefällt mir.*

»Was meinst du damit, du hast noch nie darüber nachgedacht? Heißt das, dass du keinen Namen hast?«

Nein, eigentlich nicht, erwiderte die Eule.

Sara traute ihren Ohren nicht. »Wie kann man denn keinen Namen haben?«

Also weißt du, Sara, nur die Menschen brauchen Namen, um Dinge zu begreifen. Wir scheinen einfach zu wissen, wer wir sind, und Namen sind uns nicht so besonders wichtig. Aber ich mag den Namen Salomon wirklich. Und da du daran gewöhnt bist, andere mit Namen anzusprechen, wird er mir gute Dienste leisten. Ja, ich mag den Namen: Salomon. So soll es sein.

Salomon schien mit seinem neuen Namen so zufrieden zu sein, dass Saras Verlegenheit schwand. Name hin

oder her, auf jeden Fall war es schön, sich mit diesem Vogel zu unterhalten.

»Salomon, meinst du, ich soll den anderen von dir erzählen?«

Vielleicht. Wenn die Zeit gekommen ist.

»Aber du findest, ich sollte das Geheimnis im Moment für mich behalten, oder?«

Das ist wohl erst einmal am besten. Bis du genau weißt, was du ihnen eigentlich sagen willst.

»Oh ja, wahrscheinlich würde es sich ziemlich blöd anhören. ›Ich hab eine Eule als Freund und sie bewegt beim Reden ihre Lippen nicht.‹«

Ich sollte dich wohl darauf hinweisen, Sara, dass Eulen keine Lippen haben.

Sara lachte. Was für ein witziger Vogel! »Ach, Salomon, du weißt schon, was ich meine. Wie kannst du sprechen, ohne deinen Schnabel zu benutzen? Und wieso habe ich nie davon gehört, dass irgendjemand sonst mit dir geredet hätte?«

Niemand hat mich je gehört. Du hörst nicht meine Stimme, Sara. Du empfängst meine Gedanken.

»Das verstehe ich nicht. Ich kann dich doch hören.«

Nun, es scheint so, als ob du mich hören könntest, und tatsächlich tust du das auch, aber nicht mit deinen Ohren. Nicht auf die Art und Weise, wie du andere hörst.

Sara zog ihren Schal enger um ihren Hals und ihre Pudelmütze fest über die Ohren, weil sie plötzlich ein kalter Windstoß erfasst hatte.

Bald wird es dunkel, Sara. Du kannst mich morgen wieder besuchen. Denk darüber nach, was ich gesagt habe. Wenn du heute Nacht träumst, dann achte darauf, dass du sehen kannst. Obwohl deine Augen fest geschlossen sind, kannst du in deinen Träumen sehen. Wenn du also deine Augen nicht brauchst, um zu sehen, brauchst du auch die Ohren nicht, um zu hören.

Bevor Sara erwidern konnte, dass Träume nichts mit dem wirklichen Leben zu tun haben, verabschiedete sich Salomon. *Auf Wiedersehen, Sara. Ist es nicht ein wunderschöner Tag?* Und damit erhob er sich in die Luft und mit ein paar kräftigen Flügelschlägen war er hoch über dem Wäldchen, seinem Pfosten und seiner kleinen Freundin.

Salomon, dachte Sara, *du bist ja riesig!*

Sie dachte an Jasons Worte: »Er ist riesig, Sara, du musst einfach mitkommen!« Während sie durch den

49

Schnee nach Hause stapfte, fiel ihr ein, wie Jason sie zum Wäldchen gelockt hatte und dabei so aufgeregt vorausgerannt war, dass sie kaum hatte Schritt halten können. *Komisch*, dachte Sara, *es war ihm so wichtig, dass ich mir diesen Riesenvogel anschaue, und nun hat er seit drei Tagen kein Wort darüber verloren. Erstaunlich, dass er und Billy nicht jeden Tag hier sind, um nach Salomon zu suchen. Es kommt mir fast vor, als hätte Jason diesen großen Vogel einfach vergessen. Ich muss das nächste Mal unbedingt Salomon danach fragen.*

Im Laufe der nächsten Tage dachte Sara noch häufig daran, dass sie Salomon das eine oder andere fragen müsste. Sie steckte sogar ein kleines Notizbuch in ihre Manteltasche, damit sie sich Ideen aufschreiben konnte, über die sie mit ihm reden wollte.

Es schien, als gäbe es nie genug Zeit, um sich mit Salomon über all die Dinge, die sie von ihm wissen wollte, zu unterhalten. Schließlich hatte sie nach der Schule nur etwa eine halbe Stunde Zeit, um so rechtzeitig zu Hause zu sein, dass sie noch ihre Hausaufgaben erledigen konnte, bevor ihre Mutter heimkam.

Es ist ungerecht, dachte Sara immer häufiger, *ich verbringe den ganzen Tag mit langweiligen Lehrern, die nicht einmal einen Bruchteil so klug sind wie Salomon, und habe dann nur eine halbe Stunde für den klügsten Lehrer, den ich jemals hatte. Na ja, Lehrer? Mein Lehrer ist eine Eule!* Sara musste selbst darüber lachen.

»Ich muss Salomon danach fragen.«

Kapitel 8

S alomon, bist du ein Lehrer?«
Das bin ich, Sara.
»Aber du redest nicht über Dinge, über die echte Lehrer ... ich meine, *andere* Lehrer reden. Also, du redest über Dinge, die mich interessieren. Du redest über superinteressante Sachen.«
Sara, eigentlich rede ich nur über das, worüber auch du redest. Nur wenn du eine Frage stellst, hat die Antwort, die ich dir gebe, einen Wert für dich. Die vielen Antworten, die gegeben werden, ohne dass jemand eine Frage gestellt hat, sind reine Zeitverschwendung. Weder Schüler noch Lehrer haben etwas davon.
Sara dachte darüber nach und sie erkannte, dass Salomon eigentlich nichts sagte, wenn sie nicht etwas fragte.
»Moment mal, Salomon. Ich erinnere mich, dass du etwas gesagt hast, ohne dass ich etwas gefragt hätte.«
Und was war das, Sara?
»Du hast gesagt: ›Hast du vergessen, dass du nicht ertrinken kannst?‹ Das war das Erste, was du zu mir gesagt

hast, Salomon. Ich hatte nichts gefragt. Ich lag auf dem Eis und habe kein Wort gesagt.«

Dann sieht es wohl ganz so aus, als ob Salomon nicht der Einzige wäre, der reden kann, ohne dabei die Lippen zu bewegen.

»Was meinst du damit?«

Du hast gefragt, Sara, wenn auch nicht mit Worten. Fragen werden nicht immer ausgesprochen.

»Das ist aber komisch, Salomon. Wie soll man denn etwas fragen, wenn man nicht den Mund aufmacht?«

Indem du deine Frage denkst. Viele Wesen verständigen sich durch Gedanken. Eigentlich verständigen sich mehr Wesen durch Gedanken als mit Worten. Die Menschen sind die Einzigen, die Worte benutzen. Denk mal darüber nach.

Weißt duuuuu, Sara, ich bin ein weiiiiiiiser alter Lehrer, der schon vor langer Zeit gelernt hat, dass es Zeitverschwendung ist, einer Schülerin Informationen zu geben, nach denen sie nicht gefragt hat.

Sara musste lachen, weil Salomon die Aussprache der Wörter »weise« und »du« dermaßen übertrieben hatte. *Ich mag diesen verrückten Vogel*, dachte sie.

Ich mag dich auch, Sara, antwortete Salomon.

Sara wurde rot, weil sie schon wieder vergessen hatte, dass Salomon ihre Gedanken hören konnte.

Und dann erhob sich Salomon ohne ein weiteres Wort mit kräftigen Flügelschlägen in den Himmel und war bald darauf nicht mehr zu sehen.

Kapitel 9

Ich wünschte, ich könnte fliegen – so wie du, Salomon.«
Warum Sara? Warum würdest du gern fliegen?
»Ach, Salomon, es ist so langweilig, immer nur auf der Erde herumzugehen. Es ist so langsam. Man braucht ewig, um irgendwo hinzukommen, und man kann auch nicht viel sehen. Nur die Dinge, die sich hier unten auf der Erde befinden. Wie langweilig!«
Sara, es kommt mir vor, als hättest du meine Frage nicht beantwortet.
»Hab ich aber, Salomon. Ich sagte, ich würde gern fliegen, weil …«
Weil du nicht auf der langweiligen Erde herumlaufen wolltest. Aber du hast mir nicht gesagt, warum du fliegen möchtest. Du hast nur gesagt, warum du nicht nicht fliegen möchtest.
»Das ist etwas anderes?«
Aber ja, Sara. Etwas völlig anderes. Versuch es noch einmal.
Sara war zwar überrascht, dass Salomon plötzlich

beschlossen hatte, so kleinlich zu sein, aber sie setzte noch einmal an. »Also gut. Ich möchte fliegen, weil Gehen nicht besonders viel Spaß macht und weil man hier auf der Erde nur langsam vorankommt.«

Sara, merkst du, dass du immer noch darüber redest, was du nicht möchtest und warum du es nicht möchtest? Versuch es noch einmal.

»Okay. Ich möchte fliegen, weil ... Ich verstehe es nicht, Salomon. Was soll ich denn sagen?«

Ich möchte, dass du mir sagst, was du möchtest, Sara.

»Ich möchte fliegen!«, schrie Sara, die von Salomons Begriffsstutzigkeit mittlerweile ziemlich genervt war. *Sag mir jetzt, warum du fliegen möchtest, Sara. Wie wäre es wohl? Wie würde es sich anfühlen? Mach es wirklich für mich. Erklär mir mal, wie es sich anfühlen würde zu fliegen. Ich möchte nicht von dir hören, wie es auf der Erde ist oder wie es ist, nicht zu fliegen. Ich möchte, dass du mir erzählst, wie es ist zu fliegen.*

Sara schloss die Augen, weil sie allmählich anfing zu begreifen, worauf Salomon hinauswollte. Dann versuchte sie es noch einmal. »Fliegen fühlt sich so frei an, Salomon. So wie Schweben, nur schneller.«

Was würdest du sehen, wenn du fliegen könntest?

»Ich würde unter mir die ganze Stadt sehen. Ich könnte die Hauptstraße sehen und die Autos und die Fußgänger. Ich könnte den Fluss sehen und meine Schule.«

Wie fühlt es sich an zu fliegen, Sara? Beschreib das Gefühl des Fliegens.

Sara hielt mit geschlossenen Augen inne und stellte sich vor, dass sie hoch über ihre Stadt flog. »Es würde solchen Spaß machen, Salomon. Fliegen muss doch einfach Spaß machen. Ich könnte so schnell wie der Wind dahingleiten. Ich würde mich so frei fühlen. Es fühlt sich so gut an, Salomon!« Sara erzählte weiter, völlig in ihrer Vorstellungskraft aufgehend. Und plötzlich spürte Sara dieselbe Kraft, die sie in Salomons Flügeln gespürt hatte, wenn er sich Tag für Tag von seinem Pfosten in die Luft erhoben hatte. Sie spürte ein erhebendes Gefühl in sich, das ihr den Atem raubte. Ihr Körper schien einen Augenblick lang tonnenschwer gewesen zu sein, um dann im nächsten vollkommen schwerelos zu werden. Und dann flog Sara.

»Salomon!«, schrie Sara vor Freude. »Schau nur, ich fliege!«

Salomon flog neben ihr her, und gemeinsam kreisten sie hoch über Saras Stadt: über der Stadt, in der Sara geboren worden war; der Stadt, die sie Zentimeter um Zentimeter zu Fuß erkundet hatte; der Stadt, die sie jetzt aus einem Blickwinkel sah, den sie nie für möglich gehalten hätte.

»Irre! Salomon, das ist ja toll! O Salomon, ich liebe es!«

Salomon lächelte und genoss Saras überschwängliche Begeisterung.

»Wohin fliegen wir, Salomon?«

Wohin du willst.

»Ist ja irre!«, entfuhr es Sara, die auf die ruhige, kleine Stadt hinunterschaute. Noch nie hatte sie so schön ausgesehen.

Sara hatte die Stadt zwar schon einmal aus der Luft gesehen, als ihr Onkel sie und ihre Familie in seinem kleinen Propellerflugzeug mitgenommen hatte. Aber sie hatte damals nicht viel sehen können. Die Fenster waren ziemlich hoch, und jedes Mal, wenn sie sich auf den Sitz gekniet hatte, um besser sehen zu können, hatte ihr Vater gesagt, sie solle sich besser wieder hinsetzen und sich anschnallen. An dem Tag hatte sie nicht besonders viel Spaß gehabt.

Aber dieses Mal war es anders. Sie konnte alles sehen,

jede Straße und jedes Gebäude der Stadt. Sie konnte die kleinen Geschäfte an der Hauptstraße erkennen: Hoyts Gemischtwarenladen, Petes Drogerie und die Post. Sie konnte sehen, wie sich ihr schöner Fluss durch die Stadt schlängelte. Ein paar Autos fuhren umher und eine Handvoll Leute ging spazieren.

»O Salomon«, sagte Sara atemlos, »das ist das Allerbeste, was mir je passiert ist. Lass uns zu meiner Schule fliegen. Ich will dir zeigen, wo ich den ganzen Tag binnnnnnn …« Saras Stimme verlor sich, während sie auf ihre Schule zuraste.

»Von hier oben sieht die Schule ganz anders aus!« Sara
war überrascht, wie groß das Gebäude wirkte. Das Dach
schien endlos zu sein. »Irre!«, rief Sara aus. »Können wir
näher heran oder müssen wir hier oben bleiben?«

Du kannst tun, was du willst, Sara.

Sara kreischte wieder vor Vergnügen auf, stieß dann
über dem Spielplatz nach unten und schwebte langsam
an ihrem Klassenzimmerfenster vorbei. »Ist ja toll! Schau
nur, Salomon! Da ist mein Pult und da ist Mr. Jorgensen.«

Sara und Salomon kreisten von einem Ende der Stadt
zum anderen, stießen fast bis zum Boden hinunter und
stiegen dann wieder hinauf, bis sie beinahe die Wolken
berührten. »Schau nur, Salomon. Da sind Jason und Billy!«

»He Jason, schau mal! Ich kann fliegen!«, rief Sara.
Aber Jason hörte sie nicht. »He Jason!«, brüllte Sara noch
einmal – und noch lauter. »Schau mal! Ich fliege!«

Jason kann dich nicht hören, Sara.

»Warum denn nicht? Ich kann ihn doch hören.«

Es ist noch zu früh für Jason. Er hat noch nicht darum gebeten. Aber er wird es tun. Wenn die Zeit reif ist.

Jetzt begriff Sara, warum Jason und Billy Salomon noch nicht entdeckt hatten. »Dich können sie auch nicht sehen, oder, Salomon?«

Sara war froh, dass Jason und Billy Salomon nicht sehen konnten. *Sie würden nur stören, wenn sie es könnten,* dachte sie.

Sara konnte sich nicht daran erinnern, jemals so viel Spaß gehabt zu haben. Sie erhob sich hoch in die Lüfte – so hoch, dass die Autos auf der Hauptstraße wie winzige Ameisen aussahen. Und dann stieß sie ohne jede Anstrengung weit hinunter – bis knapp oberhalb des Bodens – und kreischte vor Vergnügen, wenn sie sich ihrer unglaublichen Geschwindigkeit bewusst wurde. Sie flog so tief über den Fluss, dass ihr Gesicht ganz dicht über dem Wasser war und sie den süßen, moosartigen Geruch wahrnehmen konnte. Sie flog unter der Brücke hindurch und stieg auf der anderen Seite wieder hoch empor. Salomon passte sich ihrer Geschwindigkeit perfekt an, als ob er das schon hundertmal getan hätte.

So schwebten sie scheinbar stundenlang umher. Plötzlich – mit demselben mächtigen Zischen, das Sara nach oben katapultiert hatte – war sie wieder in ihrem Körper und auf der Erde.

Sara war so aufgeregt, dass sie Mühe hatte, wieder zu Atem zu kommen. Dies war wirklich das absolut herausragendste Erlebnis ihres Lebens gewesen. »Ach, Salomon, das war so wunderbar!«, rief sie. Es kam ihr vor, als seien sie stundenlang geflogen.

»Wie spät ist es?«, fragte sie und schaute ängstlich auf die Uhr. Sie war sich sicher, dass sie wegen der Verspätung zu Hause Ärger bekommen würde. Aber die Uhr zeigte an, dass nur ein paar Sekunden vergangen waren.

»Salomon, weißt du, dass du ein wirklich seltsames Leben führst? Nichts ist so, wie es sein soll.«
Was meinst du damit, Sara?
»Na ja, wir können über der ganzen Stadt herumfliegen und es vergeht überhaupt keine Zeit. Findest du das etwa nicht merkwürdig? Und dass ich dich sehen und mit dir reden kann, dass Jason und Billy dich aber weder sehen noch mit dir reden können: Findest du das denn nicht merkwürdig?«
Wenn sie es sich stark genug wünschen würden, könnten sie es auch. Oder wenn mein Wunsch stark genug wäre, könnte ich ihren Wunsch beeinflussen.
»Was meinst du damit?«
Es war doch ihre Begeisterung für etwas, das sie noch nicht einmal gesehen hatten, die dich zum Wäldchen brachte. Sie war ein sehr wichtiger Faktor, damit wir uns begegnen konnten.
»Vermutlich hast du recht.« Sara wollte eigentlich nicht zugeben, dass ihr kleiner Bruder ihr zu diesem außergewöhnlichen Erlebnis verholfen hatte. Es war ihr angenehmer, ihn als ewigen Störenfried zu betrachten. Aber als Schlüssel zu dieser unglaublichen Erfahrung? Das schien nun doch etwas zu weit zu gehen – zumindest im Moment.
Also, Sara, was hast du heute gelernt? Salomon lächelte sie an.
»Hab ich gelernt, dass ich über die ganze Stadt fliegen kann, ohne dass Zeit vergeht?«, fragte Sara vorsichtig. Ob es das war, was Salomon hören wollte? »Ich habe gelernt, dass Jason und Billy mich nicht hören oder sehen können, wenn ich fliege, weil sie zu jung oder noch nicht so weit sind. Ich habe gelernt, dass es da oben überhaupt nicht kalt ist, wenn man fliegt.«
Das ist alles schön und gut und wir können später darüber reden. Aber ist dir aufgefallen, Sara, dass du

nicht das bekommen konntest, was du wolltest, solange du darüber geredet hast, was du nicht *wolltest? Aber als du anfingst, darüber zu reden, was du wolltest – und was noch wichtiger ist, als du fühlen konntest, was du wolltest –, da bekamst du es augenblicklich.*

Sara war still und versuchte sich zu erinnern. Aber es fiel ihr nicht leicht, sich an irgendetwas zu erinnern, das sie vor dem Flug gedacht oder gefühlt hatte. Sie wollte lieber nur an den Flug selbst denken.

Sara, denk so oft wie möglich darüber nach. Und übe es so oft wie möglich.

»Du möchtest, dass ich das Fliegen übe? Gut!«

Nicht nur fliegen, Sara. Ich möchte, dass du übst, an das zu denken, was du möchtest und warum du es möchtest, bis du es wirklich fühlen kannst. Das ist das Wichtigste, das du von mir lernen wirst, Sara. Viel Spaß dabei.

Und damit war Salomon auf und davon.

Das ist der beste Tag meines ganzen Lebens, dachte Sara. *Heute hab ich fliegen gelernt!*

Kapitel 10

He Muttersöhnchen, machst du noch ins Bett?«
Sara wurde wütend, als sie zusehen musste, wie die anderen sich über Donald lustig machten. Da sie zu schüchtern war, um sich einzumischen, schaute sie weg und tat so, als ob sie nichts gesehen hätte.
»Die halten sich für so schlau«, murmelte sie leise vor sich hin. »Dabei sind sie einfach nur gemein!«

Zwei coole Jungen aus ihrer Klasse, die immer zusammensteckten, machten sich über Donald lustig, einen Neuen, der erst seit ein paar Tagen in ihrer Klasse war. Seine Familie war gerade in die Stadt gezogen und hat-

te ein heruntergekommenes Haus am Ende von Saras Straße gemietet. Da das Haus monatelang leer gestanden hatte, war Saras Mutter froh, dass endlich jemand eingezogen war. Sara war der klapprige Lastwagen aufgefallen, den die Familie entladen hatte. Sie hatte sich gefragt, ob die paar alten Möbel alles waren, was sie besaßen.

Es war schon schwer genug, neu in der Stadt zu sein und niemanden zu kennen, aber dass jetzt auch noch diese Rowdys auf ihm herumhackten, das war einfach zu viel. Als Sara zusah, wie Lynn und Tommy Donald wehtaten, traten ihr die Tränen in die Augen. Sie musste an das Gelächter von gestern denken, als Donald gebeten worden war, sich seinen neuen Klassenkameraden vorzustellen. Er war aufgestanden und hatte sich dabei an eine Bleistiftschachtel aus knallrotem Plastik geklammert. Sara fand auch, dass das nicht gerade die coolste Vorstellung gewesen war. Die Schachtel hätte wohl eher zu jemandem im Alter ihres Bruders gepasst, aber sicherlich hatte Donald nicht solchen Spott verdient.

Sara erkannte, dass dies ein entscheidender Moment für Donald gewesen war. Hätte er anders mit der Situation umgehen können, dann wäre er vielleicht einfach dagestanden, hätte gegrinst und sich nichts daraus gemacht, was die idiotische Klasse von ihm dachte. Dann wäre wahrscheinlich alles ganz anders gelaufen. Doch Donald war die Situation nicht nur peinlich, sondern er fürchtete sich auch. So sank er wieder auf seinen Stuhl zurück und biss sich auf die Lippen. Der Lehrer hatte die Klasse zwar ermahnt, aber das schien niemanden zu beeindrucken. Die Klasse interessierte sich nicht dafür, was Mr. Jorgensen von ihr hielt, aber Donald war es sicherlich wichtig, was die Klasse von ihm hielt.

Als er gestern aus dem Klassenzimmer gegangen war, hatte Sara beobachtet, dass er seine knallrote Bleistiftschachtel in den Mülleimer neben der Tür geworfen hatte. Sobald er außer Sichtweite war, hatte Sara die unpassende Schachtel herausgefischt und in ihre Schultasche gesteckt. Sara sah zu, wie Tommy und Lynn den Flur hinuntergingen. Dann hörte sie, wie sie die Treppe hinunterpolterten. Donald stand vor seinem Spind. Er stand einfach da und starrte hinein, als ob dort drinnen etwas wäre, das ihm weiter helfen würde, oder als ob er am liebsten hineingekrochen wäre, um sich vor der Welt verstecken zu können. Sara wurde übel. Sie wusste nicht, was sie tun sollte, aber sie wollte etwas tun, damit es Donald besser ging. Nachdem sie den Flur hinuntergeschaut hatte, um sicherzugehen, dass die Rowdys wirklich fort waren, nahm sie die rote Schachtel aus ihrer Tasche und ging zu Donald hinüber, der sich angestrengt mit seinen Büchern befasste, damit es so aussah, als ob ihm das alles überhaupt nichts ausmachte.

»Hallo Donald, ich hab gesehen, wie du sie gestern fallen gelassen hast«, sagte Sara zu ihm. »Ich finde sie toll. Du solltest sie behalten.«

»Nein, ich will sie nicht!«, schnappte Donald.

Erschreckt machte Sara einen Schritt zurück und versuchte ihre Fassung wiederzugewinnen.

»Wenn du sie so toll findest, dann behalt du sie doch!«, schrie Donald sie an.

Sara, die hoffte, dass niemand diesen peinlichen Vorfall gesehen hatte, stopfte die Schachtel schnell in ihre Tasche. Dann machte sie sich schleunigst auf den Heimweg.

»Warum kann ich mich bloß nicht aus solchen Sachen heraushalten?«, schalt sie sich selbst. »Wann werde ich das endlich lernen?«

Kapitel 11

S alomon, warum sind die Leute so gemein?«
Sind denn wirklich alle Menschen gemein, Sara?
Das war mir noch gar nicht aufgefallen.

»Na ja, vielleicht nicht alle, aber die meisten schon. Ich verstehe nur nicht, warum. Wenn ich gemein bin, fühle ich mich schrecklich.«

Wann bist du gemein, Sara?

»Meistens, wenn jemand anders zuerst gemein war. Ich glaube, ich werde dann gemein, um es ihm heimzuzahlen.«

Hilft das?

»Ja«, antwortete Sara kleinlaut.

Und wie, Sara? Fühlst du dich besser, wenn du es ihnen heimzahlst? Ändert das etwas oder kannst du dadurch ihre Gemeinheit ungeschehen machen?

»Wahrscheinlich nicht.«

Nach meinen Erfahrungen setzt das nur noch mehr Gemeinheit in die Welt. Es ist so, als würdest du ein Glied in ihrer Kette des Schmerzes werden. Erst lei-

den sie, dann leidest du und dann trägst du dazu bei,
dass jemand anders leidet und so weiter.

»Aber wer hat denn mit dieser schrecklichen Kette des
Schmerzes angefangen?«

Es spielt eigentlich keine Rolle, wie das alles angefangen hat. Wichtig ist, was du damit machst, wenn sie dich erreicht. Worum geht es hier, Sara? Warum bist du Teil der Kette des Schmerzes geworden?

Sara, der speiübel war, erzählte Salomon von Donald,
dem Neuen, und von seinem ersten Schultag. Sie sprach
von den Angebern, die immer etwas zu finden schienen,
mit dem sie Donald aufziehen konnten. Sie erzählte auch
von dem Vorfall, der sich gerade erst im Flur abgespielt
hatte. Und als sie beim Berichten diese Vorfälle noch einmal durchlebte, spürte sie, wie in ihr wieder die Wut hoch-
kam. Als sich eine Träne aus ihrem Auge stahl und ihr
die Wange hinunterlief, wischte sie sie wütend mit dem
Ärmel weg. Sara war verstört darüber, dass sie schniefte
und schluchzte, statt sich wie sonst angeregt mit Salomon
zu unterhalten. So sollte es bei Salomon überhaupt nicht
sein.

Die Eule war lange Zeit still, während chaotische Gedanken durch Saras Kopf schossen. Sie spürte, dass Salomon sie aus seinen großen liebevollen Augen beobachtete, aber es war ihr überhaupt nicht peinlich. Fast schien es, als ob Salomon etwas aus ihr herauslocken wollte.

Also, klar ist, was ich nicht will, dachte Sara. *Ich möchte mich nicht so fühlen. Besonders dann nicht, wenn ich mit Salomon rede.*

Sehr gut, Sara. Du hast gerade ganz bewusst den ersten Schritt gemacht, um die Kette des Schmerzes zu durchbrechen. Du hast ganz bewusst erkannt, was du nicht willst.

»Und das ist gut?«, staunte Sara. »Ich fühle mich aber gar nicht gut!«

Das liegt daran, dass du nur den ersten Schritt gemacht hast, Sara. Es gibt noch drei weitere.

»Was ist der nächste Schritt, Salomon?«

Also, Sara, es ist nicht schwer herauszufinden, was du nicht willst. Stimmst du mir zu?

»Ja, wahrscheinlich schon. Also, meistens weiß ich das schon.«

Woher weißt du, dass du an etwas denkst, das du nicht willst?

»Ich weiß es einfach irgendwie.«

Du weißt es, weil du dann etwas Bestimmtes fühlst, Sara. Wenn du über etwas sprichst oder an etwas denkst, das du nicht willst, nimmst du immer ein negatives Gefühl wahr – Wut, Enttäuschung, Verlegenheit, Schuld oder Angst. Dir geht es nicht gut, wenn du an etwas denkst, das du nicht willst.

Sara dachte an die vergangenen Tage, in denen sie mehr negative Gefühle gehabt hatte als sonst. »Du hast recht, Salomon«, sagte sie. »Ich habe das in der letzten Woche oft gespürt, wenn ich gesehen habe, wie die fiesen Typen auf Donald herumhackten. Seit ich dir begegnet bin, bin ich so glücklich gewesen. Und dann wurde ich so wütend, weil sie Donald fertig machten. Ich kann jetzt sehen, dass meine Gefühle etwas damit zu tun haben, was ich denke.«

Gut, Sara. Dann wollen wir jetzt über den zweiten Schritt reden. Wenn du weißt, was du nicht willst, sollte es dann nicht einfach sein herauszufinden, was du willst?

»Also ...«, begann Sara, die verstehen wollte, aber nicht sicher war, worauf das alles hinauslief.

Wenn du krank bist, was möchtest du dann?

»Ich möchte gesund werden«, antwortete Sara spontan.

Wenn du nicht genug Geld hast, um dir etwas zu kaufen, das du haben möchtest, was wünschst du dir dann?

»Mehr Geld«, kam die Antwort.

Siehst du, Sara, das ist der zweite Schritt, um die Kette des Schmerzes zu zerbrechen. Schritt eins ist die Erkenntnis dessen, was du nicht willst. Schritt zwei besteht darin, dich zu entscheiden, was du willst.

»Also, das ist ja einfach.« Sara ging es allmählich besser.

Der dritte Schritt ist der wichtigste, Sara. Diesen kennen die meisten Menschen nicht. Schritt drei lautet: Sobald du erkannt hast, was du möchtest, musst du es wirklich fühlen. Du musst darüber sprechen, warum du es willst; beschreiben, wie es wäre, es zu haben; es erklären; so tun, als ob du es hättest oder dich an etwas Ähnliches erinnern. Auf jeden Fall musst du so lange daran denken, bis du es fühlst. Beschäftige dich so lange mit dem, was du möchtest, bis du ein Gefühl des Wohlbehagens verspürst.

Sara traute ihren Ohren nicht. Salomon ermutigte sie doch tatsächlich, ihre Zeit damit zu verbringen, sich Dinge vorzustellen. Deshalb hatte sie ja schon mehr als einmal Ärger gehabt. Es schien, als ob Salomon ihr das genaue Gegenteil von dem erzählte, was ihr die Lehrer in der Schule beizubringen versuchten. Aber sie hatte gelernt, Salomon zu vertrauen. Und sie war auf jeden Fall bereit, etwas Neues auszuprobieren. Was ihr die Lehrer erzählt hatten, funktionierte ja offensichtlich nicht.

»Warum ist der dritte Schritt der wichtigste, Salomon?«

Weil du erst dann wirklich etwas veränderst, wenn du deine Gefühle verändert hast. Sonst bleibst du ein Glied in der Kette des Schmerzes. Aber wenn du deine Gefühle veränderst, bist du ein Glied in einer anderen Kette – man könnte sagen, in Salomons Kette.

»Wie heißt denn deine Kette, Salomon?«

Eigentlich habe ich ihr keinen Namen gegeben. Man muss sie fühlen. Aber man könnte sie Kette der Freude nennen oder Kette des Wohlbefindens. Die Glückskette. Es ist eine ganz natürliche Kette, Sara. Das ist es, was wir wirklich sind.

»Aber wenn sie so natürlich ist, wenn sie das ist, was wir alle sind, warum fühlen sich dann nicht mehr Menschen öfter gut?«

Die Menschen wollen, dass es ihnen gut geht, und die meisten Menschen wollen auch sehr gern gut sein. Und das ist gerade Teil des Problems.

»Was soll das heißen? Wie kann es ein Problem sein, wenn man gut sein möchte?«

Also, Sara, die Leute möchten gut sein. Daher schauen sie sich an, wie andere Leute leben, um herauszufinden, was gut ist. Sie schauen sich die Verhältnisse an, in denen sie leben, und dann sehen sie Dinge, die sie für gut halten, und Dinge, die sie für schlecht halten.

»Und das soll schlecht sein? Was soll denn daran schlecht sein, Salomon?«

Mir ist aufgefallen, dass die meisten Menschen nicht darauf achten, wie sie sich fühlen, wenn sie sich die Verhältnisse – gut oder schlecht – anschauen. Und da läuft die Sache aus dem Ruder. Statt sich bewusst zu sein, dass sich das, was sie sich anschauen, auf sie auswirkt, achten sie auf ihrer Suche nach dem Guten immer auf das Schlechte und versuchen es wegzudrängen. Das Problem dabei ist einfach, dass sie Glieder in der Kette des Schmerzes geworden sind, wenn sie immer das ablehnen, was sie für schlecht halten. Die Menschen sind mehr daran interessiert, sich die Verhältnisse anzuschauen, sie zu analysieren und zu vergleichen, als darauf zu achten, wie sie sich dabei fühlen. Und häufig ziehen sie die Verhältnisse wieder in die Kette des Schmerzes hinein.

Sara, denk einmal an die letzten Tage. Versuch dich an deine stärksten Gefühle zu erinnern. Was war geschehen, als es dir in der letzten Woche so schlecht ging, Sara?

»Ich fühlte mich furchtbar, als Tommy und Lynn sich über Donald lustig machten. Mir ging es schrecklich, als die Kinder Donald ausgelacht haben. Aber am schlimmsten fühlte ich mich, als Donald mich anschrie. Dabei habe ich doch nur versucht, ihm zu helfen, Salomon.«

Gut, Sara. Lass uns darüber reden. Was hast du getan, als du dich so mies gefühlt hast?

»Ich weiß nicht, Salomon. Eigentlich habe ich gar nichts getan. Ich hab wohl die meiste Zeit zugeschaut.«

Das ist genau richtig, Sara. Du hast die Situation beobachtet. Aber die Situationen, die du beobachtest, sind genau diejenigen, die dich dazu bringen, ein Glied in der Kette des Schmerzes zu werden.

»Aber Salomon«, erwiderte Sara, »wie soll man denn das, was falsch ist, nicht sehen? Und wie soll man sich denn nicht schlecht fühlen, wenn man es sieht?«

Eine sehr gute Frage, Sara. Ich verspreche dir, dass ich sie dir ausführlich beantworten werde, wenn die Zeit gekommen ist. Ich weiß, dass es nicht einfach ist, dies alles auf einmal zu verstehen. Der Grund, warum es zuerst schwierig ist, es zu verstehen, ist einfach der, dass man dir beigebracht hat, etwas außerhalb deiner selbst zu beobachten – dass man dir aber nicht beigebracht hat, zu beobachten, wie du dich dabei fühlst. Folglich bestimmen äußere Situationen und Verhältnisse dein Leben. Wenn du etwas Gutes siehst, reagierst du darauf mit einem guten Gefühl, und wenn du etwas Schlechtes siehst, reagierst du darauf mit einem schlechten Gefühl. Weil Dinge außerhalb von euch selbst euer Leben bestimmen, sind viele von euch so frustriert. Deshalb werden auch weiterhin so viele Menschen Glieder in der Kette des Schmerzes werden.

»Wie kann ich denn aus der Kette ausbrechen, damit ich auch anderen helfen kann auszusteigen?«

Nun, Sara, dafür gibt es viele Möglichkeiten. Aber die, die mir am besten gefällt, weil sie am schnellsten funktioniert, ist die: Denke Gedanken der Anerkennung und Dankbarkeit.

»Anerkennung und Dankbarkeit?«

Ja, Sara. Konzentriere dich auf irgendetwas oder irgendjemanden und finde die Gedanken, durch die es dir am allerbesten geht. Erkenne andere Menschen oder Situationen so gut wie möglich an, würdige sie, lerne sie schätzen, sei ihnen dankbar, erkenne das Gute in ihnen. Das ist die beste Möglichkeit, ein Glied in der Kette der Freude zu werden.

Weißt du noch, was der erste Schritt ist?

»Zu erkennen, was ich *nicht* will«, antwortete Sara wie aus der Pistole geschossen. Das hatte sie begriffen.

Und der zweite Schritt?

»Zu erkennen, was ich will.«

71

Sehr gut, Sara. Und der dritte Schritt?

»Ach Salomon, das hab ich vergessen«, jammerte Sara, die wegen ihres schlechten Gedächtnisses von sich selbst enttäuscht war.

Der dritte Schritt besteht darin, das Gefühl zu finden, das zu dem passt, was du willst. So lange darüber zu reden, bis du fühlst, dass du es bereits hast.

»Salomon, du hast mir noch nicht gesagt, was der vierte Schritt ist«, fiel Sara plötzlich ein.

Ah ja, der vierte Schritt ist der beste, Sara. Jetzt

bekommst du nämlich, was du möchtest. Schritt vier ist die sogenannte physische Manifestation deines Wunsches. *Viel Spaß dabei, Sara, und streng dich nicht zu sehr dabei an.* *Übe einfach Anerkennung und Dankbarkeit. Das ist der Schlüssel. Jetzt solltest du besser gehen. Morgen können wir weiter darüber reden.*

Anerkennung und Dankbarkeit. Sara dachte darüber nach. *Ich werde versuchen, an Dinge zu denken, die ich würdigen kann.* Als Erstes fiel Sara ihr kleiner Bruder Jason ein. *Junge, das wird nicht einfach*, dachte sie, als sie Salomons Wäldchen verließ.

Fang mit etwas Leichterem an!, rief Salomon ihr noch zu, als er sich von seinem Zaunpfosten emporschwang.

»Ja, gut.« Sara musste lachen. *Ich mag dich, Salomon*, dachte sie dann.

Ich mag dich auch, Sara. Sie konnte Salomons Stimme deutlich hören, obwohl er bereits außer Sicht war.

Kapitel 12

Etwas Leichtes, dachte Sara. *Ich möchte für etwas Leichtes dankbar sein.*

Schon von Weitem konnte sie den Hund des Nachbarn im Schnee herumtoben sehen. Er sprang umher und wälzte sich auf dem Rücken. Es war offensichtlich, dass er sich seines Lebens freute.

Brownie, du bist immer so ein fröhlicher Hund. Das schätze ich wirklich an dir, dachte Sara, die noch weit von ihm entfernt war. Im selben Moment kam Brownie auf sie zugerannt, als ob sie sein Frauchen wäre und ihn gerufen hätte. Erst sprang er schwanzwedelnd zweimal

um sie herum, dann legte der große langhaarige Hund seine Pfoten auf Saras Schultern und schubste sie um, sodass sie rücklings auf einem Schneehaufen landete, den der Schneepflug ein paar Tage zuvor aufgetürmt hatte. Brownie leckte ihr mit seiner warmen Zunge das Gesicht. Sara musste so lachen, dass sie kaum aufstehen konnte.

»Du magst mich also auch, Brownie?«

In der Nacht zuvor hatte sie im Bett gelegen und über alles nachgedacht, was in der letzten Woche geschehen war. *Ich komme mir vor, als ob ich Achterbahn gefahren wäre. Ich habe mich so gut wie noch nie gefühlt und so schlecht wie noch nie, und das alles innerhalb einer einzigen Woche. Ich liebe die Gespräche mit Salomon und ... oh, wie ich das Fliegen mochte. Aber ich war auch so wütend. Es ist alles äußerst merkwürdig.*

Denke Gedanken der Anerkennung und Dankbarkeit. Sara hätte schwören können, dass sie Salomons Stimme in ihrem Zimmer gehört hatte.

»Das ist unmöglich«, beschloss sie. »Ich hab mich nur daran erinnert, was er gesagt hat.« Und damit rollte sie sich auf die Seite, um nachzudenken. *Für dieses warme Bett bin ich wirklich dankbar*, dachte sie, als sie die Decke bis über die Schultern zog. *Und für mein Kissen. Mein weiches, kuscheliges Kissen. Dafür bin ich auch dankbar*, dachte sie und umarmte es und drückte ihr Gesicht hinein. *Ich schätze meine Mutter und meinen Vater. Und ... und auch Jason.*

Ich weiß nicht, dachte Sara. *Irgendwie kann ich nicht das richtige Gefühl finden. Vielleicht bin ich einfach zu müde. Ich werde morgen daran arbeiten.* Und mit diesem Gedanken schlief Sara ein.

»Ich fliege wieder! Ich fliege wieder!«, rief sie, als sie hoch über ihrem Haus kreiste. *Vielleicht ist fliegen nicht das richtige Wort dafür*, dachte sie dann. *Es ist eher wie schweben. Ich kann hin, wohin ich will.*

Ohne jede Anstrengung und nur indem sie sich vorstellte, wo sie sein wollte, schoss Sara durch den Himmel. Ab und zu hielt sie an, um etwas in Augenschein zu nehmen, das ihr vorher noch nie aufgefallen war. Manchmal stieß sie fast bis auf die Erde hinunter, um sich dann nur noch höher und immer höher emporzuschwingen. Sie fand heraus, dass sie nur einen Zeh nach unten zu strecken brauchte, wenn sie hinunterwollte, und schon war sie unten. Wenn sie wieder hoch wollte, brauchte sie nur nach oben zu schauen und schon ging es wieder hinauf.

Ich möchte für immer und ewig fliegen!, beschloss Sara.

Mal sehen, überlegte sie, *wohin jetzt?* Sie flog hoch über ihrer kleinen Stadt umher und beobachtete, wie in einem Haus nach dem anderen die Lichter gelöscht wurden, als die Bewohner zu Bett gingen. Es fing leicht zu schneien an, und Sara war entzückt, wie warm und geborgen sie sich fühlte, als sie barfuß und im Nachthemd mitten in der Nacht durch die Luft schwebte. *Es ist überhaupt nicht kalt*, fiel ihr auf.

Mittlerweile waren fast alle Häuser dunkel. Nur die wenigen Straßenlaternen brannten. Am anderen Ende der Stadt konnte Sara ein Haus sehen, in dem noch Licht war. Also beschloss sie nachzusehen, wer so spät noch auf war. *Wahrscheinlich jemand, der nicht früh aufstehen muss*, dachte sie, als sie sich dem Haus näherte. Dort streckte sie ihren linken Zeh nach unten und schoss mit Windeseile auf ein Fenster zu.

Vor dem Küchenfenster hielt sie an. Sie war froh, dass die Vorhänge offen waren, sodass sie hineinsehen konnte. Am Küchentisch saß ihr Lehrer, Mr. Jorgensen, vor einem Stapel Papier. Sorgfältig nahm er ein Blatt nach dem anderen zur Hand, las es, nahm dann ein anderes und noch eins. Sara war wie erstarrt, während sie ihm

zusah. Er schien das, was er tat, sehr gewissenhaft zu erledigen.

Sara fühlte sich ein bisschen schuldig, weil sie ihren Lehrer auf diese Weise ausspionierte. *Aber zumindest sitzt er in der Küche*, entschuldigte sie sich bei sich selbst, *und nicht im Badezimmer oder Schlafzimmer oder so etwas Privatem.*

Jetzt lächelte Mr. Jorgensen. Anscheinend hatte er wirklich Freude an dem, was er las. Nun schrieb er etwas an den Rand. Erst da begriff Sara, was er machte. Er las die Aufsätze, die Saras Klasse gestern abgegeben hatte. Er las jeden Einzelnen.

Sara hatte ja schon oft Kommentare gesehen, die Mr. Jorgensen an den Rand oder auf die Rückseite der Blätter geschrieben hatte. Bisher hatte sie sie nie besonders geschätzt. *Man kann es ihm einfach nicht recht machen*, hatte sie schon oft gedacht, wenn sie seine gekritzelten Bemerkungen gelesen hatte.

Aber als sie ihm jetzt zusah, wie er erst las und dann schrieb, las und schrieb, während alle anderen Bewohner der Stadt schon fest schliefen, fühlte sie sich sehr seltsam. Ihr wurde fast schwindelig, als ihre alte Meinung von Mr. Jorgensen und ihre neue Meinung in ihrem Kopf miteinander kollidierten. »Irre!«, sagte sie laut. Dabei schaute sie nach oben, sodass ihr kleiner Körper wie eine Rakete hinauf über das Haus hinwegschoss.

Ein warmer Lufthauch schien aus ihrem Innern zu kommen und hüllte ihren Körper ein, sodass sie eine Gänsehaut bekam. Ihre Augen füllten sich mit Tränen, und ihr Herz schlug vor Freude schneller, als sie noch höher in den Himmel hinaufstieg und auf ihre schöne Stadt hinuntersah, in der alle schliefen – na ja, fast alle.

Ich bin Ihnen dankbar, Mr. Jorgensen, dachte Sara, als sie noch eine letzte Runde über seinem Haus kreiste und sich dann auf den Heimflug machte. Und als sie zurücksah, hätte sie schwören können, dass er am Küchenfenster stand und hinaussah.

Kapitel 13

Hallo Mr. Matson«, hörte Sara plötzlich ihre eigene Stimme sagen, als sie auf dem Weg zur Schule die Brücke überquerte.

Mr. Matson sah unter der Motorhaube des Wagens hervor, den er gerade reparierte. Er hatte Sara schon hundertmal auf dem Weg zur Schule gesehen. Schließlich war er der Besitzer der einzigen Tankstelle der Stadt. Aber noch nie hatte sie ihn gegrüßt. Da er vor lauter Überraschung nicht so recht wusste, wie er darauf reagieren sollte, winkte er ihr nur halbherzig zu. Wie ihm, so war auch den meisten anderen Leuten, die Sara kannten, aufgefallen, dass sich ihr normalerweise so introvertiertes Verhalten völlig verändert hatte. Statt nach unten auf ihre Füße zu schauen und tief in Gedanken versunken zu sein, interessierte sich Sara plötzlich für ihre Stadt in den Bergen. Sie war ungewöhnlich aufmerksam und erstaunlich gesprächig.

»Es gibt ja so viele Dinge, für die ich dankbar sein kann«, sagte Sara leise zu sich selbst. *Der Schneepflug hat* schon die meisten Straßen geräumt. *Das ist wirklich nett*, dachte sie. *Dafür bin ich wirklich dankbar.*

Vor dem Laden von Mr. Bergman sah sie einen Wagen der Elektrizitätswerke, dessen Leiter voll ausgefahren war. Oben auf der Leiter stand ein Mann und arbeitete an einem Strommasten, während ein anderer ihm von unten aufmerksam zusah. Sara fragte sich, was sie wohl taten, und kam zu dem Schluss, dass sie wahrscheinlich ein Stromkabel reparierten, das durch die drückende Schneelast hinuntergefallen war. *Das ist wirklich nett*, dachte sie. *Wie schön, dass diese Männer unsere Stromzufuhr aufrechterhalten. Dafür bin ich wirklich dankbar.*

Als Sara den Schulhof betrat, kam der voll besetzte Schulbus um die Ecke. Sara konnte zwar die Gesichter nicht erkennen, weil die Fenster alle beschlagen waren, aber sie wusste auch so, was jetzt kommen würde. Der Busfahrer, der seine widerstrebende Fracht seit den frühen Morgenstunden überall im Landkreis eingesammelt hatte, entließ etwa die Hälfte davon vor Saras jetziger Schule. Die andere Hälfte würde er vor Saras alter Schule an der Hauptstraße absetzen. *Das ist wirklich nett vom Busfahrer*, dachte sie. *Ich schätze das wirklich sehr.*

Als sie das Gebäude betrat und merkte, wie angenehm warm es dort war, zog sie ihren schweren Mantel aus. *Ich schätze dieses Gebäude sehr und auch die Heizung, die es warm hält – und auch den Hausmeister, der sich um die Heizung kümmert.* Sara erinnerte sich, dass sie einmal zugesehen hatte, wie er genug Kohlen in den Behälter geschaufelt hatte, um das Feuer für ein paar Stunden in Gang zu halten. Sie hatte auch gesehen, wie er die noch glühende Schlacke aus dem Heizkessel herausgeschaufelt hatte. *Ich bin dem Hausmeister dankbar dafür, dass er es so schön warm für uns macht.*

Sara fühlte sich herrlich. *Allmählich verstehe ich das mit der Anerkennung und Dankbarkeit*, dachte sie.

*Wieso bin ich noch nicht eher darauf gekommen? Es
ist einfach toll!*

»Hallo, Muttersöhnchen!« Sara hörte eine betont wei-
nerliche Stimme, die wie die eines Babys klingen sollte.
Die Worte fühlten sich so furchtbar an, dass Sara
zusammenzuckte, als sie sie hörte. Es war schrecklich,
aus ihrem Hochgefühl herausgerissen zu werden und zu
erkennen, dass jemand auf einem anderen herumhackte.

O nein, dachte Sara. *Nicht schon wieder Donald.*
Aber natürlich waren die beiden Rowdys wieder bei ihrer
Lieblingsbeschäftigung. Sie hatten Donald auf dem Flur

in die Enge getrieben. Er stand mit dem Rücken gegen seinen Spind gedrängt und Sara konnte Tommys und Lynns grinsende Gesichter nur Zentimeter von seinem entfernt sehen.

Plötzlich war Sara überhaupt nicht mehr schüchtern. »Warum sucht ihr Feiglinge euch nicht jemanden, der so groß ist wie ihr?« Eigentlich war das nicht genau das, was sie hatte sagen wollen, denn Donald war sogar ein bisschen größer als die beiden. Nur ihr Selbstvertrauen, das sie dadurch gewannen, dass sie immer zu zweit auftraten, verschaffte ihnen einen Vorteil über Donald und ihre anderen Opfer.

»Oh! Donald hat 'ne Freundin, Donald hat 'ne Freundin!«, brüllten die beiden gleichzeitig los. Sara wurde erst vor Verlegenheit rot und dann vor Wut noch röter.

Die beiden Jungen lachten und rannten den Flur hinunter. Sara stand einfach mit hochrotem Kopf da. Ihr war heiß und sie fühlte sich überhaupt nicht wohl.

»Ich brauche deine Hilfe nicht!«, brüllte Donald sie an. Seine ganze Wut richtete er gegen Sara, um seine Tränen zu verbergen.

Du meine Güte, dachte Sara. *Ich hab's schon wieder getan. Ich lerne wohl nie!*

Trotzdem, Donald, dachte sie weiter, *ich bin auch dir dankbar. Du hast mir mal wieder geholfen zu erkennen, dass ich ein Dummkopf bin. Ein Dummkopf, der einfach nichts kapiert.*

Kapitel 14

Hallo Salomon«, grüßte Sara ohne große Begeisterung und hängte ihre Tasche an den nächsten Zaunpfosten.

Guten Tag, Sara. Was für ein schöner Tag. Findest du nicht auch?

»Kann schon sein«, antwortete Sara lustlos. Weder merkte sie, wie strahlend die Sonne schien, noch interessierte es sie. Sie band ihren Schal ab und stopfte ihn in die Tasche.

Salomon wartete, ohne etwas zu sagen, darauf, dass Sara sich gesammelt hatte und bereit war, ihre übliche Flut an Fragen über ihm auszuschütten. Aber Sara war heute ungewöhnlich missmutig.

»Salomon«, fing sie schließlich an. »Ich verstehe es nicht.«

Was verstehst du nicht, Sara?

»Ich verstehe nicht, was so gut daran sein soll, wenn ich herumlaufe und für alles Mögliche dankbar bin. Also, ich begreife nicht, was das bringen soll.«

Worauf willst du hinaus, Sara?
»Also, ich konnte es ja schon ganz gut. Immerhin habe ich die ganze Woche lang geübt. Zuerst war es gar nicht so einfach, aber dann ging es immer besser. Und heute habe ich so ziemlich alles geschätzt und gewürdigt. Aber als ich dann in die Schule kam, habe ich mitbekommen, wie Lynn und Tommy wieder auf dem armen Donald herumhackten.«
Und was ist dann passiert?
»Dann wurde ich wütend. Ich war so wütend, dass ich sie angebrüllt habe. Ich wollte einfach nur, dass sie Donald in Ruhe lassen, damit er glücklich ist. Aber ich hab's wieder vermasselt, Salomon. Ich bin wieder zu einem Glied in ihrer Kette des Schmerzes geworden. Ich hab überhaupt nichts kapiert. Ich hasse diese Typen, Salomon. Sie sind einfach schrecklich.«
Warum hasst du sie?
»Weil sie mir meinen perfekten Tag kaputt gemacht haben. Ich wollte den ganzen Tag über für alles dankbar sein. Als ich heute Morgen aufgewacht bin, war ich für mein warmes Bett dankbar, dann für mein Frühstück, dann meiner Mutter und meinem Vater und sogar Jason. Und auf dem Schulweg habe ich so viele Dinge entdeckt, für die ich dankbar sein kann. Und dann haben *die* mir alles versaut. Sie haben es geschafft, dass ich mich ganz furchtbar fühle. Genau wie vorher, bevor ich gelernt habe, Dinge und Menschen zu schätzen.«
Kein Wunder, dass du wütend auf sie bist, Sara. Du steckst nämlich wirklich in einer schrecklichen Falle – eigentlich in der allerschlimmsten Falle, die es überhaupt gibt.
Sara gefielen seine Worte ganz und gar nicht. Sie hatte genug von Jasons und Billys selbst gebastelten Fallen gesehen und viele Mäuse, Eichhörnchen und Vögel aus ihnen befreit. Der Gedanke, dass nun sie in der Falle saß,

behagte ihr überhaupt nicht. »Was meinst du damit, Salomon? Was für eine Falle?«

Sara, wenn dein Glück davon abhängt, was jemand anders tut oder nicht tut, sitzt du in der Falle, denn du kannst ja nicht kontrollieren, was die anderen denken oder tun. Du wirst die wahre Freiheit – eine Freiheit, die über deine kühnsten Erwartungen hinausgeht – erst dann finden, wenn du entdeckst, dass dein Glück von niemandem abhängt. Dein Glück hängt einzig und allein davon ab, worauf du deine Aufmerksamkeit richtest.

Sara hörte aufmerksam zu, während ihr die Tränen über die rosigen Wangen liefen.

Du fühlst dich im Augenblick gefangen, weil du nicht weißt, wie du anders hättest reagieren können. Wenn du etwas beobachtest, das bei dir ein unangenehmes Gefühl hervorruft, reagierst du auf die Situation. Und du glaubst, dass es dir nur dann besser gehen wird, wenn sich auch die Situation gebessert hat. Aber da du die Situation nicht kontrollieren kannst, fühlst du dich wie in einer Falle.

Sara wischte sich mit dem Ärmel übers Gesicht. Ihr war überhaupt nicht wohl. Salomon hatte recht. Sie saß tatsächlich in der Falle. Aber sie wollte aus dieser Falle heraus.

Sara, übe einfach weiter, dankbar zu sein. Dann wird es dir auch besser gehen. Wir gehen dies Stückchen für Stückchen an. Du wirst schon sehen, es wird gar nicht so schwer zu verstehen sein. Hab einfach weiter Spaß daran. Morgen werden wir weiterreden. Nun schlaf gut.

Kapitel 15

Salomon sollte recht behalten. Alles schien besser und besser zu werden. Die nächsten Wochen waren die besten, die Sara je erlebt hatte. Alles schien so gut zu laufen. Die Zeit in der Schule schien schneller vorüberzugehen und zu ihrer eigenen Überraschung fing Sara sogar an, Spaß am Unterricht zu finden. Aber Salomon war auch weiterhin der Höhepunkt ihres Tages.

»Salomon«, sagte Sara, »ich bin so froh, dass ich dich gefunden habe. Du bist mein bester Freund.«

Ich bin auch froh, Sara. Wir sind nämlich Vögel gleichen Gefieders, wusstest du das?

»Na ja, zumindest hast du teilweise recht«, lachte Sara und schaute auf Salomons prächtiges Gefieder. Sie spürte wieder den warmen Hauch der Dankbarkeit durch sie hindurchfließen. Sie hatte natürlich ihre Mutter die Redensart »Vögel gleichen Gefieders fliegen im selben Schwarm« benutzen hören, aber sie hatte nie weiter darüber nachgedacht – und ganz sicher hatte sie sich nicht einmal im Traum vorgestellt, eines Tages in einem Vogelschwarm zu fliegen.

»Was bedeutet das eigentlich, Salomon?«

Die Menschen in deinem Land benutzen diesen Aus-
druck, um darauf hinzuweisen, dass alles, was sich
ähnelt, zueinanderfindet. Weißt du, man könnte eben-
so sagen: »*Gleich und gleich gesellt sich gern.*«

»Ist das so, wie Rotkehlchen zusammen bleiben und
Krähen gemeinsam fliegen und Eichhörnchen miteinander spielen?«

Ja, so in etwa. Eigentlich ist es so mit allen Dingen,
die sich ähneln, Sara. Aber diese Ähnlichkeit ist nicht
immer das, was sie zu sein scheint. Meistens ist es
nichts Offensichtliches, nichts, was du sehen kannst.

»Das verstehe ich nicht, Salomon. Wenn ich es nicht
sehen kann, woher soll ich dann wissen, ob sie gleich
sind oder anders?«

Du kannst es fühlen, Sara. Aber das erfordert
Übung, und bevor du es üben kannst, musst du
zunächst einmal wissen, wonach du überhaupt suchst.
Da die meisten Leute diese Grundregel nicht kennen,
wissen sie auch nicht, worauf sie achten müssen.

»Ist das so eine Regel wie eine Spielregel, Salomon?«

So in etwa. Eigentlich wäre eine treffendere Bezeich-
nung »*Gesetz der Anziehung*«. *Das Gesetz der Anzie-*
hung lautet: »*Das, was sich gleicht, zieht sich an.*«

»Ich verstehe«, sagte Sara munter. »So wie Vögel gleichen Gefieders im selben Schwarm fliegen.«

Genau so, Sara. Und alles und alle im ganzen Uni-
versum unterstehen diesem Gesetz.

»Ich verstehe es aber noch nicht ganz, Salomon. Erklär
es mir noch mal.«

Halte morgen den ganzen Tag nach Anzeichen die-
ses Gesetzes Ausschau. Halte Augen und Ohren offen.
Achte vor allem darauf, wie du dich fühlst, während
du Menschen, Tiere, Dinge und Situationen beobach-
test. Viel Spaß dabei, Sara. Wir reden morgen weiter.

Hmmm. Vögel gleichen Gefieders fliegen im selben Schwarm. Gleich und gleich gesellt sich gern. Sara dachte über diese Redensarten nach. Gerade als ihr die Wörter durch den Kopf gingen, stieg von einer Wiese ein großer Schwarm Gänse auf und flog über Sara hinweg. Sara hatte den Wintergänsen schon immer gern zugeschaut und oft über die Formationen gestaunt, in denen sie über den Himmel flogen. Sie musste lachen, als sie daran dachte, was für ein unglaublicher Zufall es war, dass sie gerade erst über Vogelschwärme gesprochen hatten und dass sich am Himmel kurz darauf einer zeigte. *Hmmm. Das ist also das Gesetz der Anziehung!*

Kapitel 16

M r. Packs glänzender alter Buick wurde langsamer, als er an Sara vorbeifuhr. Sie winkte Mr. und Mrs. Pack zu. Die beiden lächelten und winkten zurück.

Sara musste an die Bemerkung denken, die ihr Vater über das ältere Nachbarsehepaar gemacht hatte. »Die alten Käuze werden sich immer ähnlicher.«

»Sie gleichen sich sogar aufs Haar«, hatte Saras Mutter hinzugefügt.

Hmmm, überlegte Sara. *Sie sehen sich wirklich extrem ähnlich.* Sie dachte darüber nach, wie lange sie die Nachbarn nun schon kannte.

Von Anfang an hatte ihre Mutter gesagt: »Die beiden

sind so ordentlich, sie bügeln wahrscheinlich sogar ihre Unterwäsche.« Mr. Packs Auto war immer der glänzendste Wagen der ganzen Stadt gewesen. »Wahrscheinlich poliert er ihn jeden Tag«, hatte Saras Vater gestöhnt, der gar nicht gut abschnitt, wenn man seinen eigenen, normalerweise schmutzigen Wagen mit dem stets sauberen Auto von Mr. Pack verglich. Der Rasen der Packs war immer kurz geschnitten und der Garten immer perfekt getrimmt, denn Mrs. Pack war genauso ordentlich wie ihr Mann. Sara war nicht oft in ihrem Haus gewesen, aber als sie einmal etwas von ihrer Mutter abgeben sollte und hineingebeten worden war, hatte es sie beeindruckt, wie ordentlich und sauber das Haus gewesen war. Alles stand an seinem Platz. *Aha, das Gesetz der Anziehung in Aktion*, schloss Sara.

Da rasten gerade Jason und sein wilder Freund Billy auf ihren Fahrrädern vorbei. Sie versuchten so nahe wie möglich an Sara vorbeizufahren, ohne sie zu berühren. »He Sara, pass bloß auf, dass du nicht umgefahren wirst!«, grölte Jason. Sara konnte die beiden lachen hören, als sie die Straße hinunterrasten.

Blöde Kerle!, dachte Sara, als sie wieder auf die Straße zurückkehrte, nachdem sie vor Schreck zur Seite gesprungen war. »Die beiden sind füreinander bestimmt«, grummelte sie vor sich hin. »Nichts macht ihnen so viel Spaß, wie andere zu ärgern.« Sie hielt wie vom Blitz getroffen inne. »Vögel gleichen Gefieders!« Ihr ging ein Licht auf. »Gleich und gleich gesellt sich gern. Das Gesetz der Anziehung!«

Und alles und alle im ganzen Universum unterstehen diesem Gesetz. Salomons Worte klangen ihr in den Ohren.

Am nächsten Tag verbrachte Sara so viel Zeit wie möglich damit, nach Anzeichen des Gesetzes der Anziehung zu suchen.

Es gilt überall!, erkannte sie, während sie Erwachsene, Kinder und Teenager beobachtete.

Sara ging in Hoyts Laden, eine zentral gelegene Gemischtwarenhandlung, die fast auf ihrem Heimweg lag. Sie kaufte einen neuen Radiergummi, um den zu ersetzen, den sich gestern jemand geborgt und nicht zurückgegeben hatte, und einen Schokoriegel.

Sara war immer gern in den Laden gegangen, weil sie sich dort wohlfühlte. Der Laden gehörte drei fröhlichen Männern, die ständig dazu aufgelegt waren, ihre Späße mit den Kunden zu treiben. Da es der einzige Gemischtwarenladen der Stadt war, herrschte hier immer Betrieb – aber selbst wenn die Warteschlangen lang waren, fanden die drei noch Zeit, Witze zu reißen.

»Wie geht's denn so, Kindchen?«, lachte der Größte der drei Sara an.

Seine Fröhlichkeit überrumpelte Sara ein bisschen. Sie hatten nie ihre Scherze mit ihr getrieben, was ihr bisher nur recht gewesen war; aber heute schienen sie die Absicht zu haben, Sara in ihr Spiel einzubeziehen.

»Gut geht's«, gab sie mutig zur Antwort.

»Genau das, was ich hören wollte! Was willst du denn zuerst essen: den Schokoriegel oder den Radiergummi?«

»Eigentlich wollte ich erst den Schokoriegel essen. Den Radiergummi hebe ich mir als Nachtisch auf!« Sara grinste ihn an.

Mr. Hoyt lachte lauthals los. Sara hatte ihn mit ihrer schnellen Reaktion überrascht. Ihre clevere Antwort hatte allerdings auch Sara selbst überrascht.

»Na, dann wünsche ich dir einen guten Tag, Kleine! Weiterhin viel Spaß!«

Sara fühlte sich einfach großartig, als sie wieder auf die Straße trat. *Gleich und gleich gesellt sich gern*, dachte sie. *Das Gesetz der Anziehung. Es ist wirklich überall!*

Was für ein herrlicher Tag! Sara, die für diesen außergewöhnlich warmen Wintertag dankbar war, lehnte sich zurück und schaute in den strahlend blauen Himmel hinauf. Die normalerweise gefrorenen Straßen und Bürgersteige glänzten vor Nässe und kleine Wasserläufe schlängelten sich vor Sara über den Weg, um sich hier und da zu kleinen Pfützen zu sammeln.

»Wrumm!«, brüllten Jason und Billy wie aus einem Mund, als sie so schnell und so nahe wie möglich an Sara vorbeirauschten, ohne sie dabei zu berühren. Schmutziges Wasser spritzte gegen Saras Beine.

»Ihr Idioten!«, schrie Sara, die vor Nässe tropfte und vor Wut kochte. *Das ergibt doch keinen Sinn. Ich muss unbedingt Salomon danach fragen.*

Gegen Ende des Tages waren die nassen Kleider zwar getrocknet und die Dreckspuren abgebürstet, aber Sara war noch immer verwirrt und wütend. Sie hatte eine Riesenwut auf Jason, aber das war ja eigentlich nichts Neues. Nun war sie aber auch noch wütend auf Salomon und auf das Gesetz der Anziehung und auf Vögel gleichen Gefieders und auf gemeine Leute. Sara war so ziemlich auf alle und alles wütend.

Salomon saß wie üblich auf seinem Pfosten und wartete geduldig, bis Sara ihn besuchen kam.

Du scheinst ja heute ziemlich aufgeregt zu sein, Sara. Worüber möchtest du denn mit mir reden?

»Salomon!«, stieß Sara hervor. »Mit dem Gesetz der Anziehung kann etwas nicht stimmen!«

Sara hielt inne, weil sie erwartete, dass Salomon ihr widersprechen würde.

Nur weiter, Sara.

»Na ja, du hast doch gesagt, das Gesetz der Anziehung besagt, dass sich das, was sich gleicht, anzieht. Aber

Jason und Billy sind wirklich gemein. Die beiden bringen den ganzen Tag damit zu, sich zu überlegen, wie sie andere Leute ärgern können.« Sara wartete einen Moment, weil sie immer noch damit rechnete, dass Salomon sie unterbrechen würde.

Erzähl weiter.

»Also, Salomon, ich bin jedenfalls nicht gemein. Also, ich bespritze andere Leute nicht mit Schlamm oder fahre sie fast um. Ich fange weder kleine Tiere noch bringe ich sie um. Ich lasse auch nicht die Luft aus den Reifen der Räder anderer Leute. Wieso fühlen sich Jason und Billy dann zu mir hingezogen? Wir sind nicht Vögel gleichen Gefieders, Salomon! Wir haben nichts gemein!«

Findest du wirklich, dass Jason und Billy gemein sind, Sara?

»Ja, Salomon, das finde ich!«

Sie sind Lausbuben, da stimme ich dir zu, lächelte Salomon. *Aber sie sind im Grunde nur wie alle und alles im Universum. Sie besitzen bestimmte Eigenschaften und andere fehlen ihnen. Hast du jemals gesehen, dass dein Bruder etwas Nettes getan hat?*

»Vermutlich schon, aber bestimmt nur sehr selten«, stammelte Sara. »Ich muss erst darüber nachdenken, Salomon. Aber ich verstehe es trotzdem nicht. Wieso ärgern sie mich immer? Ich ärgere sie doch auch nicht!«

Also Sara, es funktioniert so: Jeden Augenblick hast du die Wahl, ob du dir das anschaust, was du möchtest, oder das, was du nicht möchtest. Wenn du etwas betrachtest, das du magst, dann beginnst du allein schon durch die Beobachtung auf gleicher Wellenlänge zu schwingen. Du »wirst« dazu. Verstehst du das, Sara?

»Meinst du, dass ich selbst gemein werde, nur weil ich jemanden anschaue, der gemein ist?«

Na ja, nicht genau so, aber du fängst langsam an,

es zu begreifen. Stell dir einmal einen riesigen Weih-
nachtsbaum vor.

»Einen Weihnachtsbaum?«

Ja Sara. Einen Weihnachtsbaum, an dem unzählige
kleine Kerzen befestigt sind. Ein wunderbares Lich-
termeer aus Tausenden von Kerzen. Und du bist eine
dieser Kerzen. Wenn du deine Aufmerksamkeit auf
etwas Schönes, Gutes, Positives richtest, leuchtet dei-
ne Kerze am Baum heller, und im selben Moment
leuchten alle anderen Kerzen, die sich auf derselben
Schwingungsebene befinden wie deine, ebenfalls hel-
ler. Diese strahlenden Kerzen sind dann deine Welt.
Sie repräsentieren Menschen und Erfahrungen, zu
denen du auf dieser Schwingungsebene Zugang hast.

Achte einmal auf Folgendes, Sara: Von all den Men-
schen, die du kennst, wen ärgert dein Bruder Jason
am meisten?

Saras Antwort kam wie aus der Pistole geschossen:
»Mich, Salomon. Er geht mir ständig auf die Nerven!«

Und von all den Menschen, die du kennst, wer ärgert
sich deiner Meinung nach wohl am meisten über
Jasons Streiche? Und wer nimmt dann deinem Ker-
zenlicht die Leuchtkraft, als Reaktion auf die Wut, die
du für deinen Bruder fühlst?

Sara, die allmählich anfing zu begreifen, musste lachen.
»Ich, Salomon. Ich ärgere mich am meisten, wenn ich
Jason sehe und wütend auf ihn werde!«

Siehst du, Sara, wenn du etwas siehst, was dir nicht
gefällt, und du dich dagegen wehrst und deshalb stän-
dig daran denkst, dann bekommst du noch mehr
davon. Denn dann bist du auf derselben Schwin-
gungsebene – oft sogar noch dann, wenn Jason gar
nicht in der Nähe ist: Eben weil du ständig daran
denkst, was er getan hat, als du ihn das letzte Mal
gesehen hast. Die Gedanken und Gefühle der Wut

legen sich wie eine dunkle Wolke über dein Kerzenlicht und nehmen ihm die Leuchtkraft. *Das Gute daran ist, dass du immer an deinen Gefühlen erkennen kannst, mit wem oder was du dich gerade auf einer Schwingungsebene befindest.*

»Und was heißt das?«

Wenn du glücklich bist, wenn du Dankbarkeit verspürst, wenn du auf die positiven Aspekte eines Menschen oder einer Situation achtest, schwingst du in Harmonie mit dem, was du magst. Aber auch wenn du wütend bist oder dich fürchtest, wenn du dich schuldig fühlst oder enttäuscht bist, stellst du augenblicklich Harmonie mit dem her, was du nicht *magst.*

»Jedes Mal, Salomon?«

Ja, jedes Mal. Du kannst immer auf deine Gefühle vertrauen. Sie sind wie eine zuverlässige Antenne. Denk darüber nach, Sara. Wenn du in den nächsten Tagen Menschen beobachtest, achte besonders darauf, wie du dich fühlst. Mach dir klar, mit wem oder was du dich auf einer Schwingungsebene befindest.

»Gut, Salomon, ich werde es versuchen. Aber das kommt mir ziemlich schwierig vor. Wahrscheinlich muss ich es lange üben.«

Da hast du recht. Gut, dass es so viele Menschen gibt, mit denen du üben kannst!

Und mit diesen Worten war Salomon schon wieder auf und davon.

Du hast gut reden, dachte Sara. *Du kannst schließlich wählen, mit wem du deine Zeit verbringen willst. Du musst ja nicht mit Tommy und Lynn in der Schule sein. Und mit Jason musst du auch nicht zusammenwohnen.*

Da hörte Sara Salomons Worte so deutlich, als ob er direkt neben ihr sitzen würde: *Wenn dein Glück davon abhängt, was jemand anders tut oder nicht tut, sitzt du in der Falle, denn du kannst ja nicht kontrollieren, was die anderen denken oder tun. Du wirst die wahre Freiheit – eine Freiheit, die über deine kühnsten Erwartungen hinausgeht – erst dann finden, wenn du entdeckst, dass dein Glück von niemandem abhängt. Dein Glück hängt einzig und allein davon ab, worauf du deine Aufmerksamkeit richtest.*

Kapitel 17

Was *für ein Tag!*, dachte Sara, als sie auf Salomons Wäldchen zustapfte.

»Ich hasse die Schule!«, entfuhr es ihr, als sie wieder in die Wut hineinglitt, die sich gleich nach Betreten des Schulgeländes aufgebaut hatte. Als sie weiterging und dabei vorwiegend auf die Füße schaute, rief sie sich die Einzelheiten dieses schrecklichen Tages noch einmal in Erinnerung.

Sie war im selbem Moment wie der Schulbus am Eingang zur Schule angekommen. Als der Busfahrer die Tür öffnete, stürmte eine Horde brüllender Jungen hinaus und rannte Sara fast um. Sie bedrängten sie von allen Seiten, sodass sie ihre Schultasche fallen ließ und ihre Bücher heraus und zu Boden fielen. Am schlimmsten war, dass der Aufsatz für Mr. Jorgensen dabei im wahrsten Sinne des Wortes in den Boden gestampft worden war. Sara sammelte die schmutzigen, zerknitterten Blätter auf und stopfte sie in die Tasche. »Das hab ich nun davon, dass es mir wichtig war, wie der blöde Aufsatz aussieht!«, hatte sie vor sich hin geflucht. Sie ärgerte sich, dass sie den Aufsatz noch einmal in Schönschrift abgeschrieben hatte, bevor sie ihn ordentlich gefaltet und in ihre Tasche gesteckt hatte.

Als sie durch die große Eingangstür ging und immer noch versuchte, sich zu sammeln, war sie nicht schnell genug für Miss Webster gewesen. »Nun mach schon, Sara. Ich hab doch nicht den ganzen Tag Zeit!«, war sie von der meistgehassten Lehrerin der ganzen Schule angefahren worden.

»Entschuldigen Sie bitte, dass ich überhaupt lebe!«, hatte Sara trotzig vor sich hin gemurmelt. »Du meine Güte!«

Sara hatte im Lauf des Tages wahrscheinlich hundertmal auf ihre Uhr geschaut und die Minuten gezählt, bis der Wahnsinn, der sich Schule nannte, vorbei war.

Und dann läutete es zum letzten Mal. Sara fühlte sich befreit.

»Ich hasse die Schule. Ich hasse die Schule wirklich! Wie kann etwas, das so furchtbar ist, einen Wert für irgendjemanden haben?«

Aus reiner Gewohnheit schlug sie den Weg zu Salomons Wäldchen ein, und als sie in Thackers Weg einbog, dachte sie: *Das ist die schlechteste Laune, die ich je hatte. Besonders seitdem ich Salomon begegnet bin.*

»Salomon«, beklagte sich Sara, »ich hasse die Schule. Ich finde sie reine Zeitverschwendung!«

Salomon sagte kein Wort.

»Schule ist wie ein Käfig, aus dem es kein Entkommen gibt. Und die Leute im Käfig sind gemein und wollen dir den ganzen Tag lang nur wehtun.«

Noch immer gab Salomon keinen Kommentar ab.

»Es ist schon schlimm genug, dass die Kinder gemein zueinander sind, aber die Lehrer sind auch fies, Salomon. Ich glaube nicht, dass sie gern in der Schule sind.«

Salomon saß einfach da und schaute sie an. Nur das

gelegentliche Blinzeln seiner großen gelben Augen zeigte Sara, dass er nicht eingeschlafen war.

Als Saras Frust überschwappte, lief ihr eine Träne die Wange hinunter. »Salomon, ich möchte doch einfach nur glücklich sein. Ich glaube nicht, dass ich in der Schule jemals glücklich sein werde.«

Also, dann solltest du besser auch gleich die Stadt verlassen, Sara.

Sara schaute überrascht hoch. Salomons Worte kamen so plötzlich.

»Was hast du gesagt, Salomon? Ich soll auch die Stadt verlassen?«

Ja, Sara, denn wenn du von deiner Schule wegwillst, weil es dort negative Dinge gibt, dann solltest du auch die Stadt verlassen und den Landkreis und das Land und am besten gleich die Erde – oder besser noch das ganze Universum. Aber dann weiß ich wirklich nicht mehr, wohin du noch gehen könntest, Sara.

Sara war verwirrt. Das war nicht der Salomon, der immer für alles eine Lösung parat hatte und den sie so lieb gewonnen hatte.

»Salomon, was willst du denn damit sagen?«

Sara, ich habe entdeckt, dass es in jedem Teilchen des Universums etwas gibt, was man mag – oder nicht mag. Beides ist immer da – in jedem Menschen, in jeder Situation, an jedem Ort und in jedem Augenblick. Es ist immer da. Wenn du also einen Ort oder eine Situation hinter dir lässt, weil es dir dort nicht gefällt, wird es am nächsten Ort wieder genauso sein.

»Du trägst nicht gerade dazu bei, dass es mir besser geht, Salomon. Dann gibt's ja überhaupt keine Hoffnung.«

Sara, es ist nicht deine Aufgabe, nach einem vollkommenen Ort zu suchen, wo es einzig und allein Dinge gibt, die du magst. Deine Aufgabe ist es, auch an

*einem unvollkommenen Ort nach Dingen zu suchen,
die du magst.*

»Aber warum? Was soll das denn bringen?«

*Zunächst einmal würde es dir dann besser gehen.
Und wenn du versuchst, mehr auf die Dinge zu achten, die du sehen möchtest, dann würden mehr dieser
Dinge auch Teil deines Lebens werden. Und das wird
mit der Zeit immer leichter, Sara.*

»Aber Salomon, sind denn nicht manche Orte einfach
schrecklicher als andere? Also, Schule ist doch ganz sicher
der allerschlimmste Ort auf Erden.«

Natürlich kann man an einigen Orten leichter posi-

tive Dinge entdecken als an anderen, aber auch das kann zu einer ziemlich großen Falle werden.

»Was meinst du denn damit?«

Wenn du etwas siehst, das dir nicht gefällt, und du daraufhin beschließt, woanders hinzugehen, um ihm zu entkommen, nimmst du es für gewöhnlich mit.

»Aber Salomon, ich würde doch nicht diese fiesen Lehrer und gemeinen Kinder mitnehmen!«

Wahrscheinlich nicht dieselben, aber du würdest überall dort, wo du hingehst, anderen begegnen, die ihnen ähneln. Sara, erinnere dich an »Gleich und gleich gesellt sich gern«. Wenn du etwas siehst, das dir nicht gefällt, und du daran denkst und darüber redest, wirst du selbst dazu. Dann ist es ganz gleich, wohin du auch gehen magst, denn es ist immer schon da.

»Salomon, ich vergesse das alles immer wieder.«

Es ist ganz normal, es zu vergessen, denn wie die meisten Menschen hast ja auch du gelernt, einfach auf die Umstände zu reagieren. Wenn die Umstände gut sind, reagierst du darauf, indem du dich gut fühlst; aber wenn die Umstände schlecht sind, reagierst du darauf, indem du dich schlecht fühlst.

Die meisten Menschen glauben, dass sie erst perfekte Verhältnisse finden müssen, um glücklich zu sein. Aber das ist äußerst frustrierend, denn sie entdecken schon bald, dass sie die Umstände nicht kontrollieren können.

Sara, du lernst jetzt, dass du nicht hier bist, um perfekte Verhältnisse zu finden. Du bist hier, um dich dafür zu entscheiden, Dinge und Menschen anzuerkennen und ihnen dankbar zu sein. Dadurch wirst du dieselbe Schwingungsebene wie die perfekten Verhältnisse erreichen und diese anziehen.

»Da hast du wohl recht«, seufzte Sara. Das schien alles eine Nummer zu groß für sie zu sein.

Sara, es ist wirklich nicht so kompliziert, wie es scheint. Die Menschen machen es viel komplizierter, indem sie versuchen, einen Sinn in den Verhältnissen zu entdecken. Es ist äußerst verwirrend, wenn man versucht zu verstehen, wie die Umstände entstanden sind und welche richtig und welche falsch sind. Man kann sich selbst damit verrückt machen, das alles herauszufinden. Aber wenn du einfach darauf achtest, ob dein Herz offen oder verschlossen ist, dann wird dein Leben viel einfacher und du wirst glücklicher sein.

»Mein Herz offen? Was soll denn das schon wieder bedeuten? Wie kann denn mein Herz offen sein?«

Sara, in jedem Augenblick strömt aus dem Universum positive Energie direkt in dein Herz. Diese Energie ist immer da. Aber nur wenn dein Herz offen ist, dann kann diese Energie auch in dich hineinströmen. Du kennst doch das Gefühl, wenn dein Herz vor Freude hüpft. Oder wenn du jemanden in dein Herz geschlossen hast. Oder wenn dir ganz warm ums Herz wird. Das sind die Momente, in denen es ganz offen ist. Deine Aufgabe ist es, dein Herz möglichst immer offen zu halten. Die positive Energie ist immer da, aber du musst sie hineinlassen.

»Aber Salomon«, protestierte Sara, »was soll es mir denn bringen, wenn ich mein Herz in der Schule offen halte, wo doch alle anderen so böse und gemein sind?«

Wenn dein Herz offen ist, nimmst du die Gemeinheit gar nicht als solche wahr. Einiges davon wird sich direkt vor deinen Augen verwandeln. Viele Menschen schwanken zwischen einem offenen und einem verschlossenen Herzen hin und her, und wenn sie mit dir in Kontakt kommen, während dein Herz ganz geöffnet ist, lächeln sie dir zu oder begegnen dir einfach freundlicher. Du musst aber auch daran denken, dass sich ein offenes Herz nicht nur auf das auswirkt, was jetzt passiert. Es wirkt sich ebenso auf morgen und übermorgen aus. Je öfter du dich also heute gut fühlst, desto öfter wird dir das, was morgen und übermorgen geschieht, gefallen. Übe das, Sara.

Triff die Entscheidung, dass es keine Situation – und sei sie auch scheinbar noch so schrecklich – wert ist, dass du deshalb dein Herz verschließt. Triff die Entscheidung, dass das Offenhalten deines Herzens das Allerwichtigste für dich ist.

Ich gebe dir eine kleine Gedächtnisstütze, Sara. Sag, sooft du nur kannst: »Ich werde mein Herz trotz allem offen halten.«

»Na gut, Salomon«, antwortete Sara kleinlaut. Sie hatte der ganzen Geschichte gegenüber Vorbehalte, aber sie wusste ja, dass sich ihr Leben insgesamt verbessert hatte, weil sie die anderen Übungen, die Salomon ihr gezeigt hatte, angewendet hatte.

»Ich werde es üben. Ich hoffe nur, es funktioniert«, rief Sara noch zurück, als sie Salomons Wäldchen verließ. *Es wäre toll, wenn ich mich immer gut fühlen könnte, ganz gleich, was passiert. Das ist es, was ich wirklich möchte.*

Kapitel 18

Der Wagen von Saras Mutter stand in der Auffahrt. *Komisch*, dachte Sara. *Sie ist doch sonst nie so früh daheim.*

»Hallo, ich bin zu Hause!«, rief Sara, als sie die Tür öffnete. Es überraschte sie selbst, dass sie ihr Kommen auf diese Weise ankündigte. Sie erhielt keine Antwort. Sara legte ihre Tasche auf den Esstisch und rief noch einmal, während sie durch die Küche in den Flur ging, der zu den Schlafzimmern führte. »Ist jemand zu Hause?«

»Ich bin hier, Liebling«, erklang eine leise Stimme aus dem Schlafzimmer der Eltern. Die Vorhänge waren zugezogen und Saras Mutter lag mit einem zusammengerollten Handtuch über Stirn und Augen auf dem Bett.

»Was ist denn los, Mami?«, fragte Sara.

»Oh, ich hab bloß Kopfschmerzen, Liebling. Es tut schon den ganzen Tag weh, und als ich merkte, dass ich einfach nicht mehr arbeiten konnte, bin ich nach Hause gegangen.«

»Geht's dir denn jetzt besser?«

»Es ist etwas besser, wenn ich die Augen zumache. Ich bleibe einfach noch ein bisschen liegen. Ich komme dann später. Mach bitte die Tür zu, und wenn dein Bruder nach Hause kommt, sag ihm, dass ich mich etwas hingelegt habe. Vielleicht geht es mir ja besser, wenn ich ein bisschen geschlafen habe.«

Sara schlich sich auf Zehenspitzen aus dem Zimmer und schloss leise die Tür hinter sich. Dann stand sie unschlüssig auf dem Flur herum und überlegte sich, was sie nun tun sollte. Sie wusste, was erledigt werden musste, denn sie hatte dieselben Arbeiten ja schon oft gemacht, aber heute war es irgendwie anders.

Sara konnte sich nicht erinnern, wann ihre Mutter zum letzten Mal krank gewesen und eher nach Hause gekommen war. Irgendwie war es beunruhigend. Sara kam es vor, als ob sie einen Stein im Bauch hätte. Sie war verwirrt. Bisher war ihr nie aufgefallen, wie sehr sich die Zuverlässigkeit und der Humor ihrer Mutter auf ihre eigene Ausgeglichenheit ausgewirkt hatte.

»Das gefällt mir überhaupt nicht«, sagte Sara zu sich selbst. »Ich hoffe nur, dass es Mami bald wieder besser geht.«

Sara, ertönte Salomons Stimme. *Hängt dein Glück von äußeren Umständen ab? Dies könnte eine gute Gelegenheit zum Üben sein.*

»In Ordnung. Aber wie soll ich denn üben? Was soll ich denn machen?«

Öffne einfach dein Herz, Sara. Wenn du dich schlecht fühlst, ist dein Herz verschlossen. Versuche, angenehmere Gedanken zu denken, bis du spürst, dass sich dein Herz wieder öffnet.

Sara ging in die Küche, aber ihre Gedanken waren immer noch bei ihrer Mutter, die nebenan im Bett lag. Ihre Handtasche lag auf dem Küchentisch, und Sara konnte nicht aufhören, an ihre Mutter zu denken.

Entscheide dich dafür, etwas zu tun, Sara. Denk an deine Arbeiten und nimm dir vor, sie heute im Rekordtempo zu erledigen. Denk auch daran, noch etwas mehr zu tun – etwas, das sonst nicht zu deinen Pflichten gehört.

Das inspirierte Sara sofort dazu, in Aktion zu treten. Sie ging schnell und methodisch vor, räumte überall im Haus Dinge auf, die am gestrigen Abend von anderen Familienmitgliedern liegen gelassen worden waren. Sie sammelte die Zeitungen auf, die den Boden des Wohnzimmers fast vollständig bedeckten, und stapelte sie. Dann staubte sie den Tisch im Esszimmer ab, machte das Waschbecken und die Badewanne im Badezimmer sauber, leerte die Mülleimer aus Küche und Badezimmer aus, ordnete die Papiere, die über den großen Eichenholzschreibtisch ihres Vaters verstreut lagen, der eine Ecke des Wohnzimmers in Anspruch nahm. Dabei achtete sie darauf, nichts zu sehr zu verschieben, da sie sich nicht sicher war, ob es nicht doch eine verborgene Ordnung in diesem Durcheinander gab. Eigentlich verbrachte ihr Vater nur sehr wenig Zeit an seinem Schreibtisch, und Sara hatte sich schon oft gefragt, warum der Schreibtisch einen so großen Teil des Wohnzimmers in Anspruch nehmen musste. Aber dies schien ein Ort zu sein, an dem ihr Vater zum Nachdenken kam, und – was wahrscheinlich noch wichtiger war – dies stellte einen Ort dar, an dem ihr Vater die Dinge ablegen konnte, über die er gerade nicht nachdenken wollte.

Sara erledigte alles schnell und sorgfältig. Erst als sie beschloss, den Wohnzimmerteppich nicht zu saugen, weil sie ihre Mutter nicht stören wollte, fiel ihr auf, wie gut es ihr ging. Doch kurz darauf richtete sich ihre Aufmerksamkeit wieder auf das dumpfe, eklige Gefühl der Sorge um die Mutter, das sich in ihrem Bauch breitmachte.

Irre!, überlegte Sara. *Ich kann tatsächlich spüren,*

dass mein Gemütszustand etwas damit zu tun hat, worauf ich meine Gedanken richte. Die Umstände haben sich nicht geändert, aber mein Aufmerksamkeit schon.

Sara fühlte sich himmlisch. Sie hatte etwas sehr Wichtiges entdeckt. Sie hatte entdeckt, dass ihr Glück tatsächlich nicht von irgendjemandem oder irgendetwas abhing.

Da hörte sie, wie die Tür zum Schlafzimmer geöffnet wurde. Ihre Mutter, der es offensichtlich viel besser ging, kam in die Küche. »O Sara, das sieht ja alles gut aus!«, sagte sie.

»Ist dein Kopfweh weg, Mami?«, fragte Sara vorsichtig.

»Es ist nicht mehr ganz so schlimm. Ich konnte mich ja ausruhen, weil ich wusste, dass du dich um alles kümmern würdest. Danke, Liebling.«

Sara fühlte sich großartig. Sie wusste, dass sie eigentlich nicht viel mehr getan hatte als an jedem anderen Tag auch. Ihre Mutter war ihr eigentlich nicht nur für ihre Taten dankbar. Sie war auch dankbar, weil Saras Herz offen war. *Ich kann es*, beschloss Sara. *Ich kann mein Herz offen halten, ganz gleich wie die Situation auch sein mag.*

Dann dachte sie an Salomons Affirmation: *Ich werde mein Herz trotz allem offen halten!*

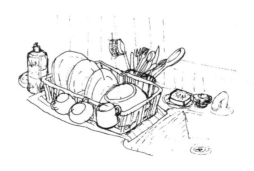

Kapitel 19

Sehr gut, Sara. Dafür hast du eine Eins verdient. Sara las die Bemerkung, die oben auf die gestrige Hausarbeit geschrieben worden war; Mr. Jorgensen hatte sie ihr gerade zurückgegeben.

Sara bemühte sich, nicht wie ein Honigkuchenpferd zu strahlen, als sie die mit leuchtend roter Tinte geschriebenen Worte las. Während er dem Mädchen in der Reihe vor Sara ihre Arbeit aushändigte, drehte sich Mr. Jorgensen noch einmal zu ihr um und zwinkerte ihr zu.

Saras Herz hüpfte vor Freude und Stolz. Es war ein ganz neues Gefühl für sie – ein Gefühl, das ihr, wie sie gestehen musste, außerordentlich gut gefiel. Sie konnte es kaum erwarten, zum Wäldchen zu kommen, um sich mit Salomon darüber zu unterhalten.

»Salomon, was ist denn mit Mr. Jorgensen passiert?«, fragte sie ihn. »Er scheint ein anderer Mensch geworden zu sein.«

Er ist derselbe, Sara. Du achtest einfach auf andere Dinge.

»Ich glaube nicht, dass ich auf andere Dinge achte. Ich glaube, er verhält sich anders.«

Zum Beispiel?

»Er lächelt mir viel öfter als sonst zu. Und manchmal flötet er, bevor die Glocke läutet. Das hat er vorher nie gemacht! Er hat mir sogar zugezwinkert! Und während der Stunde erzählt er bessere Geschichten. Die Klasse lacht viel mehr. Salomon, er scheint einfach viel glücklicher als sonst zu sein.«

Sara, es sieht ganz so aus, als wäre dein Lehrer ein Glied in deiner Kette der Freude geworden.

Sara war völlig verblüfft. Wollte Salomon tatsächlich andeuten, dass sie für Mr. Jorgensens verändertes Verhalten verantwortlich war?

»Salomon, soll das heißen, dass ich Mr. Jorgensen glücklicher gemacht habe?«

Es ist nicht dein Tun allein, Sara, denn auch Mr. Jorgensen möchte wirklich glücklich sein. Aber du hast ihm geholfen, sich daran zu erinnern, dass er glücklich sein möchte. Und du hast ihm auch geholfen, sich daran zu erinnern, warum er überhaupt Lehrer geworden ist.

»Aber Salomon, ich habe doch überhaupt nicht mit Mr. Jorgensen gesprochen. Wie könnte ich ihm da geholfen haben, sich daran zu erinnern?«

Du hast es getan, indem du Mr. Jorgensen anerkannt und ihn schätzen gelernt hast. Weißt du, immer wenn du deine Aufmerksamkeit auf jemanden richtest und gleichzeitig in dir dieses wundervolle Gefühl der Dankbarkeit verspürst, trägst du etwas zu seinem Wohlbefinden bei, weil er spürt, dass du ihn anerkennst und wirklich schätzt.

»Als ob ich ihm etwas schenken würde, das er sich schon lange gewünscht hat und über das er sich wie verrückt freut?«

Ja, Sara, so ähnlich. Aber bevor du ihm etwas schenken kannst, musst du erst einmal dein Herz öffnen und die kosmische Energie in dich hineinlassen. Und genau das passiert, wenn du jemanden anerkennst und würdigst. Wann immer du dieses Gefühl der Wertschätzung oder Liebe verspürst, wann immer du etwas Positives in irgendjemandem oder irgendetwas siehst, hast du dein Herz geöffnet und empfängst positive Energie. Und das Schönste daran ist, dass eben auch die anderen mehr von dieser Energie empfangen. Die Energie wird nämlich nicht weniger, wenn man sie teilt, sondern nimmt immer noch mehr zu.

»Und wer tut diese Energie ins Universum, Salomon? Woher kommt sie?«

Sie war einfach immer da, Sara. Sie ist immer da und wird immer da sein.

»Warum nehmen dann nicht mehr Leute sie auf und verschenken sie?«

Weil die meisten Menschen nicht mehr wissen, wie sie ihr Herz öffnen können, Sara. Sie sind nicht absichtlich böse, sie haben einfach vergessen, wie man es tut. Sie sind sozusagen aus der Übung.

»Also gut, Salomon. Willst du damit sagen, dass ich diese Energie jederzeit in mich aufnehmen kann und dass ich sie anderen jederzeit und überall schenken kann, wenn ich es nur möchte?«

So ist es, Sara! Und immer wenn du einen Menschen wirklich liebst, anerkennst und schätzt, wirst du große Veränderungen an ihm wahrnehmen.

»Irre«, flüsterte Sara, die versuchte, die Tragweite dessen, was sie gerade gelernt hatte, zu begreifen. »Salomon, das ist ja die reine Magie!«

Zuerst sieht es wie Magie aus, Sara, aber mit der Zeit wird es dir ganz normal vorkommen. Dass du dich gut fühlst – und damit anderen helfen kannst, sich gut zu fühlen –, wird dann das Natürlichste auf der Welt sein.

Sara hob ihre Schultasche und ihre Jacke auf und verabschiedete sich für heute von Salomon.

Denk daran, Sara, deine Aufgabe ist es, dein Herz offen zu halten.

Sara hielt noch einmal inne und drehte sich zu Salomon um, weil sie plötzlich gemerkt hatte, dass das vielleicht doch nicht so einfach oder magisch sein würde, wie es zuerst geklungen hatte.

»Gibt es einen Trick, wie man sein Herz offen hält, Salomon?«

Du musst es einfach üben. Dann wirst du es immer besser können. Achte in den nächsten Tagen immer darauf, wie du dich fühlst, wenn du an etwas denkst. Du wirst sehen, dass es dir ganz wunderbar geht, wenn du dankbar bist, wenn du etwas genießt oder bewunderst. Das bedeutet, dass dein Herz offen ist. Aber wenn du Schuld zuweist, jemanden kritisierst oder an etwas herummäkelst, wird es dir nicht besonders gut gehen. Und das bedeutet, dass du dein Herz wieder verschlossen hattest. Viel Spaß, Sara. Und mit diesen Worten war Salomon wieder einmal verschwunden.

Sara war überglücklich, als sie an diesem Tag nach Hause ging. Sie hatte ja schon Freude an Salomons anderen Übungen gehabt, aber der Gedanke, dass sie ihr Herz öffnen und so die positive Energie des Universums in sich aufnehmen könnte, indem sie einfach dankbar war, begeisterte sie noch mehr. Irgendwie war sie jetzt noch stärker motiviert, dankbar zu sein.

Als Sara um die letzte Ecke vor ihrem Haus bog, erblickte sie die alte Zoie, die im Schneckentempo ihre Auffahrt hinaufging. Da Sara sie den ganzen Winter über nicht gesehen hatte, war sie überrascht, sie draußen zu sehen. Tante Zoie bemerkte sie nicht und Sara wollte ihr auch nichts zurufen – zum einen, weil sie sie nicht erschrecken

wollte, zum anderen, weil sie nicht in eine dieser langen
Unterhaltungen verwickelt werden wollte. Tante Zoie redete nämlich sehr langsam, und Sara hatte im Lauf der
Jahre gelernt, sich besser zu verdrücken, bevor eine dieser frustrierenden »Unterhaltungen« beginnen konnte.
Wenn Tante Zoie mühsam nach Worten suchte, schien
ihr Verstand schneller zu arbeiten als ihr Mund, sodass
sie oft den Faden verlor. Wenn Sara versuchte, ihr zu helfen, indem sie hier und da das passende Wort einfügte,
ärgerte sich Tante Zoie nur. Deshalb hatte Sara beschlossen, ihr am besten aus dem Weg zu gehen. Aber das
schien irgendwie auch nicht das Richtige zu sein. Sara
wurde traurig, als sie die arme alte Frau die Treppe hinaufhumpeln sah. Sie musste sich mit aller Kraft am Geländer festhalten und zog sich Stufe um Stufe hoch, bis sie
die fünf Stufen zu ihrer Veranda endlich geschafft hatte.
Ich hoffe nur, dass es mir nicht so geht, wenn ich

mal alt bin, dachte Sara. Aber dann fiel ihr das letzte Gespräch mit Salomon ein. *Positive Energie! Ich überschütte sie einfach mit Anerkennung und Dankbarkeit! Zuerst öffne ich mein Herz und dann überschütte ich sie mit positiver Energie.* Aber so einfach ging das nicht. *Also gut, ich versuche es noch einmal.* Noch immer hatte sie nicht das Gefühl, dass ihr Herz offen war. Sara fing an, sich zu ärgern. »Aber Salomon«, bettelte sie, »das ist wirklich wichtig. Tante Zoie braucht positive Energie!« Von Salomon kam keine Antwort. »Salomon, wo bist du?«, rief Sara lauthals aus, die nicht bemerkt hatte, dass Tante Zoie sie mittlerweile gesehen hatte und ihr von der Veranda aus zusah.

»Mit wem redest du denn da?«, bellte sie.

Sara zuckte zusammen. *Wie peinlich!* »Mit niemandem«, antwortete sie. Und damit rannte sie schnell weiter – an Tante Zoies Garten vorbei, der im Moment nichts weiter als ein schlammiges Feld war und auf den Frühling wartete. Mit zornrotem Gesicht lief Sara nach Hause.

Kapitel 20

Salomon, wo warst du denn gestern bloß?«, jammerte Sara, als sie vor Salomon stand, der wie üblich auf seinem Zaunpfosten hockte. »Ich hab dich gebraucht, um mein Herz zu öffnen und Tante Zoie zu helfen, sich besser zu fühlen.«

Verstehst du, warum du Probleme damit hattest, Sara?

»Nein. Salomon, warum konnte ich denn mein Herz nicht öffnen? Ich wollte es wirklich.«

Warum?

»Ich wollte Tante Zoie helfen. Sie ist so alt und verwirrt. Sie hat doch überhaupt keine Freude am Leben.«

Du wolltest also dein Herz nur öffnen, um Tante Zoie zu helfen, damit all das, was mit ihr nicht stimmt, in Ordnung gebracht werden kann und sie glücklich ist?

»Ja. Salomon, wirst du mir dabei helfen?«

Ich würde dir gern helfen, Sara, aber ich fürchte, es ist unmöglich.

»Aber warum denn, Salomon? Sie ist doch wirklich eine

nette alte Dame. Ich glaube, du würdest sie mögen. Ich bin sicher, sie hat nie etwas Böses getan ...«

Sara, du hast sicher recht. Tante Zoie ist eine wunderbare Frau. Der Grund, warum ich ihr unter diesen Umständen nicht helfen kann, hat nichts mit ihr zu tun, sondern mit dir, Sara.

»Mit mir? Was hab ich denn getan, Salomon? Ich versuche doch nur, ihr zu helfen!«

Genau, Sara. Das ist es, was du willst. Nur, du gehst es auf eine Weise an, die nicht funktionieren kann. Denk daran, Sara, deine Aufgabe ist es lediglich, dein Herz zu öffnen.

»Das weiß ich doch, Salomon. Deshalb hab ich dich ja auch gebraucht. Damit du mir hilfst, die Verbindung zur positiven Energie herzustellen.«

Aber dabei kann ich dir leider nicht helfen, Sara. Du musst das Gefühl selbst finden.

»Salomon, das verstehe ich nicht.«

Denk daran, Sara, du kannst nicht ein Glied in der Kette des Schmerzes sein und gleichzeitig dein Herz offen halten. Entweder das eine oder das andere. Wenn du eine unerwünschte Situation betrachtest und dich dann schlecht fühlst, dann erkennst du an diesem schlechten Gefühl, dass dein Herz nicht mehr offen ist. Und wenn du die positive Energie nicht mehr aufnehmen kannst, dann kannst du einem anderen auch nichts davon abgeben.

»Du meine Güte, Salomon, das ist einfach zu schwierig. Wenn ich jemanden sehe, der Hilfe braucht, schwinge ich auf eine Weise, auf die ich ihm nicht helfen kann, nur weil ich seine Not gesehen habe. Wie soll ich denn da jemals jemandem helfen?«

Du musst dich immer daran erinnern, dass deine wichtigste Aufgabe darin besteht, die Verbindung zur positiven Energie aufrechtzuerhalten und dein Herz zu öffnen. Deshalb musst du deine Gedanken so steuern, dass du dich gut fühlst. Mit anderen Worten, Sara: Du musst dir der Verbindung zur positiven Energie stärker bewusst sein als der gegenwärtigen Situation. Das ist der Schlüssel.

Denk noch einmal daran, was gestern passiert ist. Erzähl mir, was mit Tante Zoie los war.

»Okay. Also, ich war auf dem Heimweg von der Schule, da sah ich Tante Zoie ihre Auffahrt hinaufhumpeln. Sie ist extrem behindert, Salomon. Sie kann kaum noch gehen. Sie hat einen alten Holzstock, auf den sie sich stützen muss.«

Und was ist dann passiert?

Eigentlich ist nichts passiert. Ich habe gerade gedacht, wie traurig es ist, dass sie so behindert ist ...«

Und was ist dann passiert?

»Nichts ist passiert, Salomon ...«

Wie hast du dich denn gefühlt, Sara?

»Schrecklich, Salomon. Tante Zoie tat mir so leid. Sie schaffte es kaum die Treppe hoch. Und dann bekam ich Angst, dass es mir auch so gehen wird, wenn ich einmal alt bin.«

Und das ist jetzt das Wichtigste an dieser ganzen Geschichte, Sara. Wenn du merkst, dass es dir schlecht geht, dann weißt du, dass du dich mit der gegenwärtigen Situation auf eine Weise beschäftigst, dass die Verbindung zur positiven Energie unterbrochen wird. Weißt du, Sara, in Wahrheit fließt diese Energie dir doch immer zu. Du musst eigentlich überhaupt nichts dazu tun. Aber es ist wichtig, darauf zu achten, wie du dich fühlst, damit du weißt, wann die Verbindung zur Energie unterbrochen ist. Diesen Zustand nennen wir dann ein negatives Gefühl.

»Aber was hätte ich denn tun sollen, um mein Herz offen zu halten, Salomon?«

Sara, wenn es dein inniger Wunsch ist, dein Herz offen zu halten, wirst du immer mehr Gedanken hegen, die deine Verbindung zur positiven Energie aufrechterhalten. Aber solange wir nicht verstehen, dass die Verbindung zur positiven Energie das Allerwichtigste ist, machen wir uns nur unnötig das Leben schwer.

Ich werde jetzt ein paar Sätze sagen. Achte beim Hören darauf, wie du dich fühlst. Öffnet der Satz dein Herz oder wird dadurch die Verbindung zur positiven Energie unterbrochen?

»Okay.«

Schau dir nur die arme alte Frau an. Die kann ja kaum noch gehen.

»Das fühlt sich nicht gut an, Salomon.«

Was soll nur aus Tante Zoie werden? Sie kommt ja kaum noch die Treppe hoch. Was macht sie bloß, wenn sich ihr Zustand noch verschlimmert?

»Da verkrampft sich mein Herz richtig. Das war leicht.«

Wo wohl ihre nichtsnutzigen Kinder sind? Warum kümmern die sich nicht mal um sie?

»Das habe ich mich auch schon gefragt, Salomon. Und du hast recht, das schnürt mir die Brust zusammen.«

Tante Zoie ist eine starke alte Frau. Ich glaube, ihr gefällt ihre Unabhängigkeit.

»Hmmm. Der Gedanke fühlt sich besser an.«

Selbst wenn jemand versuchen würde, sich um sie zu kümmern, hätte sie es wahrscheinlich gar nicht so gern.

»Ja, der Gedanke fühlt sich auch besser an. Und wahrscheinlich ist es so, Salomon. Sie wird immer wütend, wenn ich versuche, etwas für sie zu tun.« Sara erinnerte sich daran, wie sehr Tante Zoie verärgert war, wenn Sara in ihrer Ungeduld versucht hatte, ihre Sätze für sie zu beenden.

Diese wunderbare alte Dame hat ein langes, erfüll-

124

tes Leben gehabt. Ich kann überhaupt nicht wissen, ob
sie wirklich unglücklich ist.

»Das fühlt sich gut an.«

Wahrscheinlich lebt sie genau so, wie sie leben will.

»Das fühlt sich auch gut an.«

Ich wette, sie hat eine Menge toller Geschichten aus
ihrem Leben zu erzählen. Ich werde sie ab und zu mal
besuchen, um mehr darüber zu erfahren.

»Das fühlt sich richtig gut an, Salomon. Ich glaube, das
würde Tante Zoie gefallen.«

Wie du siehst, Sara, kannst du dir jemanden
anschauen und dich dabei auf völlig unterschiedliche
Aspekte konzentrieren. Und du kannst aufgrund deiner Gefühle feststellen, ob dir eine Situation weiter-
hilft oder ob sie dich hemmt.

Sara ging es viel besser. »Ich glaube, ich begreife das allmählich, Salomon.«

Ja, Sara, das glaube ich auch. Jetzt, wo du es verstehen möchtest, gehe ich davon aus, dass du viele Gelegenheiten dazu erhältst. Viel Spaß dabei, Sara.

Kapitel 21

Alles schien immer besser zu laufen. Jeder neue Tag schien mehr gute Dinge zu enthalten als schlechte. *Ich bin so froh, dass ich Salomon gefunden habe – oder dass Salomon mich gefunden hat*, überlegte Sara, als sie nach dem Unterricht, in dem es nicht einen einzigen negativen Vorfall gegeben hatte, nach Hause ging. *Das Leben wird wirklich immer besser.*

Sara hielt an ihrem Ausguck auf der Brücke an und lehnte sich weit über den schnell fließenden Fluss hinaus. Sie grinste von einem Ohr zum anderen. Ihr Herz hüpfte vor Freude. Für Sara war die Welt an diesem Tag absolut in Ordnung.

Sara sah auf, weil sie die laut kreischenden Stimmen zweier Jungen hörte. Jason und Billy rannten mit einer Geschwindigkeit an ihr vorbei, wie sie es noch nie gesehen hatte. Sie hielten ihre Mützen fest und liefen so schnell, dass sie Sara nicht einmal wahrnahmen. Sara musste leise lachen, weil sie so dumm aussahen, als sie in einem solchen Tempo vorbeirannten, dass sie ihre Mützen festhalten mussten. *Die beiden versuchen immer, die Schallmauer zu durchbrechen*, dachte sie lächelnd. Dabei stellte sie fest, dass sie ihr überhaupt nicht mehr so auf die Nerven gingen wie früher. Sie hatten sich kaum oder eigentlich gar nicht verändert, aber sie brachten Sara einfach nicht mehr in Rage. Zumindest nicht mehr so wie früher.

Sara winkte Mr. Matson zu, dessen Kopf wie üblich unter der Motorhaube eines Autos steckte, und beschleunigte ihre Schritte, als sie sich auf den Weg zu Salomons Wäldchen machte. »Was für ein wunderschöner Tag!«, rief sie laut, als sie in den herrlich blauen Nachmittagshimmel sah und die frische Frühlingsluft einsog. Saras Lebensgeister erwachten immer, wenn der letzte Schnee geschmolzen war und die ersten Gräser und Blumen hervorkamen; der Winter hier war lang. Aber es war nicht das Ende des Winters, das Sara so fröhlich machte, sondern das baldige Ende der Schule und die Aussicht auf Ferien – auf drei Monate Freiheit. Aber irgendwie wusste Sara, dass ihre Freude nichts damit zu tun hatte, dass wieder ein Schuljahr fast vorbei war, sondern weil sie sich bemühte, ihr Herz unter allen Umständen offen zu halten.

Es fühlt sich so gut an, frei zu sein, dachte Sara. *Es fühlt sich so gut an, sich so gut zu fühlen. Es fühlt sich so gut an, vor nichts Angst zu haben …*

»Iiiieh!«, kreischte Sara, während sie einen Luftsprung machte, um ja nicht auf die größte Schlange zu treten, die sie je gesehen hatte. Die Schlange lag in voller Länge quer über dem Weg. In dem Moment, da Sara auf der anderen Seite des bedrohlich wirkenden Tiers gelandet war, rannte sie wie eine Verrückte weiter. Sie wurde erst langsamer, als sie sich sicher war, dass sie die Schlange weit hinter sich gelassen hatte.

»Vielleicht bin ich doch nicht ganz so furchtlos, wie ich dachte«, sagte sie lachend zu sich selbst. Dann musste sie

noch mehr lachen, als sie plötzlich begriff, was der Grund
für Jasons und Billys Rekordversuch gewesen war und
warum sie völlig vergessen hatten, anzuhalten und sie zu
ärgern. Als Sara am Wäldchen ankam, war sie vor lauter Lachen völlig außer Atem.

Salomon wartete neugierig, aber geduldig auf Sara.
Hallo Sara, bist du heute wieder voller Begeisterung?

»Salomon, in den letzten Tagen passieren mir einfach
sehr seltsame Dinge. Immer wenn ich glaube, etwas zu
verstehen, dann passiert irgendetwas und ich erkenne,
dass ich überhaupt nichts verstehe. Kaum habe ich
beschlossen, dass ich tapfer bin und vor nichts Angst
habe, taucht etwas auf, das mich zu Tode erschreckt. Das
ist alles ziemlich merkwürdig, Salomon.«

*Du scheinst aber gar nicht zu Tode erschrocken zu
sein, Sara.*

»Na ja, wahrscheinlich hab ich ein bisschen übertrieben, Salomon. Wie du siehst, bin ich ja nicht tot.«

*Ich meinte, du siehst überhaupt nicht verängstigt
aus. Du scheinst vor allem zu lachen.*

»Ja, jetzt lache ich, Salomon. Aber ich hab nicht
gelacht, als mitten auf dem Weg diese große Schlange
lag, die nur darauf wartete, mich zu beißen. Kaum dachte ich daran, wie tapfer und furchtlos ich jetzt bin, da
bekam ich schon furchtbare Angst und lief um mein
Leben.«

So ist das also, antwortete Salomon. *Sara, geh nicht zu hart mit dir selbst ins Gericht. Es ist völlig normal, eine starke emotionale Reaktion zu haben, wenn du in einer Situation bist, die dir aus irgendeinem Grund nicht gefällt. Nicht deine spontane Reaktion bestimmt die Qualität deiner Schwingung, sondern sie wird nachhaltig erst dadurch bestimmt, wie du damit umgehst.*

»Was heißt denn das?«

Was glaubst du, warum dich die Schlange so erschreckt hat, Sara?

»Weil sie eine Schlange ist, Salomon! Schlangen sind schrecklich! Schlangen beißen einen, sodass man krank wird. Sie können einen sogar umbringen. Einige von ihnen wickeln sich um einen herum, brechen einem die Rippen und drücken so fest zu, dass man keine Luft mehr bekommt«, berichtete Sara stolz, als sie sich an die Einzelheiten des schrecklichen Naturfilms erinnerte, den sie in der Schule gesehen hatte.

Sara versuchte wieder zu Atem zu kommen und sich ein bisschen zu beruhigen. Ihr Augen blitzten und ihr Herz raste.

Sara, glaubst du, dass du dich durch die Worte, die du gerade gesagt hast, besser fühlst oder schlechter?

Sara musste einen Moment lang nachdenken, denn sie hatte überhaupt nicht daran gedacht, wie sich das Gesagte auf sie auswirkte. Sie war einfach zu beschäftigt damit gewesen, ihre Gefühle gegenüber Schlangen zu erklären.

Siehst du, Sara. Das meinte ich, als ich sagte, dass das, was du damit machst, am wichtigsten ist. Wenn du dich so über Schlangen und all die furchtbaren Dinge auslässt, die diese Tiere möglicherweise tun könnten, hältst du diese Schwingung aufrecht – und es wird immer wahrscheinlicher, dass du weitere unangenehme Erfahrungen mit Schlangen anziehen wirst.

»Aber Salomon, was sollte ich denn tun? Diese große

Schlange lag ja einfach da. Und dann habe ich sie gerade noch gesehen, als ich schon fast auf sie getreten wäre. Ich mag gar nicht daran denken, was sie mir dann alles angetan hätte ...«

Du tust es schon wieder, Sara. Du stellst dir immer noch etwas vor und hältst ein geistiges Bild von etwas aufrecht, das du nicht magst.

Sara sagte nichts. Sie wusste zwar, was Salomon meinte, aber nicht, was sie nun tun sollte. Die Schlange war sooooo groß und ihr sooooo nahe und sooooo schrecklich gewesen, dass sie nicht wusste, wie sie sonst damit hätte umgehen sollen. »Also gut, Salomon, sag mir, was du tun würdest, wenn du ein Mädchen wärst und fast auf eine riesige Schlange getreten wärst.«

Sara, zunächst einmal musst du dich daran erinnern, dass es dein wichtigstes Ziel ist, einen besseren Gefühlszustand zu erlangen. Wenn du ein anderes Ziel hast, kommst du nur vom Weg ab. Wenn du versuchst herauszufinden, wo sich überall Schlangen befinden, wird es dir schlechter gehen. Wenn du beschließt, so wachsam zu sein, dass dir nie wieder eine Schlange so nahe kommt, wirst du dich total überfordert fühlen. Wenn du versuchst, alle Schlangenarten zu kennen, damit du sie in »gut« und »schlecht« einteilen kannst, wirst du spüren, dass es unmöglich ist, das alles herauszufinden. Deine Situation wird dadurch nur noch schlimmer. Dein einziges Ziel sollte sein, mit diesem Thema so umzugehen, dass dich der Anblick einer Schlange nicht mehr erschreckt.

»Und wie mache ich das, Salomon?«

Du könntest zum Beispiel zu dir selbst sagen: »Diese große alte Schlange liegt einfach da, um sich zu sonnen. Sie freut sich, dass der Winter vorüber ist. Für sie ist die Sonne genauso schön wie für mich.«

»Ich fühle mich trotzdem nicht besser.«

Du könnest auch sagen: »Diese große alte Schlange hat nicht das geringste Interesse an mir. Sie hat mich nicht mal beachtet, als ich weggelaufen bin. Sie hat wahrscheinlich anderes zu tun, als kleine Mädchen zu beißen.«

»Das fühlt sich schon ein bisschen besser an. Was sonst noch?«

»Ich bin so wachsam!«, fuhr Salomon fort. *»Gut, dass ich die Schlange gesehen habe und über sie hinweggesprungen bin, ohne sie zu stören. Die Schlange hätte dasselbe auch für mich getan.«*

»Hätte sie das wirklich, Salomon? Woher weißt du das?«

Hier leben überall Schlangen, Sara. Sie leben im Fluss und im Gras, durch das du gehst. Wenn du kommst, machen sie Platz. Sie wissen, dass genug Platz für alle da ist. Sie wissen um das vollkommene Gleichgewicht deines Planeten. Ihre Herzen sind weit geöffnet, Sara.

»Schlangen haben Herzen?«

Sicher haben sie welche. Alle Tiere deines Planeten haben ein Herz – aber das meine ich natürlich nicht nur biologisch. Ihre Herzen sind fast immer weit geöffnet.

»Hmmm.« Sara dachte nach. Sie fühlte sich schon viel besser.

Sara, merkst du, dass es dir besser geht? Nichts hat sich verändert. Die Schlange liegt immer noch dort, wo du sie zuletzt gesehen hast. Die Situation hat sich nicht verändert. Aber das, was du fühlst, hat sich mit Sicherheit verändert.

Sara wusste, dass Salomon recht hatte.

Wenn du jetzt an Schlangen denkst, wirst du ein positives Gefühl verspüren. Dein Herz wird offen sein, ihr Herz wird offen sein. Und ihr werdet in Harmonie miteinander leben.

Saras Augen leuchteten aufgrund ihrer neuen Erkenntnis auf. »Okay, Salomon. Jetzt muss ich aber los. Ich sehe dich dann morgen wieder.«

Salomon lächelte, als Sara den Weg entlanghüpfte. Da hielt Sara noch einmal an und rief zurück: »Salomon, glaubst du, ich werde jemals wieder Angst vor Schlangen haben?«

Kann schon sein, Sara. Aber wenn du Angst bekommst, weißt du jetzt, was du zu tun hast.

»Ja«, grinste Sara. »Das weiß ich.«

Und irgendwann, fügte Salomon hinzu, *wird deine Angst vollständig verschwunden sein. Nicht nur die vor Schlangen, sondern überhaupt.*

Als Sara vom Wäldchen nach Hause ging, sah sie in das frische Gras und fragte sich, wie viele Schlangen dort wohl lebten. Zuerst fröstelte sie ein wenig bei dem Gedanken, dass sich überall entlang des Weges Schlangen im Gebüsch versteckten, aber dann dachte sie, wie nett es von ihnen war, dass sie sich verborgen hielten und ihr nicht in die Quere kamen. Wie nett, dass sie nicht plötzlich hervorkrochen und sie erschreckten, wie es Jason und Billy so oft getan hatten. Sara lächelte, als sie die Auffahrt hinauf zum Haus ging. Sie fühlte sich stark wie ein Sieger. Es war gut, die Angst hinter sich zu lassen. Es fühlte sich wunderbar an.

Kapitel 22

Sara! Sara! Mann, Sara! Weißt du was? Wir haben Salomon gefunden!«

O nein, nur das nicht, dachte Sara und blieb wie angewurzelt stehen, als Jason und Billy auf ihren Fahrrädern auf sie zugerast kamen.

»Was heißt das, ihr habt Salomon gefunden? Wo habt ihr ihn gefunden?«

»An Thackers Weg, Sara. Und weißt du, was wir noch gemacht haben?«, fragte Jason stolz. »Wir haben ihn abgeknallt!«

Sara fühlte sich plötzlich so schwach, dass sie dachte, sie würde hinfallen. Sie hatte das Gefühl, ihre Beine würden ihr den Dienst versagen.

»Er saß einfach so auf einem Pfosten, Sara. Wir haben ihn aufgeschreckt und dann hat Billy ihn mit seinem Luftgewehr abgeschossen. Es war toll, Sara! Aber er ist überhaupt nicht so groß, wie wir dachten. Er besteht ja fast nur aus Federn.«

Sara traute ihren Ohren nicht. Was sie da hörte, war

so ungeheuerlich, so dramatisch, und Jason ließ sich darüber aus, dass Salomon nicht so groß war, wie er gedacht hatte? Sara hatte das Gefühl, ihr Kopf würde jeden Moment explodieren. Sie ließ ihre Tasche achtlos zu Boden fallen und rannte schneller, als sie es je zuvor getan hatte, zu Salomons Wäldchen.

»Salomon! Salomon! Wo bist du, Salomon?«, schrie sie verzweifelt.

Hier, Sara. Ich bin hier. Nur keine Panik.

Und dort in einem wirren Haufen Federn lag Salomon.

»O Salomon«, weinte Sara, als sie auf die Knie in den Schnee fiel. »Schau dich nur an! Was haben sie nur mit dir gemacht?«

Salomon war wirklich kein schöner Anblick. Seine sonst so gepflegten Federn waren zerdrückt und standen in alle Richtungen ab. Der weiße Schnee um ihn herum war voll roter Blutspuren.

»Salomon, Salomon, was kann ich denn nur tun?«

Sara, das ist doch keine große Sache.

»Aber Salomon, du blutest doch. Schau dir nur all das viele Blut an. Wirst du wieder in Ordnung kommen?«

Natürlich, Sara. Es ist immer alles in Ordnung.

»O Salomon, bitte. Komm mir doch nicht jetzt mit diesem Quatsch. Ich kann doch sehen, dass nicht alles in Ordnung ist.«

Sara, komm her zu mir, sagte Salomon.

Sara kroch zu Salomon hinüber, legte eine Hand auf seinen Rücken und streichelte mit der anderen die Federn unter seinem Kinn. Es war das erste Mal, dass Sara ihn tatsächlich berührt hatte. Er fühlte sich so weich und so zart an. Sara liefen die Tränen übers Gesicht.

Sara, bitte verwechsle diesen wirren Haufen aus Knochen und Federn nicht mit dem, was Salomon wirklich ist. Dieser Körper ist nur ein Brennpunkt – oder ein Ausgangspunkt –, durch den man etwas Grö-

ßeres sehen kann. Mit deinem Körper ist es genauso, *Sara. Er ist nicht, was du wirklich bist. Er ist einfach nur ein Mittel, das du zurzeit benutzt, damit das, was du wirklich bist, spielen, wachsen und glücklich sein kann.*

»Aber Salomon, ich hab dich doch lieb. Was soll ich nur ohne dich machen?«

Sara, wie kommst du nur auf solche Gedanken? Salomon geht doch nicht weg. Salomon ist ewig!

»Aber Salomon, du stirbst doch!«, stieß Sara hervor, die größere Schmerzen litt als jemals zuvor.

Sara, hör mir zu. Ich sterbe nicht, denn es gibt keinen Tod. Es stimmt, ich werde diesen Körper jetzt nicht

*mehr benutzen, aber er wurde sowieso alt und schon
etwas steif. Seit dem Tag, an dem ich versucht habe,
meinen Kopf um 360 Grad zu drehen, um den Enkeln
der Thackers eine Freude zu machen, habe ich sowieso immer Nackenschmerzen gehabt.*

Sara musste lachen, obwohl sie weinte. Salomon
gelang es selbst unter den schlimmsten Umständen, sie
zum Lachen zu bringen.

*Sara, unsere Freundschaft ist ewig. Du kannst jeder-
zeit bestimmen, wann du mit Salomon reden möchtest, worüber du reden möchtest, und wenn du dich
darauf konzentrierst, das gute Gefühl in dir zu finden
– und schon werde ich bei dir sein.*

»Aber werde ich dich sehen können, Salomon? Werde
ich dich sehen und anfassen können?«

*Wahrscheinlich nicht, Sara. Zumindest eine Zeit lang
nicht. Aber darum geht es bei unserer Beziehung ja
auch gar nicht, Sara. Du und ich, wir sind nämlich geistige Freunde.*

Und mit diesen letzten Worten entspannte sich Salomons verkrümmter Körper. Er sank in den Schnee und
seine großen Augen schlossen sich.

»Nein!!!« Saras Schrei flog über Wiesen und Felder.
»Salomon, bitte geh nicht weg!«

Aber Salomon gab keine Antwort mehr.

Sara stand auf und sah auf Salomons Körper hinab. Er
sah so klein aus, wie er da im Schnee lag. Seine Federn
bewegten sich sachte im Wind. Sara zog ihren Mantel aus
und legte ihn neben Salomon in den Schnee. Dann hob
sie ihn behutsam auf, legte ihn auf den Mantel und wickelte ihn darin ein. Ohne zu merken, wie kalt es eigentlich
war, trug Sara Salomon Thackers Weg entlang.

*Sara, unsere Freundschaft ist ewig. Du kannst jeder-
zeit bestimmen, wann du mit Salomon reden möchtest, worüber du reden möchtest, und wenn du dich*

darauf konzentrierst, das gute Gefühl in dir zu finden
– und schon werde ich bei dir sein, sagte Salomon noch
einmal. Aber Sara konnte ihn nicht hören.

Kapitel 23

Sara hatte keine Ahnung, wie sie ihren Eltern erklären sollte, wer Salomon war oder wieso er ihr ein so wichtiger Freund geworden war. In ihrem Kopf drehte sich alles. Jetzt tat es ihr leid, dass sie ihrer Familie nicht mehr über Salomon erzählt hatte, denn nun konnte sie auch nicht erklären, welch eine Tragödie dies für sie war. Sie hatte sich darin ausschließlich auf Salomon verlassen, sie zu trösten, ihr Ratschläge zu geben, und die Verbindung zu ihrer Familie in dieser Beziehung völlig abgebrochen. Nach dem Verlust von Salomon fühlte sich Sara vollkommen allein und wusste weder ein noch aus.

Sie wusste auch nicht, was sie mit Salomons Körper anfangen sollte. Der Boden war noch gefroren, sodass sie kein Grab für ihn schaufeln konnte. Der Gedanke, ihn im Heizungsraum in den Kohlenbrenner zu werfen, wie es ihr Vater schon mit anderen toten Vögeln oder Mäusen getan hatte, war einfach zu schrecklich, um ihn auch nur zu denken.

Sara saß noch immer mit Salomon im Arm auf der

Vordertreppe des Hauses, als der Wagen ihres Vaters mit quietschenden Reifen eine Vollbremsung auf der Auffahrt machte. Ihr Vater sprang aus dem Wagen und rannte mit Saras nasser Schultasche und ihren durchnässten Büchern auf sie zu. Sara hatte völlig vergessen, dass sie ihre Sachen auf der Straße fallen gelassen hatte.

»Sara, Mr. Matson hat mich im Büro angerufen. Er hat deine Tasche und deine Bücher auf der Straße gefunden. Wir dachten, dir wäre etwas zugestoßen, Sara! Ist alles in Ordnung?«

Sara wischte sich über das nasse Gesicht. Es war ihr peinlich, dass ihr Vater sie so sah. Einerseits wollte sie Salomon verstecken und so ihr Geheimnis hüten, aber

andererseits wollte sie Trost darin suchen, ihrem Vater die ganze Geschichte zu erzählen.

»Sara, was ist denn bloß passiert? Was ist denn los, Liebling?«

»Ach Daddy«, presste Sara hervor. »Jason und Billy haben Salomon umgebracht!«

»Salomon?«, fragte ihr Vater. Sara öffnete den Mantel, damit er ihren toten Freund sehen konnte.

»O Sara, das tut mir so leid.« Er hatte keine Ahnung, warum diese tote Eule für sie so wichtig war, aber es war offensichtlich, dass Sara wirklich unter Schock stand. So hatte er seine Tochter noch nie gesehen. Er wollte sie in den Arm nehmen und ihren Schmerz wegküssen, aber er ahnte, dass das nicht ausreichen würde. »Sara, gib mir Salomon. Ich werde hinter dem Hühnerstall ein Grab für ihn ausheben. Geh du nur ins Haus, damit du wieder warm wirst.«

Erst jetzt merkte Sara, wie kalt ihr war. Widerwillig ließ sie ihr kostbares Bündel los und legte Salomon in die Arme ihres Vaters. Sara fühlte sich schwach, traurig und sehr, sehr müde. Sie blieb noch etwas auf der Treppe sitzen und sah ihrem Vater nach, der ihren schönen Salomon behutsam davontrug. Sie lächelte schwach durch ihre Tränen, als sie sah, wie vorsichtig ihr Vater mit dem Federbündel umging. Fast schien es, als wüsste er, wie kostbar es für sie war.

Sara warf sich aufs Bett, ohne sich auszuziehen. Sie ließ ihre Schuhe zu Boden fallen und weinte in ihr Kissen, bis sie eingeschlafen war.

Kapitel 24

Als Sara zu sich kam, stand sie umgeben von wunderschönen Frühlingsblumen in einem seltsamen Wäldchen, in dem bunte Vögel und Schmetterlinge umherflogen.

Hallo, Sara. Sieht fast so aus, als ob du heute eine Menge zu bereden hättest, scherzte Salomon.

»Salomon!«, rief Sara freudig überrascht aus. »Salomon, du bist ja gar nicht tot, du bist ja gar nicht tot! Ach Salomon, ich bin so froh, dich zu sehen!«

Sara, warum bist du denn so überrascht? Ich habe dir doch gesagt, dass es keinen Tod gibt. Also, worüber möchtest du mit mir reden?, fuhr er ruhig fort, als ob überhaupt nichts Ungewöhnliches geschehen wäre.

»Salomon, ich weiß, dass du gesagt hast, es gäbe keinen Tod, aber du hast tot ausgesehen. Du warst ganz schlaff und schwer, deine Augen waren geschlossen und du hast nicht mehr geatmet.«

Sara, du warst einfach daran gewöhnt, Salomon auf

eine bestimmte Weise zu sehen. Aber jetzt hast du die Gelegenheit – weil dein Wunsch stärker ist als je zuvor –, Salomon umfassender, universeller zu sehen.

»Was meinst du denn damit?«

Die meisten Menschen sehen die Welt nur durch ihre physischen Augen, aber jetzt hast du die Möglichkeit, die Welt mit anderen Augen zu sehen – durch die Augen der wahren Sara, die in der körperlichen Sara lebt.

»Soll das heißen, in mir lebt noch eine Sara? So wie du der Salomon bist, der in meinem Salomon lebt?«

Ja, Sara, genauso ist es. Und diese innere Sara lebt für immer und ewig. Die innere Sara wird niemals sterben, so wie auch der innere Salomon, den du jetzt siehst, niemals sterben wird.

»Das hört sich gut an, Salomon. Werde ich dich morgen wieder an Thackers Weg sehen?«

Nein, Sara, dort werde ich nicht mehr sein.

Sara runzelte die Stirn.

Aber denk doch einmal nach, Sara. Jetzt kannst du mit mir reden, wann immer dir danach ist – ganz gleich, wo du bist. Du brauchst nicht mehr zum Wäldchen zu laufen. Du musst nur an Salomon denken und dich daran erinnern, wie es sich anfühlt, bei Salomon zu sein – und schon werde ich bei dir sein.

»Das hört sich ja schon ganz gut an, Salomon, aber mir haben unsere Treffen im Wäldchen so viel Spaß gemacht. Bist du sicher, dass du nicht dorthin zurück möchtest?«

Sara, du wirst an unserer neuen Art der Begegnung noch mehr Freude haben als an unserem Spaß im Wäldchen. Unsere neue Art der Begegnung kennt nämlich keinerlei Grenzen. Du wirst schon noch sehen, wir werden viel Spaß haben.

»Okay, Salomon, ich glaube dir.«

146

Gute Nacht, Sara.

»Salomon!«, rief Sara, weil sie nicht wollte, dass Salomon so schnell wieder verschwand.

Ja, Sara?

»Danke, dass du nicht tot bist!«

Gute Nacht, Sara. Alles ist gut.

Teil II
Das glückliche ewige Leben nach dem Tod

Kapitel 25

Salomon, bist du Jason und Billy nicht böse, dass sie dich erschossen haben?«

Warum, Sara? Warum sollte ich ihnen böse sein?

»Weil sie dich erschossen haben!«, erwiderte Sara erstaunt. Wieso konnte Salomon es nicht begreifen, und wieso war er ihnen nicht böse, dass sie etwas so Schreckliches getan hatten?

Nein, Sara. Wenn ich an Jason und Billy denke, bin ich ihnen einfach dankbar, dass sie dich zu mir gebracht haben.

»Aber Salomon, findest du nicht, dass der Mord an dir irgendwie wichtiger ist?«

Sara, das Einzige, was von Bedeutung ist, ist, dass ich mich gut fühle. Und ich kann nicht auf Jason und Billy wütend sein und mich gleichzeitig gut fühlen. Für mich ist es von größter Bedeutung, dass ich mein Herz offen halte, Sara. Deshalb entscheide ich mich immer für Gedanken, die sich gut anfühlen.

»Moment mal, Salomon. Soll das heißen, dass du nicht

darüber nachdenkst, ganz gleich, wie böse jemand ist oder was für furchtbare Dinge er tut? Dass niemand jemals etwas so Böses tut, dass du deswegen wütend wirst?«

Sara, sie meinen es doch nicht böse.

»Ach Salomon, nun hör aber auf! Sie haben dich erschossen! Wie schlimm muss es denn noch werden, bis du begreifst, wie böse so etwas ist?«

Sara, ich möchte dir eine Frage stellen. Glaubst du, dass Jason und Billy aufhören würden, in der Gegend herumzuballern, wenn ich so richtig wütend auf sie wäre, weil sie mich erschossen haben?

»Nein, Salomon, vermutlich nicht.«

Fällt dir ein anderer Sinn ein, den meine Wut haben könnte?

Sara dachte auch darüber nach.

Wenn ich ihnen böse wäre, würdest du dich in deiner Wut auf sie bestärkt fühlen, Sara. Aber dann würde ich ein Glied in deiner Kette des Schmerzes werden und daraus kann nichts Gutes entstehen.

»Aber Salomon«, protestierte Sara, »es ist doch …«

Sara, unterbrach sie Salomon. *Wir könnten den Rest des Tages und die halbe Nacht darüber diskutieren, was richtig und was falsch ist. Du könntest dein ganzes Leben damit zubringen herauszufinden, welches Verhalten gut und welches schlecht ist und unter welchen Umständen es gut und unter welchen es schlecht ist. Aber ich habe gelernt, dass es die reine Zeitverschwendung ist, wenn ich auch nur eine einzige Minute damit zubringe zu rechtfertigen, dass ich mich schlecht fühle. Und ich habe gelernt, dass mein Leben umso besser wird, je schneller ich mich wieder gut fühle – und dass ich dann auch anderen mehr geben kann.*

Dank vieler Leben und vieler Erfahrungen habe ich erkannt, dass ich mich für Gedanken entscheiden kann, die mein Herz offen halten, oder dass ich mich

für Gedanken entscheiden kann, die mein Herz ver-
schließen. Aber ganz egal, wie ich mich auch ent-
scheide – es ist immer meine *Entscheidung. Und daher*
habe ich schon vor langer Zeit damit aufgehört, den
Jasons und Billys dieser Welt die Schuld an irgendet-
was zu geben. Es hat mir nicht geholfen und es hat
auch ihnen nicht weitergeholfen.

Sara sagte nichts. Sie musste in Ruhe darüber nachdenken. Sie hatte nämlich bereits beschlossen, dass sie
Jason diese schreckliche Tat niemals vergeben würde,
und nun kam Salomon daher und weigerte sich, sie in
ihrer Schuldzuweisung auch nur im Geringsten zu unterstützen.

Sara, denk daran: Wenn du den Umständen er-
laubst, über deine Gefühle zu bestimmen, sitzt du
immer in der Falle. Aber wenn du kontrollierst, wie
du dich fühlst – und die Gedanken prüfst, die du
denkst –, dann bist du wahrhaft frei.

Sara erinnerte sich daran, dass Salomon schon einmal
etwas Derartiges gesagt hatte, aber da war es auch nicht
um eine solche Herausforderung gegangen. Dies schien
zu groß zu sein, um verzeihen zu können.

Sara, in dieser großen Welt, in der so viele Menschen
unterschiedliche Ansichten darüber haben, was richtig
und was falsch ist, wirst du noch häufig Dinge beob-
achten, mit denen du nicht übereinstimmst. Willst du
wirklich verlangen, dass all diese Menschen dir zulie-
be ihr Verhalten ändern? Wolltest du das wirklich,
wenn du es bewirken könntest?

Der Gedanke, dass sich alle so verhalten würden, wie
sie es wollte, gefiel Sara zwar irgendwie, aber sie hielt die
Möglichkeit nicht für sehr wahrscheinlich. »Na ja, nein,
also vermutlich nicht ...«

Und was ist die Alternative? Willst du dich verste-
cken, damit du ihr abweichendes Verhalten nicht mit

ansehen musst? Willst du dich in dieser wunderschönen Welt selbst zur Gefangenen machen?

Diese Alternative gefiel Sara überhaupt nicht, aber sie erkannte, dass sie sich noch vor kurzer Zeit genauso verhalten hatte, indem sie sich geistig von den anderen abgesondert und sich in ihrer eigenen Gedankenwelt verkrochen hatte. Damals war ich nicht glücklich, dachte Sara.

Sara, du wirst eine solche Freude erleben, wenn du trotz allem dein Herz offen hältst – wenn du bereit bist anzuerkennen, dass unterschiedliche Menschen unterschiedliche Entscheidungen treffen, dass sie an andere Dinge glauben, dass sie andere Dinge wollen und sich anders verhalten. Und wenn du dann noch verstehst, dass all das Teil eines perfekten Ganzen ist und dass nichts davon dich jemals bedroht, weil das Einzige, was sich auf dich auswirkt, das ist, was du mit deinem Herzen machst – dann bist du frei und voller Freude.

»Aber Salomon, Jason und Billy haben dich nicht nur bedroht, sie haben dich erschossen! Sie haben dich umgebracht!«

Sara, du kommst nicht darüber hinweg, oder? Kannst du nicht sehen, dass ich nicht tot bin? Sara, ich lebe! Glaubst du, dass ich ewig in dem müden, alten Eulenkörper leben wollte?

Sara wusste, dass Salomon sie neckte, denn er schien niemals müde oder alt gewesen zu sein.

Ich habe diesen physischen Körper freudig aufgegeben, denn ich weiß, dass ich meine Energie jederzeit in einen anderen, jüngeren, stärkeren, schnelleren fließen lassen kann.

»Willst du damit sagen, du wolltest, dass sie dich erschießen?«

Ich zeigte mich ihnen, damit sie diese wichtige Erfahrung machen konnten. Diese Erfahrung war auch wichtig für mich und für dich, Sara.

Sara war von den Geschehnissen nach Salomons Tötung so überwältigt gewesen, dass sie sich nie gefragt hatte, wieso Jason und Billy Salomon eigentlich hatten sehen können.

Du musst Folgendes verstehen, Sara: Erstens ist wirklich alles in Ordnung – ganz gleich, wie es aus deiner physischen Sicht auch aussehen mag. Und zweitens kann nur Gutes zu dir kommen, wenn dein Herz offen ist.

Sara, versuch doch, Jason und Billy so zu würdigen, wie ich es tue. Dann wird es dir viel besser gehen.

Eher wachsen Schweinen Flügel, dachte Sara. Und dann musste sie über ihre negative Reaktion lachen. »Ich werde darüber nachdenken. Aber das alles ist so ganz anders als das, was ich jemals gedacht habe. Ich habe doch gelernt, dass man bestraft wird, wenn man etwas Böses tut.«

Sara, das Problem dabei ist, dass ihr alle furchtbare Probleme damit habt, wer darüber entscheiden soll, was richtig und was falsch ist. Die meisten von euch glauben, dass sie im Recht sind und dass die anderen daher im Unrecht sein müssen. Ihr physischen Wesen bringt euch seit ewigen Zeiten im Streit darüber um. Und trotz all der Kriege und der Morde, die seit Tausenden von Jahren auf eurem Planeten geschehen, seid ihr immer noch zu keiner Einigung gekommen. Ihr wäret besser dran, wenn ihr einfach darauf achten würdet, dass euer Herz offen bleibt. Euer Leben wäre im Handumdrehen besser.

»Glaubst du, die Menschen sind in der Lage, die Sache mit dem offenen Herzen und der positiven Energie zu verstehen? Glaubst du, jeder kann das lernen?« Sara fühlte sich angesichts der Größe dieser Aufgabe überfordert.

Das spielt keine Rolle, Sara. Das Einzige, was für dich von Bedeutung ist, ist, dass du es lernst.

Das schien dann doch nicht ganz so unmöglich zu sein.

»Also gut, Salomon, ich werde daran arbeiten.«

Gute Nacht, Sara. Dein Besuch hat mir viel Freude gemacht.

»Mir auch, Salomon. Gute Nacht.«

Kapitel 26

Jason und Billy rasten auf ihren Fahrrädern an Sara vorbei und riefen irgendeine Gemeinheit, die Sara aber nicht genau verstehen konnte. Sie lächelte, weil sie zu ihrer Überraschung gemerkt hatte, dass es eine richtiggehende Enttäuschung wäre, wenn die beiden sich nicht so böse benehmen würden. Auf merkwürdige Weise waren die drei gemeinsame Schöpfer des Spiels, das sie ständig miteinander spielten. Das Spiel hieß: Ich bin dein blöder kleiner Bruder und das ist mein ätzender kleiner Freund, und unsere Aufgabe besteht darin, dir das Leben so schwer wie möglich zu machen. Deine Aufgabe ist es, unter uns zu leiden.

Schon komisch, dachte Sara. *Das soll mir doch nun wirklich keinen Spaß machen, oder? Was ist bloß plötzlich mit mir los?*

Als Sara ihren Heimweg wiederaufnahm, wäre sie aus reiner Gewohnheit fast in Richtung Salomons Wäldchen abgebogen, weil sie vergessen hatte, dass dort nun nicht mehr ihr Treffpunkt war. Als ihr das einfiel, musste sie auch sofort wieder an Salomons Tod denken, und das erinnerte sie daran, wie Salomon auf seine Ermordung durch die beiden kleinen Bösewichte reagiert hatte. Und da überkam Sara eine überwältigende Erkenntnis.

Jason und Billy haben Salomon erschossen und Salomon liebt sie dennoch. Wenn Salomon in der Lage ist, sein Herz selbst unter solchen Umständen offen zu halten, dann kann vielleicht auch ich lernen, mein Herz offen zu halten. Vielleicht ist mir mein Leben endlich wichtig genug, dass ich mich nicht mehr dadurch stören lasse, was andere tun oder sagen.

Sara bekam eine Gänsehaut. Sie wusste, dass sie etwas entdeckt hatte, das von äußerster Bedeutung war.

Gut, Sara. Ich stimme dir aus ganzem Herzen zu, erklang Salomons Stimme.

»Hallo, Salomon. Wo bist du?«, fragte Sara, die sich immer noch danach sehnte, Salomons Körper zu sehen, während sie sich mit ihm unterhielt.

Ich bin hier, Sara, antwortete Salomon. Er hielt die Sache damit für erledigt und wandte sich wichtigeren Dingen zu. *Sara, du hast gerade das wichtigste Geheimnis des Lebens formuliert. Du fängst an zu verstehen, was bedingungslose Liebe eigentlich ist.*

»Bedingungslose Liebe?«

Ja, Sara. Du fängst an zu verstehen, dass du eine Liebende bist. Du bist ein physischer Ausdruck reiner positiver, nicht physischer Energie – Liebe. Und wenn es dir gelingt, diese reine Liebesenergie fließen zu lassen – ganz gleich unter welchen Umständen auch immer –, dann hast du bedingungslose Liebe verwirklicht. Dann – und erst dann – bist du tatsächlich der Ausdruck dessen, was du in Wirklichkeit bist und weshalb du hierhergekommen bist. Dann – und nur dann – erfüllst du wirklich den Sinn deines Lebens. Sara, das war sehr gut.

Sara kam sich vor wie im siebten Himmel. Sie verstand zwar nicht das ganze Ausmaß dessen, was Salomon sagte, aber aus der Begeisterung, mit der er es sagte, schloss sie, dass es etwas äußerst Wichtiges sein musste. Außerdem war sie sich sicher, dass Salomon wirklich zufrieden mit ihr war.

Sara, ich weiß, dass sich dies für dich am Anfang etwas merkwürdig anhört. Schließlich ist das für die meisten Menschen etwas völlig Neues, aber solange du dies nicht verstehst, kannst du nie wirklich glücklich sein.

Setz dich hin und hör mir zu. Ich werde dir erklären, wie es funktioniert.

Sara suchte sich ein trockenes, sonniges Fleckchen und setzte sich, um Salomon zuzuhören. Sie liebte es, Salomons Stimme zu hören.

Es gibt einen Strom reiner, positiver Energie, der ständig zu dir fließt. Manche nennen ihn Lebenskraft, andere haben andere Namen dafür. Dies ist der Energiestrom, der deinen Planeten ursprünglich erschaffen hat. Es ist auch der Energiestrom, der deinen wunderschönen Planeten am Leben erhält. Dieser Energiestrom sorgt dafür, dass sich dein Planet in einer perfekten Umlaufbahn im richtigen Abstand zu anderen

Planeten befindet. Dieser Strom hält ein perfektes Gleichgewicht in deinen Zellen aufrecht. Dieser Strom hält ein perfektes Gleichgewicht des Wassers auf deinem Planeten aufrecht. Dieser Strom sorgt dafür, dass dein Herz schlägt, selbst wenn du schläfst. Dies ist der wunderbare, machtvolle Strom des Wohlbefindens, Sara. Er fließt in jeder Minute eures Lebens jedem von euch zu.

»Irre!«, seufzte Sara und versuchte, sich diesen wunderbaren, machtvollen Strom vorzustellen.

Sara, als Mensch auf deinem Planeten kannst du in jedem Augenblick entscheiden, ob du den Strom zulässt oder dich ihm widersetzt. Du kannst ihn zu dir und durch dich hindurchfließen lassen oder du kannst dich von ihm abschneiden.

»Warum sollte irgendjemand diesen Strom nicht fließen lassen wollen?«

Oh, alle würden ihn fließen lassen, wenn sie ihn verstehen würden, Sara. Niemand schneidet sich ja absichtlich davon ab. Die Menschen haben einfach Angewohnheiten, die sie voneinander gelernt haben, durch die ein Widerstand gegen diesen Strom des Wohlbefindens entsteht.

»Was zum Beispiel?«

Sara, der Hauptgrund, aus dem die Menschen sich dem Strom des Wohlbefindens widersetzen, ist der, dass sie auf die sogenannten »Tatsachen« schauen, die von anderen geschaffen wurden, welche sich dem Strom des Wohlbefindens widersetzt haben.

Sara war verwirrt. Sie verstand es nicht – noch nicht.

Weißt du, Sara, wenn du deine Aufmerksamkeit auf etwas richtest, indem du es dir anschaust, schwingst du auf derselben Ebene. Nimm als Beispiel eine Krankheit. Wenn du eine Krankheit betrachtest oder darüber redest oder daran denkst, lässt du den Strom des

Wohlbefindens nicht zu. Du musst dir Wohlbefinden anschauen, um Wohlbefinden zuzulassen.

Saras Miene hellte sich auf. »Aha, das ist wieder so wie Vögel gleichen Gefieders, oder?«

Ganz genau, Sara. Es ist das Gesetz der Anziehung. Wenn du Wohlbefinden anziehen möchtest, musst du auf der Ebene des Wohlbefindens schwingen. Aber wenn du deine Aufmerksamkeit auf die Krankheit eines Menschen richtest, kannst du nicht gleichzeitig Wohlbefinden zulassen.

Sara runzelte die Stirn, als sie darüber nachdachte, was Salomon ihr eben erzählt hatte. »Aber Salomon, ich dachte immer, ich sollte Menschen, die krank sind, helfen. Wie kann ich ihnen denn helfen, wenn ich sie nicht anschaue?«

Es ist in Ordnung, sie anzuschauen, Sara, aber sieh sie nicht als krank an. Sieh sie auf dem Weg der Besserung. Oder noch besser, betrachte sie als gesund oder erinnere dich daran, wie sie waren, als sie gesund waren.

Es ist für die meisten Menschen nicht leicht, das anzunehmen, Sara, weil sie darauf ausgerichtet sind, alles um sich herum zu beobachten. Viele Menschen wären nicht mehr bereit, sich Dinge anzuschauen, aufgrund derer es ihnen schlecht geht, wenn sie wüssten, dass sie sich dann vom Strom des Wohlbefindens abschneiden.

Sara, versuche jetzt einmal nicht zu verstehen, was die meisten anderen machen. Hör mir einfach zu. Es existiert ein ständiger Strom des Wohlbefindens, der dir immerfort zufließt. Wenn du dich gut fühlst, lässt du diesen Strom zu; wenn du dich schlecht fühlst, lässt du ihn nicht zu. Wenn du das berücksichtigst, was möchtest du dann am allerliebsten?

»Ich möchte mich so gut wie möglich fühlen.«

Gut. Angenommen, du schaust fern und siehst etwas, aufgrund dessen du dich schlecht fühlst.

»Wenn jemand ermordet wird oder stirbt oder bei einem Unfall verletzt wird?«

Ja, so etwas. Wenn du das siehst, Sara, und dich dann schlecht fühlst, verstehst du jetzt, was passiert?

Sara lächelte von einem Ohr zum anderen. »Ja, Salomon. Ich widersetze mich dem Strom.«

Das ist es, Sara! Wenn du dich schlecht fühlst, widersetzt du dich dem Strom. Wenn du Nein sagst, wehrst du dich gegen etwas und widersetzt dich somit dem Strom.

Sara, wenn jemand Nein zum Krebs sagt, lässt er in Wirklichkeit den Strom des Wohlbefindens nicht zu. Wenn jemand Nein zu einem Mörder sagt, lässt er in Wirklichkeit den Strom des Wohlbefindens nicht zu. Wenn jemand Nein zur Armut sagt, lässt er in Wirklichkeit den Strom des Wohlbefindens nicht zu. Denn wenn du deine Aufmerksamkeit auf etwas richtest, das du nicht willst, schwingst du auf derselben Wellenlänge – und das heißt, du widersetzt dich dem, was du möchtest. Der Schlüssel ist also, zu bestimmen, was du nicht möchtest, dich dann auf das zu konzentrieren, was du möchtest, und Ja zu sagen.

»Das ist alles? Mehr brauchen wir nicht zu tun? Einfach Ja statt Nein zu sagen?« Sara konnte nicht fassen, wie einfach das klang. Sie war begeistert. »Salomon, das ist ja so leicht! Das kann ich! Ich glaube, das kann jeder!«

Salomon hatte Freude an Saras Begeisterung für ihre neue Erkenntnis. *Ja, Sara, du kannst es. Und das ist es, was du auch andere lehren kannst. Übe es ein paar Tage lang. Richte deine Aufmerksamkeit auf dich selbst oder auf andere und achte darauf, wie gut die meisten darin sind, Nein zu sagen, und wie selten sie Ja sagen. Wenn du dies eine Weile beobachtet hast, wirst du verstehen, was die Leute alles tun, um sich dem natürlichen Strom des Wohlbefindens zu widersetzen. Ich wünsche dir viel Spaß dabei, Sara.*

Kapitel 27

Den ganzen nächsten Tag lang musste Sara immer wieder an ihr Gespräch mit Salomon denken. Sie war wirklich begeistert, dass sie etwas verstanden hatte, das Salomon für so wichtig hielt; aber je mehr Zeit verging, desto unsicherer wurde sie, ob sie wirklich begriffen hatte, was Salomon ihr zu erklären versucht hatte. Da sie sich aber daran erinnerte, dass Salomon ihr aufgetragen hatte, andere und sich selbst zu beobachten, um herauszufinden, wie oft sie Nein statt Ja sagten, beschloss sie, ihre Aufmerksamkeit darauf zu richten.

»Sara, ich möchte nicht, dass du heute Abend zu spät nach Hause kommst«, ermahnte sie ihre Mutter. »Wir bekommen Besuch und ich brauche dich. Wir wollen doch wohl nicht, dass unser Besuch ein unordentliches Haus vorfindet, oder?«

»Okay«, seufzte Sara widerwillig. Besuch war nicht gerade das, was sie am liebsten hatte.

»Sara, ich meine es ernst. Komm bloß nicht zu spät!«
Sara blieb in der offenen Tür stehen und freute sich,

dass sie schon so früh am Morgen etwas entdeckt hatte, das Salomons Aussage bestätigte. Sie bewegte sich im Zeitlupentempo und starrte wie blind in die Gegend, während sie sich zu erinnern versuchte, was Salomon genau gesagt hatte. Ohne dass sie es merkte, ließ sie dabei kalte Luft ins Wohnzimmer.

»Sara, pass doch auf, du lässt ja die kalte Luft herein. Um Himmels willen, Sara, nun mach schon. Du kommst noch zu spät zur Schule!«

Irre!, dachte Sara. Es war erstaunlich: Ihre Mutter hatte in den letzten zwei Minuten fünfmal gesagt, was sie nicht wollte, aber Sara konnte sich nicht erinnern, dass sie auch nur ein einziges Mal gesagt hatte, was sie wollte. Und das Erstaunlichste war, dass ihre Mutter es nicht einmal gemerkt hatte.

Saras Vater war gerade damit fertig geworden, den Weg freizuschaufeln, als Sara die Treppen hinabhüpfte. »Vorsicht, Sara! Der Weg ist glatt. Du willst doch nicht hinfallen, oder?«

Sara grinste bis über beide Ohren. *Irre*, dachte sie. *Das ist ja echt verblüffend!*

»Sara, hast du mich gehört? Ich sagte, pass auf, dass du nicht hinfällst!«

Sara hatte zwar nicht gehört, dass ihr Vater direkt Nein gesagt hatte, aber seine Worte wiesen eindeutig darauf hin, was er nicht wollte.

Sara überlegte schnell. Sie wollte sagen, was sie wollte. »Es ist alles in Ordnung, Daddy«, sagte sie. »Ich falle nie hin.« *O nein*, dachte sie dann. *Das war eigentlich auch kein Ja.*

Da Sara ihrem Vater ein gutes Beispiel geben wollte, drehte sie sich um, sah ihn direkt an und sagte: »Danke, Daddy, dass du den Weg für uns freigeschaufelt hast. So werde ich bestimmt nicht hinfallen.«

Sara musste laut lachen, als sie sich reden hörte. Selbst

wenn sie bewusst Ja zu sagen versuchte, redete sie immer noch darüber, *nicht* hinzufallen. *Junge, Junge*, dachte sie, *das wird nicht leicht.* Und dann lachte sie laut auf und rief zu ihrer eigenen Überraschung aus: »Nicht leicht? Du meine Güte, Salomon, jetzt hab ich es schon wieder getan!«

Sara war schon ein gutes Stück von ihrem Haus entfernt, als sie hörte, wie die Haustür zugeknallt wurde. Als sie sich umdrehte, sah sie Jason mit Höchstgeschwindigkeit auf sie zulaufen. In der einen Hand trug er seine Schultasche, mit der anderen hielt er seine Mütze fest. Sara konnte an seiner Geschwindigkeit und am Glänzen seiner Augen erkennen, dass er vorhatte, sie – wie schon unzählige Male zuvor – anzurempeln, um sie wütend zu machen. Schon im Voraus brüllte Sara ihm lauthals entgegen: »Wag es bloß nicht, Jason! Jason, nein! Verdammt Jason, tu das bloß nicht!«

Meine Güte, dachte sie dann. *Ich hab es schon wieder getan. Das Nein kommt einfach aus mir heraus, selbst wenn ich es gar nicht will. Gar nicht will? Ich hab's schon wieder gesagt.* Sara geriet allmählich in Panik. Sie schien keine Kontrolle über das zu haben, was aus ihrem Mund kam.

Jason rauschte an ihr vorbei und lief weiter. Erst als er einen Block vor ihr war, entspannte sich Sara und nahm ihre gemächliche Gangart wieder auf. Sie wollte in Ruhe über die erstaunlichen Dinge nachdenken, die sich in den letzten zehn Minuten ereignet hatten.

Sara beschloss, eine Liste mit den Neins aufzustellen, die sie gehört hatte, damit sie sie später mit Salomon durchgehen konnte. Sie nahm ihr Notizbüchlein aus der Tasche und schrieb:

KOMM NICHT ZU SPÄT.
WIR WOLLEN DOCH KEIN UNORDENTLICHES HAUS.

LASS DIE KALTE LUFT NICHT HEREIN.
KOMM NICHT ZU SPÄT ZUR SCHULE.
FALL BLOSS NICHT HIN.
DAS WIRD NICHT LEICHT SEIN.
JASON, WAG ES BLOSS NICHT.

Sara hörte, wie Mr. Jorgensen zwei Schülern aus ihrer Klasse nachrief: »Auf dem Flur wird nicht gerannt!« Sie schrieb es in ihr Buch. Als sie sich gegen ihren Spind lehnte, kam ein anderer Lehrer vorbei und sagte zu ihr: »Beeilung, bitte. Du kommst sonst zu spät.« Sara schrieb auch das auf.

Als sie auf ihrem Platz saß und sich auf einen weiteren langen Schultag einstellte, sah sie einen erstaunlichen Anschlag, der im Klassenzimmer hing. Der Anschlag hatte schon das ganze Jahr über dort gehangen, aber Sara hatte noch nie darauf geachtet – zumindest nicht so wie jetzt. Zuerst traute sie ihren Augen nicht, dann zog sie ihr Notizbuch hervor und schrieb auf, was dort stand.

ES IST NICHT GESTATTET, WÄHREND DES UNTERRICHTS ZU REDEN.
ES IST NICHT GESTATTET, KAUGUMMI ZU KAUEN.
ES IST NICHT GESTATTET, IM KLASSENZIMMER ZU ESSEN ODER ZU TRINKEN.
ES IST NICHT GESTATTET, SPIELZEUG GLEICH WELCHER ART MITZUBRINGEN.
ES IST NICHT GESTATTET, IM KLASSENZIMMER SCHNEESTIEFEL ZU TRAGEN.
ES IST NICHT GESTATTET, WÄHREND DES UNTERRICHTS AUS DEM FENSTER ZU SCHAUEN.
ES IST NICHT GESTATTET, HAUSTIERE MITZUBRINGEN.
ES IST NICHT GESTATTET, UNPÜNKTLICH ZU SEIN.
ES IST NICHT GESTATTET, HAUSAUFGABEN VERSPÄTET ABZUGEBEN.

Sara saß wie versteinert da. *Salomon hat recht. Die meisten Menschen widersetzen sich ihrem eigenen Wohlergehen.*

Sara war eifrig dabei, so viel wie möglich zu beobachten. Während der Mittagspause hielt sie sich etwas abseits und hörte der Unterhaltung zweier Lehrer zu, die an einem Tisch hinter ihr saßen. Sie konnte sie zwar nicht sehen, aber jedes Wort hören.

»Also, ich weiß nicht«, sagte der eine. »Was meinst du?«

»Ich würde es an deiner Stelle nicht machen«, antwortete der andere Lehrer. »Man weiß doch nie. Hinterher könnte es noch schlimmer sein, als es jetzt ist.«

Irre, dachte Sara. Sie hatte keine Ahnung, worüber die beiden redeten, aber eines war sonnenklar: Der Rat – zu welchem Thema auch immer – lautete nein.

Sara fügte ihrer Liste hinzu:

ICH WEISS NICHT.
ICH WÜRDE ES AN DEINER STELLE NICHT MACHEN.

Sara hatte noch nicht einmal den halben Tag hinter sich und schon zwei Seiten voller Neins, über die sie mit Salomon reden wollte.

Saras Nachmittag stellte sich als ebenso fruchtbar heraus wie der Morgen. Sie konnte ihrer Liste noch das Folgende hinzufügen:

WIRF NICHT DAMIT HERUM!
HÖR DAMIT AUF!
ICH SAGTE NEIN!
HAST DU NICHT GEHÖRT?
HABE ICH MICH NICHT DEUTLICH GENUG AUS-GEDRÜCKT?
HÖR AUF ZU DRÄNGELN!
ICH WILL ES NICHT NOCH EINMAL SAGEN MÜSSEN!

NEIN-LISTE
1. Komm nicht zu spät.
2. Wir wollen doch kein unordentliches Haus.
3. Lass die kalte Luft nicht herein.
4. Komm nicht zu spät zur Schule.
5. Fall bloß nicht hin.
6. Das wird nicht leicht sein.
7. Jason, wag es bloß nicht.

Am Ende des Tages war Sara völlig erschöpft. Es kam ihr so vor, als wehrte sich die ganze Welt gegen ihr Wohlbefinden.

»Junge, Junge, Salomon, du hast recht! Fast alle sagen Nein statt Ja. Selbst ich, Salomon. Ich weiß doch, was ich tun soll, und doch kann ich es nicht.«

NICHT EINMAL ICH KANN ES, schrieb Sara auf ihre Liste.

Was für ein Tag!

Das ist ja eine ganz ansehnliche Liste, Sara. Du scheinst einen erfüllten Tag gehabt zu haben.

»Ach Salomon, du hast ja keine Ahnung. Das sind nur ein paar von den Dingen, die ich heute gehört habe. Die Leute sagen fast immer Nein, Salomon. Und sie merken es nicht einmal! Und ich auch nicht, Salomon. Das ist wirklich schwierig.«

Sara, wenn du erst einmal weißt, worauf du zu achten hast, und wenn du erkennst, was dein Ziel ist, ist es nicht mehr so schwierig. Sara, lies mir etwas von deiner Liste vor. Dann zeige ich dir, was ich meine.

»KOMM NICHT ZU SPÄT.«

Sei pünktlich.

»WIR WOLLEN DOCH NICHT, DASS UNSER BESUCH EIN UNORDENTLICHES HAUS VORFINDET.«

Wir möchten, dass sich unsere Gäste in unserem Haus wohl fühlen.

»LASS NICHT DIE KALTE LUFT HEREIN.«

Wir wollen ein schönes, warmes Heim haben.

»KOMM NICHT ZU SPÄT ZUR SCHULE.«

Wenn du pünktlich bist, fühlst du dich gut.

»DU WILLST DOCH NICHT HINFALLEN.«

Konzentriere dich auf deinen Körper.

»DAS WIRD NICHT LEICHT SEIN.«

Es wird mir gelingen.

»AUF DEM FLUR WIRD NICHT GERANNT.«

Nimm Rücksicht auf andere.

»ES IST NICHT GESTATTET, WÄHREND DES UNTERRICHTS ZU REDEN.«

Lasst uns gemeinsam lernen.

»ES IST NICHT GESTATTET, WÄHREND DES UNTERRICHTS AUS DEM FENSTER ZU SCHAUEN.«

Es ist zu deinem eigenen Nutzen, aufmerksam zu sein.

»ES IST NICHT GESTATTET, HAUSAUFGABEN VERSPÄTET ABZUGEBEN.«

Lasst uns miteinander Schritt halten und gemeinsam arbeiten.

»ES IST NICHT GESTATTET, HAUSTIERE MITZUBRINGEN.«

Eure Tiere fühlen sich zu Hause viel wohler.

»Sagenhaft, Salomon, du hast den Bogen wirklich raus!«

Sara, auch du wirst es bald können. Man muss es nur üben. Welche Worte du benutzt, ist nicht so wichtig. Was dir schadet, ist das Gefühl, dass du dich gegen etwas zur Wehr setzt. Als deine Mutter sagte: »Lass die

171

Tür nicht offen«, wehrte sie sich mit Sicherheit gegen etwas, das sie nicht wollte. Aber selbst wenn sie gesagt hätte »Mach die Tür zu«, hätte sie immer noch mehr an das gedacht, was sie nicht wollte. Daher wäre ihre Absicht eine Abwehr gewesen.

Verstehst du, dass du in das hineinspüren solltest, statt dich gegen etwas zu wehren, was du nicht möchtest?

Sicher weisen deine Worte darauf hin, in welche Richtung du gehst, aber deine Gefühle sind ein besserer Hinweis darauf, ob du etwas zulässt oder dich gegen etwas wehrst.

Ich wünsche dir viel Spaß dabei, Sara. Wenn du dich dagegen wehrst, Nein zu sagen, wehrst du dich immer noch. Es geht darum, mehr davon zu reden, was du möchtest. Und wenn du das tust, dann wird dein Leben immer besser. Du wirst schon sehen!

Kapitel 28

Sara ging nach dem letzten Schultag mit merkwürdig gemischten Gefühlen nach Hause. Normalerweise war sie um diese Zeit des Jahres immer am glücklichsten, weil sie einen ganzen Sommer vor sich hatte, in dem sie so viel allein sein konnte, wie sie wollte, und nicht länger gezwungen war, in einem Zimmer mit einem Haufen unangenehmer Typen eingesperrt zu sein. Aber dieses Jahr fühlte sich der letzte Schultag anders an. Sara hatte sich in nur einem Jahr sehr verändert.

Sara ging schnell, atmete die herrliche Frühlingsluft ein, schaute neugierig umher und ging dann sogar eine Zeit lang rückwärts. Sie wollte alles und alle sehen. Der Himmel war schöner, als sie ihn in ihrer Erinnerung je gesehen hatte – blauer, kräftiger. Und die weißen Federwölkchen, die einen starken Kontrast bildeten, waren so wunderbar. Sara konnte den vollendeten Gesang der Vögel hören, ohne sie sehen zu können, aber ihre Lieder erreichten Saras Ohren mühelos. Das Gefühl der herrlichen Luft auf ihrer Haut war einfach köstlich. Sara war wie in Ekstase.

Siehst du, Sara, Wohlbefinden ist wirklich überall im Überfluss vorhanden.

»Salomon, du bist es!«

Es ist überall, hörte sie Salomons Stimme deutlich in ihrem Kopf.

»Es ist wirklich überall, Salomon! Ich kann es sehen, ich kann es fühlen!«

Es ist überall dort, wo man es zulässt. Ein steter Strom des Wohlbefindens fließt dir ständig zu, und du entscheidest in jedem Moment, ob du ihn zulässt oder nicht. Und du bist die Einzige, die diesen ständigen, steten Strom des Wohlbefindens zulassen oder nicht zulassen kann.

In all unseren Begegnungen habe ich dir vor allem beibringen wollen, deine Widerstände, die du von anderen Menschen gelernt hast, aufzugeben oder zumindest zu reduzieren. Wäre nicht all dieser Widerstand, den du auf deinem physischen Lebensweg aufgenommen hast, würde dir das natürliche Wohlbefinden wie selbstverständlich zufließen. Es würde euch allen zufließen.

Sara erinnerte sich an die vielen wunderbaren Unterhaltungen, die sie mit Salomon geführt hatte. Wie schön ihre Begegnungen doch gewesen waren! Und Sara erkannte, dass ihr Salomon mit jedem einzelnen Gespräch geholfen hatte, ihre Widerstände abzubauen.

Sie dachte an die Techniken oder Spiele, die ihr Salomon Tag für Tag gezeigt hatte, und jetzt erkannte sie, dass Salomon sie von Anfang an in den Prozess eingeführt hatte, Widerstände abzubauen.

Stück für Stück hatte Sara gelernt, ihre Widerstände hinter sich zu lassen.

Auch du bist eine Lehrerin, Sara.

Saras Augen wurden kugelrund, und es verschlug ihr den Atem, als ihr absoluter Lieblingslehrer ihr mitteilte,

dass sie – wie Salomon auch – eine Lehrerin sei. Sie spürte, dass sie von einem warmen Gefühl der Dankbarkeit
erfüllt wurde.

Und was du lehren wirst, Sara, ist, dass alles gut ist.
Durch die Klarheit deines Beispiels werden viele ande
re Menschen verstehen, dass es nichts gibt, gegen das
sie sich wehren müssten. Und dass die Abwehr der
Grund dafür ist, dass sich das Wohlbefinden nicht ein
stellen kann.

Sara spürte die Eindringlichkeit in Salomons Worten.
Sie war so begeistert, dass ihr die Worte fehlten.

Als sie die Auffahrt zu ihrem Haus hinaufging, fühlte
sie sich so wunderbar, dass sie am liebsten Freuden-

sprünge gemacht hätte. Dann rannte sie die Treppe hoch ins Haus. »Hallo, ich bin zu Hause!«, rief sie allen, die drinnen waren, zu.

Kapitel 29

Sara ging früh zu Bett, weil sie es kaum erwarten konnte, ihre Unterhaltung mit Salomon fortzusetzen. Sie schloss die Augen und atmete tief ein und aus, um wieder an den wunderbaren inneren Ort zu gelangen, an dem sie Salomon zuletzt begegnet war. »Es ist alles gut«, sagte sie laut mit ruhiger, klarer Stimme, aus der tiefe Einsicht sprach. Und dann öffnete sie verblüfft die Augen.

Salomon, den Sara seit Wochen nicht gesehen hatte, schwebte über ihrem Bett, ohne dass sich seine Flügel auch nur einen Zentimeter bewegt hätten. Es schien, als hinge er einfach direkt über Sara in der Luft.

»Salomon!«, schrie Sara vor Freude auf. »Ich freue mich ja sooooo, dich zu sehen!«

Salomon lächelte und nickte.

»Salomon, du bist wunderschön!«

Salomons Federn waren schneeweiß und glitzerten, als ob jede von ihnen ein kleines Licht wäre. Er schien zwar viel größer und strahlte heller, aber es gab keinen Zweifel, dass er wirklich Saras Salomon war. Sie wusste es, wenn sie tief in seine Augen blickte.

Komm, flieg mit mir, Sara. Es gibt so vieles, das ich dir zeigen möchte.

Und noch bevor Sara Ja sagen konnte, spürte sie wieder diesen unglaublichen Luftstoß, den sie schon einmal gespürt hatte, als sie mit Salomon geflogen war, und schon waren sie unterwegs. Dieses Mal befanden sie sich hoch über der kleinen Stadt. Sie waren so hoch, dass Sara nichts von dem, was sie sah, erkannte.

Ihre Sinne waren vollkommen geschärft. Alles war unglaublich schön. Die Farben waren kräftiger und leuchtender, als sie sie jemals gesehen hatte. Die Gerüche in der Luft waren berauschend. Sara hatte noch nie so wunderbare Düfte gerochen. Sie konnte den herrlichen Gesang der Vögel, des Windes und des Wassers hören. Die Geräusche von klingenden Windspielen und fröhlichen Kinderstimmen von überallher umgaben sie. Das Gefühl der Luft auf ihrer Haut war sanft und beruhigend und aufregend zugleich.

»Salomon«, sagte Sara. »Wie schön das alles ist!«

Sara, ich möchte, dass du das Wohlbefinden deines Planeten kennenlernst.

Sara hatte keine Ahnung, was Salomon mit ihr vorhatte, aber sie war bereit, ihm überallhin zu folgen. »Ich bin bereit!«, rief sie ihm zu.

Und im Bruchteil einer Sekunde flog Sara weit weg vom Planeten Erde am Mond vorbei, an den Planeten vorbei und über die Sterne hinaus. In nur einem Augenblick waren sie Lichtjahre weit an einen Ort gereist, von dem aus Sara ihren wunderschönen Planeten sehen konnte, der sich leuchtend in der Ferne drehte und sich in einem perfekten Tanz mit dem Mond, den anderen Planeten und der Sonne wiegte.

Als Sara den Planeten Erde betrachtete, erfüllte ein Gefühl des vollkommenen Wohlbefindens ihren kleinen Körper. Sie sah stolz zu, wie die Erde sich sicher und ruhig um ihre Achse drehte, als ob sie mit ihren Partnern tanzen würde, die alle genau ihre Schritte in diesem majestätischen Tanz kannten.

Sara verschlug es vor Erstaunen den Atem.

Schau es dir an, Sara, und wisse, dass alles gut ist.

Sara lächelte und spürte, wie sie wieder der warme Wind der Dankbarkeit einhüllte.

Dieselbe Energie, die deinen Planeten erschaffen hat, fließt ihm noch immer zu, um ihn zu erhalten. Ein nie endender Strom reiner, positiver Energie fließt euch ständig zu.

Sara sah ihren Planeten in dem Wissen an, dass das die absolute Wahrheit war.

Lass uns nun genauer hinsehen, sagte Salomon.

Und schon konnte Sara die anderen Planeten nicht mehr sehen, weil die strahlende Erde ihren ganzen Gesichtskreis ausfüllte. Sie konnte deutlich die klar umrissene Grenze zwischen Land und Meer erkennen. Die Küsten sahen aus, als ob sie mit einem riesigen Markierungsstift hervorgehoben worden wären, und das Meer leuchtete, als ob unter der Wasseroberfläche Millionen kleiner Lichter versteckt wären, die nur angezündet worden waren, damit Sara sie von ihrer himmlischen Warte aus betrachten konnte.

Sara, wusstest du, dass das Wasser, das deinen Planeten heute nährt, dasselbe ist wie das, das deinen Planeten seit Millionen von Jahren nährt? Sara, das ist Wohlbefinden von gigantischen Ausmaßen.

Denk einmal darüber nach, Sara. Nichts wird auf deinen Planeten eingeflogen oder per Lastwagen gebracht. Die unermesslichen Vorräte und Schätze der Erde werden von jeder Generation aufs Neue entdeckt. Die Bedingungen für das Leben sind immer gleich bleibend. Und physische Wesen entdecken diese Vollkommenheit auf unterschiedliche Art und Weise.

Lass uns noch genauer hinschauen.

Salomon und Sara stießen fast bis auf die Meeresoberfläche hinunter, und als Sara die herrlich frische Seeluft roch, wusste sie, dass alles gut war. Dann flogen sie schneller als der Wind über den Grand Canyon, einen endlos langen Riss in der Erdkruste.

»Was ist denn das?«, stieß Sara erstaunt hervor.

Das ist ein Beweis dafür, dass deine Erde die Fähigkeit besitzt, ihr Gleichgewicht zu bewahren. Deine Erde strebt immer nach Ausgewogenheit. Hier siehst du den Beweis dafür.

Dann flogen sie auf Flughöhe großer Passagierflugzeuge um die Erde. Sara konnte sich an der unglaublichen Landschaft unter ihr nicht sattsehen. So viel Grün, so viel Schönheit, so viel Wohlbefinden.

»Und was ist das?«, fragte Sara und zeigte auf einen kleinen Kegel, der sich aus der Erdoberfläche emporhob und große Wolken grauen und schwarzen Rauchs ausstieß.

Das ist ein Vulkan, erklärte ihr Salomon. *Lass uns näher herangehen.* Und noch ehe Sara protestieren konnte, waren sie schon unterwegs, stürzten auf die

Erde zu und flogen direkt durch Rauch und Staub hindurch.

»Irre!«, schrie Sara. Sie war erstaunt, dass sie das Gefühl des absoluten Wohlbefindens nicht verließ, obwohl der Rauch so stark war, dass sie die Hand nicht vor Augen sehen konnte. Dann flogen sie wieder empor und aus dem Rauch heraus, und Sara sah wieder aus großer Höhe hinunter, wie der Vulkan Feuer und Asche spie.

Noch ein Beweis für Wohlbefinden, Sara. Ein weiteres Zeichen dafür, dass dein Planet durchaus in der Lage ist, sein vollkommenes Gleichgewicht zu bewahren.

Dann flogen sie noch höher hinauf und weiter, bis Sara wieder etwas Erstaunliches sah: ein Feuer, ein sehr großes Feuer. Sara konnte Kilometer um Kilometer rotgelbe Flammen sehen, die an einigen Stellen von dichten Rauchschwaden verhüllt wurden. Manchmal war der Wind so stark, dass sich der Rauch verzog und sie eine ungestörte Sicht auf die Flammen hatten, aber manchmal war der Rauchvorhang auch so dicht, dass Sara überhaupt nichts mehr sehen konnte. Als sie ab und zu ein Tier sah, das vor dem Feuer floh, wurde sie sehr traurig darüber, dass das Feuer den herrlichen Wald zerstörte, der die Heimat so vieler Tiere war.

»Ach Salomon, das ist ja schrecklich«, flüsterte sie als Reaktion auf die Umstände, die sie beobachtete.

Das ist nur ein weiteres Zeichen für Wohlbefinden, Sara, ein weiterer Beweis dafür, dass die Erde versucht, ihr Gleichgewicht zu wahren. Würden wir hier lange genug bleiben, so könntest du sehen, dass das Feuer dem Boden dringend benötigte Nährstoffe zuführt. Du könntest sehen, wie neue Samen keimen und emporwachsen, und nach einiger Zeit würdest du den wahren Wert dieses Feuers erkennen können, das seine Rolle bei der Aufrechterhaltung des Gleichgewichts deines Planeten spielt.

»Mir tun nur die Tiere leid, die ihre Heimat verlieren.«

Sie müssen dir nicht leid tun, Sara. Sie werden zu einer neuen Heimat geführt. Sie verspüren keinen Mangel. Sie sind Ausdruck reiner, positiver Energie.

»Aber einige von ihnen werden sterben, Salomon!«, protestierte Sara.

Da lächelte Salomon sie einfach nur an, sodass auch Sara lächeln musste.

Es ist schon schwierig, über diese Todesgeschichte hinwegzukommen, oder? Hier ist alles gut, Sara. Lass uns nun weiterreisen.

Sara genoss das Gefühl des Wohlbefindens, das sie einhüllte. Bisher hatte sie das Meer immer als gefährlich angesehen, weil es voller Haie und geheimnisvoller Schiffswracks war. Im Fernsehen hatte sie Bilder von ausbrechenden Vulkanen gesehen, die sie bisher immer erschreckt hatten. In den Nachrichten wurde immer wieder von Waldbränden und anderen Naturkatastrophen berichtet, und Sara erkannte erst jetzt, dass sie sich gegen all das mit aller Kraft gewehrt hatte.

Die neue Sichtweise fühlte sich eindeutig besser an. Die Dinge, die Sara immer für schreckliche Tragödien gehalten hatte, nahmen jetzt – wie durch eine neue Brille betrachtet – eine ganz neue Bedeutung an.

Sara und Salomon flogen die ganze Nacht über und hielten hier und dort an, um das erstaunliche Wohlbefinden von Saras Planeten zu beobachten. Sie sahen zu, wie ein Kalb geboren wurde und wie sich Küken strampelnd von der Eierschale befreiten. Sie sahen Tausende von Menschen, die in Autos fuhren, und nur wenige, die dabei zusammenstießen. Sie sahen Zehntausende von Vögeln, die gen Süden zogen, und beobachteten Tiere auf den Weiden, deren Fell in Vorbereitung auf den Winter länger wuchs. Sie sahen Gärten, die bereits abgeerntet wurden, und andere, die gerade erst bepflanzt wurden. Sie beobachteten, wie sich neue Seen und neue Wüsten bildeten. Sie sahen, wie Menschen und Tiere geboren wurden und wie Menschen und Tiere starben. Und Sara wusste, dass alles gut war.

»Salomon, wie soll ich das nur den anderen erklären? Wie kann ich es ihnen nur verständlich machen?«

Sara, das ist nicht deine Aufgabe. Mein liebes Mädchen, es reicht völlig aus, dass du es verstehst.

Sara seufzte gerade vor Erleichterung, da spürte sie, wie ihre Mutter sie wachrüttelte. »Sara, aufstehen! Wir haben heute viel vor!« Als Sara die Augen öffnete, sah sie ihre Mutter, die sich über sie gebeugt hatte. Im ersten Augenblick wollte sie sich die Decke über den Kopf ziehen, um sich so vor dem neuen Tag zu verstecken.

Alles ist wahrhaft gut, Sara, hörte sie Salomons Stimme. *Denk an unsere Reise.*

Da zog Sara die Decke von ihrem Kopf und lächelte ihre Mutter strahlend an.

»Danke, Mami«, sagte sie. »Ich werde mich beeilen. Du wirst schon sehen, ich bin schnell wie der Blitz fertig.«

Ihre Mutter sah verblüfft zu, wie Sara aus dem Bett sprang und sich schnell und zielgerichtet, aber vor allem mit offensichtlicher Freude bewegte.

Sara zog die Vorhänge weit auf, öffnete das Fenster und streckte die Arme der Sonne entgegen. »Was für ein herrlicher Tag!«, rief sie lächelnd und mit einer solchen Begeisterung aus, dass ihre Mutter sich verwundert am Kopf kratzte.

»Sara, geht es dir auch gut, Liebling?«

»Mir geht es unglaublich gut«, gab Sara zur Antwort. »Alles ist wahrhaft gut!«

»Na ja, wenn du es sagst, Liebling«, gab ihre Mutter zögernd zurück.

»Das tue ich, Mami«, sagte Sara und grinste bis über beide Ohren. »Das tue ich!«

Esther & Jerry Hicks

Sara und Seth

Aus dem Amerikanischen übertragen
von Manfred Miethe

Einleitung

Mir ist aufgefallen, dass sich die meisten Menschen zunehmend unfrei fühlen und immer weniger Spaß am Leben haben, je länger sie auf dieser Erde sind. Während sie Erfahrungen, Besitztümer, Beziehungen, Verantwortlichkeiten und Überzeugungen ansammeln, entfernen sich die meisten von uns immer weiter von ihrem wahren natürlichen Zustand, der die Freude selbst ist.

Auch Sara und Seth fallen manchmal aus diesem natürlichen Zustand der Freude und machen sich eine leidvolle Perspektive des Lebens mit all seinen scheinbaren Ungerechtigkeiten zu eigen. Doch zum Glück hält das nie lange an, denn ihr weiser, liebevoller Mentor und Freund Salomon bleibt immer in der Nähe, beobachtet all ihre Erfahrungen und ist immer bereit, sie (und die Leser) in den natürlichen Zustand der Ausgeglichenheit zurückzubringen.

Wie unser erstes Sara-Buch, *Sara und die Eule*, verspricht auch dieses neue Buch, Ihnen ein lebenslanger Gefährte zu werden – ganz gleich, ob Sie nun vier Jahre alt sind oder bereits Urenkel haben.

189

Jeder von uns kann eine von Freude bestimmte Sicht dieser wunderbaren Gelegenheit, auf unserer Erde zu leben, aufrechterhalten oder zurückgewinnen, indem er die einfachen Methoden anwendet, die Sara und Seth von Salomon lernen.

Wir freuen uns, Ihnen diese einfachen Methoden vorstellen zu dürfen – die einzigen, die Sie je brauchen werden, um das freudvolle, befriedigende Leben zu führen, das zu führen Sie auf die Erde gekommen sind.

Aus tiefstem Herzen
Jerry Hicks

Kapitel 1

S eth, dein Haus brennt!«
»Ja, alles klar«, grummelte Seth und wappnete sich
innerlich gegen eine neue Welle des Spotts, die nun
bestimmt gleich anrollen würde. Die acht Kilometer lange Fahrt mit dem Schulbus nach Hause kam ihm wie eine
hundert Kilometer lange, nie enden wollende Reise vor.
Die Hänseleien fingen in dem Augenblick an, in dem er
den Bus bestieg, und gingen ohne Unterbrechung weiter,
bis er ihn erschöpft wieder verließ.

Angefangen hatte es letzten März gleich an seinem
ersten Schultag, nachdem seine Familie in das alte John-
son-Haus auf dem Hügel gezogen war. Das Haus hatte eine
Zeit lang leer gestanden, bevor sie eingezogen waren. Und
obwohl sie nun schon ein paar Monate dort wohnten, sah
das Haus nicht viel anders aus als zu der Zeit, in der es noch
unbewohnt gewesen war. Das Küchenfenster war das
einzige Fenster, das überhaupt Gardinen hatte, aber das
waren noch dieselben zerfetzten Vorhänge wie zuvor. Die
Holzfußböden waren abgetreten und die Wände voller

Risse, Löcher und all den untrüglichen Anzeichen, dass das Haus in kurzer Zeit viele Mieter gesehen hatte.

Keiner in der Familie schien sich sonderlich daran zu stören, wie das Haus aussah. Sie hatten sich auch nicht um das Letzte gekümmert oder um das davor. Seine Eltern waren vor allem an dem Land interessiert, das ein Haus umgab: Land für Gemüsegärten, Milchkühe und Ziegen. Das Land bedeutete ständige, niemals endende Arbeit und brachte dennoch kaum genug hervor, um das Überleben der Familie zu sichern.

Seth setzte sich nicht auf. Er lag weiterhin zusammengerollt auf dem Sitz, den Pullover über das Gesicht gezogen, und tat, als schliefe er.

Er hatte schon lange keine Angst mehr vor Patricks Gummischlange. Schließlich kann man nicht andauernd auf denselben blöden Trick hereinfallen. Und nach ein oder zwei Tagen hatte sich Seth nicht einmal mehr auf etwas Scharfes oder in etwas Nasses gesetzt. Mannigfaltige Erfahrungen hatten ihn gelehrt, darauf zu achten, wohin er sich setzte oder wohin er trat. Nur einmal hatte er sich in der Annahme, sein Sitz im Bus sei stabil wie jeder andere vor ihm, einfach daraufallen lassen. Während er gegen die Knie der hinter ihm sitzenden Mädchen knallte und ihr Kreischen hörte, hatte er leider feststellen müssen, dass seine »Klassenkameraden« den ganzen Morgen damit beschäftigt gewesen waren, die Schrauben unter dem Sitz zu lösen.

Von Gummispinnen über echte Spinnen, von Wasserlachen bis zu Honig auf dem Sitz hatte Seth alles entdeckt, was das beschränkte Vorstellungsvermögen kleiner Sadisten hervorbringen konnte. Und obwohl die Busfahrt nach wie vor kaum als angenehm bezeichnet werden konnte, regte sich Seth nicht mehr groß darüber auf.

»Seth, dein Haus brennt! Ehrlich, Seth! Schau doch!«

Seth lag weiterhin mit geschlossenen Augen auf dem

Sitz und lächelte in sich hinein. Wenigstens einmal schien er die Oberhand zu haben, denn plötzlich klangen die Stimmen anders. Sie wollten etwas von ihm, aber er würde es ihnen nicht geben. Vielleicht war dies der Wendepunkt. Vielleicht hatte sein Vater recht gehabt und die Dinge würden sich mit der Zeit wirklich zum Besseren wenden.

»Seth!« Der Busfahrer brüllte jetzt fast. »Steh auf! Dein Haus brennt wirklich!«

Seths Herz blieb stehen. Er zögerte nicht mehr. Als er sich aufsetzte und zu seinem Haus hinüberschaute, sah er, dass es lichterloh brannte.

Der Busfahrer bremste, fuhr rechts ran und öffnete die Tür des Busses. Aber Seth saß wie versteinert da und schaute auf den aufsteigenden Rauch. Der war so dick, dass er nicht einmal schätzen konnte, wie groß der Schaden war. Auch war niemand zu sehen – keine Feuerwehr kam angebraust, kein Nachbar eilte herbei, um zu helfen. Alles sah mehr oder weniger genauso aus wie immer. Die Kühe grasten weiter, die alte Ziege war am Baum angebunden und die Hühner scharrten im Sand, während das Haus abbrannte.

Trixie, der älteste und gutmütigste der drei Hunde, kam den Hügel heruntergerannt und quetschte sich unter der Pforte durch, um Seth zu begrüßen. Er leckte seine Finger und drückte dann auf der Suche nach einem Leckerbissen die Schnauze gegen Seths Hosentasche. Aber Seth nahm ihn gar nicht wahr. Er stand völlig betäubt da und sah hilflos zu, wie das Haus abbrannte.

Der Busfahrer legte den Gang ein, und während er losfuhr rief er Seth zu, dass er an der nächsten Haltestelle Hilfe holen würde. Seth winkte nur müde zurück. Es hatte keinen Sinn, Hilfe zu holen, denn als der Wind drehte und der Rauch sich etwas verzog, sah er, dass das Haus bereits bis auf die Grundmauern niedergebrannt war. Das Einzige, was noch stand, war ein gemauertes Viereck, das einmal der Kamin gewesen war. Seth hörte das leise Krachen der glühenden Balken und gelegentlich das Knallen einer explodierenden Konservendose.

Seth kam sich seltsam vor, wie er so dastand und auf das glimmende Holz starrte. Er empfand keine Trauer, nicht einmal das Gefühl eines Verlustes, das man in einer solchen Situation wohl erwarten sollte, sondern nur eine merkwürdige Leere. In der Tat gab es keinen Grund für Verlustgefühle, denn eigentlich war nicht viel verloren gegangen. Er hatte auch keine Angst, dass ein Mitglied seiner Familie im Haus gewesen sein könnte, denn er wusste, dass seine Eltern dienstags und mittwochs immer auf dem Gemüsemarkt waren. Samuel, sein kleiner Bruder, war mit ihm im Bus gewesen und dann bei Mrs. Whitaker ausgestiegen, um ihr bei der Gartenarbeit zu helfen. Er hatte auch nicht das Gefühl, etwas Wertvolles verloren zu haben, denn sie hatten ohnehin nichts von Wert besessen. Ein Buch aus der Leihbibliothek hatte er allerdings noch gehabt, und er fühlte sich schuldig, weil er es nun nicht mehr zurückbringen konnte.

Obwohl er es nicht hätte benennen können, hatte Seth in diesem traumatischen Moment mehr das Gefühl eines Verlustes, weil eigentlich nichts zu verlieren gewesen war. Denn dieses Unglück war keineswegs das Einzige im Leben der Familie Morris. Es schien, als würde sich früher oder später immer alles zum Schlechteren wenden.

Seth setzte sich mit dem Rücken zur untergehenden Sonne auf einen Baumstumpf und sah zu, wie sein Schatten über den Garten bis zu der Stelle kroch, wo das Haus gestanden hatte. Er fragte sich, warum es so lange dauerte, bis jemand auf den Bericht des Busfahrers, dass das Haus brannte, reagierte. Er wünschte, seine Eltern würden endlich nach Hause kommen.

Während er mit diesem Gefühl der Leere und Verlassenheit dasaß, ließ er die Pechsträhne seiner Familie vor seinem inneren Auge Revue passieren. In seinem kurzen Leben hatten sie in mehr als zwei Dutzend Häusern gewohnt, meistens auf kleinen Bauernhöfen, denen es an den meisten modernen Annehmlichkeiten mangelte. Viele hatten kein fließendes Wasser und manche nicht einmal einen Stromanschluss. Seine Familie zog von Bauernhof zu Bauernhof, pflanzte an, was möglich war, aß, was geerntet oder geschlachtet werden konnte, und verkaufte so viel wie möglich an die Menschen in den umliegenden Orten, um von dem Geld das zu kaufen, was sie nicht selbst produzieren konnte. Obwohl seine Eltern noch ziemlich jung waren, kamen sie Seth uralt vor, und er konnte sich nicht erinnern, wann er sie zum letzten Mal glücklich gesehen hatte.

Seth hatte den Eindruck, dass er und sein jüngerer Bruder Samuel immer wegen irgendetwas in Schwierigkeiten waren. Er fragte sich oft, ob das nicht hauptsächlich daran lag, dass sie in einer Welt glücklich sein wollten, in der man nach Ansicht ihrer Eltern nicht glücklich sein konnte. Fast schien es, als hätten ihre Eltern beschlossen, sie gründlich auf ein unglückliches Leben vorzubereiten, und je schneller die Kinder ihr Unglücklichsein akzeptierten, desto leichter würde es für die Eltern sein. Nie wurden sie ermutigt zu träumen, Spaß wurde nur zähneknirschend toleriert und jede Art von Übermut war streng verboten.

Aber ab und zu mussten sie einfach mal über die Stränge schlagen, denn schließlich sind Jungen eben Jungen. Dann schauten die Eltern nur mürrisch und missbilligend zu.

Während Seth wie blind in den Rauch und die noch glühende Asche starrte, dachte er an den letzten Bauernhof. Das war vermutlich der schlimmste Ort gewesen, an dem sie je gelebt hatten. Das Haus war eigentlich gar kein Haus gewesen, sondern eine alte Scheune ohne Fenster und nur mit einem großen Scheunentor. Der Boden bestand aus Holzplanken, die ein paar Zentimeter über dem Lehmboden lagen, und die Ritzen darin waren so breit, dass große Nagetiere nach Belieben kommen und gehen konnten – was sie nur allzu häufig auch taten. Nach einer Weile machte niemand mehr auch nur den Versuch, ihr Treiben zu unterbinden. Die Familie gewöhnte sich an sie und akzeptierte sie einfach als Teil des Lebens.

Da das Haus oder die Scheune – wie immer man die Bruchbude auch nennen mochte – das einzige Gebäude auf dem Gelände war, wurde alles, was man für wertvoll hielt, darin aufbewahrt. Selbst die Futtersäcke für die Tiere wurden an einer Wand neben dem großen Tor aufgestapelt. Als die Familie eines Tages nicht zu Hause war, trat das Maultier die Tür ein und verschlang genüsslich erst das Mehl, dann den Hafer und zum Schluss die Melasse. Es gelang ihm, das Tor und den Rahmen so stark zu beschädigen, dass der gesamte vordere Teil des Gebäudes einzustürzen drohte. Also zog die Familie in ein Zelt, während die alte Scheune repariert werden sollte.

Seth erinnerte sich, dass er froh gewesen war, der miefigen alten Scheune entkommen zu sein, und dass er sich gewünscht hatte, das blöde Ding würde einstürzen. Und schon in der nächsten Nacht wurde sein Wunsch erfüllt: Das Gebäude fing irgendwie Feuer und brannte in kürzester Zeit vollständig nieder.

Mensch, wieso brennen unsere Häuser bloß immer ab?, fragte sich Seth, während er auf dem Baumstumpf saß und dem aufsteigenden Rauch zusah. Dann drehte der Wind und der Rauch wehte von den schwelenden Balken zu Seth herüber, dessen Augen sofort zu tränen anfingen. Er wich dem Rauch aus und setzte sich auf einen Holzstamm unter einem großen Baum, wo er weiter über seine leidige Vergangenheit nachdenken konnte.

Das Zelt hatte sich als völlig unzureichende Zuflucht für

die Familie entpuppt, denn Judy, das Maultier, kam nun noch leichter an den Hafer als vorher. Innerhalb von zwei Wochen brachte sie das Zelt fünfmal zum Einsturz, sodass sich Seths Eltern etwas einfallen lassen mussten. Judy war wichtig für den Hof, weil sie den Pflug und den Wagen zog, und wurde natürlich nicht erschossen, obwohl Seths Mutter es ihr mehrmals angedroht hatte.

Und so kam es, dass Seth und seine Familie in eine Höhle zogen. Seth und sein Bruder hatten die Höhle schon vor Monaten entdeckt. Sie gingen oft dort hin, um den endlosen Pflichten zu entkommen, die ihnen die Eltern auferlegten. Es kam nie vor, dass ein Familienmitglied einfach nur herumsaß und nichts tat. Das wurde als genauso verschwenderisch betrachtet wie die Verschwendung von Mehl, Seife oder Geld. Selbst mit Wasser war man sparsam, denn es musste in einem Fass mit dem Wagen von weither herangekarrt werden. Verschwendung war nicht gestattet. Und Zeit war ein kostbares Gut, das nie verschwendet wurde.

Die Jungen hatten die Höhle eines Tages entdeckt, als sie nach Judy suchten, die wieder einmal ausgerissen war. Sie lag auf der Rückseite des Geländes, in der Nähe des Feldes, auf dem Hafer gepflanzt wurde, war aber vom Feld her nicht einzusehen. Man musste schon wissen, wo sie war, denn der Eingang war völlig von Büschen verdeckt. Seth und Samuel, welche die Höhle als ihr geheimes Versteck betrachteten, hatten sich geschworen, dass sie unter allen Umständen ihr alleiniger Zufluchtsort bleiben müsse. Oft sprachen sie darüber, was für ein Glück sie gehabt hatten, ein so tolles Versteck zu finden. Und obwohl sie nur selten und kaum jemals gemeinsam zur Höhle gingen, wussten sie, dass es sie gab, und waren froh zu wissen, dass sie existierte.

»Habt ihr Jungs hier in der Gegend mal 'ne Höhle gesehen?«, hatte Seths Vater geknurrt.

Seth sah sofort zu Boden und hielt den Atem an in der Hoffnung, dass Samuel ihr kostbares Geheimnis nicht preisgeben würde. Er bückte sich, hob einen Nagel vom Boden auf und befasste sich so angelegentlich mit ihm, als sei es unmöglich, etwas dermaßen Wichtiges zu tun und gleichzeitig den Worten seines Vaters zu lauschen.

Samuel sagte nichts. Er sah verstohlen zu Seth herüber, der versuchte, ganz ruhig zu bleiben.

»Ed Smith meint, hinten am Fuß der Klippe mitten im Gebüsch sei eine alte Höhle«, fuhr der Vater fort. »Er sagt, sie ist ziemlich groß und bietet einen guten Unterschlupf. Habt ihr Jungs sie gesehen?«

Seth spielte mit dem Gedanken, einfach abzustreiten, dass sie die Höhle kannten, denn sie würden vermutlich Ärger kriegen, weil sie die Entdeckung geheim gehalten hatten. Schließlich war das ein untrügliches Indiz dafür, dass sie ihre Zeit verschwendet hatten. Wenn sie aber andererseits alles abstritten und ihr Vater die Höhle dennoch finden würde – was ziemlich sicher war – und in ihr die Steinsammlung und die alte Satteldecke von Judy, die vor ein paar Wochen auf geheimnisvolle Weise verschwunden und nun ein bequemes Lager für die Jungen war, sowie verschiedene Zeitschriften und die »Schätze«, die sie gesammelt und dort gelassen hatten, dann würden sie wirklich Ärger bekommen. Die Art von Ärger, von der Seth noch niemandem erzählt hatte. Die Art von Ärger, an die er nicht einmal denken wollte.

»Ja, wir haben sie mal gesehen«, sagte Seth und tat so, als wäre das Ganze nicht besonders interessant. »Ziemlich unheimlich dort.«

Samuel sprang vor Überraschung auf, als er hörte, dass sein großer Bruder so leicht nachgegeben hatte. Erst sah er Seth erstaunt an, dann schaute er zu Boden, damit niemand die Tränen sehen konnte, die seine Augen füllten. Die geheime Höhle war beiden Jungen so wichtig gewe-

sen. Nun war das Geheimnis enthüllt und ihr Zufluchtsort weg.

»Ich kann sie dir zeigen, wenn du willst, aber sie wird
dir nicht gefallen. Wer weiß, was für Tiere darin hausen.«

»Interessiert mich nicht, wie unheimlich sie ist«, knurrte Seths Vater. »Es wird Wochen dauern, das Haus wieder aufzubauen, und das verdammte Maultier schmeißt
immer wieder das Zelt um. Die Höhle ist ein gute Idee.
Dort ist es wärmer, wir werden nicht nass und gebaut ist
sie auch schon. Wo ist sie?«

»Willst du gleich hin?«, fragte Seth, innerlich vor Angst
zitternd. Er brauchte Zeit, um die Beweise für ihre Anwesenheit dort fortzuschaffen.

»Was du heute kannst besorgen ...«, erwiderte sein
Vater, nahm mit dem Schöpflöffel einen großen Schluck
Wasser aus dem Fass und wischte sich das Gesicht mit
dem Ärmel ab. »Auf geht's!«

Seth und Samuel sahen einander an und folgten ihrem
Vater. *Ich bin so gut wie tot*, dachte Seth. Seine Knie
zitterten, ihm war speiübel und er überlegte fieberhaft:
Was mach ich nur?

In diesem Augenblick hielt ein Lastwagen am Tor und
der offensichtlich aufgebrachte Bauer am Steuer hupte
wie ein Verrückter. Er stellte sich auf das Trittbrett und
brüllte seinen Nachbarn an. »Dein verdammter Bulle hat
schon wieder meinen Zaun niedergetrampelt! Ich hab dich
gewarnt, ich knall das verdammte Vieh noch ab. Hol ihn
sofort von meiner Weide! Und den Zaun will ich auch
repariert haben!«

Seths Augen tanzten und sein Herz fing an zu singen.
Der »verdammte Bulle«, wie der Nachbar ihn nannte, hatte ihm wahrscheinlich gerade das Leben gerettet.

Seths Vater blieb wie angewurzelt stehen. Dann brumm-
te er etwas Unverständliches in seinen Bart und ging zum
Schuppen, um Werkzeug und Stacheldraht zu holen.

»Soll ich mitkommen?«, fragte Seth strahlend.

»Worüber freust du dich denn so?«, knurrte sein Vater misstrauisch.

»Ach, über nichts«, antwortete Seth. »Über gar nichts!«

Kapitel 2

Ein paar Wagentüren wurden zugeknallt und das Geräusch holte Seth in die Gegenwart zurück. Er schaute auf das, was einmal ein Haus gewesen und wovon nun nichts als ein rauchender Trümmerhaufen übrig war. Erstaunlich, wie schnell ein ganzes Haus bis auf die Grundmauern niederbrennen konnte.

Seth hörte, wie seine Mutter nach Atem rang, und dann hörte er einen Laut, den er noch nie zuvor gehört hatte: Seine Mutter weinte.

Sein Vater kam den Hügel herauf und setzte sich neben Seth auf den Baumstamm, seine Mutter saß in sich zusammengesunken auf dem Trittbrett des Lieferwagens und weinte. Von ihrem Schluchzen wurde ihr kleiner Körper so durchgeschüttelt, dass die alten Federn des Autos quietschten.

Eine tiefe Traurigkeit erfasste Seth. Ihm lag nichts an dem schrecklichen alten Haus, aber es war offensichtlich, dass es seiner Mutter mehr bedeutet und dass sie viel mehr verloren hatte. Sie sah so müde aus, so niedergeschlagen.

So hatte Seth seine Mutter noch nie gesehen. Doch er wusste instinktiv, dass er nicht versuchen durfte, sie zu trösten.

»Am besten, wir lassen Sie in Ruhe«, sagte sein Vater.

So sehr Seth die Sturheit und die unnachgiebige Willenskraft seiner Mutter hasste, sie waren ihm allemal lieber als dieser Zustand. Seine Mutter war bisher einfach immer stark gewesen.

Er musste daran denken, wie er ein paar Jahre zuvor mit einem Nachbarjungen von der Schule gekommen war. Roland, sein Kumpel, war ein oder zwei Jahre älter als er und kannte ein paar interessante Tricks, die Seth auch lernen wollte.

Eines Tages zog Roland eine Streichholzschachtel aus der Tasche. Er zeigte Seth, wie man ein Streichholz wie einen Speer hält und so wirft, dass es sich entzündet, wenn es auf etwas Hartes prallt, zum Beispiel einen Stein. Es war schwierig, machte aber einen Heidenspaß.

Roland und Seth übten jeden Tag, Streichhölzer gegen Steine zu werfen. Sie wurden ziemlich gut darin. Aber eines Tages prallte ein Streichholz ab und fiel auf trockenes Gras, das sofort zu brennen anfing. Dann ging alles furchtbar schnell. Seth und Roland versuchten, die Flammen auszutreten, aber der Wind fachte das Feuer an und die Flammen breiteten sich so schnell aus, dass die Jungen nicht alle austreten konnten. Das Feuer sprang von einem Hof zum nächsten über und verbrannte einen Hektar Land nach dem anderen. Seth konnte sich noch gut erinnern, wie seine Eltern aussahen, als sie nach Hause kamen, nachdem sie stundenlang das Feuer bekämpft hatten. Ihre Kleidung und ihre Haut waren über und über mit Ruß bedeckt. Sie waren so erschöpft, dass sie kaum noch gehen konnten. Sie zogen die halb verbrannten und vor Dreck starrenden Jutesäcke hinter sich her, mit denen sie versucht hatten, die Flammen auszuschlagen. Seth würde ihren Gesichtsausdruck niemals vergessen: eine Mischung aus Enttäuschung, Wut und Ekel, überlagert von einer unglaublichen körperlichen Erschöpfung. Seth hatte nie begriffen, warum er weiterleben durfte, nachdem er etwas so Böses getan hatte, wo er doch sonst für andere, weit kleinere Vergehen immer schwer bestraft worden war. Er war allerdings klug genug, nicht nach dem Grund zu fragen. Er hatte beschlossen, diesen Vorfall als eines der großen Rätsel des Universums zu betrachten.

Als Seth an diesen Tag zurückdachte, den schwärzesten Tag seines Lebens, wünschte er sich, seine Mutter wäre auch dieses Mal wütend oder erschöpft und nicht einfach nur niedergeschlagen. Mit ihrer Wut hatte er umzugehen gelernt, selbst wenn sie gegen ihn gerichtet war. Aber er hatte sie noch nie so am Boden zerstört gesehen.

»Wo ist Samuel?«, hörte er seine Mutter fragen.

Seth war so froh, dass seine Mutter überhaupt etwas gesagt hatte, dass er einen Moment überlegen musste, wo sein kleiner Bruder war.

»Er ist bei Mrs. Whitaker aus dem Bus gestiegen. Heute mäht er ihren Rasen. Sie hat gesagt, sie bringt ihn nach Hause, falls es regnen sollte. Soll ich ihn holen?«

»Nein, er wird schon kommen. Hol dir den Besen, geh in die Scheune und schau, ob du den Raum, in dem das Futter lagert, ausfegen kannst. Dann wollen wir eine Decke vor die Tür hängen. Und schau, ob von den alten Laternen noch welche funktionieren. Ich hole den Melkeimer und melke die Ziegen. Wir dürfen die Milch nicht verschwenden.« Seth hörte, wie seine Mutter halblaut hinzusetzte: »Das ist alles, was es zum Abendbrot gibt.«

Seth war immer wieder erstaunt, wie seine Mutter mit Krisen umging. Sie hatte etwas von einem Feldwebel, gab Befehle und brachte Ordnung ins Chaos. Und diesmal störte sich Seth überhaupt nicht daran. Irgendwie war die

Situation so leichter zu ertragen. Mit neuem Mut machte er sich an die Arbeit. Er sah zu, wie seine Mutter die Ziege einfing und sie zu melken begann. *Sie ist wirklich etwas Besonderes*, dachte er.

Es war nicht möglich, das Haus wieder aufzubauen. Dazu wären weit mehr Mittel nötig gewesen, als die Familie hatte, und außerdem war es ja ohnehin nicht ihr Land. Da der Besitzer das alte Gebäude nicht versichert hatte und auch nicht bereit war, es auf seine Kosten wieder aufzubauen, beschlossen Seths Eltern, wieder einmal umzuziehen.

Kapitel 3

Es war ein warmer, sonniger Nachmittag in Saras kleiner Stadt in den Bergen. Sara hatte bereits am Morgen beschlossen, dass dies der bisher schönste Tag des Jahres war. Und um diesen besonders schönen Tag angemessen zu begehen, war sie zu ihrem Lieblingsplatz gelaufen – dem Ausguck auf der Brücke. Sara betrachtete ihn als ihren ganz persönlichen Ausguck, denn außer ihr schien ihn niemand wahrzunehmen. Sara jedoch konnte nie daran vorbeigehen, ohne sich zu erinnern, wie dieser Ausguck entstanden war. Das Metallgeländer der Brücke war ausgebeult worden, als einer der ansässigen Bauern die Kontrolle über seinen Lastwagen verloren hatte, während er versuchte, Harvey auszuweichen. Harvey war ein netter umherstreunender Hund, der immer einfach über die Straße lief, weil er davon auszugehen schien, dass alle anderen ihm ausweichen würden. Und bis jetzt hatte es auch immer geklappt. Sara war erleichtert gewesen, als damals niemand verletzt wurde, besonders Harvey nicht, dem es viele gegönnt hätten. Ich hab ja schon gehört, dass Katzen neun Leben haben, dachte Sara, wenn sie an jenen Tag zurückdachte, aber Hunde?

Sara lehnte sich weit hinaus und schaute auf den Fluss, der träge unter ihr dahinfloss. Sie atmete tief ein und genoss den wunderbaren Geruch des Flusses. Noch nie hatte sie sich besser gefühlt. »Ich liebe mein Leben!«, rief sie laut und spürte Begeisterung und Lust auf all das, was noch kommen würde.

»Ich geh jetzt wohl besser weiter«, sagte sich Sara nach einer Weile, kletterte aus ihrem Ausguck und hob ihre Schultasche und die Jacke auf, die sie auf der Brücke abgelegt hatte. Sie stand noch immer auf der Brücke, als der alte überladene Lieferwagen der Familie Morris vorbeigeknattert kam. Aber weder das laute Klopfen des Motors, noch die Hühnerkäfige auf dem Dach, noch die alte Ziege auf der Ladefläche erregten Saras Aufmerksamkeit, es war der durchdringende Blick des Jungen, der hinten auf der Ladefläche saß. Seine Augen schauten direkt in Saras Augen, und einen Moment lang kam es ihr vor, als hätte sie einen alten Freund wieder getroffen. Dann knatterte der Wagen weiter die Straße hinunter. Sara warf die Tasche über die Schulter und lief die Straße bis zur Kreuzung hinunter, um zu sehen, wo er abbiegen würde. *Sieht ganz so aus, als ob er beim alten Haus der Thackers abgebogen ist*, dachte Sara. *Hm!*

Sara begann zu laufen, während sie sich auf den Weg zum alten Haus der Thackers machte. Sie war unglaublich gespannt, was sie dort vorfinden würde.

Sara hatte zwar gehört, dass Großmutter Thacker gestorben war, aber sie hatte nicht weiter darüber nachgedacht, was nun mit ihrem Haus passieren würde. Ihr Mann war lange vor Saras Geburt gestorben, und Sara kam es vor, als hätte die alte Mrs. Thacker ihr zugewinkt, seit sie lebte. Sara kannte die Kinder von Mrs. Thacker nicht, weil die offenbar schon erwachsen und ausgezogen waren, bevor Sara alt genug war, allein durch die Stadt zu gehen. Im Laufe der Jahre hatte Sara die unabhängige alte Frau kennen und schätzen gelernt, und nun, wo sie weg war, fehlte etwas.

Sara hatte gehört, wie in der Drogerie über Großmutter Thacker, wie die ganze Stadt sie nannte, geredet wurde. »Ihre verdammten Kinder hatten es nicht einmal nötig, zur Beerdigung zu kommen«, beschwerte sich Pete, der Drogist. »Aber ich wette, sie kommen sofort, wenn sie ihnen Geld hinterlassen hat. Ihr werdet es schon sehen.«

Während Sara weiterging, fühlte sie sich immer schlechter. Und sie wusste auch warum. »Salomon, ich will nicht, dass jemand dort einzieht«, sagte sie. »Salomon, kannst du mich hören?«

»Wer ist Salomon? Mit wem sprichst du?« Hinter sich hörte Sara auf einmal die Stimme eines Jungen.

Überrascht und wütend, dass man sie belauscht hatte, fuhr sie herum. Sie war sich ganz sicher, dass sie knallrot geworden war. *Woher kommt der denn bloß?*, dachte sie peinlich berührt. Sie konnte nicht fassen, dass ihr so etwas passiert war. Zum ersten Mal überhaupt hatte jemand gehört, wie sie sich mit Salomon unterhielt.

Sara hatte nicht vor, die Frage des Jungen zu beantworten. Sie hatte bisher niemandem von Salomon erzählt und mit einem völlig Fremden würde sie ihr wichtigstes Geheimnis bestimmt nicht teilen.

Es war ohnehin eine unglaubliche Geschichte. Sie wusste nicht, warum ihr jemand abnehmen sollte, dass sie letztes Jahr an Thackers Weg einer Eule begegnet war und dass diese Eule sprechen konnte und sich selbst Salomon nannte. Und dass sie sich, sogar nachdem ihr kleiner Bruder und sein Freund Salomon erschossen hatten, noch mit ihm unterhalten konnte. Niemand würde ihr glauben, dass sie in ihrem Kopf noch immer Salomons Stimme hören konnte, so viel war sicher.

Es gab gewiss Zeiten, in denen sich Sara danach sehnte, dieses außergewöhnliche Erlebnis mit jemandem zu teilen, aber es schien ihr zu riskant. Wenn man sie nicht verstehen würde, wäre alles ruiniert. Und Sara war zufrieden, wie die Dinge mit Salomon liefen.

Es gefiel ihr, diesen ganz besonderen Freund für sich allein zu haben. Ein weiser, wunderbarer Freund, der Antworten auf alle Fragen hatte, die Sara jemals einfallen konnten. Ein Lehrer, der immer genau zur rechten Zeit auftauchte, um Klarheit in etwas zu bringen, das Sara zu verstehen suchte.

»Das muss dir nicht peinlich sein. Ich spreche auch dauernd mit mir selbst«, sagte Seth. »Du musst dir erst Sorgen machen, wenn du anfängst, dir selbst zu antworten.«

»Ja, wahrscheinlich«, stotterte Sara, die immer noch mit hochrotem Kopf zu Boden blickte. Dann atmete sie tief durch und sah auf. Und wieder schaute sie in diese Augen, die ihr so vertraut vorkamen wie die eines alten Freundes.

»Ich heiße Seth. Wir ziehen hier ein, dort drüben«, sagte er und zeigte zum alten Thacker-Haus hinüber.

»Ich heiße Sara. Ich wohne auf der anderen Seite des Flusses ein Stück weit weg.« Saras Stimme zitterte, als sie sprach. Sie war völlig aus dem Gleichgewicht.

»Mein Vater hat mich losgeschickt, um nachzusehen, wie weit es bis zum Fluss ist und ob das Flusswasser sauber ist. Jetzt muss ich aber wieder zurück.«

Sara war erleichtert. Vor diesem fremden Jungen, der erst seit einer Stunde in der Stadt war und es bereits geschafft hatte, ihrem wichtigsten Geheimnis auf die Spur zu kommen, wollte sie nur wegrennen – so weit weg wie irgend möglich.

Kapitel 4

Sara!«, rief eine Stimme.

Sara ging weiter, drehte sich aber im Gehen um. Sie war neugierig, wer sie wohl rief. »Hallo, wie geht's denn so?«, fragte sie schüchtern, als sie Seth erkannte.

Sie blieb stehen, hängte sich die Schultasche über die andere Schulter und wartete, bis Seth bei ihr angekommen war. In ihr herrschte ein ziemliches Gefühlsdurcheinander. Ein Teil von ihr fühlte sich zu Seth hingezogen – keine Ahnung, warum. Sie hatte ihn gerade erst kennengelernt und wusste überhaupt nichts über ihn. Ein anderer Teil wünschte sich, er würde einfach verschwinden – weit weg von Großmutter Thackers Haus, von Thackers Weg und von Salomon.

Seth kam angelaufen, und als er bei ihr war, zog er seine Jacke aus und warf sie sich über die Schulter. Sara war angespannt und wappnete sich innerlich gegen die unvermeidliche Frage: »Wer ist Salomon?«

»Ich kann das tragen, wenn du möchtest«, sagte Seth höflich.

Sara war verblüfft. Sie war sich so sicher gewesen, dass er nach Salomon fragen würde, dass sie gar nicht mitbekommen hatte, was er nun wirklich gesagt hatte.

»Was?«

»Ich könnte deine Tasche tragen.«

»Oh, nein danke. Das geht schon.« Sara atmete tief durch und entspannte sich ein bisschen.

»Wohnst du hier schon lange?«

»Ja, mein ganzes Leben.«

»Dein ganzes Leben? Wirklich? Erstaunlich!«

Sara war sich nicht sicher, ob er es gut oder schlecht fand.

»Warum überrascht dich das so?«, fragte Sara. »Die meisten Menschen, die hier wohnen, haben schon immer hier gewohnt.«

Seth wurde still. Er musste an die vielen Orte denken, an denen seine Familie während seines kurzen Lebens gewohnt hatte. Er konnte sich kaum vorstellen, wie es war, ein Leben lang am selben Ort zu wohnen. Er sehnte sich nach einer solchen Stabilität. Bisher hatte er noch nicht einmal ein ganzes Schuljahr an ein und demselben Ort verbracht. Er konnte sich einfach nicht vorstellen, wie es wohl war, Jahr für Jahr mit denselben Kindern dasselbe Klassenzimmer zu teilen. »Muss schön sein, so viele Freunde zu haben«, sagte er schließlich.

»Na ja, das sind nicht wirklich meine Freunde«, seufzte Sara. »Nur weil ich weiß, wie sie heißen, sind sie noch lange nicht meine Freunde. Woher kommst du denn?«

Seth lachte und verzog gleichzeitig das Gesicht. »Woher?« Er sagte es beinahe verbittert: »Ich komme aus Nirgendwo!«

»Du willst mich wohl auf den Arm nehmen«, spottete Sara. »Du musst doch von irgendwo sein. Wo habt ihr gelebt, bevor ihr hierhergekommen seid?«

»In Arkansas. Aber dort waren wir nicht sehr lange.

Wir bleiben nie lange irgendwo.«

»Das muss Spaß machen«, sagte Sara, die daran dachte, dass sie jeden Winkel ihres Städtchens in- und auswendig kannte. »Ich würde gern an verschiedenen Orten leben. Diese Stadt ist so klein und es gibt so viel zu erleben auf der Welt.«

Es freute Seth, dass Sara an seinem unsteten Leben Gefallen zu finden schien. Auch Sara entspannte sich mehr und mehr, als sie merkte, dass Seth anscheinend nicht vorhatte, nach Salomon zu fragen.

Die beiden Kinder blieben mitten auf der Kreuzung stehen, weil Seth nun in die Straße zu seinem Haus abbiegen und Sara noch weiter geradeaus gehen musste. »Ich würde gern mehr über die Orte hören, an denen du gelebt hast.«

»Na ja, wenn du wirklich willst«, sagte Seth zögernd. Er wollte Sara eigentlich nichts darüber erzählen. Schließlich hatte es ihm nirgendwo gefallen. »Vielleicht kannst du mir die Gegend zeigen. Es muss doch hier auch ein paar interessante Dinge geben.«

»Sicher«, sagte Sara zögernd. Sie war sich eigentlich sicher, dass es in diesem kleinen Städtchen wenig von Interesse für Seth gab. Immerhin hatte er schon an so vielen Orten gelebt. *Wir nehmen uns eine Stunde Zeit, und ich zeig dir alles*, dachte sie sarkastisch.

»Bis bald«, verabschiedete sich Seth und ging seine Straße hinunter.

»Klar doch«, murmelte Sara.

Hallo Sara. Plötzlich erklang Salomons Stimme in ihrem Kopf.

Sara sah sich schnell nach Seth um. Sie hatte sich so sehr an Salomons Stimme gewöhnt, dass sie dachte, Seth hätte sie vielleicht auch gehört.

Im selben Augenblick drehte sich Seth zu Sara um. Sie winkte ihm ein wenig verlegen zu. Seth winkte zurück.

211

»Oh nein, nicht schon wieder!«, murmelte Sara. Wie schaffte Seth es bloß immer, sich in ihre Gespräche mit Salomon einzumischen? Sara glaubte nicht, dass Seth Salomons Stimme wirklich gehört hatte, denn das konnte niemand, aber der merkwürdige Umstand, dass Salomon gerade jetzt zu ihr gesprochen hatte, verunsicherte sie ein wenig.

Sara schaute Seth nach, bis er um die Ecke gebogen war.

»Hallo Salomon!«

Wie ich sehe, hast du Seth bereits kennengelernt.

»Du kennst Seth?«, stieß Sara hervor. Dann musste sie lachen, als sie sich erinnerte, dass Salomon ja allwissend war.

Aber ja, Sara. Ich weiß schon eine ganze Weile über ihn Bescheid. Ich war so froh, dass ihr beide euch begegnen würdet – lange bevor ihr euch tatsächlich kennengelernt habt.

»Du wusstest, dass wir uns begegnen würden?«

Seths Erlebnisse haben viele bohrende Fragen in ihm erzeugt. Ich spürte, wie er allmählich Teil meiner Erfahrung wurde, und da war es nur logisch, dass er auch Teil deiner Erfahrung werden würde. Wir sind alle Vögel gleichen Gefieders, weißt du das?

»Also mal ehrlich, Salomon, willst du sagen, dass Seth so ist wie du und ich?«

In der Tat, Sara. Er ist ein ernsthafter Sucher. Ein geborener Friedensbringer. Und ein wahrer Lehrer.

Sara spürte ein plötzliches Unbehagen. Die Beziehung zu Salomon hatte ihr alles bedeutet. Sie war sich nicht sicher, ob sie Salomon mit diesem merkwürdigen Jungen teilen wollte.

Es ist alles in Ordnung, Sara. Es ist alles in bester Ordnung. Wir werden viel Spaß miteinander haben.

»Na ja, wenn du das sagst, Salomon.«

Sara sah, dass ihr jüngerer Bruder Jason angerannt kam. Sie hatte allmählich genug davon, dass andere Leute sie bei ihren Gesprächen mit Salomon belauschten.

»Danke Salomon. Also bis bald.«

Salomon lächelte. Sara wurde so schnell erwachsen.

Kapitel 5

Hallo Sara, wie geht's?«
Sara sah von ihrem Buch auf und lächelte Seth zu, der sich in der fast leeren Schulbücherei direkt neben sie setzte. Die Bibliothekarin sah sie streng an, als ob sie die beiden, die so offen miteinander sprachen, allein durch ihren Blick zum Schweigen bringen wollte.

»Ach, ganz gut«, flüsterte Sara. Weil sie nicht wollte, dass Seth das Projekt sah, an dem sie gerade arbeitete, klappte sie das Heft schnell zu. Sara machte gern Projektarbeiten. Mit Hingabe schnitt sie relevante Artikel und Bilder aus Zeitschriften aus und klebte sie in ihr Heft. Die meisten Lehrer hielten diese Projektarbeiten für genauso ausgezeichnet, wie die meisten Klassenkameraden darüber spotteten. Sara übertrieb es meistens, das wusste sie, aber da ihr das Lob der Lehrer wichtiger war als der Tadel ihrer Mitschüler, machte sie munter weiter.

Diese Projektarbeit hatte das Thema »Blätter«. Sara hatte Hunderte Blätter von Bäumen, Büschen, Garten- und Feldblumen gesammelt und bemühte sich nun nach Kräften, sie zu identifizieren. Vor ihr auf dem Tisch lagen mehrere Bestimmungsbücher, aber bisher hatte sie erst einen kleinen Teil korrekt zugeordnet. Sie war selbst überrascht, wie wenig sie über die Dinge wusste, die sie umgaben und zum Teil schon umgeben hatten, seit sie lebte. Es gab noch so viel zu lernen!

»Magst du Blätter?«, fragte Seth mit einem Blick auf die offenen Bücher.

»Hm, ja«, murmelte Sara und tat, als langweilte sie sich. »Ich versuche herauszufinden, was für Blätter ich gesammelt habe. Es ist ein Schulprojekt. Ich bin nicht besonders gut darin.«

»Ich weiß viel über Blätter«, bot Seth seine Hilfe an. »Zumindest weiß ich viel über die Blätter der Pflanzen, die da wachsen, wo ich gewohnt habe. Hier gibt es sicher andere, aber manche sind genau gleich. Ich geh mit dir und zeig dir die Blätter, die ich kenne. Natürlich nur, wenn du willst.«

Sara war eigentlich nicht besonders begeistert, dass jemand an ihren Projekten teilhaben wollte, denn das war bisher nie gut gegangen. Sie bezeichnete sich selbst als einen »Alles oder nichts«-Typ. Das bedeutete, dass sie oft über das Ziel hinausschoss, wenn sie von einer Sache fasziniert war. Doch wenn sie etwas kalt ließ, rührte sie keinen Finger dafür. Bisher war sowohl ihre Begeisterung als auch ihr absolutes Desinteresse ganz selten einmal von jemandem geteilt worden. Und wenn, waren ihre Gefühle dabei fast immer verletzt worden.

»Ach, ich weiß nicht«, sagte Sara nicht sonderlich begeistert. »Es ist wahrscheinlich besser, wenn ich das allein mache.«

»Schon verstanden«, gab Seth zurück. »Aber wenn du deine Meinung änderst, lass es mich wissen. Es ist viel leichter, etwas in einem Buch zu finden, wenn du weißt, wie es heißt, und ich kenne viele Namen von Bäumen,

Büschen und so. Mein Großvater kennt sie alle, weil er Medizin daraus macht. Essen tut er sie auch. Er meint, dass alles, was man jemals brauchen kann, direkt vor unserer Nase wächst, aber kaum jemand weiß, dass es da ist.«

Seth hatte unabsichtlich einen wunden Punkt getroffen. Sara hatte nämlich den größten Teil ihrer Mittagspause damit verbracht, ein Buch nach dem anderen durchzublättern, um endlich das Bild eines roten Blattes zu finden, das sie in ihr Heft geklebt hatte. Mit Seths Hilfe könnte sie viel Zeit sparen. Nett schien er ja auch zu sein – und vor allem nicht aufdringlich.

»Also gut. Heute nach der Schule?«

»Klar«, erwiderte Seth. »Ich treffe dich am Fahnenmast. Letzte Woche hab ich nicht weit von hier, ganz in der Nähe der Baumbrücke, am Bach ein tolles Plätzchen entdeckt. Es ist ein Weg mit lauter großen alten Bäumen und Büschen. Dort gehen wir hin.«

Im selben Augenblick erhob sich Mrs. Horton mit einem äußerst missbilligenden Gesichtsausdruck von ihrem Sitz. Schlimm genug, dass sich Sara und Seth unterhalten hatten, aber dass Seth nun quer durch den ganzen Raum schrie, war wirklich unerhört!

Krachend fiel die Tür hinter Seth ins Schloss. Sara sprang vor Schreck beinahe auf, als ihr klar wurde, dass Seth von Thackers Weg gesprochen hatte. Er hatte *ihren* Weg gefunden.

Kapitel 6

Sara wartete am Fahnenmast.

Ich kann nicht glauben, dass ich Ja gesagt habe, schalt sie sich selbst.

Thackers Weg ist doch mein Geheimpfad. Wahrscheinlich hätte er ihn früher oder später sowieso entdeckt. Ich hatte nur gehofft, es würde später sein.

Sie schaute auf die Uhr. »Wo bleibt er denn nur?« Da bemerkte sie ein Stückchen Papier, das unter dem Sockel des Mastes hervorlugte. Darauf stand in sehr kleiner Schrift »Für Sara«. Sie entfaltete den Zettel und las: »Sara, komm zu unserer Ecke. Ich muss dir was Tolles zeigen. Ein Dschungelpfad voller Blätter! Bis gleich!«

Sara war innerlich hin und her gerissen. Sie fing bereits an, Seth zu mögen. Und ihr gefiel der Gedanke, dass jemand, der an so vielen Orten gelebt hatte, diese kleine Stadt interessant fand, die Sara in- und auswendig kannte. Aber der Gedanke, dass er ihren geheimen Ort entdeckt hatte, gefiel ihr weniger.

Als Sara die Ecke erreichte, an der Seth immer zu seinem Haus abbiegen musste, sah sie mitten auf der Kreuzung einen Stein liegen. Darunter flatterte ein Stück Papier im Wind. »Was ist denn das schon wieder?«, fragte sich Sara lachend. »Er ist wirklich ein sehr merkwürdiger Junge.«

Auf dem Zettel stand: »Geh nach rechts, dann über die Brücke, an meinem Haus vorbei und dann gleich links. Dort ist ein Weg, kaum zu sehen, aber doch da. Folge ihm. Ich treffe dich dort.«

Nun gab es keinen Zweifel mehr: Seth hatte Thackers Weg entdeckt.

»Natürlich hat er ihn entdeckt. Wie könnte er ihn auch übersehen, er wohnt ja praktisch direkt daneben«, grummelte Sara. Es passte ihr nicht, dass das Unvermeidliche geschehen war.

Sie knüllte den Zettel zusammen und steckte ihn in die Tasche. »Als ob ich Anweisungen bräuchte, um *meinen* Weg zu finden!«, sagte sie laut.

Sie ging über die Brücke, kam an Seths Haus vorbei und betrat ihren geliebten und ach so vertrauten Weg.

Als sie weiterging, tauchten die Erinnerungen so deutlich wie die Bilder eines Films vor ihrem inneren Auge auf. Sie erinnerte sich, wie sie unwillig dem Drängen ihres kleinen Bruders Jason nachgegeben hatte, der so begeistert war, wie Sara ihn noch nie erlebt hatte. Wie er behauptet hatte, dass sich eine riesige Eule namens Salomon im Wald versteckt hatte. Wie sie vergeblich nach ihr gesucht hatten, und wie enttäuscht sie gewesen war, als sie keine Eule finden konnten. Das hätte sie ihrem nervigen kleinen Bruder gegenüber allerdings nie zugegeben.

Während Sara den langen, schattigen Trampelpfad entlangging, fühlte sie die Stille und den Frieden, die über dem Weg lagen, allmählich auch in sich selbst. Als sie dann um eine Biegung kam und den Pfosten sah, auf dem Salomon damals gesessen und auf sie gewartet hatte, musste sie lächeln. Gleichzeitig stiegen ihr Tränen in die Augen, als sie an die große, liebevolle und überaus weise Eule dachte.

Merkwürdig, dachte Sara. *Salomon ist immer noch ein Teil meines Lebens. Er besucht mich ja fast jeden Tag. Aber ich vermisse den Anblick seines schönen Körpers und den Blick in seine wunderbaren Augen.*

Sara schämte sich ein bisschen, weil sie Salomons körperliche Form immer noch vermisste. Sie verstand wohl, was Salomon meinte, wenn er sagte, es gäbe keinen Tod, und sie wusste ja, dass ihre Beziehung weiterging. Und meistens dachte Sara auch gar nicht an den alten Salomon. Dafür genoss sie das Zusammensein mit dem neuen Salomon viel zu sehr. Aber hier, an dem Ort, an dem sie sich zum ersten Mal begegnet waren und wo Jason und Billy ihn erschossen hatten, verlor Sara ihr inneres Gleichgewicht und stellte fest, dass sie ihren alten gefiederten Freund vermisste.

Aus den Augenwinkeln sah sie, dass sich im Gebüsch etwas bewegte. Ihr Herz schlug schneller, als sie erkannte, dass es sich genau an der Stelle bewegte, an der Salomon gestorben war. Einen Moment lang dachte Sara: *Vielleicht hat er doch beschlossen, wieder zu leben.*

Was um alles in der Welt ist da nur? Sara strengte ihre Augen an, um zu erkennen, was sich da im Gebüsch bewegte.

Als Sara näher kam, verschlug es ihr den Atem und sie sprang vor Schreck einen halben Meter zurück. Dort in einem Blätterhaufen, direkt an der Stelle, wo Salomon gestorben war, lag Seth. Er war halb von Blättern verdeckt, seine Augen waren geschlossen und die Zunge hing ihm aus dem Mund.

Sara hatte es die Sprache verschlagen. Sie stand einfach wie gelähmt da. Dann stotterte sie: »Ss ... sss ... Seth? Geht es dir gut?«

Sie wusste, dass es ihm eigentlich nicht gut gehen konnte, denn er sah furchtbar aus. Sie stand einfach da und starrte ihn an. Und dann fing sie an zu weinen und biss sich so fest auf die Lippen, dass diese anfingen zu bluten.

»Himmel Sara, nimm's nicht so schwer. Ich hab doch nur Spaß gemacht!«, rief Seth lachend, als er aufsprang und sich die Blätter aus den Haaren schüttelte.

»Ich hasse dich!«, schrie Sara und drehte sich auf dem Absatz um. »Wie konntest du mir das nur antun?«, rief sie noch, während sie davonrannte, so schnell sie konnte.

Seth war völlig verblüfft. Er hatte ja keine Ahnung gehabt, dass Sara so heftig reagieren würde. Er wusste nicht einmal, warum er sich plötzlich auf den Boden gelegt, mit Blättern bedeckt und den Toten oder Schwerverletzten gemimt hatte. Die Idee war ihm einfach so gekommen. Allerdings war es, wie er jetzt erkannte, wohl eine ziemlich dumme Idee gewesen.

»Sara, warte doch. Was ist denn los?«, rief er ihr nach. »Verstehst du keinen Spaß? Willst du denn nicht Blätter suchen?«

Sara gab keine Antwort.

Kapitel 7

Es war ein langer Schultag gewesen.
Sara wusste, dass Seth hinter ihr her lief, aber sie hatte beschlossen, nicht auf ihn zu warten. Sie war wegen des üblen Streiches von gestern immer noch wütend auf ihn. Und so leicht würde sie ihm nicht vergeben. Eigentlich hatte sie beschlossen, nie mehr auch nur ein Wort mit ihm zu reden.

Seth verstand nicht, warum sein harmloser und witzig gemeinter Streich Sara so verrückt gemacht hatte. Natürlich konnte er nicht wissen, dass der Platz, den er sich dafür ausgesucht hatte, ausgerechnet der Ort war, an dem Saras geliebter Salomon gestorben war.

Endlich hatte er Sara eingeholt. »Hallo«, sagte er schüchtern. Sara gab keine Antwort.

Sie gingen nebeneinander her und keiner von beiden sagte auch nur ein Wort. Seth wollte so viele Dinge sagen, aber sobald er sie sich zurechtgelegt hatte, schienen sie alle falsch zu sein.

Jason, Saras kleiner Bruder, und sein Freund Billy rasten auf ihren Fahrrädern vorbei. »Sara hat 'nen Freund, Sara hat 'nen Freund!«, grölten sie, als sie die beiden überholten.

»Haltet den Mund!«, schrie Sara zurück.

Im selben Augenblick lief direkt vor Sara und Seth eine Katze über den Bürgersteig. Der völlig überraschte Seth sprang vor Schreck fast in die Luft. Sara gelang es noch, nicht laut loszulachen, aber ein Grinsen konnte sie nicht ganz unterdrücken. Das brach das Eis.

»Die Katze erinnert mich an eine Katze, die wir mal hatten«, begann Seth.

Sara sah zu, wie die Katze ins Gebüsch kroch. Sie hatte schon ein paar Mal versucht, sie zu fangen, aber es war ihr nie gelungen, denn die Katze war wild und viel zu schnell für sie.

»Ach ja?«, sagte Sara schnippisch und bemühte sich redlich, weiterhin wütend auf Seth zu sein.

»Wir haben die Katze Stativ genannt«, fuhr Seth fort und hoffte, Sara irgendeine Reaktion zu entlocken.

Es gelang ihm.

»Stativ?«, fragte Sara nach und lachte. »Was ist denn das für ein verrückter Name für eine Katze?«

»Na ja«, sagte Seth und machte ein trauriges Gesicht, »sie hatte nur drei Beine.«

Sara prustete vor Lachen. Natürlich war es nicht nett, sich über eine arme verkrüppelte Katze lustig zu machen, aber die Vorstellung einer dreibeinigen Katze namens Stativ war einfach zu viel.

Seth war froh, dass Sara wieder mit ihm sprach.

»Was ist mit Stativs viertem Bein passiert?«, fragte Sara.

»Haben wir nie herausgefunden. Wahrscheinlich ist es in einer Falle hängen geblieben oder wurde von einer Schlange abgebissen.«

Sara zuckte zusammen.

»Und einmal hatten wir eine zweibeinige Katze«, sagte

Seth, ohne mit der Wimper zu zucken. »Wir nannten sie Ru, weißt du, als Abkürzung für Känguru.«

Wieder musste Sara lachen, als sie sich eine Katze vorstellte, die auf den Hinterbeinen herumhüpfte. Aber ihr kam der Verdacht, dass sich Seth das alles nur ausgedacht hatte. Wie wahrscheinlich war es denn, dass sie eine dreibeinige und eine zweibeinige Katze gehabt hatten?

»Junge, in deiner Familie haben es Katzen nicht leicht!«

»Ja«, erwiderte Seth ganz ernst. »Und einmal hatten wir sogar eine einbeinige Katze.«

»Na klar«, spottete Sara. Nun war sie sich sicher, dass Seth sich das alles ausgedacht hatte. »Und wie habt ihr die genannt? Sprungfeder?«

»Nee, Zyklopia. Sie hatte nämlich auch nur ein Auge, weißt du.«

Sara brüllte los vor Lachen. Es war viel besser, über Seths Witze zu lachen, als wütend auf ihn zu sein.

Sie hatten die Ecke erreicht, an der Seth abbiegen musste. Seth grinste übers ganze Gesicht. Er war froh, dass Sara wieder lachte und mit ihm sprach.

Sara ging die Straße hinunter und lachte und lachte und lachte. Sie war sich nicht sicher, ob Seth die merkwürdige Begabung hatte, aus einer Tragödie eine Komödie zu machen oder ob er einfach nur witzig war, aber so oder so konnte sie sich nicht erinnern, jemals so laut gelacht zu haben. *Wahrscheinlich hat er überhaupt nie eine Katze gehabt*, dachte sie grinsend.

»He Sara! War das vorhin dein kleiner Bruder?«, rief Seth hinter ihr her.

»Ja, das war Jason«, rief Sara zurück. »Ich wusste, dass du ihn früher oder später kennenlernen würdest, ich hatte nur gehofft, es würde später sein. Viel später.«

»He, Seth!«, rief sie dann noch und hoffte, er sei noch nicht zu weit weg, um sie zu hören.

Seth drehte sich grinsend um und blieb stehen.

»Ich dachte immer, Katzen hätten neun Leben!«

»Och, wir bringen sie ja auch nicht um, wir hacken ihnen nur die Beine ab«, rief Seth zurück. »Außerdem haben sie eher vierzehn, aber ich habe aufgegeben, sie zu zählen.«

Wieder lachte Sara.

»Ich glaube, das gilt auch für Menschen«, brüllte Seth.

Sara ging weiter. Sie wusste nicht, was sie von Seth halten sollte. Sein Leben schien geheimnisvoll und irgendwie tragisch zu sein, aber sie fand ihn sehr interessant. Und witzig war er auch. War für ihn einfach alles witzig oder machte er aus allem einen Witz, um die Tragödie ertragen zu können? Und was war das mit den vierzehn Leben? War das auch nur ein Witz gewesen?

Wir sind alle Vögel gleichen Gefieders. Sara fielen Salomons Worte ein. *Seth ist ein ernsthaft Suchender. Ein geborener Friedensbringer. Und ein wahrer Lehrer.*

Sara lächelte. »Ich wette, das wird noch interessant«, sagte sie laut.

Kapitel 8

Sara saß auf der Veranda und genoss es, ganz allein zu Hause zu sein. Ihre Eltern waren noch auf der Arbeit und ihr kleiner Bruder hatte nach der Schule immer irgendetwas zu tun. Sie lehnte sich gegen einen Balken und dachte an Salomon.

»Hallo Salomon, hast du mich vermisst?«

Nein Sara, überhaupt nicht, hörte sie Salomon antworten.

Sara lachte. Salomon und sie hatten diese Worte schon oft gewechselt. Als Salomon das erste Mal so geantwortet hatte, war Sara überrascht und verletzt gewesen. »Was soll das heißen, du hast mich nicht vermisst?«, hatte sie gefragt.

Salomon hatte ihr erklärt, dass er sich Saras immer bewusst war, auch wenn sie nicht an ihn dachte oder mit ihm sprach. Da sie also immer Teil von Salomons Bewusstsein war, gab es für ihn keinen Grund, sie zu vermissen. Mittlerweile gefiel das Sara.

Zuerst war es ihr komisch vorgekommen, dass sich

jemand ständig ihrer bewusst sein sollte. Es gefiel ihr eigentlich gar nicht, dass Salomon immer ein Auge auf sie hatte, ganz gleich, was sie tat oder wo sie war. Aber mit der Zeit lernte Sara Salomon besser kennen, und nun machte es ihr überhaupt nichts aus, dass er immer ein Auge auf sie hatte, denn, was er sah, schien immer seine Zustimmung zu finden. Nichts, was sie tat, schien er zu missbilligen. Er schenkte ihr seine bedingungslose Liebe und gab nur Ratschläge, wenn Sara ihn darum bat.

»Wie geht's dir?«, fragte Sara munter, obwohl sie schon wusste, was Salomon antworten würde. Aber sie wollte es trotzdem hören, weil es immer so schön war.

Mir geht es ganz wunderbar, Sara, und ich sehe, dass es dir ebenso geht.

»Jawohl!«, antwortete Sara glücklich. Sie konnte sich nicht erinnern, wann es ihr jemals besser gegangen wäre.

Mir ist aufgefallen, dass du dich mit deinem neuen Freund Seth ausgezeichnet verstehst. Das ist sehr gut.

»Ja genau, Salomon. Ich hatte noch nie so viel Spaß mit jemandem. Es ist komisch, aber er ist nicht wie die anderen. Er ist ernsthaft und doch witzig. Er ist klug, albert aber auch herum und spielt einem gern Streiche. Er hat es zu Hause wirklich schwer, und doch ist er ganz vergnügt und ausgelassen, wenn wir zusammen sind. Ich kann ihn nicht einordnen.«

Er ist einer der wenigen Menschen, die gelernt haben, ganz im Augenblick zu sein. Statt die Gefühle aus der Vergangenheit mit sich herumzuschleppen, reagiert er einfach auf den gegenwärtigen Augenblick. Er ist gern mit dir zusammen, Sara.

»Hat er dir das gesagt?«, fragte Sara. Doch sie musste lachen, als ihr klar wurde, dass Salomon sich nicht mit jemandem unterhalten musste, um zu wissen, was er fühlte. Er wusste immer, was die Menschen dachten oder fühlten.

Seth möchte mehr als alles andere, dass es ihm gut geht. Und deshalb erscheint es ihm natürlich, deine Nähe zu suchen. Du bringst nämlich das Beste in ihm hervor, Sara.

»Das möchte ich auch, aber ich mache es nicht absichtlich, Salomon. Es geschieht einfach. Ich glaube, er bringt auch das Beste in mir hervor.«

Nun, es gefällt mir außerordentlich, dass ihr beide euch so gut versteht. Es ist immer schön, wenn man einen Menschen trifft, der ebenfalls möchte, dass es ihm gut geht. Wenn sich zwei Menschen begegnen, die beide den Wunsch haben, sich gut zu fühlen, dann entstehen daraus wundervolle Dinge.

Ihr seid beide geborene Friedensbringer, Sara. Und nichts ist für einen echten Friedensbringer schöner, als jemand anderem zu helfen, sich besser zu fühlen. Denn Freude erzeugt Freude.

Ihr werdet noch wunderbare Dinge erleben, Sara. Da bin ich mir ganz sicher.

Kapitel 9

Sara wartete am Fahnenmast vor dem Schulgebäude. Seit die Schulglocke vor fast einer Viertelstunde geläutet hatte, waren die großen Türen auf und wieder zu gegangen und ein Schüler nach dem anderen hatte das Gebäude verlassen, aber bisher war kein Seth zu sehen. Sara hatte ihm versprochen, auf ihn zu warten, weil er gesagt hatte, er wolle ihr etwas zeigen, das ihr bestimmt gefallen würde. Sie schaute gerade auf die Uhr und fragte sich, ob sie irgendetwas falsch verstanden hatte, als sich die große Tür noch einmal öffnete und Seth herauskam. Endlich!

»Tut mir leid, Sara, aber ich habe den großen Fehler gemacht, Miss Ralph zu grüßen, und sie hat mich gleich gefragt, ob ich ihr beim Beladen ihres Wagens helfen würde. Ich habe Ja gesagt. Hatte ja keine Ahnung, dass ihr Wagen einen Kilometer weit weg stand und dass wir 47 Mal gehen mussten, um alles einzuladen. Ich wusste gleich, dass es ein Fehler war, sie zu grüßen, aber nachdem sie mich so angesehen hat, konnte ich nicht anders.«

Sara lachte. Sie hatte selbst schon oft geholfen, Miss

Ralphs Wagen zu beladen. Miss Ralph war die Kunstlehrerin, und Sara kam es vor, als würde sie jeden Tag ihren ganzen Besitz mit zur Schule bringen.

»Ich gehe nie mehr an ihrem Zimmer vorbei«, sagte Sara lachend. »Früher hab ich das gemacht, aber jetzt mache ich lieber einen Umweg.«

»Ich dachte noch, dass der Flur merkwürdig leer ist«, meinte Seth. »Wahrscheinlich wussten alle außer mir, dass sie jemand sucht, der ihr hilft.«

Eigentlich machte es Sara nichts aus, Miss Ralph zu helfen. Sie war sogar ziemlich beeindruckt, wie sehr sich die junge Lehrerin bemühte, den Kunstunterricht interessant zu gestalten.

»Mir macht es nichts aus, ihr zu helfen«, sagte Seth. »Sie arbeitet echt viel.«

Sara lächelte. Es war, als hätte er ihre Gedanken gelesen.

»Ich wusste nur nicht, dass es so lange dauern würde, und ich wollte dich nicht warten lassen. Bist du fertig?«

»Klar!«, antwortete Sara. »Also, was hast du vor?«

»Das ist eine Überraschung.«

»Los, sag schon!«, drängelte Sara.

Seth lachte. »Nein, du musst es sehen. Es ist ganz in der Nähe von Thackers Weg.«

Wieder spürte Sara diesen Stich im Herzen. Soweit sie wusste, ging niemand sonst dorthin. Und das war ihr nur recht. Am liebsten hätte sie diesen Ort ganz für sich allein gehabt.

Sie gingen die holprige Straße hinunter und bogen dann in Thackers Weg ein.

»Weißt du«, sagte Seth, »wir sollten in Zukunft einen anderen Weg nehmen. Wir wollen doch nicht, dass alle diesen Weg kennen, oder?«

Wieder lächelte Sara. *Er liest tatsächlich meine Gedanken*, dachte sie.

Sara folge Seth den Trampelpfad entlang. Er drückte die Zweige zur Seite, damit sie ihr nicht ins Gesicht schlugen, und manchmal wischte er mit den Händen Spinnweben beiseite.

»He, das ist echt toll!«, rief Sara.

»Was denn?«

Hinter dir herzugehen. So kriegst du die ganzen Spinnweben ins Haar, nicht ich.«

Seth lachte und wischte sich ein Stück Spinnennetz von der Stirn. »Möchtest du lieber vorgehen?«, fragte er scherzend.

»Nein, ist schon gut. Du machst das echt klasse.«

Sie kamen an die erste Abzweigung und Seth ging in Richtung Fluss. Sara lief schneller, um mit ihm Schritt halten zu können.

Der Trampelpfad war kaum noch zu sehen, sodass sie durch trockenes hohes Gras stapfen mussten. Und gerade als sich Sara die Disteln aus den Strümpfen ziehen wollte, erreichten sie eine Lichtung direkt am Fluss.

»Oh, was für ein tolles Fleckchen«, sagte Sara begeistert. »Ich hab ganz vergessen, dass es so schön ist. Ich war schon lange nicht mehr hier.«

»Also, hier ist es«, sagte Seth stolz.

»Was ist hier?«, fragte Sara und drehte sich suchend um.

»Dort drüben«, antwortete Seth und führte Sara um einen Baum herum. Sara sah zu der riesigen Eiche empor und rief erstaunt: »Aber hallo! Hast du das etwa gemacht?«

»Ja. Gefällt es dir?«, fragte Seth zurück.

»Das ist ja fantastisch!« Sara konnte kaum glauben, was sie sah. Seth hatte vom Boden bis hoch zu den Ästen im Abstand von jeweils zwanzig Zentimetern Bretter an den Baum genagelt, die lang genug waren, dass sie seitlich über den Stamm hinausragten. »Das ist die beste Baumleiter, die ich je gesehen habe!«

»Ich hab sie extra abgeschmirgelt, damit du dir keine Splitter in die Hände jagst«, sagte Seth stolz.

»Toll! Lass uns raufklettern!«

»Ich geh voran«, meinte Seth nur.

Er trat auf das erste Brett und hielt sich am zweiten fest, um sich hinaufzuziehen. Leichtfüßig kletterte er höher und immer höher. Sara lachte vor Freude. Sie hatte Bäume gern und konnte kaum glauben, dass Seth das Besteigen dieses tollen alten Baumes so leicht gemacht hatte. Auch sie kletterte hoch.

»Also, ich finde es klasse«, sagte Sara, als sie oben waren. »Von hier sieht die Welt doch ganz anders aus, oder?«

Seth stimmte ihr zu. Dann kroch er auf einen starken Ast, der über den Fluss hinausragte. Sara bemerkte, wie sicher er sich bewegte, obwohl sie so hoch über dem Wasser waren. Sie konnte nicht sehen, was er tat, denn sein Körper verdeckte ihr die Sicht. Aber dann sah sie ein dickes, langes Tau, das vom Ast bis fast zum Wasser hinunterhing.

»Ich glaub's nicht!«, schrie Sara entzückt.

»Willst du's versuchen?« Seth platzte fast vor Stolz.

»Darauf kannst du wetten!«

»Bist du schwindelfrei?«, fragte Seth.

»Ja, warum?«

»Weil wir von hier nach dort müssen.«

Sara folgte Seths Arm mit den Augen. »Ein Baumhaus! Seth, du hast ja ein Baumhaus gebaut!«

»Das ist unsere Startrampe«, sagte Seth und kletterte vorsichtig auf Händen und Knien weiter auf den Ast hinaus. Er kroch ein ganzes Stück, dann stand er auf.

Sara kniete nieder und kroch langsam zum Baumhaus hinüber. *Hoffentlich ist es groß genug für zwei*, dachte sie ängstlich. Aber als sie dort war und aufstand, war sie freudig überrascht, wie groß es war. Seth hatte sogar ein Geländer gebaut und zwei kleine Sitzbänke.

Seth zeigte ihr, wie alles funktionierte und Sara sah vergnügt zu. Er holte einen Bindfaden hervor und wickelte ihn um einen Stock, der in einem Astloch steckte.

»Du hast ja wirklich an alles gedacht«, sagte Sara voller Bewunderung.

Seth hatte das andere Ende des Bindfadens an dem schweren Tau befestigt, das bis hinunter zum Wasser hing. Indem er den Bindfaden weiter um den Stock wickelte, zog er das Tau hoch – genau dorthin, wo er und Sara standen. Am Ende des langen Taus hatte Seth eine Schlaufe gemacht. Sara sah ihm zu, wie er sich auf eine der Bänke setzte und seinen Fuß hineinstellte. Oberhalb der Schlaufe waren drei Knoten in das Tau gemacht. Seth hielt sich am obersten fest und sagte: »Wünsch mir Glück!«

»Sei vorsichtig …«, fing Sara an, aber noch bevor sie den Satz beenden konnte, war Seth von der Plattform gesprungen. Er schwang sich weit über den Fluss hinaus und stieß dabei einen Schrei aus, der Tarzan alle Ehre gemacht hätte. Sara verschlug es den Atem. Er schwang vor und zurück und sein Radius wurde mit jedem Mal etwas kleiner.

»Nun kommt der schwierige Teil«, rief er ihr zu. »Du musst abspringen, bevor das Tau zu schwingen aufhört, sonst fällst du in den Fluss.«

Sara sah, wie Seth den Fuß aus der Schlaufe zog und stattdessen die Knie um den untersten Knoten schlang. Und als der Schwung ihn wieder in die Nähe des Flussufers trug, ließ er das Tau los und fiel in einen Blätterhaufen. »Aua!«, hörte Sara seine gedämpfte Stimme. »Daran muss ich noch arbeiten.«

Sara lachte vor Freude über das, was sie gesehen hatte.

»Nun bin ich dran!«, rief sie aufgeregt.

»Ich weiß nicht, Sara. Die Landung ist ein bisschen gefährlich. Vielleicht wartest du besser, bis ich herausgefunden …«

»Nee, ich mach's. Wenn du es kannst, kann ich es auch!« Sara würde sich von nichts und niemandem davon abhalten lassen, über den Fluss zu springen.

Sie wartete und sah zu, wie Seth wieder auf den Baum kletterte. *Er ist so schlau*, dachte sie, als sie sah, dass Seth den Bindfaden wieder mit hochbrachte, damit er das schwere Tau wieder auf ihre Startrampe ziehen konnte.

Sara saß auf der Bank und Seth hielt das Tau fest, damit sie den Fuß in die Schlaufe stellen konnte. »Diesen Knoten habe ich für dich gemacht«, sagte Seth und zeigte auf den mittleren Knoten, der für Saras Größe genau an der richtigen Stelle saß.

»Also, ich mach's!«, sagte Sara entschlossen. Aber sie blieb auf der Plattform stehen. »Also, jetzt geht's los. Ich bin so weit. Jetzt mach ich's wirklich. Ich bin gleich wieder da. Also los! Bin schon fast weg!« Sara musste über sich selbst lachen. Sie wollte so gern springen, aber bei dem Gedanken daran verkrampfte sich ihr Bauch und sie brachte es irgendwie nicht fertig.

Seth sah zu und musste über Saras Aufregung lächeln. Er würde sie nicht drängen. »Es eilt ja nicht, Sara. Das Tau ist morgen auch noch hier und übermorgen und über-übermorgen ...«

Aber Sara hörte gar nicht mehr, was Seth sagte, denn mitten im Satz sprang sie von der Plattform und flog durch die Luft. Als sie über dem Fluss war, stieß auch sie einen Tarzan-Schrei aus.

»Klasse!«, rief Seth und freute sich, dass Sara den Sprung gewagt hatte. Er erinnerte sich, wie viel Vergnügen ihm der erste Sprung bereitet hatte – und wie viel Angst er dabei gehabt hatte. Er hörte Sara lachen und kreischen, während sie über dem Fluss hin und her schwang. Dann sah er, wie sie den Fuß aus der Schlaufe zog.

Was für ein Mädchen, dachte er stolz, als er sah, wie schnell sie das mit dem Abspringen gelernt hatte. Aber Saras Arme waren nicht so stark wie die von Seth, und nachdem sie den Fuß aus der Schlaufe genommen hatte, konnte sie sich kaum noch festhalten. Es gelang ihr zwar sich anzuklammern, bis sie in Ufernähe war, aber dann musste sie loslassen und fiel mit einem lauten Platsch direkt in den Schlamm am Flussufer. Wasser und Schlamm spritzten hoch in die Luft. Und Sara? Sara lachte. Sie stand auf, klitschnass, von Kopf bis Fuß mit Schlamm bedeckt und lachte und lachte und lachte.

Erst hatte Seth einen Riesenschreck bekommen, aber dann lachte er erleichtert mit. *Humor hat sie also auch!* Da er sich für ihre Sicherheit verantwortlich fühlte, war er ungeheuer froh, dass alles gut gegangen war.

»Seth, das ist toll! Ich kann es kaum erwarten, bis wir es wieder machen. Du musst mir aber noch zeigen, wie man abspringt.«

»Du musst nur den richtigen Zeitpunkt zum Abspringen finden. Ich bin beim ersten Mal auch nass geworden.«

»Bist du nicht.« So wie Seth gesprungen war, hatte er genau gewusst, was er tun musste. Dennoch gefiel es Sara, dass er sie in ein besseres Licht rücken wollte, indem er sich selbst ein wenig herabsetzte.

»Aber das ist doch in Ordnung. Ich bin froh, dass du es so gut kannst. Ich werde auch noch gut werden. Wir üben einfach jeden Tag. Es ist so toll, Seth. Danke, dass du das alles für uns gebaut hast.«

Seth wusste nicht genau, was er von Sara halten sollte. Es machte Spaß, mit ihr zusammen zu sein. Sie war immer offen und bereit, etwas Neues auszuprobieren. Und sie hatte einen tollen Humor. Sie lachte gern, und es machte ihr überhaupt nichts aus, dass jemand anders etwas besser konnte als sie selbst. Seth hatte noch nie jemanden wie Sara getroffen.

»Jetzt muss ich aber nach Hause. Ich sehe bestimmt ganz furchtbar aus«, sagte Sara, stieg aus dem Wasser und wrang ihre nassen, matschigen Kleider aus. »Bis morgen.«

»Morgen ist Samstag«, erwiderte Seth, der wohl wusste, dass ihm seine Eltern nicht erlauben würden, seine Pflichten am Wochenende zu vernachlässigen, um sich mit Sara zu treffen. Er hatte das Baumhaus im Laufe mehrerer Wochen meistens bei Mondschein gebaut. Seine Eltern hätten ihm etwas so vollkommen Unnützes niemals erlaubt. »Wir können am Montag wieder springen.«

»Schade.« Sara war enttäuscht. Sie wusste nicht, ob sie es bis Montag ohne diesen Spaß aushalten würde. »Also gut«, sagte sie schließlich. »Aber ich glaube, ich werde herkommen und das Abspringen üben. Wenn ich dich am Montag wiedersehe, kann ich es.«

Die Idee gefiel Seth überhaupt nicht. Was, wenn Sara im falschen Moment losließ und sich ein Bein brach oder den Kopf anschlug? »Aber Sara, du könntest ertrinken«, stieß er hervor. Die Worte waren kaum aus seinem Mund, da war es ihm schon peinlich, sie gesagt zu haben.

Sara sagte nichts, sondern sah Seth nur an. Sie hatte die Sorge in seinen Worten wohl gehört. Er hatte sie ja deutlich genug zum Ausdruck gebracht.

»Nein, Seth«, sagte sie leise, »ich kann nicht ertrinken.«

Seth sah eine Gewissheit in Sara, die er nie zuvor bemerkt hatte. *Warum ist sie sich so sicher, dass sie nicht ertrinken kann?*

»Aber ich warte bis Montag. Da du dir so viel Mühe gemacht hast, dies alles für uns herzurichten, kann ich ja wohl wenigstens warten, bis wir wieder gemeinsam herkommen können.«

Seth war erleichtert.

»Also, dann bis Montag«, sagte Sara. »Wir treffen uns an der ersten Abzweigung.«

Seth lächelte. Sara hatte seine Gedanken gelesen. Er wollte nicht, dass ihre Treffen so offensichtlich wurden, dass sich die anderen fragten, wohin sie gingen. Sowohl Seth als auch Sara gefiel der Gedanke, dieses tolle Versteck ganz für sich allein zu haben.

Kapitel 10

Sara wartete wie verabredet an der ersten Abzweigung auf Seth. Im Stillen machte sie sich selbst ein Kompliment, weil sie hell- und dunkelgrüne Kleidung gewählt hatte und damit perfekt getarnt war. Sie lachte in sich hinein, während sie im Gebüsch hockte und auf ihren Freund wartete. Ab und zu sah sie Lichtstreifen vorbeihuschen, wenn sich die Sonne in den Scheiben der auf der Straße fahrenden Autos spiegelte. Es gefiel ihr außerordentlich, dass sie selber sehen, aber nicht gesehen werden konnte. »Ich hoffe nur, Miss Ralph hat ihn sich nicht wieder geschnappt«, murmelte sie.

Seth kam durch das Wäldchen gestürmt und rannte Sara fast über den Haufen. Erst schrien beide vor Schreck auf, dann lachten sie. »Mensch, Sara, ich hab dich überhaupt nicht gesehen!«

»Ziemlich gut, oder?« Sara grinste. Sie war so stolz auf ihre Tarnkleidung.

»Ja, du bist perfekt an die Umgebung angepasst. Wenn du eine Schlange wärst, wäre ich eine leichte Beute.«

»Schlangen tun nichts«, sagte Sara selbstsicher.

»Du hast keine Angst vor Schlangen?«, fragte Seth überrascht. Er hatte immer gedacht, alle fürchteten sich vor Schlangen – besonders Mädchen.

»Nee, früher hatte ich Angst, aber jetzt nicht mehr. Komm, wir gehen. Ich will vom Baum springen.«

Seth fiel auf, dass sich Sara in Bezug auf die Schlangen ebenso sicher zu sein schien wie darüber, dass sie nicht ertrinken konnte.

»He, Sara, wieso bist du dir eigentlich so sicher, dass du nicht ertrinken kannst?«

Sara wäre fast gestolpert, so sehr hatte Seths Frage sie überrascht. Er war ihrer wichtigsten Erfahrung und dem größten Geheimnis ihres Lebens gefährlich nahegekommen.

»Ach, das ist eine lange Geschichte«, wiegelte sie ab. »Ich erzähl sie dir später mal.«

Seth spürte, dass Sara ihm etwas sagen wollte – etwas, das er unbedingt hören wollte. »Also, wenn es eine so lange Geschichte ist, solltest du sie in kleine Kapitel aufteilen. Wie wäre es, wenn du mir jeden Tag eines erzählst?«

Sara gefiel Seths Drängen überhaupt nicht. Wie würde er reagieren, wenn sie ihm von ihren Erlebnissen mit Salomon erzählte? Aber Seth hatte seine Frage mit einer solchen Eindringlichkeit gestellt, dass sie sich kaum entziehen konnte.

Und so fing Sara an zu erzählen. »Na ja, ich habe eigentlich nie geglaubt, dass ich ertrinken könnte, aber meine Mutter hat sich deswegen immer große Sorgen gemacht. Sie warnte mich beinahe täglich, dem Fluss zu nahe zu kommen. Ich habe keine Ahnung, warum sie solche Angst vor dem Fluss hat. Ich habe noch nie von jemandem gehört, der darin ertrunken ist. Aber sie macht sich eben wegen allem Möglichen Sorgen, ganz besonders aber wegen des Flusses.

Eines Tages stand ich also ganz allein auf der Baumbrücke, und das Wasser war so hoch, dass es bis an den Baum heranreichte. Da tauchte plötzlich dieser alte Hund auf und warf mich um, sodass ich ins Wasser fiel.«

»Meine Güte Sara, was hast du gemacht?«

»Na ja, ich konnte eigentlich gar nichts machen. Die Strömung war ziemlich stark und riss mich sofort mit. Aber ich hatte überhaupt keine Angst! Zuerst dachte ich noch, dass meine Mutter recht gehabt hatte und wie sauer sie wäre, wenn ich ertrinken würde. Aber dann merkte ich, dass das Wasser mich trug und wie wunderschön alles war. Als ich unter einem Ast hindurchglitt, der ins Wasser ragte, zog ich mich einfach raus. Und seitdem weiß ich, dass ich nicht ertrinken kann.«

»Das ist alles? Deshalb weißt du, dass du nicht ertrinken kannst? Mir scheint, du hast einfach Glück gehabt, dass du an dem Ast vorbeigekommen bist. Du hättest tatsächlich ertrinken können, weißt du das?«

Sara sah Seth an, dass seine Fantasie mit ihm durchging, und lächelte. »Du klingst genau wie meine Mutter!«

Seth lachte. »Vermutlich.«

»Kennst du das nicht: Du weißt etwas so sicher, dass es dir völlig egal ist, was alle anderen denken? Du weißt es einfach, weil du es weißt. Und nur weil sie es nicht wissen, heißt das noch lange nicht, dass du es nicht weißt. Weißt du, was ich meine?«

Seth wurde still, während Sara sprach. Er wusste genau, was sie meinte. Er wusste haargenau, was sie meinte. »Du hast recht, Sara. Ich weiß tatsächlich, wovon du sprichst. Und von jetzt an glaube ich dir, wenn du sagst, dass du nicht ertrinken kannst.«

Sara war erleichtert, dass Seth sich mit dieser Teilwahrheit zufriedengegeben hatte und sie sich nicht mehr erklären musste.

»Gut.« Sara war in Hochstimmung und wollte schnell

das Thema wechseln. »Und Schlangen tun dir auch nichts!«

Seth lachte. »Wir erledigen die tödlichen Ängste immer schön eine nach der anderen, oder Sara?«

Kapitel 11

Das ganze Wochenende über musste Sara an das fantastische Baumhaus und das wunderbare Schwingseil denken. Als dann endlich der Montag kam, liefen Sara und Seth gleich nach der Schule zu ihrem Baum.

»Ich will zuerst«, rief Sara, während sie eilig den Baum hinaufkletterte. Sie war schon auf den Ast hinausgekrochen und stand auf der Plattform, als Seth noch auf der Baumleiter war. »Also, dieses Mal werde ich es richtig machen. Ich hab nämlich geübt.«

Seth war enttäuscht. »Sara, du hast doch gesagt, du würdest auf mich warten.«

»Das habe ich auch, Seth. Ich hab nur in Gedanken geübt. Ich hab mir immer wieder vorgestellt, wie ich mich über den Fluss hinausschwinge, wie ich im richtigen Moment das Tau loslasse und eine perfekte Landung im Gras mache. Ich bin so weit. Gib mir einen Schubs!«

»Ich glaube nicht, dass du einen Anschieber brauchst, Sara. Lass dich einfach fallen, das sollte reichen.«

Und Sara ließ sich fallen. »Juchhe!«, kreischte sie, während sie mit wehenden Haaren durch die Luft flog. Bei jeder Überquerung des Flusses wurde sie ein bisschen langsamer. Sie nahm den Fuß aus der Schlaufe, ließ genau im richtigen Moment los und landete im Gras – direkt an der Stelle, die sie sich vorgestellt hatte. Ihre Landung war so perfekt, dass sie nicht einmal hinfiel, sondern den Schock des Aufpralls mit den Knien abfederte. »Jawohl!«, rief sie voller Freude.

Seth applaudierte. Er war schwer beeindruckt.

Dann sprang er vom Baum, ließ das Tau los und fiel wie zuvor in den Blätterhaufen. »Nicht gerade eine sanfte Landung«, bemerkte er.

Sara lächelte. »Du musst es in Gedanken üben. Das ist alles. Es dauert gar nicht lange und macht fast so viel Spaß wie in Wirklichkeit.«

»Also gut.« Seth war irgendwie nicht begeistert. »Aber zuerst übe ich es hier am Baum über dem Fluss mit dem Tau.« Und schon kletterte er den Baum wieder hinauf.

Dieses Mal fiel seine Landung noch schlimmer aus als das letzte Mal. Seth fand das gar nicht lustig.

Sara lachte, hielt sich aber schnell die Hand vor den Mund und tat, als müsse sie husten. Sie wollte Seths Gefühle nicht verletzen und schon gar nicht wollte sie, dass er wütend wurde.

Seth kletterte den Baum wieder hoch, sprang noch einmal und wieder war sein Timing so schlecht, dass er erneut in den Blätterhaufen stürzte.

Schon kletterte er den Baum wieder hoch, aber dieses Mal kletterte Sara gleich hinterher.

»Seth«, sagte sie, als er den Fuß schon in der Schlaufe hatte und gerade springen wollte. »Einen Moment, Seth. Mach mal die Augen zu und stell dir vor, du wärst ganz zufrieden den Baum hoch geklettert, weil dir der letzte Sprung so perfekt gelungen ist. Stell dir vor, dass ich dir zulächle und applaudiere.«

»Statt zu lachen und zu husten?«, spottete Seth.

»Nein, nein, nur lächeln und klatschen.« Sara grinste. *Dem kann man wirklich nichts vormachen,* dachte sie.

»Stell dir nun vor, wie du das Seil loslässt und auf das andere Ufer springst – so, als ob du ganz sanft mit einem Fallschirm landen würdest.«

Seth lächelte, während er es sich vorstellte.

»Und los!«, sagte Sara, berührte Seth leicht am Rücken und gab ihm einen winzig kleinen Schubs. Er flog los, schwang sich weit über den Fluss hinaus – und genau im richtigen Moment ließ er das Tau los und landete perfekt im Gras. Er sprang vor Freude in die Luft, schlug die Hacken zusammen und brüllte: »Jawohl!« Im selben Augenblick brüllte auch Sara: »Jawohl!«

»Mensch, Sara, das funktioniert ja wirklich. Wo hast du das denn gelernt?«

»Oh, ein Vögelchen hat es mir ins Ohr geflüstert«, scherzte Sara. »Das ist wirklich eine lange Geschichte, Seth.«

Und noch bevor Seth etwas erwidern konnte, lachte Sara und fuhr fort: »Ich weiß, ich weiß. Ich werde sie in Kapitel unterteilen und dir jeden Tag eines davon erzählen. Wenn du sie wirklich hören möchtest, werde ich dir die ganze Geschichte erzählen, aber du musst mir versprechen, nicht zu lachen und keinem Menschen ein Wort davon zu erzählen.«

»Ich verspreche es«, antwortete Seth, der Sara noch nie so ernst gesehen hatte. »Ich verspreche es. Nun fang schon an!«

»Später«, vertröstete ihn Sara. »Ich muss es zuerst in Gedanken üben.«

Seth grinste.

»Also bis bald«, verabschiedete sich Sara.

»Klar. Wir sehen uns morgen.«

Kapitel 12

Sara saß bequem in einer Astgabel hoch im Baum. Sie war die Leiter bis zum Ende hochgeklettert und dann noch ein paar Meter höher in diese Astgabel gestiegen, die groß genug für zwei Personen war. *Was für ein wunderbarer Baum*, dachte Sara, während sie auf Seth wartete.

In der letzten Stunde hatte er Werken. *Ich wette, er ist richtig gut darin. Wahrscheinlich hilft er dem Lehrer noch beim Aufräumen*, dachte sie und sah auf die Uhr. *Er ist einfach zu nett. Die Leute nutzen das aus.*

Sara lehnte sich gegen den Stamm und versuchte sich vorzustellen, wie sie Seth ihre unglaubliche Geschichte erzählen würde. Sie war zwar überzeugt, dass er bereit dafür war, aber ihr war auch bewusst, dass sie damit ein großes Risiko einging. Er war ein wirklich guter Freund geworden – mit Sicherheit der beste Freund, den Sara je gehabt hatte. Sie wollte ihn auf keinen Fall verschrecken. Schließlich wusste sie nicht, wie er auf ihr Geheimnis reagieren würde.

Eine plötzliche Brise schüttelte den Baum und bewegte seine Zweige hin und her. Von oben regneten ein paar Blätter auf Sara hinab.

Auch du bist eine Lehrerin. Sara erinnerte sich an Salomons eindringliche Worte. *Und wenn die Zeit dafür gekommen ist, wirst du es wissen.*

Ich glaube, die Zeit ist gekommen, dachte Sara. *Aber wie kann ich mir nur sicher sein?*

Wenn dich jemand bittet, ist die Zeit gekommen. Sara fielen Salomons Worte wieder ein. *Also, Seth hat mich ja gebeten, ihm alles zu erzählen,* überlegte sie. *Dann muss es wohl an der Zeit sein.*

Da hörte Sara ein Rascheln im Gebüsch. Sie stand auf, hielt sich am Ast fest und lehnte sich nach vorn, um besser sehen zu können. Seth kam durch das Gebüsch gerannt und rief: »Hallo, tut mir leid, dass ich so lange gebraucht hab!« Er war so außer Atem, dass Sara vermutete, er sei den ganzen Weg gerannt.

Seth kletterte die Baumleiter hoch bis zu dem Ast, der zur Plattform führte. »Soll ich hochkommen oder kommst du runter?«

»Komm rauf. Es ist toll hier oben. Und genug Platz ist auch«, rief Sara hinunter. Ihr gefiel es, dass sie hier oben noch ungestörter waren.

Seth kletterte zu ihr hoch und lehnte sich gegenüber in die Astgabel. »Also«, sagte er ohne Umschweife, »dann erzähl mal!«

»Na gut, aber denk daran, es ist ein Geheimnis zwischen uns.«

»Keine Angst, Sara. Du bist sowieso die Einzige, mit der ich rede.«

Sara holte tief Luft und versuchte einen Anfang zu finden. Es gab so viel zu erzählen, dass sie nicht wusste, womit sie beginnen sollte. »Na gut, Seth. Aber ich muss dich warnen, es hört sich verrückt an.«

»Sara«, drängte Seth ungeduldig. »Ich werde es bestimmt nicht verrückt finden.«

»Also, ich war eines Tages gerade auf dem Nachhauseweg, als mein Bruder Jason angerannt kam. Er war völlig aus dem Häuschen und faselte etwas von einer riesigen Eule an Thackers Weg, die ich unbedingt sehen müsse. Er war so aufgeregt, dass es schon regelrecht erschreckend war. Er zerrte mich fast ins Wäldchen.«

»Ich mag Eulen sehr gern«, warf Seth ein und hoffte, dass Sara weitererzählen würde.

»Wie dem auch sei, der Schnee war furchtbar tief und die Luft sehr kalt, und obwohl wir lange suchten, konnten wir keine Eule sehen. Ich habe Jason damals beschuldigt, sich die ganze Geschichte nur ausgedacht zu haben, und ihn angeschrien, dass mir sein blöder Vogel schnurzpiepegal sei. Aber am nächsten Tag musste ich in der Schule immer an diese Eule denken. Dabei hatte ich keine Ahnung, was mich an ihr so faszinierte. Das Ganze fühlte sich äußerst merkwürdig an. Also ging ich gleich nach der Schule nochmal zum Wäldchen, um nach der Eule Ausschau zu halten. Aber ich konnte sie wieder nicht finden.« Sara seufzte tief bei der Erinnerung an diese frustrierende Suche. Dann fuhr sie fort: »Es wurde schon dunkel und ich kam mir ziemlich blöd vor. Dann wollte ich eine Abkürzung über den zugefrorenen Fluss nehmen, aber das Eis gab nach und ich fiel hin. Ich dachte schon, ich würde einbrechen und ertrinken. Da hörte ich eine Stimme aus einem Baum. Sie rief mir zu: ›Hast du vergessen, dass du gar nicht ertrinken kannst?‹ Und dann sagte die Stimme noch: ›Das Eis hält. Kriech hier herüber.‹«

»Zuerst kam ich mir ganz schön dumm vor. Ich hätte wissen müssen, dass man nicht so einfach übers Eis gehen kann. Dann wurde ich wütend, weil der, der mit mir redete, nicht kam, um mir zu helfen. Und plötzlich traf es mich wie ein Blitz! Woher wusste er, dass ich nicht ertrinken konnte? Ich hatte keiner Menschenseele davon erzählt. Und dann sah ich sie!«

»Wen?«

»Eine riesige, wunderschöne, magische Eule. Sie flog vom Baum herunter, kreiste ein paar Mal ganz langsam und niedrig über der Wiese, damit ich sie auch gut sehen konnte, und flog dann auf und davon. Ich hatte Salomon gefunden!«

»Jetzt versteh ich, wieso du dir so sicher bist, dass du nicht ertrinken kannst. Junge, Junge, Sara, das ist total verrückt. Aber gut verrückt«, fügte er hastig hinzu.

Sara war beim Erzählen ganz außer Atem geraten. Sie schluckte, holte tief Luft und sah Seth an. Sie wollte ihm alles über Salomon erzählen. Nicht nur, wie sie sich begegnet waren, sondern auch, was er ihr beigebracht hatte, wie Jason und Billy auf ihn geschossen und ihn getötet hatten, und wie er – obwohl er doch tot war – noch immer mit Sara sprach.

»Hast du die Eule je wiedergesehen?«, fragte Seth gespannt.

»Ja, ich habe sie noch oft gesehen. Aber dann …«

»Dann was?« Seth war eindeutig fasziniert von der Geschichte.

Sara brachte es nicht fertig weiterzuerzählen. »Ich erzähl es dir später.«

Seth war enttäuscht. Er spürte genau, dass Sara ihm noch viel mehr zu sagen hatte. Aber er wusste auch, dass dies ein heikles Thema war, und beschloss, sie nicht weiter zu bedrängen.

»Ich hab doch gesagt, dass ich dir die Geschichte Kapitel für Kapitel erzählen werde. Also, sehen wir uns morgen?«

»Klar, morgen.«

»Willst du nochmal springen, bevor wir gehen?«, fragte Sara.

»Ich glaube, für heute hatte ich genug Aufregung«, erwiderte Seth scherzend.

»Ja, ich auch«, sagte Sara.

»Also, dann bis morgen.«

Kapitel 13

F ast wie am helllichten Tag«, murmelte Sara leise. Sie lehnte sich gegen das Verandageländer und sah zum Abendhimmel empor. Eine Unzufriedenheit breitete sich in ihr aus, aber sie wusste nicht warum.

Der bewölkte Himmel wurde von den Flutlichtern des Highschool-Stadions taghell erleuchtet. An Abenden wie diesem kam es Sara vor, als würden sie die ganze Stadt erleuchten.

»Was für eine Stromverschwendung«, grummelte sie. Dann ging sie ins Haus und vergaß nicht, die Tür hinter sich zuzuknallen.

Heute Abend fand das erste Footballspiel der Saison statt und Saras alte Verärgerung darüber hatte sich zu ihrer eigenen Überraschung zurückgemeldet. Sie ging auf ihr Zimmer und machte die Tür fest hinter sich zu – nach dem Motto: möglichst viele Türen zwischen mir und dem Footballspiel.

»Was ist denn bloß mit mir los?«, sagte sie laut zu sich selbst.

255

Sara konnte Football absolut nichts abgewinnen. Normalerweise ging die ganze Stadt freitagabends zum Spiel. Viele reisten dem Team sogar zu den Auswärtsspielen nach. Sara ging nie, ganz egal gegen wen die Mannschaft spielte.

Sie warf ein Buch aufs Bett, sich selbst hinterher und blätterte auf dem Bauch liegend darin herum. An diesem Buch hatte sie ebenfalls kein Interesse.

Sara wünschte, sie könne zum Fluss hinuntergehen und vom Baum springen. Sie wollte alles tun, um diese schreckliche Nervosität loszuwerden. Sie wusste, dass es eigentlich keine so gute Idee war, nachts im Dunkeln durch den Wald zu laufen, aber schon bei dem Gedanken, im Dunkeln hin und her zu schwingen, fühlte sie sich besser. *Hier ist es doch so hell*, dachte sie, *vielleicht ist es dort ja gar nicht mal so dunkel.*

Sara machte die Tür auf und sah, dass ihre Mutter noch in der Küche war und die Reste des Abendessens wegräumte.

»Ich mach das schon, Mami.«

»Danke, mein Liebling, aber Janet reserviert uns Plätze. Wir müssen uns nicht beeilen. Warum kommst du nicht mit, Sara? Wir werden bestimmt viel Spaß haben.«

»Nein, danke, ich muss noch Hausaufgaben machen«, antwortete Sara. Die Hausaufgaben waren immer für eine Ausrede gut. Man konnte sie auf ein ganzes Wochenende ausdehnen oder zu nichts zusammenschrumpfen lassen. Und merkwürdigerweise stellten ihre Eltern das nie infrage.

Sara ging zurück in ihr Zimmer und wartete ungeduldig darauf, dass ihre Familie endlich das Haus verließ. Die Idee, zum Wäldchen zu gehen und im Dunkeln hin und her zu schwingen, gefiel ihr von Minute zu Minute besser.

Sie zog die unterste Schublade auf und kramte ihre

Winterunterwäsche hervor. Sie musste lachen, als sie daran dachte, wie komisch sie sich darin vorkam, aber sie hielt angenehm warm.

Sara wartete noch, bis sie hörte, wie ihre Familie »Bis später, Sara« rief und sich die schwere Garagentür öffnete. Dann nahm sie die dicke Unterwäsche aus der Schublade und zog sie an. Als sie in den Spiegel sah, musste sie kichern. »Was würden die Leute wohl sagen, wenn sie sehen könnten, wie ich in dieser Unterwäsche nachts vom Baum springe?«

Sie zog sich fertig an, schnappte sich Jacke, Hut und Mütze und rannte zur Hintertür hinaus. Sobald sie draußen war, ließ ihre Verärgerung nach und ihre übliche Lebensfreude kehrte zurück.

Ich gehe besser quer übers Feld, beschloss Sara. *Sonst wird mich die halbe Stadt mit zum Spiel nehmen wollen.*

Auf dem Feld war es noch hell gewesen, aber sobald Sara in den Trampelpfad eingebogen war und tiefer in den Wald hineinging, konnte sie kaum noch etwas sehen.

Es fühlte sich unheimlich an, so ganz allein durch den dunklen Wald zu gehen. »Was hab ich mir bloß dabei gedacht?«, flüsterte Sara, die sich nun wünschte, wenigstens eine Taschenlampe mitgenommen zu haben. Sie drehte sich um und sah zurück auf den Weg, den sie gerade gegangen war, und dann wieder auf den noch dunkleren Weg vor ihr. Beide Richtungen waren ihr gleich unheimlich.

Sara blieb wie angewurzelt stehen und wusste nicht, was sie machen sollte. Je mehr sie sich anstrengte, etwas zu sehen, desto dunkler schien der Weg zu werden. Plötzlich hörte Sara ein Geräusch, das vom Baumhaus zu kommen schien. Es war das ihr nur allzu vertraute Geräusch eines Menschen, der vom Baum springt.

Saras Unentschlossenheit war augenblicklich verflogen und sie ging weiter zum Baumhaus. Es war zwar nicht heller als vorher, aber nun hatte Sara keine Probleme mehr, den Weg zu erkennen. Als sie auf die Lichtung am Fluss kam, sah sie eine Gestalt, die sich über das Wasser schwang. Dann hörte sie einen Plumps und dann Seths Stimme: »Genau! So geht's!«

»Seth?«, rief Sara. Sie war froh und zugleich überrascht, dass er hier im Dunkeln war. »Bist du das?«

»Mensch, Sara, hast du mich erschreckt!«, kam die prompte Antwort. »Was machst du denn hier? Ich dachte, du wärst zum Spiel gegangen.«

»Nee«, antwortete Sara, die nicht erklären wollte, was sie von Footballspielen hielt. »Da geh ich nie hin.«

»Ich auch nicht«, gab Seth zurück.

»Warum denn nicht?« Sara war peinlich berührt, dass sie so schnell und neugierig gefragt hatte. Sie selbst mochte es gar nicht, wenn andere sie drängten, ihre Entscheidungen zu begründen, und nun hatte sie genau das von Seth verlangt. Dem schien es allerdings nichts auszumachen.

»Ach, ich weiß nicht. Ich hab mich noch nie einer Schule zugehörig gefühlt. Klar, wenn ich ein tolles Spiel sehe, dann springe ich auch auf und feuere die Spieler an. Aber ich bekomme meistens Ärger, weil ich die falsche Mannschaft anfeuere. Ich hab es einfach satt.«

Sara hörte fasziniert zu, denn Seth hatte genau das beschrieben, was sie an den Spielen störte: Dass man alles gut finden musste, was die eigene Mannschaft tat – einfach weil es »unsere« Mannschaft ist. Und dass man alles blöd finden musste, was die andere Mannschaft tat – einfach weil es »die Anderen« sind. Sara hatte keine Ahnung gehabt, dass noch jemand genau das Gleiche fühlte wie sie. Sie war froh, dass Seth ihr Freund geworden war.

»Wie lange bist du schon hier?«, fragte sie.

»Seit Einbruch der Dunkelheit«, gab Seth zurück.

»Ist dir denn nicht kalt?«

»Nee, ich hab ja …« Seth hörte mitten im Satz auf. Er wollte Sara nicht von der langen Unterwäsche erzählen. Er kam sich schon blöde genug vor, dass er sie überhaupt angezogen hatte. Hoffentlich hatte sie ihn nicht gehört.

Aber Sara hatte ihn gehört und fing an zu lachen.

Ihr Lachen war so ansteckend, dass Seth mitlachen musste.

»Ist sie etwa rot?«, flüsterte Sara.

Seth lachte noch lauter. »Ja, woher weißt du das?«

»Ach, ich weiß nicht, war nur so eine Vermutung«, gab Sara lachend zur Antwort. »Seth, wir sind wirklich Freunde gleichen Gefieders. Freunde gleichen Gefieders, die rote Flanellunterwäsche tragen, nicht zu Footballspielen gehen und von Bäumen springen.«

Sie lachten so sehr, dass ihnen Tränen in die Augen stiegen. Es war schön, so verstanden zu werden. Es fühlte sich ganz wunderbar an.

Kapitel 14

Sara fand einen Zettel von Seth in ihrem Fach: »Sara, ich treffe dich am Baumhaus. Aber klettere bloß nicht rauf, bis ich da bin. Ich hab nämlich eine Überraschung für dich.«

Also wartete Sara unten am Baum. Sie sah extra nicht hoch, weil sie Seth die Überraschung nicht verderben wollte.

Schon kam er durchs Gebüsch gestürmt. »Du bist doch nicht etwa oben gewesen, oder?«

»Ich wollte schon, aber ich hab auf dich gewartet. Also, wo ist die Überraschung?«

»Geh schon mal rauf. Ich komme gleich nach«, sagte Seth, der eine Papiertüte unter dem Arm und den Schalk in den Augen hatte.

Sara kletterte die Leiter hoch und schon bald kam Seth ihr nach. Sie kletterten zum Baumhaus hinüber und Sara sah sich um. »Ich bin so weit.« Sie konnte nichts Ungewöhnliches entdecken.

»Gut, dann mach mal die Augen zu.«

Sara schloss die Augen, und Seth band ein Seil los, das hinter dem Baum versteckt war. Er legte das Seilende in Saras Hände und sagte: »Halt das fest und mach die Augen auf.«

Sara öffnete die Augen und lachte. »Was ist denn das?«

»Lass nicht los. Zieh einfach ganz leicht am Seil.«

Seth hatte an einem höheren Ast einen Flaschenzug angebracht und ein Seil durch die Rollen gezogen. Als Sara nun am Seil zog, kam ein großer Eimer angeschwebt, der eine Flasche Wasser, ein paar Süßigkeiten, Papierbecher, Saras Schultasche und ein paar Mülltüten enthielt.

»Es ist doch viel einfacher, alles heraufzuziehen, wenn wir schon oben sind, als mit unseren Sachen die Leiter hochzuklettern«, erklärte Seth. Er hoffte, dass Sara ihn loben würde.

»Wie raffiniert. Es ist einfach toll! Woher hast du denn das Seil und die Rollen für den Flaschenzug?«

»Der Sportlehrer hat mir alles gegeben. Er meinte, das Zeug läge seit Jahren in der Turnhalle herum und er wolle es sowieso wegwerfen.«

Sara lächelte. Ihr war schon häufig aufgefallen, wie offen die meisten Leute Seth gegenüber waren. Er schien immer das Beste aus ihnen allen herauszuholen, und für ihn taten sie Dinge, die sie normalerweise nicht machten. Die meisten Schüler hielten den Sportlehrer für streng, unangenehm und mürrisch. Und doch hatte er Seth genau das gegeben, was sie brauchten, um ihr Versteck noch vollkommener zu machen. *Wahrscheinlich wird Seth von allen gemocht*, dachte Sara.

»Wie kommst du bloß immer auf solche Ideen?«, fragte sie Seth.

»Keine Ahnung. Wahrscheinlich hatte ich schon genug Verstecke, um zu wissen, was man so alles braucht«, erwiderte Seth.

»Wie viele hattest du denn schon? Erzähl mir davon.«

»Also, ich weiß nicht ...« Seth war es peinlich, denn kein Versteck war besonders aufregend gewesen. Und keines war so toll wie dieses. Und bisher hatte er noch nie ein Versteck mit einem Mädchen geteilt. Eigentlich hatte er noch nie eines mit irgendjemandem geteilt. Sein kleiner Bruder hatte mal ein oder zwei entdeckt, aber das hatte keinesfalls in Seths Absicht gelegen. Ein Versteck ist schließlich etwas sehr Privates.

Saras Augen glänzten, als sie versuchte, sich all die wunderbaren Orte vorzustellen, an denen Seth gelebt hatte, und die wunderbaren Verstecke, die er sich in den Wäldern geschaffen hatte. Seth sah, wie erwartungsvoll sie ihn anblickte. Er grinste nur, als sie ihn drängte, Einzelheiten zu erzählen, und er wollte sie auf keinen Fall enttäuschen. Er wusste ja, dass Sara nie eines dieser alten Verstecke sehen würde – ebenso wenig wie er selbst jemals eines davon wiedersehen würde. Einen Moment lang überlegte er, ob er sie toller machen sollte, als sie eigentlich gewesen waren, damit seine Geschichte Saras Erwartungen auch entsprach. Aber Übertreibungen lagen Seth einfach nicht. Im Gegenteil, er untertrieb eher. Aber da war noch etwas: In der kurzen Zeit, die sie sich kannten und in der sie miteinander gesprungen waren, gespielt, gelacht und geredet hatten, hatte er angefangen, ihr zu vertrauen, wie er noch nie jemandem vertraut hatte. Er wollte nichts tun, was dieses Vertrauen zerstören könnte.

Sara zog die Knie an die Brust und wartete. Seth grinste. Es war unmöglich, sie zu enttäuschen.

»Also, so toll waren sie eigentlich gar nicht, Sara. Es waren meistens einfach Orte, an denen ich allein sein konnte. Die meisten waren ganz in der Nähe unseres Hauses und ich konnte nie lange dort sein. Aber es war schön zu wissen, dass es sie gab.«

»Ich weiß genau, was du meinst«, warf Sara ein.

»Das Erste habe ich ganz zufällig gefunden – auf dem Gelände eines Nachbarn. Der Mann hatte ein riesiges Stück Land, und weit weg von seinem Haus, hinter den Scheunen und Wiesen, entdeckte ich ein Baumhaus.«

»Irre!«, rief Sara. »War es so schön wie dieses?«

Seth lachte. »Viel größer. Es war in eine Baumgruppe hineingebaut und die Plattform war mit drei Bäumen verbunden. Ich weiß nicht, wer es gebaut hat. Ich hab auch nie jemanden dort gesehen und keinem davon erzählt. Ich wollte nie wieder von dort weg. Aber an dem Ort sind wir nur sechs Monate geblieben. Wahrscheinlich ist das alte Baumhaus immer noch da und modert vor sich hin.«

»Und sonst?«

»Dann zogen wir in ein Haus ganz in der Nähe eines Bauernhofs mit vielen Schuppen und Scheunen. Dort wurden Schweine und Milchkühe gehalten. Die Scheunen waren alle durch Zäune und Gehege miteinander verbunden, und das war klasse, weil du von einer Scheune zur anderen über Dächer und Zäune laufen konntest, ohne jemals den Boden zu berühren. In zwei dieser großen Scheunen lagerten Heuballen. Es machte Spaß, die Ballen herumzuschieben und Wände daraus zu machen. Ich war gern dort. Auch von diesem Ort habe ich niemandem erzählt. Ich war ganz allein dort. Nur ein paar Katzen leisteten mir Gesellschaft und jagten Mäuse.«

»Und was noch?« Es machte Sara Spaß, sich all diese Verstecke vorzustellen.

»Ein paar andere waren Höhlen. Die waren klasse. Manchmal etwas unheimlich, weil man nie wusste, wer darin wohnte, aber ich hab nie etwas Schreckliches gesehen.«

»Höhlen? Hm! Wahrscheinlich gibt es hier auch irgendwo Höhlen.«

»Klar. In den Hügeln gibt es vermutlich jede Menge Höhlen.«

»Wirklich?« Sara war überrascht. »Du hast recht, nur weil ich noch keine gesehen habe, heißt das nicht, dass es keine gibt. Meinst du, wir könnten eine finden?«

»Das könnten wir sicherlich«, sagte Seth zögerlich, weil er daran dachte, wie lange sie brauchen würden, um überhaupt zu den Hügeln zu gelangen.

»Ich würde so gern eine Höhle entdecken«, sagte Sara mit vor Aufregung glänzenden Augen. »Bitte, Seth, sag ja!«

»Na gut«, antwortete Seth lächelnd. »Wir werden eine finden. Aber ich glaube nicht, dass wir oft hingehen können.«

»Ich weiß«, meinte Sara, immer noch aufgeregt. »Wir müssen ja gar nicht oft hin. Ich will ja nur eine finden.«

Seth wusste, wie sauer sein Vater werden konnte, wenn er zu spät nach Hause kam. Zwar gab es hier nicht so viel Arbeit für die Jungen wie an anderen Orten, an denen sie gewohnt hatten, aber seine Eltern erwarteten trotzdem, dass Seth seine Pflichten erfüllte. Und selbst wenn es eigentlich gar keine Arbeit gab, gelang es seinen Eltern immer, irgendetwas zu finden, was Seth und sein kleiner Bruder tun konnten.

»Ich weiß nicht, Sara, es würde mehrere Stunden dauern. Ich bin nicht sicher …«

»Wir könnten doch die Schule schwänzen«, schlug Sara vor.

Seth lächelte. »Das könnten wir wirklich.«

»Es würde keinem auffallen. Ich schwänze sonst nie«, sagte Sara. »Niemand würde uns auf die Schliche kommen. Na los, Seth, es wäre ein solcher Spaß. Bitte!«

Der Gedanke, einen ganzen Tag mit Sara zu verbringen, war verlockend. Es gab nichts, wonach sich Seth mehr sehnte als die Freiheit, tun und lassen zu können, was er wollte.

»Ich hoffe nur, du weißt, was du tust. Wann wollen wir gehen?«

»Nächste Woche. Lass uns Dienstag schwänzen.«

Sara war so glücklich. Der Gedanke, einen ganzen Tag lang nach Höhlen zu suchen, gefiel ihr. Sie stand auf, hielt sich am Tau fest, und ohne den Fuß auch nur in die Schlaufe zu stecken sprang sie vom Baum und schwang sich über den Fluss hinaus.

Seth hatte Angst hinzuschauen. »Vorsichtig Sara«, murmelte er leise vor sich hin. Er fürchtete, dass sie sich nicht festhalten und in den Fluss fallen könnte.

Aber Sara hatte das Tau fest im Griff, und als sie sich über den Fluss schwang, strahlte sie. Sie hatte sich niemals besser gefühlt. *Es ist wirklich alles gut*, dachte sie. Sie spürte, wann der richtige Zeitpunkt zum Loslassen gekommen war, und legte wieder einmal eine perfekte Landung hin.

Dann sah sie vom Ufer aus zu, wie Seth das Tau hochzog. Er sammelte das Papier, Saras Jacke und ihre Schultasche ein, legte alles in den Eimer und ließ ihn vorsichtig hinab. Dann sprang auch er vom Baum und schwang sich über den Fluss. Auch er landete einwandfrei. Die beiden Kinder strahlten einander an und mussten an die ersten missglückten Landungsversuche denken. Sie hatten beide in kurzer Zeit große Fortschritte gemacht. Sie gingen zum Baum zurück, zogen den leeren Eimer nach oben und wickelten das Seil um einen Nagel, der in die Rinde geschlagen war. Wie glücklich sie waren, dass noch niemand ihr wunderbares Versteck gefunden hatte.

»Seth, das ist das tollste Baumhaus aller Zeiten!«

Seth grinste nur.

Kapitel 15

Sara wachte früh auf und war schon ganz aufgeregt, weil sie nur an den vor ihr liegenden Tag denken konnte. Heute war Dienstag, der Tag, an dem Seth und sie sich beim Baumhaus treffen wollten. Heute würden sie in den Hügeln nach Höhlen suchen.

Saras Mutter war schon in der Küche. »Was ist los, Sara?«, fragte sie, als Sara hereinkam.

»Was meinst du damit?«, fragte Sara zurück. Wie merkwürdig von ihrer Mutter, so etwas zu fragen. Sie sah zu Boden, weil sie nicht wollte, dass ihre Mutter ihr in die Augen sah.

»Na ja, du bist früh auf, oder?«, sagte ihre Mutter.

»Ja, scheint so«, antwortete Sara erleichtert. »Ich musste zur Toilette.« Sie hatte nicht erwartet, dass ihre Mutter am Tag ihres großen Abenteuers ein solches Interesse an ihr zeigen würde.

»Also, wenn du genug Zeit hast, könntest du mir helfen, Liebling.«

Auch das hatte Sara nicht so geplant.

»Klar«, erwiderte sie, »bin gleich zurück.«

Was ist bloß mit den Eltern los?, dachte Sara. *Sie scheinen immer genau zu spüren, wenn man etwas wirklich Aufregendes vorhat, und dann wollen sie, dass man ihnen bei etwas hilft, wodurch alles zunichtegemacht wird.*

Sara duschte und überlegte, was sie anziehen sollte. *Es muss aussehen, als ob ich wirklich zur Schule gehe,* dachte sie, *aber es muss alt genug sein, dass es keine Rolle spielt, ob ich es zerreiße oder nicht. Und es darf nicht zu auffällig sein.*

»Grün ist gut«, murmelte sie und entschied sich für eine Latzhose, die sie schon seit einem Jahr nicht mehr getragen hatte. Die Hose saß nicht mehr so locker, wie sie es sich gewünscht hatte, denn in dem einen Jahr war Sara ein ganzes Stück gewachsen. Aber sie schien die beste Wahl zu sein. Sara band ihr Haar zu einem Pferdeschwanz zusammen und ging dann zu ihrer Mutter in die Küche.

»Wie hübsch du aussiehst«, bemerkte ihre Mutter. »Ich hab dich lange nicht mehr in dieser Latzhose gesehen.«

Was ist denn heute bloß los?, fragte sich Sara. *Trage ich etwa ein Schild, auf dem steht: Bitte beachte mich! Ich habe etwas Verbotenes vor!*

Sara wusch zwei Dutzend Einmachgläser aus, während ihre Mutter Äpfel entkernte und schälte. »Wenn ich das nicht endlich mache, werden sie mir noch schlecht«, erklärte sie.

Sara gab keine Antwort. Sie war tief in Gedanken versunken und überlegte, ob sie wohl eine Höhle finden würden.

»Das reicht, Sara. Danke. Du musst jetzt los!«

»Oh ja«, antwortete Sara.

Ihre Mutter betrachtete sie lächelnd. Wie schnell sie erwachsen wurde.

Sara und Seth hatten vor, die ersten beiden Stunden in der Schule zu bleiben und sich dann abzumelden, weil »sie sich nicht wohl fühlten«. Dann wollten sie sich an ihrem Baum treffen. Es war unwahrscheinlich, dass jemand etwas vermutete, weil das ohnehin ihr Nachhauseweg war. Von dort aus würden sie am Flussufer entlanggehen, wo sie vermutlich niemand sehen würde, bis sie nach Schulschluss wieder zurückkamen. Dann würden sie einen der Wanderwege zu den Hügeln nehmen, erst am Schrottplatz vorbei und dann an der alten Mühle. Wenn sie sich von der Straße fernhielten, würde niemand sie bemerken.

Es hatte zum zweiten Mal geklingelt, als sich Sara zum Büro des Schulleiters aufmachte. »Mr. Marchant, ich würde gern nach Hause gehen. Ich fühle mich nicht wohl«, log Sara.

»Tut mir leid, Sara. Soll ich deine Mutter anrufen?«

»Nein, danke. Ich habe es ja nicht weit. Ich möchte sie nicht auf der Arbeit stören. Ich ruf sie von zu Hause aus an.«

»Na gut, Sara. Leg dich einfach zu Hause ins Bett.«

Sara verließ die Schule – einerseits erleichtert, andererseits beschämt. Sie war mit ihrer Lüge nur durchgekommen, weil sie als wirklich gute Schülerin bekannt war. Komisch, dass man seinen guten Ruf dazu benutzen konnte, etwas Schlechtes zu tun. Aber als sie weiterging, verdrängte die Vorfreude auf das, was kommen würde, ihre Gewissensbisse.

Und genau, wie sie es sich vorgestellt hatte, sprach sie niemand an, niemand bot an, sie mitzunehmen, niemand schien sie überhaupt wahrzunehmen.

Sie kletterte die Leiter zum Baumhaus hinauf und hatte kaum Platz genommen, als Seth angestürmt kam. Sie lachte, als sie sein dunkelgrünes Hemd und die ausgeblichenen Jeans sah. Auch er hatte Tarnkleidung angezogen.

Von einem Ohr zum anderen grinsend kletterte Seth auf den Baum. Es schien, als hätte ihr Plan geklappt. Nun gehörte der ganze Tag ihnen. Das war besser als alle Schätze der Welt.

Seth klappte den Deckel der Sitzbank hoch und holte zwei ausgelatschte Paar Angelstiefel heraus. »Sie sind zu groß«, erklärte er, »aber sie werden unsere Füße trocken halten, wenn wir am Fluss entlanggehen.«

»Woher hast du die denn?«

»Sie gehören meinem Vater«, erklärte Seth. »Ich hab sie letzte Nacht hergebracht. Er bringt mich um, wenn er herausfindet, dass ich sie genommen habe, aber heute braucht er sie nicht. Aber wir können sie gut gebrauchen.«

Sara lächelte, spürte aber ein Zwicken in der Magengegend. Sie verstrickten sich immer tiefer in diese Lügengeschichte. Und nun war auch noch Diebstahl hinzugekommen – oder zumindest Ausleihen ohne Erlaubnis. Aus Seths Gesichtsausdruck konnte sie schließen, dass er wirklich ernsthaft Ärger bekommen würde, wenn sein Vater ihm auf die Schliche kam. Sie wagte nicht, sich auch nur vorzustellen, was er mit Seth machen würde, wenn er vom Baumhaus oder vom Schuleschwänzen erfuhr.

»He, Sara, das wird ein toller Tag. Mach dir keine Sorgen, niemand wird etwas merken.«

Saras Miene hellte sich auf. »Du hast recht. Komm, wir gehen.«

Sie ließen den Eimer mit den Jacken und den Angelstiefeln herunter, kletterten dann selbst hinab und zogen den leeren Eimer wieder hoch. Sara zog die großen Stiefel an. Sie kreischte auf, als sie in den ersten Stiefel schlüpfte. Er war kalt und irgendwie glitschig. Als Seth seine Stiefel ebenfalls angezogen hatte, gingen die beiden los.

»Wir gehen so lange wie möglich am Flussufer entlang und nur durchs Wasser, wenn wir unbedingt müssen.«

Langsam gingen sie am Ufer entlang, durch hohes Gras und unter herabhängenden Ästen hindurch. Seth ging voraus und tat sein Bestes, um Sara den Weg zu bahnen. Einmal ließ er einen Zweig allerdings zu früh los, sodass er Sara ins Gesicht klatschte. Doch sie lachte nur und Seth lachte mit.

Aus dem Gebüsch flog ein Vogel auf und stieg in den Himmel empor. »Du Sara, das sieht ganz wie eine Eule aus. Meinst du, es ist deine?«

»Ganz sicher nicht.«

»Woher willst du das wissen?«, fragte Seth. »Wie kannst du sicher sein, dass es nicht deine Eule ist?«

»Weil meine Eule tot ist!«, stieß Sara hervor.

Gleich darauf schämte sie sich, dass sie so heftig reagiert hatte. »Na ja, sie ist nicht wirklich tot, weil …« Sara brach mitten im Satz ab. Sie war noch nicht bereit, Seth alles zu erklären, was sie über den Tod gelernt hatte, nämlich, dass der Tod gar nicht so ist, wie die meisten Menschen ihn sich vorstellen.

»Billy und Jason haben sie drüben im Wäldchen erschossen. Sie starb in meinen Armen an Thackers Weg.«

Seth war still. Es tat ihm leid, dass er die Frage gestellt hatte. Es war ganz klar, dass der Tod der Eule Sara tief getroffen hatte. Und dann wurde ihm plötzlich etwas klar. *Sie muss genau an der Stelle gestorben sein, an der ich meinen Tod vorgetäuscht habe. Kein Wunder, dass Sara damals so wütend war.*

Sara wischte sich eine Träne aus dem Gesicht. Es war ihr peinlich, dass Seth sie weinen gesehen hatte, aber noch peinlicher war ihr, dass sie immer noch so reagierte, wenn sie an Salomons Tod dachte.

Genau in diesem Augenblick flog die Eule über den Fluss und dann zurück zu ihrem Baumhaus. Sie landete auf der Plattform und schaute flussaufwärts in Saras und Seths Richtung.

»He, die sitzt ja in unserem Baumhaus«, sagte Seth.

»Allerdings«, fügte Sara hinzu.

Sara musste plötzlich an Salomons letzte Worte denken: *Ich habe diesen physischen Körper freudig aufgegeben, denn ich weiß, dass ich meine Energie jederzeit in einen anderen, jüngeren, stärkeren, schnelleren fließen lassen kann.*

Sara kniff die Augen zusammen und versuchte, die Eule genauer zu erkennen. Diese flog vom Baum herunter über den Fluss, stieg dann hoch in den Himmel auf und war schon bald verschwunden. *Salomon!*, dachte Sara. *Bist du das?*

Ihr Herz klopfte so stark, dass sie kaum noch atmen konnte. War es möglich, dass Salomon beschlossen hatte, doch zu ihr zurückzukommen? Und wenn er es wirklich war, wieso hatte er ihr dann nichts davon gesagt? *Salomon!*, rief Sara in Gedanken aus. Aber sie bekam keine Antwort. Sara war in letzter Zeit so mit Seth beschäftigt gewesen, dass sie sich kaum noch mit Salomon unterhalten hatte. Sie konnte sich eigentlich gar nicht erinnern, wann sie zum letzten Mal mit ihrem verstorbenen Freund gesprochen hatte.

»Jetzt müssen wir wohl doch durch den Fluss waten«, sagte Seth in diesem Augenblick.

Seine Stimme riss Sara in die Gegenwart zurück und vorsichtig watete sie hinter Seth durch das flache Wasser. An dieser Stelle war der Fluss breit und die Strömung nicht sehr stark. Es sollte ihnen also keine Probleme bereiten, um die paar Bäume und Büsche herumzugehen, die ihnen den Weg versperrten.

Sara sah das dichte Gestrüpp vor sich und fragte sich zum ersten Mal, ob sie vielleicht einen Fehler gemacht hatten. Sie machte sich Sorgen, dass noch andere undurchdringliche Stellen kommen könnten, aber da Seth so selbstbewusst vorausging, folgte sie ihm einfach.

Es war nicht einfach, mit den schweren Stiefeln an den Füßen voranzukommen. Sara wünschte, sie hätten einen anderen Weg eingeschlagen. Da sie allmählich müde wurde, war sie froh, dass Seth den schweren Rucksack mit der Wasserflasche, dem Obst und den Süßigkeiten trug.

»Vor uns ist eine Lichtung«, rief Seth. »Dort machen wir Rast.«

Sara lächelte, denn Seth hatte wieder einmal ihre Gedanken gelesen. »Ich hab ein paar Schokoriegel mitgenommen«, sagte Seth. »Wir machen Pause und essen sie.«

Sara war begeistert.

»Was meinst du, wie weit wir schon gekommen sind?«, fragte sie Seth.

»Nicht sehr weit«, antwortete dieser, »siehst du da hinten das Dach der Tankstelle?«

»Oh nein«, murmelte Sara. Es war entmutigend zu sehen, wie wenig sie vorangekommen waren. Die Tankstelle lag noch nicht einmal am Stadtrand.

»Das geht zu langsam«, meinte Sara. »Ich wünschte, wir könnten einfach auf der Straße gehen. Dieses Herumschleichen ist anstrengender, als ich dachte.«

Seth lachte. »Lass uns noch ein Stück am Fluss entlanglaufen. Dann gehen wir hinter dem Friedhof quer über die Wiese. Ich glaube, von denen, die dort liegen, wird uns niemand verraten.«

»Darauf würde ich nicht wetten«, erwiderte Sara lachend. Sie hatte neuerdings Respekt vor den Toten. Immerhin waren sie nicht so tot, wie sie bisher gedacht hatte. Da fiel ihr wieder Salomon ein.

Sie aßen ihre Schokoriegel, tranken etwas Wasser, zogen die schweren Stiefel wieder an und gingen flussaufwärts weiter. Und schon bald machte der Fluss eine scharfe Biegung, genau wie Seth vorausgesagt hatte, und direkt vor sich sahen sie den Friedhof. »Was meinst du, wie viele Tote liegen dort?«, fragte Seth.

»Ich vermute mal, alle«, gab Sara schlagfertig zurück.

»Sara, bitte«, stöhnte Seth.

Sara kicherte. »Na ja, manche alten Witze verdienen es, wieder aus dem Grab geholt zu werden, oder?«

Wieder stöhnte Seth auf.

»Manche Witze scheinen einfach ein Eigenleben zu haben.«

»Sara, hör auf, ich bitte dich!«, schnaufte Seth.

»Manche Witze scheinen ewig zu leben«, setzte Sara noch eins drauf.

»Sara, ich sterbe fast. Bitte hör auf!«

Sara lachte und Seth lachte mit.

»Da gibt es ein paar tolle Grabsteine. Willst du sie sehen?«

»Heute nicht, vielleicht später mal. Wir beeilen uns jetzt besser, wenn wir noch eine Höhle finden wollen.«

Sara war erleichtert, denn sie ging nicht gern auf den Friedhof. Es fühlte sich immer so seltsam an. Nicht wegen der Toten, sondern weil die Besucher immer so traurig und deprimiert waren. Saras Ansichten über den Tod hatten sich dank Salomon drastisch verändert, aber sie spürte, dass die meisten Menschen ein ernsthaftes Problem mit dem Tod hatten.

»He, Sara, schau mal, da ist die Eule wieder.«

Sara blickte zum Friedhof hinüber und sah die Eule auf der Spitze des größten Grabsteins hocken. Sie saß da wie eine Statue, als ob sie ein Teil des Steins wäre.

»Es sieht fast so aus, als folgte sie uns«, sagte Seth überrascht.

»Ja, scheint so«, antwortete Sara, aber als sie sich umdrehte, war die Eule verschwunden.

»Ist sie weggeflogen?«, fragte sie Seth.

»Ich hab's nicht gesehen. Wollen wir weiter?«, fragte Seth. Er war nicht halb so interessiert an der Eule wie Sara. »Gib mir deine Stiefel, Sara. Ich trag sie für dich.« Er band sie zusammen und warf sie zusammen mit seinen eigenen über die Schulter. Sara fühlte sich gleich viel leichter.

»Meinst du, wir kommen denselben Weg zurück?«, fragte sie.

»Wahrscheinlich schon, aber vielleicht sehen wir von oben einen besseren Weg. Warum?«

»Ich dachte, wir könnten die Stiefel hier irgendwo verstecken und sie auf dem Rückweg abholen. Sie sind so schwer und außerdem – bitte sag's nicht deinem Vater – stinken sie.«

Seth lachte. »Ich sag's bestimmt nicht weiter, Sara. Wir lassen sie hier. Das ist eine gute Idee.« Er sah sich nach einem Platz um, wo er die Stiefel deponieren konnte. »Wir schauen uns mal den alten Baum dort genauer an.« Und genau wie Seth vermutet hatte, befand sich im Stamm des Baumes ein großer Hohlraum.

»Woran sterben alte Bäume eigentlich?«, fragte Sara.

»Keine Ahnung, wahrscheinlich hat das verschiedene Gründe«, antwortete Seth. »Dieser hier sieht aus, als sei er vom Blitz getroffen worden.«

»Hm!«, murmelte Sara. Sie wusste nicht, ob hier jemals der Blitz eingeschlagen hatte.

»Manchmal werden sie krank und sterben und manchmal sind sie einfach alt. Nichts lebt ewig, wie du weißt.«

»Wird zumindest behauptet«, gab Sara zurück.

Seth stopfte die Stiefel in den Hohlraum und sie gingen weiter. Ab und zu mussten sie unter einem Zaun durchkriechen, um von einer Weide zur anderen zu gelangen. Sie waren froh, dass sie nach zweistündigem Marsch noch niemandem begegnet waren – außer der Eule.

»Woher weißt du eigentlich, wo du suchen musst?«, fragte Sara. Sie fragte sich allmählich, ob die ganze Höhlengeschichte wirklich eine so gute Idee gewesen war. Sie hatte keine Ahnung gehabt, dass es bis zu den Hügeln so weit war.

»Siehst du die Klippen dort oben?«, fragte Seth und zeigte nach oben. »Und dort die Baumgruppe?«

»Ja, sehe ich.«

»Siehst du den dunklen Fleck darüber? Ich glaube, das ist eine Höhle. Ich bin mir nicht ganz sicher, aber ich hab schon einige Klippen gesehen, und die hier sehen aus, als ob es Höhlen darin gäbe.«

»Gut«, sagte Sara und lächelte. »Ich hoffe, du hast recht. Was meinst du, wie weit es noch ist?«

»Nicht mehr weit. Wir sind in weniger als einer Stunde dort. Willst du eine Pause machen?«

»Nein, ich war nur neugierig.«

Sie gingen weiter, ohne viel miteinander zu reden. *Komisch*, dachte Sara. *Ich hab gedacht, es würde viel mehr Spaß machen.* Sie hatte nicht erwartet, dass alles so lange dauern und schon gar nicht, dass sie dabei so müde werden würde. Der Weg wurde jetzt viel steiler, und ihr kleiner Zeh fing an, weh zu tun. Sara hätte gern angehalten und ihren Schuh ausgezogen, um ihren Strumpf strammzuziehen, der Falten geworfen hatte. *Bin ich ein Weichei oder was? Ich wette, Seth wird die Schule nicht so bald wieder wegen eines Mädchens schwänzen!*

»Komm, wir setzen uns ein Weilchen hin, Sara. Wenn wir erst mal ein bisschen gerastet und etwas gegessen und getrunken haben, geht es wieder leichter.«

»Gut!«, stöhnte Sara und zog den Schuh aus. Was für eine Erleichterung! Sie zog auch den Strumpf aus und wieder an. *So ist es viel besser*, dachte sie.

Seth lächelte und warf ihr einen Apfel zu. Er warf schnell und zielsicher, aber Sara sah nur kurz auf und fing den Apfel mit der linken Hand.

Beide mussten über Saras schnelle Reaktion lachen.

Nachdem sie die Äpfel aufgegessen hatten, fühlten sie sich besser und konnten weitergehen. »Weißt du«, sagte

Sara, »heute ist wirklich ein ganz herrlicher Tag.« Sie hatte neue Kraft geschöpft, ihre Schuldgefühle hatten nachgelassen, und direkt vor ihnen erhob sich die Klippe, die sie von der Weide aus gesehen hatten.

»Oh, oh«, sagte sie, als sie das dichte Gestrüpp sah, das am Fuß der Klippe wuchs. »Und jetzt?«

»Warte hier«, sagte Seth. »Ich schau mal, ob ich einen besseren Weg finde.«

Sara wollte eigentlich nicht allein hier bleiben, aber die Vorstellung, völlig zerkratzt zu werden, gefiel ihr noch weniger.

»Na gut«, sagte sie zögernd.

»Wenn ich nicht bald einen anderen Weg finde, komme ich gleich wieder«, versuchte Seth sie zu beruhigen und verschwand im Gebüsch.

»Gut«, sagte Sara zu sich selbst, setzte sich auf einen Felsen, zog die Knie an die Brust und sah ins Tal hinunter. Sie wollte gerade ausprobieren, ob sie irgendetwas identifizieren konnte, als Seth zurückkam.

»Komm schnell mit, Sara. Ich habe etwas entdeckt, das dir gefallen wird. Das ist eine der besten Höhlen, die ich je gesehen habe!«

»Wirklich?«

»Ja, sie ist toll. Der Anfang der Strecke ist ziemlich schwierig, aber dann wird es leichter«, erklärte Seth, während er das Gebüsch beiseiteschob, damit Sara hindurchkam. Nach etwa hundert Metern standen sie vor dem Eingang zur Höhle.

»Irre!«, rief Sara aus. »Wieso hat noch nicht jedes Kind der Stadt sie entdeckt?«

»Also, nach der Schrift an den Wänden zu schließen, sind wir nicht die Ersten, aber ganz sicher sind wir heute die Einzigen. Und in den letzten Jahren scheint niemand mehr hier gewesen zu sein. Schau mal, wie verblasst die Schrift schon ist.«

Seth und Sara standen am Eingang zur Höhle. »Ich kann's nicht fassen«, sagte Sara staunend. »Sie ist so groß!«

Der Höhleneingang hatte einen Durchmesser von etwa zwei Metern, aber gleich dahinter vergrößerte sich die Höhle zusehends. Die Decke schien mindestens sechs Meter hoch zu sein. Überall an den Wänden waren Namen und Strichmännchen verewigt worden. Sogar ein lachendes Gesicht war dabei.

»Wer immer das gemalt hat, hat etwa so viel künstlerisches Talent wie ich«, sagte Sara lachend.

»Ja, und viel Respekt vor der Schönheit dieser Höhle hatten sie auch nicht«, fügte Seth hinzu.

»Willst du weiter reingehen?«, fragte Sara, die zwar mehr sehen wollte, aber dennoch irgendwie hoffte, dass Seth »später« oder »ein andermal« oder »nein, ich möchte nicht weiter« sagen würde.

»Klar«, antwortete Seth stattdessen. Es hörte sich an, als wolle er auf jeden Fall mehr sehen. Seine Begeisterung machte Sara zwar neuen Mut, aber noch immer spürte sie eine starke Abneigung, weiter ins Unbekannte vorzudringen. Obwohl sie keine Spielverderberin sein wollte, fiel es ihr mit jedem Schritt schwerer, einen weiteren zu machen.

Auch Seth hatte es nicht eilig. Er war stolz auf sich, weil er so schnell eine Höhle für seine neue Freundin gefunden hatte, aber auch ihm war nicht geheuer bei dem Gedanken, so einfach ins dunkle Unbekannte vorzustoßen. Er wollte Sara jedoch nicht enttäuschen – jetzt, wo sie so weit gekommen waren.

Seth nahm seinen Rucksack ab und holte die Taschenlampe heraus, die er mitgenommen hatte. Sie war zwar alt und gab nicht viel Licht, aber sie war besser als nichts. Seth ließ den schwachen Lichtstrahl in die Höhle fallen. »Mensch«, sagte er, »die Höhle geht ja endlos weiter.« Das Licht verlor sich im Dunkel, bevor es die Rückwand der

Höhle erreichte. »Sara, ich hab noch nie eine solche Höhle gesehen. Sie ist gewaltig!«

Diese Worte waren nicht gerade dazu angetan, Sara zu beruhigen. Sie hätte lieber gehört, dass Seth schon viele solcher Höhlen erforscht hatte und dass sie alle gleich waren: sicher, frei von allem, wovor man Angst haben konnte, und natürlich das reinste Vergnügen. Aber sie konnte an Seths Stimme hören, dass er sich hier genauso unwohl fühlte wie sie selbst.

Seth leuchtete nach oben, um zu sehen, wie hoch die Decke war, und nach hinten, um die Rückwand auszuleuchten, aber weder Decke noch Rückwand waren zu sehen. Seth richtete den Lichtstrahl wieder zu Boden. Dann blieb er plötzlich wie angewurzelt stehen. »Pst«, flüsterte er. »Nicht bewegen!«

Sara erstarrte. Was hatte Seth gesehen?

Plötzlich flatterte etwas direkt vor ihnen, Staub wurde aufgewirbelt und Sara hörte Seth schreien: »Was zum Teufel …?«

Er fuhr herum, sah an Saras überraschtem Gesicht vorbei zum Höhleneingang und rief: »Schau doch, Sara, die Eule! Es ist die Eule!«

Die beiden Kinder rannten zurück zum Höhleneingang und sahen gerade noch, wie eine sehr große Eule mit einer sehr großen Schlange im Schnabel wegflog.

»Sara!«, schrie Seth. »Die Eule hat uns gerettet! Die Schlange hätte uns sicher angegriffen. Wäre die Eule nicht dazwischengegangen, hätte es mich bestimmt erwischt!«

»Bloß weg hier!«, kreischte Sara und stürmte aus der Höhle, Seth sofort hinterher. Dieses Mal hatte Sara keine Mühe, in einem Affenzahn durchs Gebüsch zu brechen und den steilen Abhang hinunter zur Weide zu rennen. Erst als sie dort angekommen war und unter dem ersten Zaun durchkriechen musste, hielt sie an, um zu sehen, ob Seth nachgekommen war.

»Ich dachte, du hättest keine Angst vor Schlangen«, fragte Seth völlig außer Atem.

»Ich hab meine Meinung eben geändert«, gab Sara keuchend zurück. »Und meine Meinung über Höhlen hab ich auch geändert.«

Seth lachte. »Mir geht es genauso – zumindest im Augenblick. Aber eine tolle Höhle war es trotzdem. Normalerweise tun Schlangen nichts und machen sich rechtzeitig aus dem Staub. Aber die da oben müssen wir völlig überrascht haben. Kannst du das mit der Eule glauben?«

»Irgendwie schon.« Sara musste Seth noch so viel erzählen.

»Wir machen besser, dass wir zurückkommen«, sagte Seth, der auf die Uhr gesehen hatte. »Die Zeit ist wie im Flug vergangen.«

»Ja, den Eindruck hatte ich auch«, erwiderte Sara.

Es war natürlich viel leichter, ins Tal hinabzuwandern als zur Höhle hinaufzuklettern. Sara war froh, dass Seth ein Tempo vorlegte, das ihr angenehm war, und Seth war froh, dass Sara mit ihm Schritt halten konnte. Sie unterhielten sich, während sie gingen und manchmal sogar ein Stück rannten, bis sie die Hügel hinter sich gelassen hatten.

»Diese alten Zäune scheinen keine große Funktion mehr zu haben«, bemerkte Seth, während er mit dem Fuß auf den unteren Stacheldraht trat und den oberen hochhielt, damit Sara hindurchschlüpfen konnte. Als sie auf der anderen Seite war, tat Sara dasselbe für ihn.

»Zum Glück für uns«, sagte Sara lachend.

Sie gingen über die Weide zu dem toten Baum, in dem sie die Stiefel versteckt hatten. Als sie sich dem Baum näherten, spürte Sara einen starken Widerstand. Sie hatte überhaupt keine Lust, diese stinkenden alten Stiefel noch einmal anzuziehen. Und der Gedanke, wieder durch den Fluss zu waten, behagte ihr ebenfalls nicht. Seth spürte das, obwohl Sara kein Wort sagte. Sie stand einfach da, während Seth in den Baum griff.

Plötzlich sagte er: »Übrigens, Sara, die Schule ist doch gleich aus. Wir könnten einfach zum Schulgelände gehen und uns unter die anderen mischen. Was meinst du? Wollen wir es versuchen?«

»Oh ja«, sagte Sara schnell. Die Idee, sich unter die anderen zu mischen und so zu tun, als sei nichts passiert, gefiel ihr weitaus besser, als noch einmal durch den Fluss zu waten.

»Ich geh später zurück und hol die Stiefel.«

Sara war richtig erleichtert. »Also dann, nichts wie los!«, rief sie – froh, die stinkenden Stiefel vergessen zu können.

Als sie die letzte Weide hinter sich gelassen hatten, sahen sie, dass das Schulgelände noch leer war. Niemand war zu sehen. Dann läutete es, die Türen wurden aufgestoßen und Pausenhof und Parkplatz füllten sich mit Lehrern und Schülern, die aus den Gebäuden gestürmt kamen wie Gefangene, denen gerade der große Ausbruch gelungen war.

Sara spürte ein leichtes Unbehagen, oder war es vielleicht Aufregung, oder waren es Gewissensbisse? Jedenfalls hätte sie nicht sagen können, was sie genau fühlte, als sie beobachtete, wie ihre Mitschüler die Schule nach einem langen Tag verließen – genau wie sie selbst es auch hätte tun sollen.

»Ich geh schon mal voraus«, sagte Seth. »Wir sollten nicht zusammen gesehen werden.«

»Gut. Treffen wir uns am Baumhaus?«

»Ja, ich seh dich dann dort.« Seth ging zum Schulgelände hinunter.

Sara wartete, bis er hinter einem Gebäude verschwunden war. Dann band sie ihre Schuhbänder neu, stopfte sich das Hemd in die Latzhose, nahm das Gummiband aus dem Haar und kämmte ihre Locken mit den Fingern durch. Sie musste lachen, als sie sich einen Zweig aus den Haaren fischte. »Oh, wie nett. Wie lange der wohl schon da drin ist?«, sagte sie zu sich selbst und fragte sich, wie sie wohl aussehe. Dann band sie den Pferdeschwanz neu und ging hinter Seth her.

Gerade als Sara um die Ecke bog, kam Mr. Marchant aus dem Gebäude. Er sah Sara und winkte ihr zu.

Saras Herz schien für einen Augenblick stillzustehen. *Oh, oh*, dachte sie.

Aber Mr. Marchant stieg lediglich in seinen Wagen, fuhr vom Parkplatz und bog um die Ecke.

Entweder hat er mich nicht richtig gesehen oder er hat vergessen, dass ich früher nach Hause gegangen bin, oder ich bin jetzt echt in Schwierigkeiten und er will mich nur in Sicherheit wiegen, überlegte Sara. Ihr Mund war völlig ausgetrocknet und plötzlich war ihr heiß. »Ach, was soll's«, entschied sie dann. »Was geschehen ist, ist geschehen.«

Sara ging auf dem schnellsten Weg zu ihrem Baum. Sie hatte mehr als je zuvor in ihrem Leben das unbehagliche Gefühl, dass jeder sie anschaute. »Wahrscheinlich leuchte ich sogar noch im Dunkeln«, murmelte sie vor sich hin.

Sara konnte sich nicht erinnern, jemals ein derartiges Wechselbad der Gefühle erlebt zu haben. Alles hatte so vielversprechend angefangen: Ein ganzer Tag hatte ihr zur Verfügung gestanden, um mit ihrem besten Freund auszureißen und eine Höhle zu erforschen. Aber nichts war gekommen, wie sie es sich vorgestellt hatte. Das Waten im Fluss war anstrengend gewesen und die Stiefel hatten gestunken. Es war toll, dass sie die Höhle gefunden hatten, aber das Erlebnis mit der Schlange war absolut furchterregend gewesen. Die Rettung durch die Eule hingegen war einfach unglaublich! Dann war sie noch von Mr. Marchant gesehen worden. Sara hätte sich keinen schlimmeren Abschluss des Tages vorstellen können.

Kapitel 16

Sara rannte fast die ganze Strecke von der Schule bis zu Thackers Weg. Dort bog sie von der Straße ab, schlug sich durch die Büsche und eilte zum Baumhaus. Sie konnte es kaum erwarten, Seth zu erzählen, dass der Schulleiter sie gesehen hatte. Warum musste sie ausgerechnet dem einen Menschen auf Erden begegnen, den sie angelogen hatte?

»Hallo Seth!«, rief Sara.

Keine Antwort.

»Er müsste längst hier sein«, überlegte Sara.

»Seth!«, rief sie noch einmal in der Hoffnung, dass ihre Stimme weiter reichte, als ihre Augen sahen.

Sara kletterte hinauf, setzte sich auf den Boden des Baumhauses, zog die Knie an die Brust und legte das Kinn darauf. Sie war völlig erschöpft.

»Salomon?«, flüsterte sie. »Kannst du mich hören?«

Ja, Sara. Schön, dass wir wieder einmal zusammen sind. Worüber möchtest du mit mir reden?

Sara schloss die Augen und machte es sich bequem.

Sie hatte durch ständiges Üben gelernt, wie sie, wenn sie über etwas Wichtiges reden wollte, Salomons Stimme so deutlich in ihrem Kopf hören konnte, als ob diese aus Kopfhörern käme. Es gab so vieles, worüber sie mit Salomon sprechen wollte.

»Salomon? Wo ist Seth? Er hätte längst hier sein müssen. Meinst du, man hat ihn erwischt? Meinst du, er steckt in Schwierigkeiten? Wahrscheinlich steckt er genauso in der Klemme wie ich. Oh, Salomon, warum hab ich nur die Schule geschwänzt?«

Salomon hörte geduldig zu, während Sara ihm ihr Herz ausschüttete. Als sie fertig war, fing er an zu reden. *Weißt du, Sara, ich glaube, es ist alles halb so wild. Mach es nicht schlimmer, als es ist.*

»Aber Salomon, Mr. Marchant hat doch gesehen, wie ich das Schulgelände betreten habe. Meinst du nicht, dass er sich daran erinnert hat, dass ich heim wollte, weil es mir nicht gut ging?«

Also, das ist sehr wahrscheinlich, Sara.

»Meinst du, er hat mich erkannt?«

Höchstwahrscheinlich, Sara. Schließlich bist du eine seiner Lieblingsschülerinnen. Ich glaube nicht, dass er einfach vergessen hat, wer du bist.

»Das ist ja wirklich prima, Salomon! Ich stecke also bis zum Hals in Schwierigkeiten, nur weil ich seine Lieblingsschülerin bin.«

Wieso bist du dir eigentlich so sicher, dass du Ärger bekommst, Sara?

»Das fühle ich. Ich fühle mich einfach schrecklich. Ich wünschte, wir wären heute einfach wie jeden Tag zur Schule gegangen. Ich bin wirklich ein schlechter Mensch, Salomon. Bist du böse auf mich?«

Sara, du kannst nichts tun, was mich böse auf dich machen würde. Meine Liebe zu dir hängt nicht von deinem Verhalten ab. Meine Liebe zu dir ist beständig.

Sara war zwar dankbar für Salomons liebevolle Worte, hatte aber das Gefühl, sie nicht verdient zu haben.

»Willst du damit sagen, dass du mich immer lieb hast, ganz gleich wie böse ich bin?«

Salomon lächelte. *Sara, ich glaube nicht, dass du jemals böse sein kannst.*

»Hm!« Sara war verwirrt. Sie hatte noch nie jemanden wie Salomon kennengelernt.

Sara, ich möchte nicht, dass du dein Verhalten änderst, nur um mir zu gefallen. Ich möchte eher, dass du im Einklang mit deiner inneren Stimme lebst. Ich möchte, dass du deine Entscheidungen triffst, weil sie sich für dich gut anfühlen, und nicht, weil du dir Gedanken machst, was ich wohl darüber denken könnte.

Sara fühlte sich etwas besser. Es war so tröstlich, dass ihr lieber Salomon sie nicht aufgegeben hatte.

Ich habe beobachtet, dass den meisten Täuschungsmanövern gute Absichten zugrunde liegen, Sara.

»Wie meinst du das?«

Warum wolltest du, dass eure Höhlenentdeckung ein Geheimnis bleibt? Warum wolltest du nicht, dass deine Eltern oder Mr. Marchant davon erfahren?

»Weil sie böse auf mich wären, wenn sie es wüssten.«

Ist es dir wichtig, dass sie dich lieben?

»Ja.«

Du hast also in der Zwickmühle gesteckt, Sara. Du möchtest, dass sie dich lieben, aber du wolltest auch nach einer Höhle suchen. Indem du ihnen nichts von deinen Plänen erzählt hast, hast du versucht, beide Wünsche zu erfüllen.

Weißt du, Sara, mit einiger Anstrengung ist es vielleicht gerade noch möglich, es einem Menschen recht zu machen. Aber wenn es um zwei oder drei Menschen geht, wird es schnell kompliziert. Die einzig wahre

Alternative besteht darin, deiner inneren Stimme zu vertrauen. Du musst einfach auf dein Herz hören, Sara.

Sara fühlte sich schon viel besser.

Niemand anderes kann wissen, was die beste Entscheidung für dich ist. Du bist die Einzige, die das weiß.

»Es sieht aber ganz so aus, als ob viele Leute denken, sie wüssten es besser.«

Auch sie haben gute Absichten, Sara. Meistens haben sie wirklich dein Bestes im Sinn, wenn sie versuchen, dich zu leiten. Aber denke daran: In Wahrheit steckt hinter allem, was dir begegnet, das Gesetz der Anziehung. Wenn du also auf der Schwingungsebene mit guten Dingen harmonierst, werden dir gute Dinge begegnen.

Eigentlich ist doch gar nichts Schlimmes passiert. Ich freue mich, dass ihr beiden einen so interessanten Tag hattet. Du wirst aus den Erlebnissen dieses Tages mehr lernen, als wenn du ihn in der Schule verbracht hättest.

»Dann findest du es also in Ordnung, dass ich die Schule geschwänzt habe? Und dass ich Mr. Marchant angelogen habe?«

Frage deine innere Stimme, Sara. Wie hast du dich gefühlt, als du Mr. Marchant erzählt hast, dir sei nicht gut und du müsstest früher nach Hause?

»Hm! Das hat sich gar nicht gut angefühlt. Ich hatte Schuldgefühle, weil er mir so blind vertraut hat.«

Also hat deine innere Stimme dir gezeigt, dass diese Handlung nicht in Übereinstimmung mit deinem Wunsch war, man möge dir vertrauen.

Als du daran gedacht hast, nicht zur Schule zu gehen und stattdessen nach einer Höhle zu suchen, wie hast du dich da gefühlt?

»Da hab ich mich ganz toll gefühlt, Salomon. Ich war glücklich und aufgeregt.«

Gut, dann hat deine innere Stimme dir gesagt, dass das eine gute Idee war.

»Das verstehe ich nicht, Salomon. Wie kann ich das, was ich will, zum Beispiel Höhlen erforschen, bekommen, ohne etwas dafür tun zu müssen, das ich nicht möchte, zum Beispiel lügen?«

Bevor ich dir das beantworte, möchte ich dir ein paar Fragen stellen, Sara. Wie war euer Tag als Höhlenforscher? War er herrlich? Hattest du Freude daran? War er wunderbar? War es ein perfekter Tag?

»Teilweise war er ganz toll. Manchmal habe ich mich wirklich super gefühlt. Aber teilweise war er auch sehr anstrengend. Ich hatte sogar Angst. Er war sehr gemischt.«

Eigentlich entsprach der Tag perfekt deinen Gefühlen. Du hast dich sowohl gut als auch schlecht gefühlt und der Tag hat sich deinen Gefühlen perfekt angepasst.

»Willst du damit sagen, dass der Tag ein guter Tag geworden wäre, wenn ich mich immer gut gefühlt hätte?«

Ganz genau, Sara. Das Gesetz der Anziehung macht keine Fehler.

»Also hätte ich gar nicht lügen müssen, um unseren Plan zu verwirklichen?«

Genau richtig. Nachdem ihr beiden beschlossen hattet, eine Höhle zu suchen, hättet ihr den Gedanken so rein halten können, dass sich ein Weg zur Verwirklichung eurer Pläne eröffnet hätte, ohne dass andere Wünsche dabei hätten verletzt werden müssen. Eigentlich ist es nie zu spät, ein gutes Gefühl zu irgendetwas zu entwickeln, denn die äußeren Dinge werden sich immer deinen inneren Gefühlen anpassen.

»Du meinst also, wenn ich jetzt ein gutes Gefühl entwickle, könnte ich immer noch verhindern, dass Mr. Marchant von mir enttäuscht ist?«

Ja, so ist es. Du musst nur daran denken, dass er dich versteht und liebt. Vergiss nicht, aus der Art deiner Gefühle kannst du schließen, ob es dir gelungen ist, Absicht und Ausführung in Übereinstimmung zu bringen. Wenn sich deine Gedanken gut anfühlen, wird Gutes zu dir kommen. Versuche, Gedanken zu finden, die sich gut anfühlen.

»Ich werde daran arbeiten, Salomon. Nun muss ich aber los. Ich hoffe nur, dass mit Seth alles in Ordnung ist.«

Stell dir einfach vor, dass alles gut ist, Sara.

»Mach ich. Danke für deine Hilfe, Salomon.«

Kapitel 17

Sara lag im Bett und dachte an Mr. Marchant. Ihr Bauch fühlte sich an, als lägen Ziegelsteine darin, und sie spürte, wie sie von einer Welle der Angst durchflutet wurde.

»Ich gäbe alles, wenn ich heute nicht zur Schule müsste«, sagte sie laut zu sich selbst.

Dann erinnerte sie sich an das, was Salomon gesagt hatte: *Wenn sich deine Gedanken gut anfühlen, wird Gutes zu dir kommen.*

Aber es war nicht so leicht, einen Gedanken zu finden, der sich gut anfühlte. Die Sorge darüber, warum Seth nicht zum Baumhaus gekommen war, was Mr. Marchant von ihr denken würde und was ihre Eltern tun würden, wenn sie herausfanden, dass Sara nicht in der Schule gewesen war, dominierten ihr Denken.

Wieder musste sie an Salomons Worte denken: *Eigentlich ist es nie zu spät, ein gutes Gefühl zu irgendetwas zu entwickeln, denn die äußeren Dinge werden sich immer deinen Gefühlen anpassen.*

Sara setzte sich auf, nahm Kugelschreiber und Notizblock vom Nachttisch und fing an, eine Liste all der Dinge zusammenzustellen, mit denen sie sich immer gut fühlte. Ganz oben auf die erste Seite schrieb sie in großen Buchstaben: »BAUMHAUS.«

Schon musste sie lächeln. Sie fühlte sich immer gut, wenn sie an das Baumhaus dachte.

»Die Baumleiter.«

»Das Schwingseil.«

»Seths Flaschenzug und der Eimer.«

Sara dachte daran, wie sich Seth gefreut hatte, als er ihr das Baumhaus zeigen konnte, und wie sie sich gefreut hatte, als sie es zum ersten Mal sehen durfte. Sie erinnerte sich, wie aufregend ihr erster Sprung über den Fluss gewesen war, und sie musste lachen, als sie an die erste Landung im Matsch dachte. Sie dachte an den Tag zurück, an dem Seth ihr den Flaschenzug und den Eimer gezeigt hatte, und an die Nacht, als sie im Dunkeln hin und her geschwungen waren, während das Footballspiel ohne sie stattfand. Ihr Unbehagen löste sich in Luft auf. Erfüllt von einem neuen Gefühl des Wohlbefindens saß sie im Bett.

Sie dachte an Mr. Marchant und daran, dass er immer ein Lächeln und ein nettes Wort für sie hatte, wenn er sie im Flur traf. Sie dachte auch daran, dass er immer leise schmunzelte, wenn er jemanden disziplinieren musste und dabei so tat, als sei er besonders streng. Sie erinnerte sich, dass sie gesehen hatte, wie er Papier vom Rasen aufsammelte oder im Flur einen Spind zumachte, den ein nachlässiger Schüler offen gelassen hatte. Sie erinnerte sich auch an die vielen Stunden, die er arbeitete, und daran, dass sein Wagen samstags der Einzige auf dem ganzen Parkplatz war. *Es macht ihm wahrscheinlich Spaß, unser Schulleiter zu sein*, dachte Sara.

Sie beschloss, heute einen Umweg zur Schule zu machen und ausnahmsweise den Wanderweg zu nehmen, der durch den Wald führte und hinter dem Verwaltungsgebäude herauskam.

Plötzlich hörte sie ein Rascheln im Gebüsch. Da kam jemand! Sie blieb stehen und wirbelte herum. Einerseits war sie neugierig, wer da angerannt kam, andererseits war sie sich nicht sicher, ob sie es wissen wollte. Einen Augenblick lang fühlte sie sich wie Rotkäppchen im Wald und fürchtete, etwas Furchterregendes – wie der große böse Wolf – käme durchs Gebüsch, um sie bei lebendigem Leib zu fressen. Aber noch bevor sie über diese alberne Vorstellung lachen konnte, sprang Seth aus dem Unterholz.

»Seth!«, rief sie freudig überrascht. »Bin ich froh, dich zu sehen! Was ist denn bloß gestern mit dir passiert? Warum warst du nicht am Baumhaus?«

»Weil Mr. Marchant mich gesehen hat, als ich über den Schulhof ging. Ich hatte vor, mich unter die anderen Schüler zu mischen, aber ich lief ihm direkt in die Arme. Als er aus dem Verwaltungsgebäude kam, rannte ich gerade über den Rasen. Ich hatte noch Glück, dass ich ihn nicht über den Haufen gerannt habe.«

Sara fing an zu lachen und konnte nicht mehr aufhören.

Auch Seth lachte. Er war sich zwar nicht sicher, warum eigentlich, aber Saras Lachen war so ansteckend, dass er einfach mitlachen musste.

Schließlich kam Sara wieder zu Atem, und es gelang ihr, etwas zu sagen. »Seth, du wirst es nicht glauben, aber Mr. Marchant hat mich auch gesehen!«

»Unmöglich, das sagst du nur so«, antwortete Seth lachend.

»Nein, ehrlich. Ich kam um die Ecke und da hat er mich gesehen. Ich weiß, dass er mich gesehen hat.«

»Was hat er gesagt?«

»Nichts. Er hat mich nur angesehen, mir zugewinkt und ist in sein Auto gestiegen.«

»Oh, Sara, ist das zu glauben? Wie stehen unsere Chancen? Was meinst du werden sie mit uns machen?«

»Na ja, umbringen werden sie uns schon nicht«, sagte Sara, um den Ernst der Situation herunterzuspielen.

»Sie nicht, aber meine Eltern wahrscheinlich schon«, gab Seth zurück.

Sara hätte Seth gern alles erzählt, was sie von Salomon gelernt hatte – vom Gesetz der Anziehung und von guten Gefühlen –, aber dafür war jetzt keine Zeit.

Hinter dem Verwaltungsgebäude war ein Loch in der Hecke. Sie zwängten sich durch und standen auf dem Schulgelände. Sara setzte sich auf ihre Schultasche, zog den Schuh aus und schüttelte ihn. Ein Steinchen fiel ins Gras.

Seth wartete auf sie. Während er so im Schatten des Gebäudes stand, hörte er Stimmen aus dem offenen Fenster über seinem Kopf. »Pst!«, wisperte er Sara zu und hielt einen Finger vor den Mund.

»Was ist?«, flüsterte Sara zurück.

Jetzt hörte sie es auch: Mr. Marchant und ein anderer Lehrer redeten und lachten dann.

»Ich glaube, ich hab gerade gehört, wie Mr. Marchant meinen Namen gesagt hat. Und deinen.«

»Glaub ich nicht!«, stieß Sara hervor.

»Pst! Hör doch selbst.«

Sara und Seth kauerten sich unter das Fenster und sperrten die Ohren auf. Saras Herz klopfte so stark, dass sie fürchtete, es könne zerspringen. Sie war sich nicht sicher, was schlimmer war: dass der Schulleiter über sie sprach oder dass sie ihn dabei belauschten.

»Und was hast du nun vor?«, fragte Mr. Jorgensen.

»Ich habe gestern gründlich darüber nachgedacht – fast den ganzen Abend. Und mein Gefühl rät mir, nichts zu unternehmen.«

»Verstehe.«

Sara und Seth sahen sich an. Sie konnten kaum glauben, was sie hörten.

»Weißt du, Chuck«, fuhr Mr. Marchant fort, »ich hab über die heutigen Kinder nachgedacht. Ihr Leben ist so anders als unsere Kindheit. Sie haben kaum eine Minute nur für sich selbst. Es kommt mir vor, als hätten wir damals mehr Zeit für uns gehabt, obwohl wir auch genug Pflichten hatten. Ich kann mich aber erinnern, dass ich im alten Apfelgarten im Gras lag und stundenlang die Wolken beobachtete. Und meine größte Sorge war, das Pferd, das die Äpfel vom Baum über mir fraß, könne mich zertrampeln. Ich habe keine Ahnung, woher wir all die Zeit hatten und ob sie mir jemand offiziell gewährt hat, aber ich hatte immer genug Zeit, um nachzudenken, zu träumen und Pläne zu schmieden – einfach Zeit, meine Welt zu erforschen und Kind zu sein. Ich glaube nicht, dass die heutigen Kinder viel Spaß daran haben, Kinder zu sein. Wir haben sie viel zu stark eingeengt. Es kommt mir manchmal vor, als hätten wir beschlossen, dass sie sowieso nichts mit sich anzufangen wissen und wir daher alle Entscheidungen für sie treffen müssen. Also regeln wir die Zeit, die sie in der Schule verbringen, und die Zeit danach gleich auch noch. Ich weiß nicht, wie sie das aushalten. Ehrlich gesagt, Chuck, ich glaube, ich würde überschnappen, wenn ich heute Kind wäre. Und ab und zu würde ich auch mal ausreißen.«

»Ich weiß genau, was du meinst.«

»Die beiden sind gute Kinder. Ich kenne Sara schon, seit sie auf der Welt ist. Ich habe oft gesehen, wie sie jemandem geholfen oder einen anderen getröstet hat. Und dieser neue Junge? Er heißt Seth, oder? Über ihn höre ich auch nur Gutes. Das sind zwei ganz besondere Kinder. Ich werde die Sache auf sich beruhen lassen. Was ist denn schon so schlimm daran, dass sie einfach mal Zeit für sich haben wollten – um einfach Kind zu sein?«

In diesem Moment läutete die Schulglocke zur ersten Stunde. Sara und Seth sprangen vor Schreck so plötzlich auf, dass sie mit den Köpfen zusammenstießen. Sie mussten sich die Hände vor den Mund halten, um ihr Kichern zu unterdrücken, und dann hielten sie den Atem an, damit sie nicht entdeckt wurden.

»Ich wäre dir dankbar, wenn du es niemandem gegenüber erwähnen würdest, Chuck. Ich will nicht, dass es heißt, ich würde weich werden. Und ich will nicht, dass dieses Beispiel Schule macht. Morgen denke ich vielleicht schon anders darüber. Das gilt nur für diesen einen speziellen Fall.«

»Ich verstehe, Keith, und bin ganz deiner Meinung. Ich wünsche dir einen schönen Tag.«

»Ich dir auch.«

Sara und Seth sahen sich erstaunt an. »Bis später am Baumhaus«, flüsterte Seth.

»Bis später«, flüsterte Sara zurück.

Kapitel 18

Sara und Seth hatten ausgemacht, sich nach der Schule immer am Baumhaus zu treffen, aber aus irgendeinem Grund wartete Sara heute am Fahnenmast auf Seth. *Es wird schon keinem auffallen, wenn wir ab und zu zusammen weggehen. Schließlich gibt es viele Kinder, die gemeinsam nach Hause gehen oder zumindest ein Stück weit*, überlegte Sara.

Die große Tür fiel krachend ins Schloss und Seth kam die Treppen heruntergestürmt. Als er Sara sah, grinste er übers ganze Gesicht.

»Sara, ich bin froh, dass du gewartet hast. Ich muss nämlich …«

»He, du Flasche!« Sara hörte Lynns unangenehme Stimme hinter sich.

Sie fuhr herum und sah Lynn und Tommy, die beiden übelsten Jungen der Stadt, nein, der ganzen Welt, hinter sich stehen. Mit Salomons Hilfe war es ihr zwar gelungen, nie selbst Opfer ihrer Angriffe zu werden und sie einfach nicht mehr wahrzunehmen. Sie hatte aber beobachtet, wie sie durch ihre üblen Machenschaften so manchen Mitschüler zum Weinen brachten. Sie waren weder klug noch bekamen sie gute Noten oder kamen aus reichen Familien. Sara konnte einfach nicht verstehen, woher sie ihre Macht hatten.

»Sara, wer ist denn dein bescheuerter neuer Freund?«

»Hallo, ich heiße Seth. Ich war schon immer ein bisschen bescheuert – zumindest solange ich zurückdenken kann. Ich habe mich daran gewöhnt. Lasst euch nur Zeit, dann gewöhnt ihr euch auch daran. Und wer bist du?«, fragte Seth, ergriff Tommys Hand und fing an, sie energisch zu schütteln.

»Tom«, gab Tommy tonlos zur Antwort.

Mit wachsender Begeisterung schüttelte Seth Tommys Hand. Er schüttelte und schüttelte und schüttelte. Sara gab sich alle Mühe, nicht laut loszulachen. Seth spielte die Rolle des Dorfdeppen einfach perfekt. Freundlich und ungeschickt schüttelte er Tommys Hand noch eine ganze Weile. Endlich ließ er sie los.

»Und dann bist du wohl …?«, fragte Seth und wollte Lynns Hand ergreifen.

Der sprang zurück wie vom wilden Affen gebissen. Als hätte jemand »Hände hoch!« gesagt, ging er rückwärts, hielt beide Hände hoch und stieß etwas hervor, das sich anhörte wie: »Nein, nein, ist schon gut!«

Dann rannten Lynn und Tommy davon, als ob ihnen ein Löwe auf den Fersen wäre. Sara lachte sich kaputt.

»Was ist denn?«, fragte Seth grinsend.

»Seth Morris, du bist ein Genie. So eine Vorstellung hab ich in meinem ganzen Leben noch nicht gesehen.«

»Ich hab keine Ahnung, wovon du sprichst«, antwortete Seth scheinheilig.

»Ja, ja. Schon klar!«, lachte Sara.

»He, Seth! Klasse, Mann!«, brüllte jemand aus einem vorbeifahrenden Auto.

Seth hörte augenblicklich auf zu lachen.

»Was ist denn?«, fragte Sara. Sie konnte nicht verstehen, warum sich Seth nicht über das Lob freute.

»Sara, ich will mir die beiden nicht zu Feinden machen. Ich will auch nicht, dass sich irgendjemand hinter mir versteckt und mich benutzt, um seine Streitigkeiten mit den beiden auszutragen. Ich hab schon viele Typen wie diese beiden kennengelernt. Sie fühlen sich so mies, dass es ihnen nur besser geht, wenn sie andere fertig machen. Aber das klappt natürlich nicht. Es geht ihnen nie besser, im Gegenteil, es wird immer schlimmer. Ich wollte sie nur wissen lassen, dass ich keine gute Zielscheibe für ihre Späße bin. Ich will einfach, dass sie mich in Ruhe lassen. Es ist nicht meine Aufgabe, andere vor ihnen zu beschützen. Das kann jeder für sich selbst tun.«

Sara war überrascht, wie stark Seth auf die Situation reagiert hatte. Es war offensichtlich, dass ihm so etwas nicht zum ersten Mal passiert war und dass er viel darüber nachgedacht hatte. Als sie Seths Worte hörte, fiel ihr auf, dass sie in mancher Hinsicht denen von Salomon ähnlich waren. Aber Sara sah auch, dass Seth immer noch ein Problem damit hatte.

Seth, dachte Sara, *ich muss dir unbedingt von Salomon erzählen.*

Sie erinnerte sich, dass Seth ihr irgendetwas hatte sagen wollen, bevor Lynn und Tommy sie so frech unterbrochen hatten. »He, was wolltest du mir eigentlich sagen?«

Sie konnte regelrecht sehen, wie Seth seine Gedanken zu ordnen versuchte, um sich zu erinnern, was er ihr Aufregendes hatte sagen wollen.

»Ach, nichts. Nichts, das nicht warten könnte, Sara. Ich muss jetzt los. Wir sehen uns morgen.«

»Okay.« Sara erkannte, dass dies nicht der richtige Zeitpunkt war, um Seth zu bedrängen. Aber sie war verwirrt.

Als Seth aus der Schule gekommen war, hatte er so glücklich ausgesehen. Und als er Lynn und Tommy ausgetrickst hatte, war er ihr stark und voller Selbstvertrauen vorgekommen. Aber als die Kinder ihm dann aus dem vorbeifahrenden Auto zujubelten, hatte sich seine Laune schlagartig verändert. *Warum nur hatte ihn das so gestört?*

Seth hatte ihr nie von seinen schlechten Erfahrungen im Schulbus und von den üblen Typen an seiner letzten Schule erzählt. Bis heute hatte er das alles ziemlich gut verdrängt.

»Zu dumm«, sagte Sara leise. Sie war traurig, dass Seth heute nicht mit ihr vom Baum springen würde. Sie ging trotzdem hin und kletterte die Leiter zur Plattform hoch. Sie legte sich mit der Schultasche unter dem Kopf auf die Bank.

»Salomon!«, rief sie. »Kannst du mich hören? Ich muss etwas mit dir besprechen!«

Aber von Salomon kam keine Antwort.

Sara erinnerte sich an das, was er gesagt hatte, als er sich von einem gefiederten Freund im Körper einer Eule in einen ungefiederten Freund im Geiste verwandelt hatte: *Sara, unsere Freundschaft ist ewig. Wann immer du mit Salomon reden möchtest, musst du nur bestimmen, worüber du reden willst, dich ganz darauf konzentrieren, das gute Gefühl in dir finden – und schon werde ich bei dir sein.*

Sie lächelte, während sie an ihren lieben gefiederten Freund dachte. Dann schloss sie die Augen, genoss die Wärme der Sonnenstrahlen, die durch das Blätterdach auf ihre Beine fielen, und schlief ein.

Kapitel 19

Als Sara die Augen wieder öffnete, wusste sie einen Moment lang nicht, wo sie war. »Also, das ist neu«, sagte sie laut. »Normalerweise schlafe ich nicht auf Bäumen ein.«

Ich schon, hörte Sara eine vertraute Stimme über sich.

Ihr Herz schlug schneller. »Salomon, bist du das?«

Hallo Sara, wie geht es dir heute?

Als Sara durch die Blätter schaute und eine große wunderschöne Eule auf einem Ast sitzen sah, liefen ihr Tränen über die Wangen.

Ein schönes Baumhaus habt ihr da, Sara. Ich kann gut verstehen, dass du so oft hier bist.

»Salomon! Oh, mein Salomon! Du bist zurückgekommen! Du bist wirklich zu mir zurückgekommen!«

Also wirklich, Sara, ich weiß gar nicht, warum du dich so aufregst. Ich war doch nie weg.

»Aber Salomon, ich kann dich sehen. Du hast Federn. Du bist wirklich wieder da.«

Salomon freute sich, dass Sara sich so freute, und strahlte.

Also weißt du, Sara, ich dachte, es wäre einfacher für Seth, mich so zu sehen, wie du mich anfangs kennengelernt hast. Außerdem wollte ich einmal in eurem Baumhaus sitzen.

Sara lachte. Das war tatsächlich ihr witziger, liebenswerter Salomon. Sie war so glücklich wie nie zuvor. »Oh Salomon, ich bin so froh, dass du wieder da bist!«

Ziemlich schwierig, über dieses »Tot oder Lebendig« hinwegzukommen, oder? Denke daran, man ist nicht tot oder lebendig. Du bist immer lebendig. Was ist bloß an meinen Federn so besonders, dass sie euch Menschen dermaßen aus der Fassung bringen?

Sara lachte. Sie hatte begriffen, was ihr Salomon immer wieder gesagt hatte, nämlich, dass es keinen Tod gibt – dass alle Wesen ewig leben. Aber das änderte nichts an der Tatsache, dass Sara Salomon nun einmal ebenso gern sah, wie sie ihn hörte. Sie sah so gern in seine großen weisen Augen und freute sich an der Bewegung seines Gefieders im Wind. Sie fand es so schön, wie er seine Flügel ausbreitete und sich kraftvoll in den Himmel erhob.

Sara, wir werden viel Spaß haben, wenn wir Seth dabei helfen, sich zu erinnern, wer er wirklich ist. Er denkt über einige wichtige Dinge nach, und um seine Fragen zu beantworten, habe ich beschlossen zurückzukommen.

Sara lächelte. Sie spürte so viel Freude und Liebe in sich und konnte es kaum erwarten, mit ihrer Aufgabe zu beginnen.

Sara, ich überlasse es dir, uns zusammenzubringen.

»Aber Salomon, was soll ich ihm denn sagen?«

Überleg dir was. Ich bin sicher, dir wird das Richtige einfallen. Erzähle Seth morgen von mir. Und wenn die Zeit gekommen ist, werde ich euch Gesellschaft

leisten. Ich wünsche dir einen schönen Abend, meine
liebe Sara. Bis bald.

»Salomon, ich bin so froh, dich wieder zu sehen.«

Schön, dass du mich wieder sehen kannst, Sara.

Sara lachte nur.

Salomon erhob sich von dem Ast, auf dem er gesessen hatte, kreiste noch einmal über dem Wäldchen und
verschwand.

»Juchhe!« Saras Stimme hallte durch den Wald. Dann
rannte und hüpfte sie den ganzen Weg nach Hause.

Kapitel 20

Oh, nein, es regnet! Sara konnte es nicht fassen. Es regnete fast nie in der Gegend. Im Winter fiel in der Stadt und in den Bergen reichlich Schnee, und im Frühjahr und Sommer schmolz der Schnee in den Bergen und versorgte die Städte in der Gegend mit ausreichend Wasser.

Ausgerechnet heute! Dies war der Tag, an dem Sara vorgehabt hatte, Seth von Salomon zu erzählen. *Aber in dem Regen können wir nicht zum Baumhaus*, dachte Sara bitter enttäuscht.

Nachdem es zum letzten Mal geläutet hatte, wartete Sara im Flur auf Seth. Sie musste lachen, als sie auf den Pausenhof blickte und die Schüler wie kopflose Hühner hin und her laufen sah. Natürlich hatte niemand einen Schirm dabei. Einige zogen sich die Jacken über den Kopf, andere versuchten, sich mit Büchern trocken zu halten. Und alle sahen völlig verwirrt und verloren aus. *Meine Güte*, dachte Sara. *Es ist nur Wasser. Sie werden sich schon nicht gleich auflösen.*

»Hallo Sara«, rief Seth und rannte auf sie zu. »Ich bin

froh, dass du gewartet hast. Ich hatte schon Angst, dass du wegen des Regens gleich nach Hause gehen würdest.«

»Ja, zu dumm. Nun können wir wohl nicht zum Baum gehen, oder?« Sara ging es nicht darum, vom Baum zu springen. Sie wollte einfach nur dort sitzen und mit Seth reden.

»Also springen sollten wir besser nicht, aber zum Baumhaus können wir trotzdem. Ich hab heute morgen auf dem Weg zur Schule eine Plane dort angebracht. Darunter sollte es ziemlich trocken sein. Meine Mutter hat gesagt, ich müsse erst eine halbe Stunde später zu Hause sein. Weil alles so nass ist, habe ich weniger zu tun.«

»Klasse!« Sara grinste wie ein Honigkuchenpferd. Nun war der Regen kein Problem mehr, sondern genau das, was sie gerade brauchte.

»Wieso hast du die Plane angebracht? Heute Morgen hat es doch noch gar nicht geregnet.«

»Meine Mutter hat gesagt, es würde noch vor dem Abend regnen. Sie meint, sie kann es in ihrem Ellenbogen fühlen. Und sie irrt sich nie. Es ist eine besondere Gabe.«

»Du hast wirklich eine merkwürdige Mutter«, meine Sara lachend.

»Sie ist dir irgendwie ähnlich«, grinste Seth zurück.

Sara lachte nur. *Nun wird er gleich herausfinden, wie merkwürdig ich in Wirklichkeit bin.*

Aber aus irgendeinem Grund machte sie sich darüber keine großen Sorgen. Ihr kam es vor, als seien all die merkwürdigen Ereignisse der letzten Tage nur die Vorbereitung auf den heutigen Tag und das längst überfällige Gespräch mit Seth gewesen. Sara spürte, dass der richtige Zeitpunkt gekommen war. Es schien unvermeidlich. Etwas war in Bewegung gesetzt worden und konnte nicht mehr aufgehalten werden – selbst wenn sie es gewollt hätte.

Das Gefühl, das Sara empfand, erinnerte sie an ihre erste Fahrt auf der großen Rutsche im Vergnügungspark. Sie wusste noch, wie unsicher sie sich gefühlt hatte und dass sie zuerst gar nicht rutschen wollte. Aber dann hatte ihr Bruder Jason ihr einfach einen Schubs gegeben und sie war die Rutsche hinuntergerast. Da hatte es kein Zurück mehr gegeben. Und da ihr die Rutschpartie so viel Spaß gemacht hatte, war sie auch ganz glücklich darüber.

Heute fühlte es sich genau gleich an. Sie wusste, dass sie im Begriff war, sich auf eine andere, äußerst vergnügliche Rutschpartie zu begeben.

Kapitel 21

Sara und Seth saßen hoch oben im Baum.
»Meinst du, deine Eltern ahnen etwas vom Baumhaus?«, fragte Sara.

»Ich bin nicht sicher, aber ich glaube nicht, denn wenn sie davon wüssten, würden sie mir sicher etwas zu tun geben, damit ich nicht so viel Zeit hier verbringe. Und doch haben sie bestimmt schon mitgekriegt, dass ich nach der Schule immer noch irgendwo hingehe.«

Sara lehnte sich gegen den Baumstamm, zog die Knie an die Brust und legte ihre Jacke über die Beine. Es fiel ihr schwer, sich Eltern vorzustellen, die so streng waren. Nicht, dass Sara keine Aufgaben im Haushalt übernehmen musste, aber dennoch war es ihren Eltern auch wichtig, dass sie ein gutes Leben und Spaß hatte. Es wäre ihr nie in den Sinn gekommen, dass ihre Eltern ihr das Leben absichtlich schwer machten. Sicher rissen sie sich kein Bein aus, um Sara glücklich zu machen, aber sie standen ihrem Glück auch nicht im Weg.

Aber bei Seth hatte Sara den Eindruck, als machten

seine Eltern ihm das Leben absichtlich schwer. Als ob er dadurch irgendwie ein besserer Mensch oder stärker werden würde.

»Ich versuche einfach, so lange wie möglich so viel Spaß wie möglich zu haben, Sara«, sagte Seth.

Wahrscheinlich ist jetzt ein guter Zeitpunkt, dachte Sara. *Also los.* Sie schluckte. Sie hatte Mühe, die richtigen Worte zu finden.

Salomon merkte, wie schwer es Sara fiel.

Sara, sagte er in Saras Gedanken. *Hast du Angst, dass Seth nicht gefallen könnte, was du ihm sagen willst?*

»Vielleicht«, antwortet Sara laut.

»Vielleicht was?«, fragte Seth.

Sara konzentrierte sich so sehr auf das, was Salomon sagte, dass sie nicht einmal hörte, dass Seth etwas gesagt hatte.

Statt dir Sorgen zu machen, ob es Seth gefällt oder nicht, denke lieber daran, dass du ihm etwas von unschätzbarem Wert gibst, Sara.

Sofort verschwand Saras Angst. Wunderbare Erinnerungen überfluteten sie, als ihr bewusst wurde, wie wertvoll es für sie gewesen war, Salomon kennenzulernen.

»Natürlich«, sagte sie laut.

»Natürlich was?«, fragte Seth. »Sara, allmählich machst du mir Angst.«

Sara richtete ihre Aufmerksamkeit wieder auf das Baumhaus und auf den Freund, der vor ihr saß.

»Also Seth, bist du bereit für das nächste Kapitel meines zwar merkwürdigen, aber wunderbaren Lebens?«

Seth lächelte nur. Er konnte es kaum erwarten, mehr über die Eule zu hören, aber er hatte beschlossen zu warten, bis Sara von selbst damit anfing. »Darauf kannst du wetten!«

»Also los«, fing Sara munter an. »Weißt du noch, wie ich dir erzählt habe, dass ich durch das Eis gebrochen bin und eine Stimme gehört habe, die gesagt hat: ›Hast du vergessen, dass du gar nicht ertrinken kannst?‹«

»Klar doch.«

»Und dass ich dann diese riesige Eule gesehen habe?«

Seth nickte eifrig.

»Am nächsten Tag ging ich zum Wäldchen zurück, um sie zu suchen. Und als ich über die Wiese ging, sah ich sie auf einem Pfosten direkt vor mir sitzen.«

»Ich habe schon viele Eulen gesehen«, fügte Seth ein, »aber noch nie von so nah. Hast du Angst gehabt?«

Sara holte tief Luft. »Nein, ich hatte keine Angst, weil alles so schnell ging. Sie sagte nämlich zu mir: ›Hallo Sara, ist heute nicht ein schöner Tag?‹« Sara sprach langsam und bedächtig und schaute Seth dabei forschend an. Wie würde er reagieren?

Aber Seth war still – was vielleicht am schlimmsten war. Sara wünschte sich fast, er würde sie auslachen, dann könnte sie so tun, als hätte sie das alles nur erfunden, um ihn zu veräppeln. Dann würden sie vom Baum springen und die ganze Sache wäre vergessen.

»Erzähl weiter«, sagte Seth stattdessen langsam.

»Also, es war nicht so, dass sich ihr Schnabel bewegt hätte oder so, aber ich konnte ihre Gedanken hören. Sie kannte meinen Namen und sagte, dass sie auf mich gewartet hätte. Dann sagte sie noch, sie sei ein Lehrer und ich auch. Sie weiß einfach alles, Seth! Sie ist weise und witzig und spricht mit mir über alles. Sie sagt, dass alles gut ist und dass wir das, was in unserem Leben passiert, selber hervorbringen.«

Saras Mund war völlig ausgetrocknet, und sie spürte, wie Panik in ihr aufstieg. Schließlich hatte sie noch nie einem Menschen davon erzählt.

»Sara, ich fasse es nicht! Das ist total verrückt!«

»Ich hätte es dir nicht erzählen sollen!«

»Doch, Sara. Ich glaube dir ja. Mit verrückt wollte ich

311

sagen, dass auch mit mir mal ein Vogel gesprochen hat
– zumindest glaube ich das. Es ist nur ein einziges Mal
passiert, und später dachte ich, ich hätte es geträumt oder
mir alles nur eingebildet. Ich habe noch nie einem Menschen davon erzählt. Die hätten mich doch glatt in die
Klapse gesperrt!«

Sara fiel ein Stein vom Herzen. »Wirklich? Ein Vogel
hat mit dir gesprochen?«

»Ja, ein roter Kardinal. Ich war auf der Jagd, um etwas
zum Abendessen zu erlegen. Wir essen nämlich so ziemlich alles, was wir erlegen können.«

»Hm!«, murmelte Sara. Wie anders ihr Leben doch war!

»Ich saß also auf einem Baumstumpf und hab gewartet, dass mir etwas vor die Flinte kommt. Plötzlich landete ein großer roter Kardinal auf einem Zaun ganz in
meiner Nähe. Ich legte an und noch während er mich
ansah, schoss ich. Er fiel vom Zaun und landete im Schnee
– ein roter Fleck im weißen Schnee. Ich ging hin, um ihn
mir anzuschauen, und dann dachte ich: ›Warum hab ich
das nur gemacht? Er ist doch viel zu klein zum Essen.‹
Ich fühlte mich so mies. Es kam mir wie eine furchtbare
Verschwendung vor.«

Während er sprach, rollte ihm eine Träne über die
Wange.

»Und dann hat der Vogel zu mir gesprochen. Er kannte sogar meinen Namen.«

»Was hat er gesagt?«

»Er sagte: ›Seth, du musst nicht traurig sein. Nichts wird
verschwendet und den Tod gibt es auch nicht. Alles ist
gut. Alles ist gut.‹ Aber danach habe ich nie mehr auf
etwas geschossen.«

»Irre!« Auch Saras Augen füllten sich mit Tränen. »Das
hört sich an wie Salomon.«

Seth wischte sich mit dem Ärmel übers Gesicht. Sara
tat es ihm nach. Sie saßen zusammengekauert und von

312

Gefühlen überwältigt in ihrem Baumhaus und sagten kein Wort.

Salomon kreiste über dem Baumhaus, um den richtigen Moment abzupassen.

Jetzt ist der Moment gekommen, entschied er und schoss im Steilflug hinab, als wollte er sich in den Fluss stürzen. Aber in letzter Sekunde zog er scharf hoch und landete direkt vor Seth und Sara auf einem Ast.

»Heiliger Strohsack!«, schrie Seth und sprang vor Schreck auf.

Strohsack ist ein etwas merkwürdiger Name für einen Vogel, sagte Salomon lächelnd. *Sara nennt mich Salomon.*

Seth sackte in sich zusammen, als hätte er Pudding in den Knien. Er sah Sara erstaunt an.

Sara grinste nur und zuckte mit den Schultern. »Was kann ich da noch sagen?«

An diesem Abend ging Sara zufrieden zu Bett. Salomon wieder in körperlicher Gestalt bei sich zu haben, ihn zu sehen und zu berühren, war fast schon zu viel des Guten. Und nun, wo sich ihre beiden besten Freunde auch noch kennengelernt hatten, konnte es keine Steigerung mehr geben. Es war offensichtlich, dass sich die beiden von Anfang an verstanden hatten.

Sara kuschelte sich tiefer ins Bett und zog die Decke über den Kopf. Sie war so glücklich wie noch nie.

Kapitel 22

Sara wachte mitten in der Nacht auf. Im Zimmer war es stockdunkel, und sie fragte sich, was sie wohl geweckt hatte. Da bemerkte sie in einer Ecke des Zimmers, knapp unterhalb der Decke, ein kleines, weißes Licht. »Was ist denn das?«, rief sie, setzte sich im Bett auf und rieb sich ungläubig die Augen.

Das Licht wurde heller, und nachdem Sara ein paar Mal geblinzelt hatte, sah sie die Essenz von Salomon, den Geist ihres gefiederten Freundes.

»Salomon?«, sagte Sara fragend. »Bist du das?«

Hallo Sara. Ich hoffe, es macht dir nichts aus, dass ich dich geweckt habe. Hast du Lust mitzukommen und ein wenig mit uns zu fliegen?

»Oh ja, darauf kannst du wetten. Aber wer ist *wir*?«

Seth wartet im Baumhaus und springt vom Baum. Er ist so glücklich, dass er nicht schlafen konnte. Ich dachte, es wäre eine perfekte Gelegenheit für einen nächtlichen Flug. Was hältst du davon?

Sara wäre vor Freude fast geplatzt. Sie hatte die nächtlichen Flüge mit Salomon niemals vergessen, auch wenn der letzte schon eine ganze Weile zurücklag. Nichts hatte die wunderbare Schönheit dieses Erlebnisses jemals übertroffen. Und nun lud Salomon sie wieder ein. Aber am besten war, dass auch ihr Freund Seth mitkommen würde. *Zieh dich an und geh zum Baumhaus, Sara. Seth wird sich freuen, dich zu sehen. Ich treffe euch dort.*

»Dann bis gleich, Salomon.«

Salomons Geist verschwand.

Sara stieg aus dem Bett und zog sich leise an. Sie erinnerte sich, dass ihr auf früheren Flügen mit Salomon nie kalt gewesen war, obwohl es Winter gewesen war und sie nur ihr Nachthemd angehabt hatte. Sie war sich also nicht sicher, warum sie sich so warm anzog, aber es schien irgendwie richtig zu sein. Und draußen war es nur knapp über Null. Sara schlüpfte leise aus der Hintertür, ging durch den Garten und machte sich auf zum Baumhaus.

Kein Mond war zu sehen und es war stockfinster. Aber allmählich passten sich Saras Augen der Dunkelheit an. Ohne Probleme bewältigte sie den vertrauten Pfad und erspürte sich ihren Weg durch das Wäldchen. Sie musste lächeln, als ihr bewusst wurde, dass sie in dieser dunklen Nacht ganz allein unterwegs war und dennoch kein bisschen Angst hatte.

Plötzlich nahm sie ein Geräusch wahr, das sich wie »Wusch« anhörte. Sie blieb stehen und spitzte die Ohren, um es vielleicht noch einmal zu hören. Da war es wieder. »Wusch. Wusch. Wusch.« Und dann ein Aufprall. Sara lächelte.

Wie Salomon gesagt hatte, schwang sich Seth vom Baum über den Fluss. Sara zögerte noch und versteckte sich im Schatten der Bäume. Wie sollte sie ihm ihre Anwesenheit mitteilen, ohne ihn zu erschrecken?

Sie hielt die Hände wie einen Trichter vor den Mund und rief in bester Eulenmanier: »Hu, hu. Hu, hu.«

Seth hörte den Eulenruf und blieb wie angewurzelt stehen.

Wieder rief Sara: »Hu, hu. Hu, hu.«

»Salomon, bist du das?«, hörte sie Seths fragende Stimme.

Sara grinste.

Auch Seth hielt sich beide Hände vor den Mund und rief: »Hu, hu. Hu, hu.«

»Hu, hu. Hu, hu«, antwortete Sara.

»Hu, hu. Hu, hu«, rief Seth zurück.

»Du, wer, bist, du?«, rief Sara nun und unterdrückte ein Lachen.

Seth erkannte Saras Stimme sofort. »Sara, was machst du denn hier?«

»Das könnte ich dich auch fragen!«, antwortete Sara lachend. »Tut mir leid, dass ich dich mit dem Eulenruf reingelegt habe, aber ich wollte dich nicht erschrecken.«

»Ich konnte einfach nicht schlafen, Sara. Diese ganze Geschichte mit Salomon ist einfach zu toll. Ich kann kaum glauben, dass dies alles wirklich geschieht. Ich hab mich schon gefragt, ob ich es nur geträumt habe.«

»So ging's mir damals auch. Als ich Salomon das erste Mal begegnet bin, wachte ich am nächsten Morgen auf und dachte, ich hätte alles nur geträumt oder ich sei verrückt geworden. Und ich habe niemandem etwas davon erzählt, weil mit Sicherheit alle gedacht hätten, ich sei übergeschnappt. Aber es ist überhaupt nicht verrückt, Seth, sondern ganz wunderbar und völlig real.«

»Ich weiß, Sara. Es ist toll, aber irgendwie auch verrückt. Ich bin froh, dass wir darüber reden können.«

»Mir schwant, dass es noch verrückter wird.«

»Was meinst du damit, Sara?«

»Salomon hat mich vor einer Stunde geweckt und mir gesagt, dass du im Baumhaus bist. Ich sollte herkommen und wir drei würden heute Nacht zusammen fliegen.«

Sara und Seth hörten ein »Hu, hu. Hu, hu« direkt über ihren Köpfen. Sara lachte, als sie Salomons Stimme erkannte. Seit sie ihn kannte, hatte er noch nie »Hu, hu. Hu, hu« gemacht.

»Hallo Salomon«, rief sie. Sie wusste, dass Salomon die Eulensprache nur benutzte, um sich über sie lustig zu machen.

Hallo, meine kleinen Eulenfreunde. Wollt ihr mit mir fliegen? Salomon landete auf einem Ast über ihren Köpfen.

»Ehrlich, Salomon?«, rief Seth aus. »Wir dürfen mit dir fliegen? Junge, Junge, ich kann es kaum fassen!«

Seth, du bist doch schon geflogen, oder? Ich kann mich erinnern, dass du oft über eure verschiedenen Höfe geflogen bist.

»Ach, du meinst Fliegen im Traum. Ja klar, das hab ich damals fast jede Nacht gemacht. Aber irgendwann hörten die Träume auf. Ich bin mir nicht sicher, warum, aber es hat wahrscheinlich etwas mit dem zu tun, was Mrs. Gilliland darüber gesagt hat.«

»Was hat sie denn gesagt?«, fragte Sara.

»Sie meinte, Flugträume wären böse.«

»Wie kann denn ein Flugtraum böse sein?«, fragte Sara erstaunt. »Einen besseren Traum kann es doch gar nicht geben.«

»Sie meinte, Flugträume hätten was mit Sex zu tun«, stieß Seth hervor und wurde knallrot. Er konnte nicht glauben, dass er so etwas zu Sara gesagt hatte.

Auch Sara wurde rot.

»In der nächsten Nacht flog ich wie immer über den Hof und um den See. Aber dann flog ich in eine Höhle hinein, die immer enger wurde. Und ich flog immer tiefer hinein und irgendwann steckte ich in einer Felsspalte fest. Ich war gefangen.«

»Und dann?«, fragte Sara fasziniert.

»Dann wachte ich auf. Und das war der letzte Flugtraum, den ich je hatte.«

Sara riss ungläubig die Augen auf.

Salomon lächelte. *Seth, ich glaube, es ist an der Zeit, dich von dieser Höhle zu befreien und von dem, was andere Menschen denken. Es ist an der Zeit, dass du wieder fliegst.*

»Das denke ich auch. Was muss ich machen?«

Sara, erkläre du es ihm.

»Also«, begann Sara zögerlich und versuchte sich an die genauen Fluganweisungen zu erinnern. »Erstens musst du wirklich fliegen wollen.«

»Das will ich!«, rief Seth.

»Und dann«, fuhr Sara fort, »musst du das Gefühl des Fliegens in dir entdecken.«

»Was meinst du damit?«

»Na ja, du musst dich daran erinnern, wie sich das Fliegen anfühlt oder wie viel Spaß es macht oder so.«

»Das ist ja leicht«, sagte Seth noch. Dann spürten die beiden Kinder ein solches Wirbeln in sich, dass ihnen die Luft wegblieb, und dann stiegen sie hoch, hoch, hoch.

Sara und Seth lachten, während sie immer höher stiegen und das Wäldchen unter sich ließen.

»Sara, ich dachte, das Springen vom Baum sei toll, aber das hier ist unglaublich!«

Sara strahlte. Sie hatte das Fliegen mit Salomon genossen, aber das hier mit Seth war noch besser.

Sara, ich überlasse es dir, Seth die Stadt zu zeigen. Viel Spaß! Wir sehen uns morgen wieder.

Damit flog Salomon davon.

»Wohin?«, fragte Seth, in dessen Stimme eine Begeisterung klang, die Sara noch nicht gehört hatte.

»Du kannst fliegen, wohin du willst.« Sara erinnerte sich an Salomons Worte bei ihrem ersten Flug.

»Also, dann zur Höhle«, sagte Seth entschlossen und

drehte schon während er das sagte in Richtung Höhle ab. Sara folgte ihm lachend. »Na ja, wenn man vom Pferd gefallen ist, soll man ja auch gleich wieder aufsteigen.« Sie fand es mutig, dass Seth als Erstes wieder in eine Höhle wollte, nachdem sein letzter Flugtraum dort so schrecklich geendet hatte.

»Ja, genau deshalb«, gab Seth zurück.

Sie schwebten durch den nächtlichen Himmel und flogen dann direkt über den Fluss in Richtung Höhle.

»Das ist auf jeden Fall besser, als durch den Fluss zu waten«, merkte Seth an.

»Darauf kannst du wetten«, antwortete Sara.

Seth flog in den Höhleneingang, dicht gefolgt von Sara. Keiner von beiden hatte auch nur die geringste Angst.

»Hallo, hallo!«

»Allo, allo!«, kam das Echo zurück.

Langsam schwebten sie weiter in die Höhle hinein. Als sich der enge Tunnel zu einer riesigen Höhle weitete, hielten sie an und schwebten bewegungslos in diesem gewaltigen Raum.

Alle Wände und die Decke waren mit Zeichnungen von Tieren bedeckt.

»Wie sind die bloß hier oben hingekommen?«

»Du meinst da, wo wir sind?«, gab Sara lachend zurück. »Vielleicht sind wir ja nicht die Ersten, die in dieser Höhle fliegen.«

Dann flogen sie tiefer in den riesigen Raum hinein. »Seth, diese Höhle ist ja gewaltig, sie muss ein paar Kilometer lang sein.«

Sie flogen in einen anderen Korridor, der zu einem weiteren großen Raum führte. Dann kam wieder ein Korridor und noch einer und dann noch einer. Sara folgte Seth, sprachlos vor Staunen, dass etwas so Außergewöhnliches direkt hier im Berg über ihrer Stadt verborgen war, ohne dass sie je davon erfahren hatte.

Immer weiter flogen sie in den Berg hinein. *Ich hoffe nur, du weißt, was du tust, Seth,* dachte Sara, die an Seths schrecklichen Traum denken musste, als der Tunnel immer enger wurde.

Als sie um eine Ecke bogen, blieb Sara die Luft weg. Direkt vor ihnen schien der Tunnel abrupt zu enden. Aber Seth flog einfach weiter. Sara öffnete den Mund zu einem Schrei. Es sah aus, als flöge Seth direkt gegen die Felswand, aber plötzlich verschwand er aus ihrem Blickfeld. Der Tunnel führte nun aufwärts und Seth schoss aus dem Berg in die mondhelle Nacht hinaus, Sara dicht hinter ihm.

Seths Freudenschreie hallten durch das Tal.

Nun hat er sich also von seinem Traum befreit, dachte Sara.

»Sara, schau nur, der Mond!«, rief Seth, als er ins Tal schoss. »Sara, ich möchte ewig fliegen!«

Sara erinnerte sich, dass sie genau das nach ihrem ersten Flug gesagt hatte.

»Aber wir sollten besser zurück, bevor uns jemand vermisst. Die Sonne geht bald auf.«

»Ich fliege mit dir um die Wette zum Baumhaus«, rief Sara, während sie schon über den Himmel raste.

»Das ist unfair!«, schrie Seth und versuchte sie einzuholen.

Als er sie endlich erreicht hatte, schwebten sie bereits über ihrem Baumhaus.

»Seth, ich zeige dir jetzt, wie man ganz sanft landet. Zeig einfach mit einem Fuß nach unten, und schon bist du da.«

Sie hielten sich an den Händen, zeigten mit den Füßen nach unten und standen auf der Plattform.

»Irre!«, sagte Seth atemlos.

»Genau!«, kommentierte Sara.

»Wenn ich nie in meinem Leben etwas Aufregendes

mehr erlebe, bin ich trotzdem zufrieden, nachdem ich das erlebt habe!«

»Das hab ich auch mal gesagt«, antwortete Sara lachend, »aber, ganz gleich wie schön es auch ist, ich will immer noch mehr. Salomon findet das normal. Er sagt, das ist keine Gier. Er meint, wir sind dazu bestimmt, ein aufregendes Leben zu führen.«

»Klingt gut, Sara. Willst du, dass ich mit dir nach Hause gehe?«

»Nein, danke, es geht schon. Bis morgen.«

»Ja, bis morgen. Und … danke, Sara.«

Kapitel 23

Sara und Seth saßen in ihrem Baumhaus und schauten auf den Fluss hinunter. Die Sonnenstrahlen, die durch die Blätter drangen, malten ständig wechselnde Muster auf die Plattform. Sara rutschte ein wenig zur Seite, um mehr Sonne abzubekommen.

Seth beobachtete, wie sie es sich bequem machte. Wie entspannt sie war. Er hingegen war überhaupt nicht entspannt. Unruhig rutschte er hin und her, setzte sich zuerst auf die Bank und dann auf den Boden der Plattform. *Ich hab keine Ahnung, warum ich so nervös bin*, dachte er verwirrt.

Salomon saß auf einem Ast direkt über ihren Köpfen. Er lächelte, als er sah, wie Sara, seine alte Schülerin, sich entspannte und die Sonne genoss, obwohl sie sich auf das Gespräch ebenso freute wie sein neuer Schüler Seth, der noch mit seiner inneren Unruhe zu kämpfen hatte.

Auch die wird vergehen, dachte Salomon, und als dieser Gedanke Seth wie ein Sonnenstrahl traf, holte er tief Luft und entspannte sich.

Nun, meine lieben Freunde, worüber möchtet ihr heute mit mir reden?, begann Salomon.

Sara und Seth lachten.

An diesem wunderschönen Tag, fügte Salomon hinzu.

»Wirklich wunderschön«, bestätigte Seth.

Sara lächelte, weil sie wusste, was auf Seth wartete. Sie liebte die Unterhaltungen mit Salomon und hoffte, dass es Seth ebenso gehen würde. Sara hatte schon früh entdeckt, dass Salomon nur etwas sagte, wenn sie etwas zu fragen hatte. Sie hatte auch gemerkt, dass es ihr immer leichter gefallen war, etwas zu fragen. An dem, was sie in der Schule oder zu Hause erlebte, schien immer etwas klärungsbedürftig zu sein, und wann immer sie einen Rat oder eine ehrliche Antwort brauchte, war Salomon bereit, ihr zu helfen.

Sara erinnerte sich, dass es am Anfang eine Menge gegeben hatte, was sie nicht verstand. Vieles schien unfair, ungerecht oder sogar falsch zu sein. Aber mit der Zeit hatte sie Salomons Philosophie im Kern verstanden und konnte sich nun viele Fragen, die in ihrem Alltag auftauchten, selbst beantworten.

Seit ihrer ersten Begegnung mit Salomon war ihr am meisten aufgefallen, dass sie von einem ständigen Gefühl des Wohlbefindens begleitet wurde. Salomon hatte ihr geholfen zu verstehen, dass alles immer gut ist – unabhängig davon, wie es nach außen hin erscheinen mag. Und obwohl Sara manchmal ihre Schwierigkeiten mit diesem Konzept hatte und sich gelegentlich sogar mit Salomon darüber stritt, hatte sie im Grunde verstanden, dass es wirklich so ist.

Salomon saß einfach da und wartete. Seth war sich nicht sicher, was er tun sollte. Also fing Sara an.

»Seth, du kannst Salomon fragen, was du willst. Er hat auf alles eine Antwort.«

Seth rutschte ein wenig hin und her.

»Hast du etwas Wichtiges, das dich beschäftigt?«, fuhr Sara fort.

Seth kreuzte die Beine, lehnte sich nach vorn und beschäftigte sich angelegentlich mit seinen Händen. Es sah aus, als überlege er angestrengt.

»Na ja, also eigentlich hab ich über vieles nachgedacht. Ich hab Fragen, seit ich vier bin.«

Seths Gedanken überschlugen sich derart, dass er Mühe hatte, sich zu konzentrieren. Er konnte nicht glauben, dass irgendjemand Antworten auf alle seine Fragen haben sollte – nicht einmal diese erstaunliche Eule, die ihm das Fliegen beigebracht hatte.

Also Seth, begann Salomon mit leiser Stimme, *die erste gute Nachricht: Du musst nicht alle Fragen auf einmal stellen. Die zweite gute Nachricht: Die Zahl der Antworten ist nicht begrenzt. Eine zeitliche Begrenzung gibt es auch nicht. Du kannst so viele Fragen stellen, wie du willst, und so lange du willst.*

»Und die schlechte Nachricht?«, fragte Seth.

Es gibt keine schlechte Nachricht, Seth, erwiderte Salomon lächelnd.

Sara lehnte sich gegen den Stamm und lächelte. Es fing gut an.

Seth versuchte, sich zu konzentrieren, und als es ihm halbwegs gelungen war, drängten viele Fragen, über die er schon lange nachgedacht hatte, auf einmal in sein Bewusstsein. »Also gut, Salomon, ich hab tatsächlich ein paar Fragen. Wie kommt es, dass das Leben so ungerecht ist? Wieso haben einige Menschen ein so schönes Leben und andere ein so schlechtes? Warum sind die Menschen gemein zueinander? Warum geschieht so viel Böses? Warum müssen die Menschen krank werden und sterben, und warum essen wir Tiere? Wieso werden die Häuser mancher Menschen überflutet, während andere Menschen verhungern, weil es seit Jahren nicht mehr geregnet hat? Warum müssen die meisten Menschen ihr Leben lang schwer arbeiten und dann erschöpft und müde sterben, ohne irgendetwas vorweisen zu können? Warum führen Länder Kriege gegeneinander? Warum können sie einander nicht in Ruhe lassen? Warum …?«

Sara saß mit weit aufgerissenen Augen da. Sie hatte noch nie erlebt, dass jemand in so kurzer Zeit so viele Fragen abfeuerte. *Seth hat in den ersten fünf Minuten mehr Fragen gestellt, als mir in den ersten fünf Monaten eingefallen sind*, dachte sie.

Aber Seth war noch nicht fertig. »Was ist mit den Indianern passiert, die früher hier gelebt haben? Und wieso hat der weiße Mann das Recht, ihnen das Land zu stehlen und ihr Leben zu zerstören und …?«

Sara sah Salomon an. Ob Salomon wohl jemals so viele Fragen auf einmal gehört hatte?

Salomon hörte geduldig weiter zu.

Endlich war Seth still. Er sah zu Salomon empor und lehnte sich gegen den Baumstamm. Sein Atem ging so schwer, dass es beinahe ein Keuchen war.

Salomon begann. *Seth, es heißt: ›Bitte, so wird dir gegeben.‹ Soweit ich mich erinnern kann, habe ich noch nie jemanden getroffen, der mehr Fragen hatte als du. Und ich verspreche dir: Du wirst auf jede deiner Fragen eine Antwort bekommen. Und aus jeder Antwort werden sich viele neue Fragen ergeben. Anfangs werden dir manche Antworten nicht gefallen und du wirst nicht damit zufrieden sein. Es braucht nämlich eine Weile, bis sie wirklich ganz tief in dir angekommen sind. Doch mit der Zeit wirst du alles verstehen, was du verstehen willst.*

Sara war überrascht, wie ernst Seths Fragen geklungen hatten. *Er ist so wütend. Er konzentriert sich nur auf das, was ungerecht ist*, dachte sie.

Salomon sah Sara an. *Seths Fragen erinnern mich an deine erste, Sara.*

Sara war völlig überrumpelt. Als Seth und Salomon sich unterhielten, hatte sie ganz vergessen, dass Salomon immer wusste, was in ihr vorging.

Erinnerst du dich an Donald?, hörte Sara Salomons Stimme in ihrem Kopf.

Und ob ich mich an Donald erinnere. Sara dachte daran, wie empört sie gewesen war, als die Klassenrüpel Donald, einen Neuen, fertig gemacht hatten. Die aufgewühlten Gefühle, die damals so real zu sein schienen, waren ihr jetzt so fremd.

Sara sah Seth an, der Salomon mit seinen ernsten Fragen überschüttete, und war fasziniert. Sie staunte aber auch, dass Salomon sich mit ihr unterhalten konnte, während er gleichzeitig mit Seth sprach und alles mitbekam, was dieser fragte. Ein warmes Gefühl der Freude breitete sich in ihrer Brust aus, als sie erkannte, dass ihre Beziehung zu Salomon eine neue Ebene erreicht hatte.

Es macht einen geborenen Lehrer immer froh, einen anderen bei der Arbeit zu beobachten, sagte Salomons Stimme in ihrem Kopf.

Sara lächelte und konzentrierte sich jetzt ganz auf das, was Salomon und Seth miteinander redeten. Seth war still geworden und Salomon hatte das Wort ergriffen.

Seth, das sind ganz wunderbare Fragen. Sie zeigen, dass du viel über diese Themen nachgedacht hast. Womit fangen wir also an ...

Sara, Seth und Salomon saßen eine Weile schweigend da. Nachdem die Flut von Fragen abgeebbt war, schien es totenstill zu sein. Salomon schien nachzudenken.

Dann fing er an zu sprechen. *Bevor meine Antworten einen Sinn machen können, musst du eines verstehen: Es gibt keine Ungerechtigkeit.*

Sara sah von Salomon zu Seth. Keiner sagte ein Wort.

Sie fühlte sich unbehaglich, denn eines war klar: Diese Antwort war nicht das, was Seth hatte hören wollen. Schließlich war es in jeder seiner Fragen um Ungerechtigkeit gegangen. Und mit einem einzigen, kurzen Satz schien Salomon alles, was Seth wissen wollte, als irrelevant abzutun.

Seth sah angespannt aus, aber noch bevor er seine Gedanken ordnen und protestieren konnte, fuhr Salomon fort.

Seth, bevor wir über Einzelheiten reden, möchte ich dir in groben Zügen erklären, welche Gesetze in diesem großartigen Universum am Werk sind. Und sobald du diese Gesetze verstanden hast und ihre Auswirkungen in deinem eigenen Leben beobachten kannst, wirst du verstehen, dass sie nicht nur dein Leben ständig beeinflussen, sondern das Leben aller Menschen.

Seth setzte sich kerzengerade auf und starrte Salomon an. Sara lächelte. Sie konnte kaum erwarten, dass Salomon Seth endlich das Gesetz der Anziehung erklärte.

Gibt es in dieser Stadt Gesetze, die sich auf die Einwohner auswirken?, fragte Salomon.

»Klar, eine ganze Menge«, erwiderte Seth.

Nenn mir eines.

»Geschwindigkeitsbeschränkung. In der Stadt darf man nicht schneller als 50 fahren«, antwortete Seth.

Was meinst du, welches Gesetz steht über welchem: das 50-Kilometer-in-der-Stunde-Gesetz über dem Gesetz der Schwerkraft oder umgekehrt?

Seth grinste. »Das ist doch einfach, Salomon. Die Schwerkraft muss einfach über einer Geschwindigkeitsbegrenzung stehen.«

Warum?

»Weil«, fuhr Seth aufgeregt fort, »von der Geschwindigkeitsbegrenzung nur manche Leute betroffen sind, während wir alle dem Gesetz der Schwerkraft unterliegen.«

Salomon lächelte. *Sehr gut. Verkehrsregeln kann man auch ignorieren, aber es ist nicht so leicht, das Gesetz der Schwerkraft zu ignorieren.*

»Genau«, rief Seth lachend.

Es gibt noch ein viel gewichtigeres Gesetz, eines, das noch viel weiter reicht als das Gesetz der Schwerkraft. Es heißt »Gesetz der Anziehung«. Und so wie die Schwerkraft alles auf deinem Planeten beeinflusst, wirkt sich das Gesetz der Anziehung auf alles im ganzen Universum aus – überall in Zeit und Raum und jenseits von Zeit und Raum. Das Gesetz der Anziehung ist die Grundlage für alles, was existiert.

Seth lehnte sich neugierig vor.

Das Gesetz der Anziehung besagt vereinfacht ausgedrückt: Das, was sich gleicht, zieht sich an. Komplizierter ausgedrückt: Alles im Universum sendet Schwingungssignale aus. Und die Signale, die zueinander passen, werden magnetisch voneinander angezogen.

Sara betrachtete Seth aufmerksam. Sie erinnerte sich, wie schwer es ihr anfangs gefallen war, diese neuen Ideen aufzunehmen, und fragte sich, wie es ihm wohl damit ging.

»Meinst du, so wie Radiosignale?«, fragte Seth.

Ziemlich ähnlich, gab Salomon zur Antwort.

Sara lächelte zufrieden in sich hinein.

Weißt du, Seth, das ganze Universum beruht auf Schwingung. Alles schwingt auf einer bestimmten Frequenz. Und durch diese Schwingungen kommt etwas entweder zusammen oder es bleibt getrennt. Das, was sich gleicht, zieht sich an.

»Und woher weiß ich, was dasselbe Signal aussendet?«

Du kannst dich umschauen und sehen, welche Dinge zusammengehören. Das ist eine Möglichkeit. Mit einiger Übung kannst du die Schwingungssignale von Dingen erkennen, bevor sie zusammenkommen. Du kannst das Signal erkennen, bevor sich die dazugehörigen Tatsachen physisch manifestieren.

»Hm!«, sinnierte Seth. »Gar nicht mal so schlecht.«

Wieder musste Sara lächeln. Alles lief sehr gut.

»Sende ich auch ein Signal aus?«

Natürlich.

»Tut das jeder?«

So ist es.

»Und woher weiß ich, welches Signal ich aussende?«

Das kannst du daran erkennen, wie du dich fühlst und was zu dir kommt.

»Kann ich erkennen, welches Signal jemand anders aussendet?«

Es ist zwar nicht deine Aufgabe, dich darum zu kümmern, aber du kannst es erkennen, zum Beispiel daran, was diesen Menschen widerfährt und wie sie sich augenscheinlich fühlen. Ihre Einstellungen und ihre Launen sagen eine Menge darüber aus, wie es ihnen geht.

»Und wie kann ich die zu mir passenden Signale finden?«

Auch das ist nicht deine Aufgabe. Das Gesetz der Anziehung kümmert sich darum.

»Ist es möglich, absichtlich ein bestimmtes Signal auszusenden?«

Es ist möglich, absichtlich ein bestimmtes Signal auszusenden, und genau das will ich dir beibringen.

»Irre!«, schrie Sara laut. Sie war völlig von den Socken und tief beeindruckt davon, wie klar Seths Verstand arbeitete, mit welcher Ernsthaftigkeit er seine Fragen stellte und wie leicht er die Antworten zu verstehen schien.

Wir reden morgen weiter, sagte Salomon.

»Bitte nicht«, bettelte Seth, der nicht aufhören wollte. »Ich habe noch tausend Fragen, Salomon. Müssen wir wirklich aufhören?«

Seth, wir werden noch über alles sprechen, was du gefragt hast. In den ersten Tagen wird jede Antwort ganz viele neue Fragen entstehen lassen, aber wenn du die Grundlagen einmal verstanden hast, wird alles viel leichter werden. Mir hat das heute jedenfalls sehr viel Spaß gemacht, Seth.

»Mir auch, Salomon«, riefen Seth und Sara wie mit einer Stimme.

Da seht ihr es: zwei Wesen in perfekter Schwingungsübereinstimmung.

Sara und Seth sahen sich an, während Salomon die Flügel ausbreitete und verschwand.

»Nicht übel, oder?«, fragte Sara.

»Wirklich nicht übel!«, bestätigte Seth.

Kapitel 24

Sara und Seth saßen im Baumhaus und warteten auf Salomon.

»Wo er bloß bleibt?«, fragte Sara verwirrt.

Plötzlich wirbelte ein heftiger Luftzug die Blätter durcheinander. Sara blinzelte und rieb sich die Augen, weil Staub hineingekommen war. Seth spuckte ein Blatt aus, das irgendwie in seinen Mund geraten war. Und der Urheber dieser ganzen Aufregung war Salomon, der plötzlich mitten auf die Plattform plumpste.

Seth und Sara sprangen erschrocken auf.

Tut mir leid, sagte Salomon, *ich wollte mal eine neue Art zu landen ausprobieren. Aber ich muss wohl noch ein bisschen üben.*

Sara wusste nicht, was sie davon halten sollte. Salomon hatte etwas Derartiges noch nie getan.

»Willst du sagen, auch du lernst noch dazu?«, fragte Seth erstaunt.

Natürlich. Wir alle sind ständig dabei, uns weiterzuentwickeln.

»Aber ich dachte, du weißt schon alles!«, riefen Sara und Seth wie aus einem Munde.

Salomon lächelte. *Das wäre doch langweilig, oder? Wie traurig, wenn man schon alles entdeckt hätte, was es zu entdecken gibt. Wirklich ein für alle Mal am Endpunkt angekommen sein? Furchtbar! Ich versichere euch: So etwas wie ein endgültiges Ende gibt es einfach nicht. Es gibt nur eine ewige, höchst vergnügliche Vorwärtsbewegung.*

Salomon machte es sich auf der Plattform bequem und rückte mit dem Schnabel ein paar Federn zurecht. *Ah, das ist besser. Nun, womit wollen wir anfangen?*

»Also«, sagte Seth, »letzte Nacht habe ich darüber nachgedacht, was du über das Aussenden meines Signals gesagt hast. Ich weiß nicht warum, aber ich muss immerzu daran denken.«

Salomon lächelte. *Ich bin sehr froh, dass von all den Dingen, über die wir gesprochen haben, ausgerechnet das den tiefsten Eindruck bei dir hinterlassen hat, denn es ist in der Tat das Wichtigste, was ich zu lehren habe.*

Sara beugte sich interessiert vor. Salomon sagte Seth so ziemlich dieselben Dinge, die auch sie gelernt hatte, aber bei ihm benutzte er andere Worte. Sie wollte sicher sein, dass sie das, was Salomon für das Wichtigste hielt, auch wirklich verstand.

Zunächst musst du verstehen, auf welche Weise du dein Signal aussendest. Dein Signal hat mit dem zu tun, was du wahrnimmst.

»Wahrnimmst?«

Ja, mit den Dingen, denen du deine Aufmerksamkeit schenkst, also mit dem, worauf du dich konzentrierst. Wenn du dich zum Beispiel an etwas erinnerst, sendest du ein Schwingungssignal aus. Wenn du etwas beobachtest, dir etwas anschaust oder an etwas denkst, sendest du ein Signal aus. Wenn du über etwas nach-

grübelst, etwas lernst, dir etwas vorstellst oder etwas untersuchst, sendest du ein Signal aus.

»Und wenn ich über etwas rede?«

Dann ganz besonders, denn wenn du über etwas redest, erfordert das meistens deine ganze Aufmerksamkeit.

»Mensch, Salomon, das hört sich ja an, als ob wir bei allem, was wir tun, ein Signal aussenden!«

Sehr treffend erkannt, Seth. Genauso ist es. Und da das Universum ständig die Dinge zu dir bringt, die zu deinem Signal passen, kann es äußerst nützlich sein, das Signal bewusst auszusenden.

»Das macht Sinn, Salomon. Aber was passiert, wenn ich etwas Schreckliches sehe? Etwas, das wirklich übel oder ganz furchtbar ist? Was passiert dann mit meinem Signal?«

Dein Signal wird immer von dem beeinflusst, worauf du deine Aufmerksamkeit richtest.

Sara beobachtete Seth aus den Augenwinkeln, weil sie sein Unbehagen spürte. Sie erinnerte sich, wie schwierig dieser Teil anfangs für sie gewesen war.

»Aber Salomon«, protestierte Seth auch schon, »wie kann ich etwas verbessern, wenn ich meine Aufmerksamkeit nicht erst mal auf das richte, was schlecht ist?«

Natürlich musst du deine Aufmerksamkeit darauf richten. Deshalb beschließt du ja zu helfen oder etwas zu verbessern. Auf diese Weise findest du heraus, was du eigentlich willst. Wichtig ist nur, dass du so schnell wie möglich entscheidest, was besser wäre und was du stattdessen willst, und deine volle Aufmerksamkeit dann darauf richtest. Dann kann das Universum nämlich anfangen, etwas Entsprechendes zu finden.

»Ach so«, sagte Seth sichtlich enttäuscht.

Mit ein wenig Übung wirst du immer erkennen kön-

nen, was für ein Signal du aussendest. Du wirst entdecken, dass deine Gefühle ein sehr guter Indikator
sind. Je besser du dich fühlst, desto besser ist das Signal. Je schlechter es dir geht, desto schlechter ist das
Signal. Es ist eigentlich ganz einfach.

»Hm!« Seth dachte offensichtlich nach. Sara war sich
aber nicht sicher, ob er so still war, weil er verstanden
hatte oder weil er Salomon nicht glaubte. Als Salomon
über Radiosignale und Schwingungen gesprochen hatte,
war er weitaus interessierter gewesen als jetzt, wo Salomon über Gefühle sprach.

Weißt du, fuhr Salomon ungerührt fort, *die Menschen
sind ständig Schwingungen ausgesetzt, aber die wenigs-
ten wissen etwas davon. Alles in der materiellen Welt
basiert auf Schwingung. Deine Augen sehen, weil sie
Schwingungen wahrnehmen und übersetzen. Deine
Ohren hören, weil sie Schwingungen wahrnehmen und
übersetzen. Selbst wenn du riechst, schmeckst oder
etwas mit den Fingern ertastest, nehmen deine Sinnesorgane Schwingungen auf und übersetzen sie.*

Seths Miene hellte sich auf. »Neulich hat eine Lehrerin
Stimmgabeln mit in den Unterricht gebracht. Sie waren
alle verschieden groß. Und als sie angeschlagen wurden,
hatte jede einen anderen Klang.«

*Sehr gut, Seth. Und genau wie die Stimmgabeln
sendet alles im Universum eine andere Schwingung
aus und du nimmst diese Schwingung mit deinen Sin-
nesorganen wahr – mit der Nase, den Augen, den
Ohren, den Fingerspitzen und den Geschmacksknos-
pen auf der Zunge. Alles, was du wahrnimmst, siehst
oder verstehst, ist nur die Interpretation dieser Wahrnehmung.*

Salomon gebrauchte Worte, die weder Seth noch Sara
völlig verstanden. Aber je länger Salomon sprach, desto
mehr wurde ihnen klar.

»Heißt das, eine Blume sendet eine Schwingung aus und meine Nase empfängt diese Schwingung und deshalb kann ich die Blume riechen?«

Genauso ist es, Seth. Ist dir aufgefallen, dass Blumen unterschiedlich duften?

»Ja. Und manche riechen überhaupt nicht.«

Hast du schon einmal einen Duft gerochen, den jemand anders nicht riechen konnte?

»Meine Mutter kann angeblich Dinge riechen, die ich nicht rieche. Aber ich dachte immer, sie denkt sich das nur aus.«

Salomon lächelte zufrieden. *Nicht alle riechen dasselbe und nicht jeder sieht dasselbe. Ist dir aufgefallen, dass Hunde Dinge riechen, die du nicht riechen kannst?*

»Hunde riechen auch an Dingen, die ich auf keinen Fall riechen möchte!«, rief Seth lachend.

Auch Sara lachte.

Salomon freute sich über die beiden. *Ist dir aufgefallen, dass Hunde Geräusche hören, die du nicht hören kannst?*

»Ja klar«, gab Seth zur Antwort.

Es ist also so, fuhr Salomon fort: *Verschiedene Dinge senden unterschiedliche Schwingungen aus und diese Schwingungen werden von unterschiedlichen Empfängern jeweils anders wahrgenommen.*

Lasst euch das in den nächsten Tagen durch den Kopf gehen. Achtet auf Schwingungen, wo immer ihr sie wahrnehmen könnt. Dann sprechen wir weiter. Mir hat das alles sehr viel Spaß gemacht.

Und noch bevor ein Wort des Protests von Sara oder Seth kommen konnte, war er schon weg.

»Er hängt keine Sekunde länger rum, als er möchte, was?«, bemerkte Seth lachend.

»Wie wahr«, gab Sara lächelnd zurück.

»Also Sara, bis morgen nach der Schule. Dann vergleichen wir, was wir beobachtet haben.«

»Gut, bis dann.«

Sara war froh, dass Seth so gern von Salomon lernte. Und erst als sie zu Hause angekommen war, merkte sie, dass sie nicht einmal vom Baum gesprungen waren.

Kapitel 25

Als Sara den Schulhof betrat, fiel ihr auf, dass in einem der Fenster im Erdgeschoss etwas Glänzendes hing. »Was kann das nur sein?«, murmelte Sara und sah sich das merkwürdige Leuchten genauer an. Während sie darauf zuging, wurde ihr klar, dass es wohl aus dem Zimmer kam, in dem Miss Ralph Kunstunterricht gab. Es war merkwürdig: Eben hatte das Ding noch rot geschienen, dann war es blau und jetzt grün. Sara konnte die Augen nicht abwenden.

Sie war noch nie in Miss Ralphs Klassenzimmer gewesen, aber heute würde sie hineingehen. Sie wollte unbedingt herausfinden, was es mit diesen merkwürdigen Lichtstrahlen auf sich hatte.

Die Tür war zu, und als Sara auf die Klinke drückte, um herauszufinden, ob sie verschlossen war, flog die Tür auf und knallte gegen die Wand. Sara hatte gar nicht gemerkt, wie aufgeregt sie war und wie stark sie die Tür aufgestoßen hatte. Die hübsche Lehrerin sprang erschrocken auf.

»Kann ich etwas für dich tun?«

Sara, der es peinlich war, dass sie einen solchen Lärm gemacht hatte, sagte schüchtern: »Ich habe in Ihrem Fenster etwas leuchten gesehen. Man kann es schon vom anderen Ende des Parkplatzes sehen. Was ist das?«

Miss Ralph lächelte und antwortete: »Das? Oh, das ist mein neues Prisma.« Sie gab dem Prisma einen leichten Schubs, sodass es sich drehte und sein farbiges Licht an die Wände warf.

»Was ist ein Prisma?«, fragte Sara neugierig.

»Es bricht das Licht. Je nach der geschliffenen Fläche bricht es das Licht in längere oder kürzere Wellenlängen, sodass wir verschiedene Farben wahrnehmen. Ich lese gerade ein Buch über dieses erstaunliche Stück Glas und dachte, es würde meinen Schülern helfen, Farben und Farbmischungen besser zu verstehen.«

Sara war so aufgeregt, dass sie kaum stillstehen konnte. »Schwingungen«, sagte sie leise zu sich selbst.

»Ja, genau«, sagte die Lehrerin und sah mit Erstaunen, wie ernst Sara die Sache nahm. »Spielst du gern mit Farben?«

»Ich? Oh nein, ich hab überhaupt kein Talent dafür!«

»Das kann man nie wissen«, antwortete Miss Ralph. »Ich wette, du hast viele verborgene Talente, von denen du überhaupt nichts weißt. Vielleicht kommst du ja mal in eine meiner Klassen.«

Peng! Sara und Miss Ralph fuhren erschrocken herum, als Seth plötzlich die Tür aufstieß und hereingerannt kam.

»Entschuldigung.«

»Seth!«, rief Sara überrascht.

»Sara!«, gab Seth ebenso überrascht zurück. Dann ging er zum Fenster, berührte das strahlende Prisma und fragte: »Was ist das?«

Miss Ralph rieb sich erstaunt die Augen und fragte sich, was um alles in der Welt hier vor sich ging. Wer waren diese Kinder, denen es ihr neues Prisma so angetan hatte?

»Das ist ein Prisma«, erklärte Sara stolz. »Es bricht das Licht.«

»Ich hatte ja keine Ahnung, dass ein einfaches Prisma so viel Aufregung verursachen würde. Wahrscheinlich hätte ich es schon viel früher mitbringen sollen«, sagte Miss Ralph. Dann erklärte sie Seth, was sie Sara bereits erklärt hatte. Die beiden dankten ihr und gingen. Sie konnten es kaum erwarten, sich ungestört zu unterhalten.

»Ist es zu glauben, dass wir heute beide in Miss Ralphs Klassenzimmer gelandet sind? Dieses Gesetz der Anziehung wird mir allmählich unheimlich.«

»Meinst du, dass alle das Prisma bemerken oder dass nur wir auf derselben Wellenlänge schwingen?«

»Ich hab das Gefühl, das war nur für uns gedacht.«

»Ich auch«, sagte Sara. »Das wird bestimmt ein sehr interessanter Tag.«

Seth hielt ihr die Tür auf und sie gingen nach draußen. Plötzlich hörten sie in der Ferne eine Feuersirene. Die kleine Stadt hatte keine eigene Berufsfeuerwehr, nur einen alten Löschwagen, der in einer Garage an der Hauptstraße stand. Wenn es irgendwo in der Gegend brannte, wurde Feueralarm ausgelöst und von überall rückten Freiwillige an, um das Feuer zu löschen. Das kam zwar nur selten vor, aber wenn der Alarm ausgelöst wurde, erregte er stets die Aufmerksamkeit sämtlicher Einwohner.

»Was da wohl los ist?«, fragte sich Sara und stellte sich auf die Zehenspitzen, um besser sehen zu können.

»Pst! Hör doch mal!«, flüsterte Seth und legte einen Finger an die Lippen.

»Das ist die Feuersirene«, erklärte Sara.

»Das weiß ich auch. Hörst du noch etwas?«

Sara wurde still, um zu hören, was Seth gehört hatte. Dann grinste sie übers ganze Gesicht. »Geheul! Es hört sich an, als heulten alle Hunde der Stadt mit. Ist das nicht verrückt, Seth? Der Tag hat kaum begonnen und schon haben wir zwei erstaunliche Beispiele für Schwingungen!«

»Ich hoffe nur, dass nicht schon wieder mein Haus abbrennt«, sagte Seth lachend.

»Das ist überhaupt nicht witzig, Seth«, antwortete Sara und lachte ebenfalls los. »Wir reden besser nicht über Dinge, die wir nicht wollen. Im Moment scheint alles ziemlich schnell in Erfüllung zu gehen.«

»Also bis später nach der Schule.«

»Bis später, Seth.«

Kapitel 26

Sara gähnte herzhaft. Sie schaute auf die Uhr und wünschte, die Zeit möge schneller vergehen, damit sie sich mit Seth treffen und über die Dinge auf ihrer Liste unterhalten konnte. An diesem Tag hatte ihnen eine Lehrerin von Beethoven erzählt, dem tauben Komponisten, und von Helen Keller, dieser erstaunlichen Frau, die sowohl blind als auch taub war. Sara konnte sich nicht erinnern, jemals mehr über die Sinnesorgane erfahren zu haben als heute.

Plötzlich stieg ihr ein furchtbarer Gestank in die Nase. »Igitt!«, rief sie und hielt sich Mund und Nase zu. Auch andere Schüler husteten oder schnappten entsetzt nach Luft. Alle bedeckten die Gesichter mit Händen oder Tüchern.

»Ich glaube«, sagte Mr. Jorgensen lächelnd, »es ist schon eine ganze Weile her, seit ich diesen Duft zum letzten Mal gerochen habe.«

»Was ist denn das für ein Gestank?«, rief Sara.

»Also, wenn ich mich recht erinnere, riecht es, als hätten ein paar Lausbuben eine Stinkbombe ins Lüftungssystem geworfen.«

Sara fragte sich, woher Mr. Jorgensen das so genau wissen wollte. Aus dem Lächeln, das um seine Mundwinkel spielte, schloss sie, dass er während seiner Schulzeit selbst etwas Ähnliches angestellt hatte.

Dann hörte man die Stimme des Schulleiters über Lautsprecher: »Ich bitte um Aufmerksamkeit. Hier spricht Mr. Marchant. Es scheint, als hätten wir einen äußerst unangenehmen Vorfall im Chemielabor gehabt. Es besteht aber keine Gefahr. Außer natürlich für alle, die für diesen Streich verantwortlich sind.«

Sara lachte herzhaft.

»Damit ist die Schule für heute beendet. Die Lehrer werden gebeten, ihre Schüler heimzuschicken. Wer mit dem Schulbus fährt, soll sich in einer halben Stunde auf dem Parkplatz einfinden. Alle anderen dürfen gleich nach Hause. Das wäre alles.«

Sara sprang auf. Trotz all des Hustens und Würgens war sie überglücklich. Dann besann sie sich. *Es ist wohl besser, nicht zu glücklich auszusehen*, dachte sie. *Sonst heißt es noch, ich sei an dem Streich beteiligt gewesen.*

Und wahrscheinlich bin ich sogar daran beteiligt, dachte sie weiter. *Dieses Gesetz der Anziehung wird mir immer unheimlicher.*

Sara verließ das Gebäude zusammen mit den anderen Schülern. Sie sah sich in der Menge nach Seth um und da – am Fahnenmast stand er und suchte die Menge nach ihr ab. Sara lächelte ihn an. »Schön, dass du gewartet hast. Was war bei dir los?«

»Mensch, Sara, ich komme mir vor wie im Film. Wie können an einem einzigen Tag nur so viele verrückte Dinge passieren? Und wieso ausgerechnet an dem Tag, für den uns Salomon diese Aufgabe gegeben hat?«

344

»Das hab ich mich auch schon gefragt. Meinst du, Salomon steckt dahinter?«

»Irgendwie muss er einfach dahinterstecken, Sara. Dies war jedenfalls der unglaublichste Tag meines Lebens.« Seth nahm sein Heft und schlug es auf.

»Zuerst die Sache mit dem Prisma«, platzte Sara heraus.

»Das war für mich erst das zweite«, gab Seth zurück. »Ich bin nämlich in etwas getreten, als ich auf dem Weg zur Schule eine Abkürzung über Mrs. Thompsons Rasen genommen habe.«

Sara lachte. Weil Mrs. Thompson fünf riesige Hunde hatte, war sie schon seit Jahren nicht mehr über ihren Rasen gelaufen.

»Dann die Sache mit Miss Ralphs Prisma. Und danach die Sirene.«

»Sagenhaft, oder?«

»Dann hörten wir im Sportunterricht diesen irre hohen Ton, der uns alle verrückt gemacht hat. Niemand hat herausbekommen, was es war. Weißt du übrigens, dass Mr. Jewkes ein Hörgerät hat? Also, er hat wirklich eins. Nur heute hatte er es in der Jackentasche statt im Ohr. Deshalb hat er überhaupt nichts gehört, während wir anderen fast durchgedreht sind.«

Sara kicherte. »Was noch?«

Während die beiden zum Baumhaus gingen, blätterte Seth in seinem Heft. Sie waren beide ganz heiß darauf, die Erlebnisse des Tages miteinander zu teilen.

»Das waren meine Höhepunkte. Außer dem Gestank natürlich, dem wir zu verdanken haben, dass die Schule früher aus war. Was war das bloß?«

»Mr. Jorgensen hat gesagt, es sei eine Stinkbombe, die jemand in das Lüftungssystem geworfen hat.«

»Wie nett!«, sagte Seth und lächelte.

Sara war nicht sicher, ob er das ernst meinte. Sie glaubte aber nicht, dass Seth jemals etwas Boshaftes tun würde oder etwas, das so vielen Menschen Unbehagen bereitete.

»Eines muss man ihnen lassen«, fügte Seth hinzu, »sie wissen, wie man eine ganze Schule lahmlegt. Wahrscheinlich werden sie mal Politiker.«

Sara wusste nicht, ob Seth das gut oder schlecht fand. Sie musste ihn einfach fragen, ob er dahintersteckte.

»Würdest du so etwas tun, Seth? Würdest du eine Stinkbombe in die Lüftung werfen?«

Seth dachte eine Weile nach. Sara hoffte inständig, dass er »nein, natürlich nicht« sagen würde. Sie war zwar auch nicht mit allen Regeln einverstanden, und vieles von dem, was die Erwachsenen für vernünftig hielten, fand sie ziemlich dämlich, aber im Grunde vertrat Sara die Meinung, dass man sich an die Regeln halten sollte. Sie fand es gar nicht witzig, andere in Schwierigkeiten zu bringen – selbst dann nicht, wenn diese es vielleicht verdient hatten.

»Nein, das würde ich nicht tun«, antwortete Seth schließlich.

Sara war erleichtert.

»Ich mach mir nämlich nichts aus Leuten, die es anderen absichtlich schwer machen«, fügte er noch hinzu.

»Ich auch nicht«, sagte Sara schnell. Ihr fiel ein Stein vom Herzen.

»Was hast du aufgeschrieben?«, fragte Seth.

»Na ja, so ziemlich dieselben Dinge wie du: das Prisma, die Sirene, die jaulenden Hunde. Dann haben wir einen ganz erstaunlichen Film über Helen Keller gesehen. Wusstest du, dass sie weder hören noch sehen konnte?«

»Oh je!«, antwortete Seth.

»Und dann im Physikunterricht hörten wir plötzlich dieses komische Geräusch: piep, piep, piep. Es hörte sich an, als quietschte etwas in der Wand. Mrs. Thompson drehte völlig durch. Sie rannte hin und her wie ein kopfloses Huhn und versuchte herauszufinden, was es war.

Sie stieg sogar auf einen Stuhl und horchte an der Wand. Es war echt abgefahren!«

»Und was war es?«, fragte Seth.

»Zuerst hat sie den Hausmeister gerufen. Aber der muss so taub sein wie Mr. Jewkes, denn er hat überhaupt nichts gehört. Dann kam der Mechaniker aus der Busgarage und kletterte auf alle Stühle, aber auch er konnte nichts entdecken. Schließlich, als ich die Aufsätze einsammeln und sie ihr aufs Pult legen sollte, hörte ich das Piepsen richtig laut. Es klang, als käme es von ihrem Pult. Also rief ich: ›Ich glaube, es kommt von hier!‹«

»Was war es denn nun?«, fragte Seth ungeduldig.

»Es war ein Wecker. Mrs. Thompson hatte ihn in ihrer Aktentasche und er war irgendwie losgegangen. Mensch, war ihr das peinlich.«

Seth lachte laut. »Das war der absolute Gipfel!«

»Was für ein toller Tag! Ich hab heute mehr gerochen – Angenehmes wie Unangenehmes – als sonst im ganzen Jahr. Ich hab mehr merkwürdige Sachen gehört und mehr komische Dinge gesehen als je zuvor. Meinst du, das geht morgen so weiter? Meinst du, morgen werden unsere Fingerkuppen abgeschmirgelt oder wir finden Glasscherben im Essen?«

Seth lachte nur. »Bis jetzt war ja alles ziemlich schmerzlos. Ich bin gespannt, was Salomon dazu sagt.«

Sara und Seth kletterten die Leiter hoch und warteten auf Salomon. Manchmal war er schon vor ihnen da, aber in letzter Zeit hatte er sie immer wieder mit seinen dramatischen Auftritten überrascht.

»Vor allem möchte ich von Salomon wissen, wie so viele komische Sachen an einem einzigen Tag passieren können. Macht er das etwa, um uns was zu zeigen?«

In diesem Augenblick kam Salomon durch die Blätter gerauscht und landete mit einem Plumps auf der Plattform.

Ist das nicht ein wunderschöner Nachmittag, meine treuen Freunde? Hattet ihr einen angenehmen Tag?

»Das kann man wohl sagen, Salomon«, begann Sara. »Du wirst nicht glauben, was alles passiert ist.«

Oh, ich glaube schon, dass ich es glauben werde.

»Also hast du doch dahintergesteckt, Salomon! Du hast alle diese merkwürdigen Dinge ausgeheckt, damit wir etwas über die Sinnesorgane lernen, oder?«, beschuldigte ihn Sara übermütig.

Ich habe keine Ahnung, wovon du redest. Salomon lächelte.

»Na klar!«, spottete Sara. »Ich hab doch gleich gewusst, dass du dahintersteckst.«

Sara, ich versichere dir, dass ich nicht der Urheber eurer Erlebnisse bin. Ich kann nichts in eure Erfahrung hineinprojizieren. Nur ihr selbst könnt das. Es gibt kein Gesetz der Durchsetzung, nur ein Gesetz der Anziehung.

Sara runzelte die Stirn. Eigentlich wäre es ihr lieber gewesen, wenn Salomon all diese magischen Ereignisse hervorgebracht hätte. Sie war sogar ein wenig enttäuscht, dass er nicht dafür verantwortlich war.

Seth sagte nichts. An seinem ernsten Gesichtsausdruck erkannte Sara, dass er über etwas nachdachte.

Dann begann er: »Salomon, heißt das, dass du nichts damit zu tun hattest?«

Na ja, gab Salomon lächelnd zurück. *Ich habe euch in Bezug auf das, was ihr anzieht, ein wenig beeinflusst. Als wir über die Sinnesorgane sprachen, haben wir ein energetisches Feld der Aufmerksamkeit um dieses Thema herum erzeugt. Ich habe euch sicherlich geholfen, euch darauf zu konzentrieren und auf diese Weise eine Schwingung auszusenden, die das anzieht, was mit den Sinnen zu tun hat. Aber es war euer Signal, das bestimmte Erfahrungen angezogen hat.*

»Aber wie ist das möglich, Salomon? Willst du sagen, dass wir das alles selbst hervorgebracht haben, nur weil wir dir zugehört und über die Sinne gesprochen haben?«

Nicht ganz. Die Kunstlehrerin wollte schon lange ein Prisma kaufen. Sie hatte nur nie Zeit dafür. Euer Interesse am Sehen gab ihr genug Energie, um den Vorsatz, den sie bereits gefasst hatte, endlich in die Tat umzusetzen. Das gilt auch für die kleinen Chemiker, die die Stinkbombe fabriziert haben. Sie hatten das schon seit ein paar Wochen vor. Eure Konzentration auf das Riechen hat ihrem Plan die nötige Energie gegeben.

All diese Dinge wollten geschehen, und manches hätte sich auch ohne euren Einfluss ereignet, aber hättet ihr eure Aufmerksamkeit nicht darauf gerichtet, hätten sie keinen Einfluss auf euch gehabt.

In Seths Augen glänzte ein neu gewonnenes Verständnis.

»Meine Idee, über den Rasen von Mrs. Thompson zu laufen, war also eine Folge unserer gestrigen Unterhaltung?«

So ist es. Und wie viele Schüler sind wohl in das Klassenzimmer von Miss Ralph gerannt, um sich das Prisma anzuschauen?

»Wie viele denn?«, fragte Sara neugierig.

Zwei, erwiderte Salomon. *Nur ihr beide, weil eure Schwingung auf derselben Wellenlänge war.*

»Jetzt hab ich's kapiert!«, rief Sara. »All diese Dinge geschehen oder sind dabei zu geschehen, und weil wir unsere Aufmerksamkeit auf das Thema gerichtet haben, wurden sie ein Teil unseres Lebens.«

So ist es. Salomon lächelte zufrieden.

»Und wenn es auf der Kippe steht, ob sie stattfinden oder nicht, bekommen sie durch unsere Aufmerksamkeit den nötigen Schubs?«, fügte Seth noch etwas unsicher hinzu.

Wieder richtig. Salomon war sehr zufrieden mit seinen Schülern.

»Mensch Salomon, ist dir klar, wie viel Macht wir haben?«

Das ist mir durchaus klar, bestätigte Salomon.

Angesichts dieser neuen Erkenntnis verschlug es Sara und Seth einen Moment lang die Sprache.

Dann sagte Seth: »Mit dieser Macht können wir vermutlich Gutes oder Böses tun, nicht wahr?«

Das stimmt, sagte Salomon. *Denkt stets daran, dass ihr – so oder so – immer mittendrin seid.*

»Ja klar«, sagte Seth lachend. »Das sollten wir nie aus den Augen verlieren.«

Nun lachte auch Sara. Weder sie noch Seth oder Salomon konnten sich vorstellen, jemals etwas zu tun, das anderen schadete.

»Das Gesetz der Anziehung ist wirklich faszinierend«, sagte Seth schließlich.

»Das kann man wohl sagen«, stimmte Sara zu und seufzte ob der Tragweite dieser neuen Erkenntnis.

Macht es euch nur nicht so schwer, riet Salomon. *Übt einfach, eure Gedanken auf Positives zu richten, und ihr werdet sehen, dass sich dies schon bald in eurem Leben bemerkbar macht.*

Lasst euch vom Universum zeigen, was ihr denkt, und zwar durch das, was in eure Wahrnehmung tritt. Morgen reden wir weiter. Ich verziehe mich jetzt und überlasse es euch, euren Zauber wirken zu lassen. Viel Spaß dabei. Und schon war Salomon in der Luft.

Sara und Seth blieben noch eine Weile in Gedanken versunken sitzen.

»Ist das irre oder nicht?«, fragte Sara schließlich.

»Es ist toll!«

Salomon kreiste noch einmal im Tiefflug über das Baumhaus.

Seth und Sara brachen schon wieder in Gelächter aus. »Mit Salomon ist es niemals langweilig, so viel ist sicher«, sagte Seth.

»Es ist einfach klasse!«

Kapitel 27

Sara saß im Baumhaus und wartete ungeduldig auf Seth und Salomon. Sie hatte ein ganz ungutes Gefühl, denn heute war sie Seth nicht in der Schule begegnet. Vielleicht war er überhaupt nicht im Unterricht gewesen?

»Wo bleibt ihr bloß?« Sara wurde ungeduldig. Irgendetwas stimmte nicht.

Sie hatte ihre Schultasche am Fuß des Baumes gelassen und überlegte gerade, ob sie hinunterklettern und sie holen sollte. Aber sie hätte sich sowieso nicht auf die Hausaufgaben konzentrieren können.

Da kam Salomon angeflogen und landete neben Sara auf der Plattform. Noch bevor er sie begrüßen konnte, fragte Sara: »Salomon, wo ist Seth?«

Er kommt gleich. Ich nehme an, er hatte einen ziemlich interessanten Tag.

»Ist alles in Ordnung?«

Wie kann denn etwas Interessantes nicht in Ordnung sein?

»Na ja, ich dachte nur ... Weil er heute nicht in der Schule war. Zumindest hab ich ihn nicht gesehen.«

Sind die Dinge nicht in Ordnung, nur weil mal etwas anders ist? Könnten sie nicht anders und trotzdem durchaus in Ordnung sein?

Was Salomon sagte, hörte sich zwar einleuchtend an, aber Sara fühlte sich dennoch weiterhin unbehaglich. Sie kannte Seth zwar noch nicht sehr lange, aber bisher hatte sie stets vorhersehen können, was er tat, weil sein Verhalten immer demselben Muster folgte.

Eine Sekunde später kam Seth durch das Wäldchen gestürmt und kletterte zu ihnen herauf.

»Na endlich«, sagte Sara erleichtert. »Salomon, sag ihm bloß nicht, dass ich mir Sorgen gemacht habe.« Sie kam sich ziemlich blöde vor.

Das bleibt unser kleines Geheimnis. Aber das Gesetz der Anziehung kann ein Geheimnis nicht so gut bewahren wie ich.

Sara sah Salomon erstaunt an und hätte gern gefragt, was das nun wieder zu bedeuten hatte, aber da war Seth schon oben angekommen.

»Na Leute, was gibt's?«

»Nicht viel«, antwortete Sara und versuchte, ganz ruhig und betont desinteressiert auszusehen. »Wir haben nur auf dich gewartet.«

»Tut mir leid«, sagte Seth.

Sara wartete auf eine Erklärung für sein Ausbleiben. Aber Seth nahm einen Zweig und begann zwischen den Brettern herumzustochern. Er schien völlig in dieser wichtigen Aufgabe aufzugehen und schaute nicht mal hoch.

Irgendwas stimmt wirklich nicht, dachte Sara.

Ich bin gleich wieder da, sagte Salomon und flog vom Baumhaus hinunter und über den Fluss. Sara und Seth standen auf und sahen ihm dabei zu. *Sehr komisch*, dachte Sara. *Was ist bloß los?*

Salomon kam im Sturzflug zurückgebraust, fasste das Tau mit seinem Schnabel und flog wieder auf die Plattform. Und dann geschah etwas, das Sara und Seth mit offenem Mund dastehen ließ: Salomon krallte sich am Tau fest, sprang von der Plattform und schwang sich über den Fluss, genau wie sie es unzählige Male gemacht hatten.

Juchhe!, rief er, während seine Federn im Wind flatterten. Sara und Seth mussten laut lachen.

Dann ließ Salomon das Seil los und landete wie sie auf der anderen Seite des Flusses. Anschließend packte er das Tau mit dem Schnabel und flog wieder zur Plattform hinauf.

Was für ein fantastisches Erlebnis!, begann er. Sara und Seth wussten nicht, was sie dazu sagen sollten.

Schließlich räusperte sich Sara. »Salomon, was findest du eigentlich fantastisch daran, an einem blöden Seil zu schwingen, wo du doch jederzeit überall hinfliegen kannst?«

Als ihr bewusst wurde, wie ihre Worte auf Seth wirken mussten, sah sie schnell zu ihm hinüber und stotterte: »Es tut mir leid, Seth, ich wollte damit nicht sagen, dass das Seil blöd ist, sondern ...«

»Ich weiß schon, was du sagen wolltest, Sara. Ich wollte dasselbe sagen. Wir schwingen mit dem Seil, weil wir nicht fliegen können – zumindest normalerweise nicht. Aber warum würdest du ...?«

Salomon unterbrach ihn. *Es gibt keine besten Erlebnisse. Fliegen ist nicht besser als Schwingen und Schwingen ist nicht besser als Gehen. Alles hat seinen eigenen Wert. Abwechslung macht das Leben interessant und spannend.*

Für mich war das heute eine Premiere. Ich habe mich noch nie zuvor auf ein Seil verlassen, das an einem Baum angebunden ist. Der Spaß liegt doch immer im Neuen, im Unbekannten.

»Mensch Salomon, ich dachte immer, für dich gäbe es keine neuen Erfahrungen«, sagte Seth erstaunt. »Ich dachte, du wüsstest schon alles.«

Das wäre ja langweilig. Wir alle erweitern ständig unseren Horizont. Wir alle befinden uns ständig im Prozess des Werdens.

Sara meldete sich wieder zu Wort. »Ich möchte nichts lieber, als meine Augen schließen und mit Salomon fliegen. Ich möchte diese langweilige Stadt hinter mir lassen und all die wunderbaren Dinge dort draußen erforschen.«

Es ist ganz normal, Sara, dass du Spaß an neuen Erfahrungen hast. Für euch war der erste Flugversuch mit mir bestimmt genauso aufregend, wie es mein erster Versuch mit dem Seil für mich war. Aber eines kann ich euch versichern: Ihr seid nicht in diese wunderbaren Körper und in diese glorreiche physische Existenz hineingeboren worden, um sie gleich wieder hinter euch zu lassen. Ihr wusstet einfach, dass das größte Abenteuer genau hier in euren Körpern und auf diesem wunderschönen Planeten stattfindet, wo ihr mit anderen Menschen kommunizieren und ständig neue Dinge entdecken könnt. Hier ist euch alles gegeben. Und das ist ganz wunderbar.

Sara und Seth fühlten sich plötzlich sehr wohl. Zwar verstanden sie nicht wirklich, was Salomon ihnen gerade gesagt hatte, aber sie spürten, dass seine Worte genau den Tatsachen entsprachen.

Nachdem sie gesehen hatten, welchen Spaß dieser magische Vogel daran hatte, an einem Seil vom Baum zu springen, verstanden sie, dass dieser Ort – mitten in der alltäglichen Welt – gar kein so übler Ort war.

»Salomon, willst du damit sagen, dass wir nicht mehr mit dir fliegen werden oder dass wir nicht mehr den Wunsch haben sollten zu fliegen?«

Ihr könnt tun, was immer ihr wollt. Ich möchte euch nur helfen zu erkennen, von welch unschätzbarem Wert der Ort ist, an dem ihr euch im Augenblick befindet. Viel zu viele Menschen sind mit ihrer Situation unzufrieden und verbringen ihr ganzes Leben damit, Dinge zu wollen, die ihnen unerreichbar scheinen, obwohl sie, wenn sie sich nur umsehen würden, erkennen könnten, *wie viel Freude ihnen genau dort zur Verfügung steht, wo sie gerade sind.*

Ich will euch nichts aufdrängen und euch von nichts abhalten. Ihr sollt nur wissen, dass eure Möglichkeiten unbegrenzt sind und dass die größte Freude in neuen Erfahrungen liegt. Ihr erweitert ständig euren Horizont und werdet immer größer, denn das liegt in eurer Natur. Wenn ihr das versteht, es zulasst und daran mitarbeitet, werdet ihr die größte Freude darin finden.

Sara lächelte. Langsam begann sie zu verstehen, worauf Salomon hinauswollte.

»Willst du damit sagen, dass das Vorhersehbare oder Bekannte nicht unbedingt immer auch das Beste ist, Salomon?«

Wenn ihr ständig neue Erfahrungen zulasst, werdet ihr höchstwahrscheinlich auch glücklich sein. Ihr lebt ein ganz wunderbares Leben, meine Freunde, und ich möchte, dass ihr das wisst.

»Ich weiß es«, sagte Sara leise und spürte, wie Salomons Liebe sie umhüllte und durchdrang.

»Ich auch«, sagte Seth leise. »Ich auch.«

Kapitel 28

S alomon, was hast du gemeint, als du gesagt hast, das Gesetz der Anziehung könne Geheimnisse nicht besonders gut bewahren?«

Wenn du etwas fühlst und dann so tust, als ob du es nicht fühlst, und etwas ganz anderes sagst, reagiert das Gesetz der Anziehung trotzdem auf dein eigentliches Gefühl. So kannst du anhand der Dinge, die zu dir kommen, immer erkennen, was du wirklich fühlst.

»Hm!« Darüber musste Sara erst einmal nachdenken. Das hörte sich ganz ähnlich an wie das, was Salomon ihr schon früher einmal gesagt hatte.

Wenn du Angst hast oder dich unsicher fühlst, aber so tust, als hättest du gar keine Angst, und dich zum Beispiel aggressiv verhältst, wird dir das Gesetz der Anziehung immer wieder Erfahrungen bescheren, die deiner inneren Unsicherheit entsprechen.

Wenn du dir selber leid tust, obwohl du dich ganz anders benimmst, werden dich die anderen immer so behandeln, wie du dich wirklich fühlst.

Wenn du dich arm fühlst, kannst du keinen Reichtum anziehen.

Wenn du dich dick fühlst, kannst du keine Schlankheit anziehen.

Wenn du dich ungerecht behandelt fühlst, kannst du keine Gerechtigkeit anziehen.

Sara runzelte die Stirn. Sie hatte zwar schon oft Ähnliches von Salomon gehört, aber ein Teil von ihr war immer noch überzeugt, dass dies alles zutiefst ungerecht war.

»Aber Salomon, das ist doch einfach nicht richtig. Ich finde, das Gesetz der Anziehung sollte uns helfen und uns das Leben nicht noch extra schwer machen.«

Salomon lächelte. *Das ist genau das, was die meisten Leute am Gesetz der Anziehung nicht verstehen. Sie meinen, das Gesetz der Anziehung sollte sein wie eine Mutter, ein Vater oder ein Freund, kurz, wie jemand, der alles tut, um einem zu helfen.*

»Aber das wäre doch viel netter, oder?«

Sara, ich glaube eher, dabei würde Schlimmes herauskommen.

»Wieso denn das?«

Wenn das Gesetz der Anziehung mal so und mal so wäre, könnte sich niemand darin zurechtfinden, aber weil es immer genau auf das reagiert, was man fühlt, kann jeder mit etwas Übung lernen, genau das anzuziehen, was er wirklich möchte. Weißt du, Sara, indem du aufmerksam beobachtest, wie du dich fühlst, und dann darauf achtest, was als Reaktion auf dieses Gefühl zu dir kommt, fängst du an zu verstehen, wie das Gesetz der Anziehung funktioniert. Dann wirst du auch erkennen, dass du ändern kannst, was dir widerfährt, indem du deine Gefühle änderst.

»Aber Salomon, was ist, wenn ich meine Gefühle nicht ändern kann?«

Warum solltest du sie nicht ändern können, Sara?

»Aber was, wenn etwas ganz Schreckliches passiert?«

Dann rate ich dir, deine Aufmerksamkeit nicht darauf zu richten, sondern auf etwas, wodurch es dir besser geht.

»Aber wenn es wirklich ganz furchtbar ist?«

Dann hast du noch mehr Gründe, deine Aufmerksamkeit auf etwas anderes zu richten.

»Aber ...«, wollte Sara protestieren.

Salomon unterbrach sie. *Sara, viele Menschen glauben, sie könnten etwas dadurch verbessern, dass sie sich mitten in den Schrecken hineinbegeben und von dort versuchen, ihn zu ändern. Aber so werden die Dinge nie wirklich besser. Besser wird etwas dadurch, dass du deine Aufmerksamkeit auf das richtest, wodurch du dich besser fühlst. Denn alles, was zu dir kommt, kommt als Reaktion auf deine Gefühle.*

»Ich weiß, Salomon, du sagst das ja immer wieder, aber ich ...«

Die meisten Menschen machen es sich unnötig schwer, Sara. Versuche, deine Gefühle zu kontrollieren, und du wirst sehen, dass plötzlich alles viel leichter ist. Es gibt keine Ungerechtigkeit. Jeder bekommt genau das, was seinem Grundgefühl entspricht. Er bekommt immer genau das, was zu seinem Signal passt, und deshalb ist es auch immer gerecht.

»Na gut, Salomon«, seufzte Sara. Sie wusste, dass Salomon recht hatte. Sie wusste auch, dass es sinnlos war, mit ihm zu diskutieren. Wenn er über das Gesetz der Anziehung sprach, wich er keinen Zentimeter zurück.

Aber da war auch etwas, das sich wirklich richtig anhörte: *Es gibt keine Ungerechtigkeit.* Das fühlte sich sogar richtig gut an.

Als Sara am nächsten Tag zur Schule ging, musste sie immer noch darüber nachdenken, worüber sie mit Salo-

mon gesprochen hatte: *Wenn du dich arm fühlst,*
kannst du keinen Reichtum anziehen. Wenn du dich
dick fühlst, kannst du keine Schlankheit anziehen.
Wenn du dich ungerecht behandelt fühlst, kann du kei-
ne Gerechtigkeit anziehen.

»Das ist doch wirklich unfair«, sagte ein Mädchen hinter ihr. Sara lächelte. Es war doch immer wieder erstaunlich, wie das, worüber sie gerade nachdachte, in irgend-
einer Form im Außen auftauchte. Sie konnte nicht genau
hören, was denn so unfair sein sollte, aber dem Klang
der Stimme nach zu schließen, war das Mädchen zutiefst
davon überzeugt.

Wenn alle so denken, wird es nie Gerechtigkeit
geben, dachte Sara.

»Das ist nicht gerecht! Das ist nicht gerecht!«, protestierte eine Jungenstimme. Mr. Marchant hatte den Jungen am Arm gepackt und zerrte ihn die Stufen des Ver-
waltungsgebäudes hinauf.

»Das Leben ist nun einmal nicht gerecht, junger Mann.«

»Und wieso haben Sie die anderen laufen lassen?«, jammerte der Junge weiter.

Mr. Marchant gab keine Antwort.

»Typisch, so etwas passiert immer nur mir.«

Sara lächelte still vor sich hin und erinnerte sich: *Es*
gibt keine Ungerechtigkeit.

»Sara, warte!«

Sie drehte sich um und sah, dass Seth auf sie zuge-
laufen kam. »Sara, ich muss unbedingt mit dir reden.
Etwas Furchtbares ist passiert!«

Sara schluckte und wartete darauf, dass Seth wieder zu
Atem kam. Es schien eine Ewigkeit zu dauern. Schließlich
hielt sie es nicht mehr aus. »Nun sag schon, was ist los?«

»Mein Vater hat vom Baumhaus gehört und mir verboten, weiter hinzugehen. Er meint, es gäbe Wichtigeres
zu tun, als auf einem Baum herumzuklettern.«

»Oh, Seth«, jammerte Sara voller Mitgefühl. »Das ist doch nicht fair!«

Fast hätte Sara sich an ihren eigenen Worten verschluckt. Sie kannte ja das Gesetz der Anziehung und wusste: Was dir zustößt, wird durch das beeinflusst, was du fühlst. Sie verstand es – oder fing gerade an es zu verstehen. Aber was Seth ihr da erzählte, war doch wirklich absolut ungerecht.

»Mein Vater hat im Eisenwarengeschäft Mr. Wilsenholm getroffen, der sich darüber beklagte, dass ein paar Kinder auf seinen Bäumen herumkletterten. Er meinte, das sei unbefugtes Betreten von Privateigentum und außerdem gefährlich, und wenn es nicht anders ginge, würde er die Bäume fällen, um dem allem ein Ende zu machen. Er meinte, wir könnten uns das Genick brechen.

»Mein Vater wusste sofort, dass ich gemeint war«, fuhr Seth fort, »denn er weiß, wie gern ich auf Bäume klettere. Er hat gesagt, ich hätte doch wissen müssen, dass er dahinterkommen würde, und dann hat er die Peit ...«

»Was hat er?«

»Nichts. Ich muss jetzt weg.«

Saras Augen füllten sich mit Tränen. Sie schlich zu ihrem Fach und warf die Bücher achtlos hinein. Dann ging sie auf die Toilette und wischte sich das Gesicht mit einem nassen Papierhandtuch ab. »Das ist einfach nicht fair«, sagte sie laut.

Denk daran: Es gibt keine Ungerechtigkeit, Sara. Was immer dir zustößt, entspricht genau dem, was du fühlst und als Schwingung aussendest.

»Das sagst du immer so einfach, Salomon, aber was soll ich jetzt machen?«

Du musst deine Gefühle ändern.

»Aber dafür ist es jetzt zu spät. Seth darf nicht mehr zum Baumhaus, und da Mr. Wilsenholm weiß, dass wir dort waren, darf ich wahrscheinlich auch nicht mehr.«

Es ist niemals zu spät, Sara. Ganz gleich, was geschieht, du kannst immer bestimmen, was du fühlst. Und da du bestimmen kannst, was du fühlst, kannst du auch den Ausgang des Geschehens ändern – ganz gleich, wie es zurzeit aussehen mag.

Sara trocknete sich das Gesicht ab. »Also gut, Salomon, ich will's versuchen. Ich hab ja nichts zu verlieren.«

Wir sehen uns nach der Schule im Baumhaus.

»Aber Mr. Wilsenholm hat doch gesagt, das sei unbefugtes Betreten von Privateigentum.«

Salomon gab keine Antwort.

»Na gut, wir sehen uns später«, sagte Sara gerade, als die Tür aufging und ein Mädchen aus ihrer Klasse hereingestürmt kam.

»Wen siehst du?«, fragte das Mädchen und schaute sich in der leeren Toilette um.

»Weiß ich doch nicht«, gab Sara zurück und ging hinaus.

»Du bist ja verrückt«, sagte die andere.

»Genau«, antwortete Sara und lächelte, während sie den Flur hinunterging.

Kapitel 29

Es war ein langer Schultag gewesen, und Sara war froh, als es endlich zum letzten Mal läutete. Ein paar Minuten wartete sie am Fahnenmast auf Seth, aber eigentlich glaubte sie selbst nicht, dass er auftauchen würde. Also machte sie sich allein auf zum Baumhaus. Erst war sie traurig, weil sie wusste, dass Seth nicht dort sein würde; dann wurde sie wütend, dass sein Vater es ihm verboten hatte, und zum Schluss bekam sie noch Schuldgefühle, weil sie unbefugt auf Privatgelände vordrang. »Privateigentum« – was für ein blödes Wort.

Aber als sie Salomon auf der Plattform sitzen sah, hellte sich ihre Miene auf.

Einen guten Tag, Sara. Schön, dich zu sehen.

»Ja sicher, Salomon, aber meinst du nicht, dass ich Ärger bekomme, weil ich unbefugt Privateigentum betreten habe?«

Das sind merkwürdige Worte. Wie fühlst du dich, wenn du sie sagst?

»Ziemlich mies, Salomon. Ich weiß nicht einmal genau,

was das überhaupt bedeutet, aber es hört sich irgendwie schlimm an. Auf jeden Fall heißt es, dass ich eigentlich nicht hier sein darf. Meinst du, wir bekommen Ärger?«

Also, ich bin ja schon auf vielen Bäumen gewesen, aber ich habe noch nie Ärger wegen unbefugten Betretens von Privateigentum bekommen.

Sara musste lachen. »Aber Salomon, du bist doch eine Eule. Von dir erwartet man, dass du auf Bäumen sitzt.«

Aber dieser Baum gehört mir ebenso wenig wie dir, Sara. Rein rechtlich betrachtet machen sich alle Vögel, Katzen oder Eichhörnchen und die vielen tausend kleineren Tiere des unbefugten Betretens von Privateigentum schuldig.

Wieder musste Sara lachen. »Ja, vermutlich.«

Aber Mr. Wilsenholm stört es überhaupt nicht, diese wundervollen Bäume mit uns allen zu teilen, und ich vermute mal, wenn er wüsste, wie wohl du dich hier fühlst und dass du sehr gut auf dich aufpassen kannst, hätte er überhaupt nichts dagegen, dass du manchmal hier bist.

Sara war unglaublich erleichtert. »Wirklich, Salomon? Meinst du das wirklich?«

Das meine ich wirklich. Mr. Wilsenholm ist kein schlechter Mensch, der den Baum nur für sich behalten möchte. Ich glaube sogar, er würde sich freuen, wenn er wüsste, wie viel dir dieser Baum bedeutet. Er hat vermutlich nur Angst, dass dir etwas Schlimmes zustoßen könnte. Und weil er nicht weiß, wie vernünftig du bist und wie gut du klettern kannst, stellt er sich gleich das Schlimmste vor. Und dann reagiert er nicht auf das, was tatsächlich passiert, sondern nur noch auf das, was er sich vorstellt.

»Was soll ich denn jetzt machen?«

Also, wenn ich du wäre, Sara, würde ich nach Hause gehen und daran denken, wie wunderschön dieser alte Baum ist. Ich würde daran denken, wie wohl ich mich hier fühle. Ich würde eine Liste der Dinge machen, die ich an diesem Baum so gern habe. Ich würde mich erinnern, welchen Spaß ich mit Seth hier hatte. Ich würde alles noch einmal erleben und es mir immer wieder durch den Kopf gehen lassen, bis ich ganz von dem wunderbaren Baum erfüllt wäre – und dann? Dann würde ich darauf vertrauen, dass das Gesetz der Anziehung schon das Richtige tun wird.

»Und was wird das Gesetz der Anziehung tun?«

Es könnte vieles tun. Das weißt du nie genau, bis es passiert. Aber in einem Punkt kannst du dir sicher sein: Wenn du dich gut fühlst, wird sich alles, was passiert, ebenfalls gut anfühlen.

»Na gut, Salomon, ich mache, was du gesagt hast. Es sollte kein Problem sein, eine Liste der Dinge zu erstellen, die ich an diesem Baum mag. Ich liebe diesen Baum nämlich wirklich.«

Salomon lächelte ihr zu. Das weiß ich, *Sara. Das weiß ich.*

Am Abend lag Sara im Bett und dachte an den wunderbaren Baum. Sie erinnerte sich, wie aufgeregt sie gewesen war, als Seth ihr das Baumhaus gezeigt hatte. Und wie sie zum ersten Mal von der Plattform gesprungen war und sich am Seil festgehalten hatte, das Seth um den Ast gebunden hatte. Sie musste lachen, als ihr einfiel, wie Seth anfangs immer im Gebüsch gelandet war. Und sie erinnerte sich an all die wunderbaren Stunden, die sie mit Seth und Salomon dort verbracht hatte. Mit diesen Gedanken im Kopf schlief sie ein.

Kapitel 30

Als Sara die Augen wieder öffnete, schien die Sonne bereits hell durch die Fenster. Und als sie auf die Uhr schaute, sah sie, dass es bereits neun Uhr war. Erschrocken sprang sie aus dem Bett. Wieso hatte ihre Mutter sie verschlafen lassen? Sie würde zu spät zur Schule kommen. Erst dann fiel ihr ein, dass heute Samstag war.

»Guten Morgen, du Schlafmütze«, rief ihre Mutter fröhlich, als Sara in die Küche kam. »Du hast so friedlich dagelegen, dass ich dich nicht wecken wollte. Hast du gut geschlafen?«

»Ja«, antwortete Sara einsilbig.

»Dein Vater muss heute arbeiten und ich wollte in die Stadt zum Einkaufen. Jason ist bei Billy. Du kannst gern mit mir kommen, wenn du Lust hast, oder ...«

Sara hielt den Atem an. Würde ihr ihre Mutter wirklich erlauben, den ganzen Tag allein zu Hause zu bleiben?

»... du machst, was du willst«, fuhr ihre Mutter fort.

»Ich glaube, ich bleib zu Hause«, antwortete Sara und hüpfte innerlich vor Freude.

»Na schön. Ich bin irgendwann am Nachmittag wieder da. Mach dir einen schönen Tag. Du brauchst nichts im Haushalt zu machen, das meiste habe ich schon erledigt. Bis später, Liebes.«

Sara grinste von einem Ohr zum anderen. Ihre Mutter war eigentlich immer nett, und Sara musste zugeben, dass sie ein schönes Leben hatte, aber das hier ging eindeutig über das übliche Maß hinaus. Hatte sich das Gesetz der Anziehung so schnell ausgewirkt?

Sara duschte, zog sich an und ging nach draußen. Sie dachte an das Baumhaus und überlegte, ob sie dorthin gehen sollte, aber gleichzeitig spürte sie einen starken Widerstand.

Da kam ihr ein Gedanke. Sie sah sich über die Weide hinter dem Haus der Wilsenholms laufen, den Fluss auf dem Baumstamm überqueren und zu ihrem Ausguck auf der Brücke gehen. Der Impuls war so stark, dass sie anfing zu rennen.

Als sie über den Zaun kletterte, hörte sie jemanden – oder etwas – kläglich weinen. Sie blieb stehen und lauschte, aus welcher Richtung das Geräusch kam. Da sah sie eine Frau im Bademantel, die unter einem Baum stand und hinaufschaute. Sara wusste, dass sie sich hinter dem Haus der Wilsenholms befand, aber sie war sich nicht sicher, wer die Frau war. Mrs. Wilsenholm war seit Jahren krank, und Sara konnte sich nicht erinnern, wann sie sie zum letzten Mal gesehen hatte.

»Ist alles in Ordnung?«, rief sie der Frau zu.

»Nein, es ist nicht alles in Ordnung. Meine Katze ist mal wieder im Baum stecken geblieben. Sie ist schon die ganze Nacht dort oben. Mein Mann ist nicht zu Hause, und ich weiß nicht, wie ich sie da runterkriegen soll. Was soll ich nur machen?« Die Frau wickelte den Bademantel enger um sich. Sara spürte, dass ihr kalt sein musste und dass sie furchtbar aufgeregt war.

Dann schaute sie in den riesigen Baum. Ganz oben saß eine kleine Katze und miaute herzerweichend. Sie schien völlig verängstigt zu sein.

»Komm Mieze, Mieze, Mieze«, lockte Sara.

»Das bringt nichts«, sagte Mrs. Wilsenholm – denn sie war es wirklich. »Das versuche ich schon seit Stunden.«

»Mrs. Wilsenholm, ich finde, Sie sollten ins Haus gehen und sich aufwärmen«, sagte Sara ganz ruhig. »Machen Sie sich keine Sorgen. Ich hole Ihre Katze vom Baum.«

»Nein, nein, das darfst du nicht. Du könntest herunterfallen und dir weh tun.«

»Mir passiert schon nichts. Ich kann nämlich wirklich gut klettern.«

Widerwillig ging Mrs. Wilsenholm ins Haus und beobachtete Sara vom Wohnzimmerfenster aus.

Sara entdeckte eine Leiter an der Garagenwand und schleppte sie zum Baum. Sie lehnte die Leiter gegen den Stamm und ruckelte sie so lange hin und her, bis sie sich fest in den Boden gebohrt hatte. Dann stellte sie sich auf die erste Stufe, sprang ein paar Mal auf und ab, um zu testen, ob die Leiter wirklich stabil war, und kletterte dann vorsichtig hinauf. Die Leiter war nicht sehr lang, aber sie reichte bis zum ersten größeren Ast. Sara hielt sich am Ast fest und schwang sich hinauf. Von dort aus erreichte sie den nächsten Ast und den übernächsten, bis sie oben bei der Katze angekommen war.

Die Katze war völlig verängstigt und krallte sich am Stamm fest. Sara setzte sich rittlings auf den Ast und überlegte. »Na Katze, hab ich dich beim unbefugten Betreten erwischt?«, fragte sie.

Die Katze miaute nur.

»Hab ich mir's doch gedacht«, sagte Sara lachend. Es fühlte sich gut an, auf dem großen Ast zu sitzen und die Beine baumeln zu lassen. Behutsam streichelte sie die Katze und erklärte ihr, sie habe nur Spaß gemacht und die Katze brauche keine Angst zu haben, weil es genauso leicht sei, vom Baum hinabzuklettern wie auf ihn hinauf.

Vorsichtig zog Sara die Katze zu sich heran und streichelte sie, bis sie entspannt zu schnurren begann. Dann schob sie das Tier unter ihren Pullover und steckte diesen in die Hose. Jetzt saß die kleine Katze in einem bequemen Transportbeutel und Sara kletterte vorsichtig Ast für Ast abwärts bis zur Leiter und von dort auf den Boden.

Unten wartete schon Mrs. Wilsenholm und strahlte über das ganze Gesicht.

»Das war die unglaublichste Rettungsaktion, die ich je gesehen habe«, rief sie, nahm die Katze entgegen und drückte sie an ihre Brust. »Wie heißt du überhaupt?«

»Sara. Wir wohnen gleich neben der Meierei am Ende der Straße.«

»Und wie es aussieht, verbringst du viel Zeit auf Bäumen, oder?«

»Na ja, irgendwie schon«, sagte Sara lächelnd. »Seit ich laufen kann, klettere ich auch. Erst hatte meine Mutter immer Angst um mich, aber jetzt nicht mehr. Sie meint, wenn ich bis jetzt nicht vom Baum gefallen bin, falle ich wohl auch nicht mehr runter.«

»Also, nachdem ich das gesehen habe, glaube ich auch nicht, dass sich deine Mutter Sorgen machen muss. Du bist eine gute Kletterin, Sara, und du hast meine Katze gerettet. Ich weiß gar nicht, wie ich dir danken soll.«

»Weißt du«, fuhr sie fort, »mein Mann hat sich über ein paar Kinder aufgeregt, die in den großen Bäumen dort hinten herumklettern. Er hat sogar angedroht, die Bäume zu fällen. Ich sage immer, er übertreibt, aber er ist so eigensinnig, und wenn er sich etwas in den Kopf gesetzt hat, ist er nur schwer wieder davon abzubringen. Aber wenn diese Kinder so gut klettern können wie du, muss er sich doch überhaupt keine Sorgen machen, oder Sara?«

»Nein, Mrs. Wilsenholm, wohl nicht«, stotterte Sara. »Und wo Sie es schon angesprochen haben, kann ich es Ihnen ja auch sagen: Mein Freund und ich sind diese Kinder.«

Sara schluckte. Die Worte waren schneller aus ihrem Mund gekommen, als sie darüber nachdenken konnte. Es war ihr einfach richtig vorgekommen, das zu sagen, aber nun war sie nicht mehr so sicher, denn Mrs. Wilsenholm sagte zunächst einmal gar nichts.

Dann machte sie aber doch noch den Mund auf: »Also, weißt du was, Sara, ich werde Mr. Wilsenholm erzählen, was du gerade geleistet hast. Ich kann dir nichts versprechen, denn er kann wirklich sehr starrköpfig sein, aber meistens hört er dann doch auf mich. Ich bringe es ihm schonend bei. Wenn er dich auf dem Baum gesehen hätte, würde er sich sicher keine Sorgen mehr machen. Gib mir ein wenig Zeit und komm in ein paar Tagen wieder vorbei. Dann sage ich dir, was er beschlossen hat.«

»Danke! Danke! Danke!« Sara schluckte schon wieder. Sie wusste nicht, was aufregender war: die Aussicht, weiterhin auf dem Baum spielen zu dürfen, oder das Wunder, welches das Gesetz der Anziehung ihr beschert hatte. Aber so oder so war Sara einfach überglücklich.

Kapitel 31

Sara wollte sich gerade auf den Heimweg machen, als ihr einfiel, dass sie ja eigentlich zu ihrem Ausguck hatte gehen wollen. Ich wünschte, ich könnte Seth davon erzählen, dachte sie.

Sie war noch nie bei ihm zu Hause gewesen. Seth hatte ihr zwar nicht viel erzählt, aber aus dem, was er *nicht* erzählte, konnte sie schließen, dass es dort nicht gerade fröhlich zuging. Sie konnte also nicht einfach bei ihm aufkreuzen.

»Ich wünschte, er würde mir über den Weg laufen«, sagte sie laut.

Sie hielt am Fluss an und betrachtete den quer liegenden Baumstamm. Dann stieg sie hinauf, hielt – der besseren Balance wegen – die Arme seitlich ausgestreckt und rannte über den Stamm. Das fühlte sich ganz wunderbar an. Nach dem Wunder, das gerade geschehen war, hatte sie das Gefühl, auch über den Fluss fliegen zu können.

»Hallo, junge Frau! Wissen Sie denn nicht, dass dieser Fluss gefährlich ist und Sie darin ertrinken könnten?«

Obwohl er sie verstellt hatte, erkannte Sara sofort, dass es Seths Stimme war, die da aus dem Gebüsch kam. Er saß nur ein paar Meter von ihr entfernt auf einem großen Stein. Seine Schuhe und Strümpfe lagen neben ihm und seine nackten Füße baumelten im kalten Wasser.

»Seth, ich bin so froh, dich zu sehen. Du rätst nie, was gerade passiert ist!«

»Sag schon! Was denn?«

»Ich habe die Abkürzung durch Mr. Wilsenholms Garten genommen ...«

»Mensch, Sara, du bist aber mutig. Ich dachte ...«

»Ich weiß, ich weiß, ich hab nicht groß darüber nachgedacht, aber zum Glück ist alles gut ausgegangen.«

»Mrs. Wilsenholm stand im Garten und war ganz verzweifelt, weil ihre Katze oben im Baum festsaß. Also bot ich ihr an, die Katze herunterzuholen, aber sie meinte, das sei zu gefährlich. Doch nachdem ich sie überzeugt hatte, dass mir schon nichts passieren würde, hielt sie mich nicht mehr auf. Ich kletterte also rauf und holte die Katze. Dann sagte sie, dass ihr Mann wütend sei, weil ein paar Kinder auf seinen Bäumen herumkletterten, aber wenn die auch so gut klettern könnten wie ich, würde er sich wahrscheinlich keine Sorgen mehr darüber machen. Da hab ich ihr gesagt, dass ich eines dieser Kinder bin ...«

Sara musste Luft holen. Sie hatte so schnell gesprochen, dass sie völlig außer Atem war.

»Sara! Was hast du dir bloß dabei gedacht?«

»Schon gut, Seth, es ist alles in Ordnung. Sie war froh, dass ich ihre Katze gerettet habe, und so von meinen Kletterkünsten beeindruckt, dass sie ihren Mann davon überzeugen will, dass wir uns nicht in Gefahr befinden, wenn wir auf seinen Bäumen spielen.«

»Meinst du, dass sie es schafft, Sara? Wird er auf sie hören?«

»Keine Ahnung, aber irgendetwas Magisches passiert, Seth. Salomon hat gesagt, ich soll mich daran erinnern, wie wunderbar es auf dem Baum ist und dass das Gesetz der Anziehung uns helfen würde. Also habe ich gestern Abend eine Liste all der Dinge gemacht, die ich an diesem Baum so liebe. Und seit heute Morgen scheint es, als ob alles, was passiert, nur da wäre, um mir zu helfen. Meine Mutter ist zum Einkaufen gegangen und hat gesagt, ich könne zu Hause bleiben und tun, was ich will. Das allein ist schon ein kleines Wunder. Und dann sagte sie, ich müsse keine Hausarbeit machen, weil sie das Wichtigste schon selbst erledigt hätte. Ich kann mich nicht erinnern, wann das zum letzten Mal passiert ist. Ich glaube, es ist überhaupt noch nie vorgekommen. Und dann stand Mrs. Wilsenholm in ihrem Garten und rief nach ihrer Katze. Das alles ist ganz schön merkwürdig, Seth, und kommt mir wirklich vor, als passiere es nur, um uns zu helfen. Salomon redet ja die ganze Zeit über so etwas, aber ich habe es noch nie so perfekt funktionieren sehen. Vermutlich liegt das daran, dass wir etwas wirklich von ganzem Herzen wollen.«

»Na gut, Sara. Und was machen wir jetzt?«

»Ich glaube, darüber brauchen wir uns keine Sorgen zu machen. Salomon hat gesagt, unsere Aufgabe sei es nur, uns etwas zu wünschen und diesen Wunsch im Herzen zu fühlen. Dann wird das Gesetz der Anziehung den Rest besorgen.«

»Hm!« Seth musste das alles erst mal verdauen.

Sara wartete darauf, dass er etwas sagte. Er schien etwas auf dem Herzen zu haben, aber er rückte nicht mit der Sprache heraus.

»Was ist denn los?«, drängte Sara. »Nun sag schon!«

»Ich glaube, wir ziehen wieder um.«

»Umziehen? Wohin denn?«

»Mein Vater hat seine Arbeit verloren. Mr. Bergheims Sohn hat die Uni geschmissen und übernimmt die Stelle, die mein Vater bisher hatte. Das ist doch nicht gerecht, Sara, oder?«

Nicht gerecht. Diese Worte lösten bei Sara etwas aus, und sie erinnerte sich an das, was Salomon gesagt hatte: *Die meisten Menschen machen es sich unnötig schwer, Sara. Versuche, deine Gefühle zu kontrollieren. Dann wirst du sehen, dass alles viel leichter wird. Es gibt keine Ungerechtigkeit. Jeder bekommt genau das, was seinem Gefühl entspricht. Wir bekommen immer genau das, was zu unseren Signalen passt, und deshalb ist es auch immer gerecht.*

»Seth«, stammelte Sara von ihrer neuen Erkenntnis überwältigt. »Wir kriegen das hin!«

»Sara, wie willst du denn ...«

Sara unterbrach ihn. »Wirklich Seth, wir können das. Wir müssen nur eine Liste all der Dinge machen, die uns hier gefallen und die deinem Vater im Eisenwarengeschäft gefallen. Dann wird das Gesetz der Anziehung den Rest erledigen.«

»Und wie sollen wir Mr. Bergheim dazu bringen, dass er meinen Vater nicht feuert?«

»Das ist nicht unsere Aufgabe, Seth. Salomon sagt ...«

Kaum hatte sie den Namen ausgesprochen, flogen ein paar Blätter von oben auf sie herab und Salomon landete auf einem Ast in ihrer Nähe.

Ich dachte mir schon, dass ich euch hier finde, sagte er, hüpfte auf einen tiefer gelegenen Ast und zupfte sein Gefieder mit dem Schnabel zurecht. *Ein wunderschöner Tag heute, nicht wahr?*

»Salomon, du kannst dir nicht vorstellen, was ich seit gestern alles erlebt habe!«, rief Sara aus.

Oh, ich glaube, ich kann es mir sehr gut vorstellen, gab Salomon zurück.

Sara grinste und erinnerte sich daran, dass Salomon alles wusste.

Ich sehe, dass ihr Fortschritte in Sachen Baumhaus gemacht habt, dozierte Salomon mit tiefer Professorenstimme. *Befassen wir uns also mit der neuesten Entwicklung.*

»Salomon, mein Vater hat seine Stelle verloren. Er sagt, er will sich wieder einen Bauernhof suchen, damit er nicht mehr von den Launen eines Chefs abhängig ist, der lieber seinen nichtsnutzigen Sohn für sich arbeiten lassen will als einen Erwachsenen, der weiß, wie man ein Geschäft richtig führt.«

So ist das also, sagte Salomon. *Ganz klar, dass dein Vater angesichts dieser Umstände verbittert ist. Aber das wird ihm nicht weiterhelfen, sondern alles nur noch schlimmer machen. Und es ist auch ganz normal, dass du verbittert bist, Seth, denn das alles wirkt sich ja auch auf dein Leben aus. Und es ist klar, dass du verbittert bist, Sara, denn das alles wirkt sich ja auch auf dein Leben aus.*

»Was sollen wir jetzt bloß machen, Salomon?«, stieß Sara hervor. »Können wir denn gar nichts tun?«

Natürlich könnt ihr etwas tun, Sara. Ihr habt viel mehr Macht, die Dinge positiv zu verändern, als ihr wisst.

»Aber Salomon, wir sind doch nur Kinder, was können wir denn schon ...«

Salomon unterbrach Seth. *Einer, der in Verbindung mit dem großen Strom des Wohlbefindens steht, ist mächtiger als die Millionen, die nicht damit verbunden sind.*

Sara und Seth schauten Salomon sprachlos an. »Willst du sagen, dass wir jemanden dazu bringen können, etwas zu tun, was er gar nicht tun will?«

Nein, so geht das nicht. Es ist auch nicht eure Aufgabe herauszufinden, was getan werden muss oder wie es getan werden muss. Eure Aufgabe ist nur, euch ein

Ergebnis vorzustellen, das alle glücklich macht. Dann wird das Gesetz der Anziehung den Rest tun.

»Was meinst du mit *alle*? Etwa auch den blöden alten Bergheim und seinen dämlichen Sohn?«

Seth, deine Verbitterung ist angesichts der Umstände zwar ganz natürlich, aber sie nützt dir nichts. Denk daran: Wenn du wütend bist oder verbittert, bist du nicht in Verbindung mit dem großen Strom des Wohlbefindens. Und wenn du nicht damit verbunden bist, kannst du überhaupt nichts beeinflussen.

Seth wurde still. Ihm fiel ein, dass Salomon das schon mehrmals gesagt hatte.

Versucht nicht herauszufinden, was geschehen muss und wie es geschehen muss. Stellt euch einfach vor, dass die missliche Situation bereinigt und alles in bester Ordnung ist. Stellt euch vor, dass ihr euch weiterhin im Baumhaus trefft und dass euer Leben immer besser wird. Denkt angenehme Gedanken und verankert sie in eurem Gedächtnis. Und wenn andere Gedanken auftauchen, dann entspannt euch, lasst sie vergehen und konzentriert euch auf Gedanken, die angenehmer sind. Und dann schaut einfach, was passiert.

»Wirst du uns dabei helfen, Salomon?«, fragte Sara.

Ihr werdet auf vielerlei Weise vielfältige Hilfe erhalten. Es wird euch verblüffen, wie viel Unterstützung ihr bekommt. Aber zunächst müsst ihr ein Signal aussenden, das eurem Wunsch entspricht, und so für Übereinstimmung auf der Schwingungsebene sorgen.

Sara und Seth sahen einander an. Sie wussten ja schon, was Übereinstimmung auf der Schwingungsebene war. Das Prisma, die Stinkbombe und der Feueralarm fielen ihnen ein – und schon ging es ihnen viel besser.

»Wir schaffen das!«, riefen beide gleichzeitig und lachten.

Ihr schafft es!, bestätigte Salomon.

»Salomon«, begann Sara, »weißt du noch, wie du uns gesagt hast, dass das Universum immer auf unsere Schwingung reagiert? Und dass das Gesetz der Anziehung dann die ganze Arbeit macht? Meinst du, es geht schneller, wenn man etwas wirklich von ganzem Herzen will? Wie das mit dem Baumhaus zum Beispiel? Es kommt mir vor, als sei das die reinste Zauberei gewesen!«

Es geht immer schnell, ganz gleich, ob es etwas Großes ist oder etwas Kleines. Es ist nicht schwerer, ein Schloss zu erschaffen als einen Knopf hervorzubringen.

Ich wünsche euch viel Spaß dabei. Tut euer Bestes, um euch ein glückliches Ende vorzustellen. Aber versucht nicht, euch vorzustellen, wie es zu geschehen hat. Lasst alle Vorstellungen davon, wie es geschieht, wer mithilft oder wann und wo es passiert, einfach weg. Konzentriert euch ausschließlich darauf, was ihr wollt und warum ihr es wollt. Und am wichtigsten: Spürt, wie glücklich es euch macht zu wissen, dass alles immer gut ist.

Sara und Seth sahen zu, wie sich Salomon in den Himmel emporschwang. Sie saßen noch eine Weile still da und dachten nach.

»Ich habe keine Ahnung, wo wir anfangen sollen«, seufzte Seth schließlich. »Immer wenn ich an etwas denke, denke ich an etwas Schlimmes.«

»Ich weiß«, sagte Sara, »mir geht's genauso. Vielleicht können wir an etwas Schlimmes denken und dann an das Gegenteil.«

»Wie meinst du das?«

»Na ja, wir könnten doch daran denken, wie es sich anfühlt, wenn dein Vater nach Hause kommt und sagt, dass er seine Stelle verloren hat. Und dann stellen wir uns einfach das Gegenteil vor.«

»Jetzt weiß ich, was du meinst. Also gut. Ich sitze oben in meinem Zimmer und höre die Tür ins Schloss fallen. Dann höre ich die Stimme meines Vaters aus der Küche.«

»Wie hört sie sich an? Ist er glücklich?«

»Ja«, antwortete Seth grinsend, »er ist sehr glücklich. Jetzt höre ich die Stimme meiner Mutter und die klingt auch glücklich. Ich laufe die Treppe hinunter und sehe, wie sich die beiden umarmen. Meine Mutter wischt sich Freudentränen aus dem Gesicht.«

»Was meinst du, was passiert ist?«, fragte Sara, die auf Seths Vision eingegangen war.

»Salomon sagt doch, dass wir uns die Einzelheiten nicht ausmalen müssen, nur das Endergebnis.«

»Jedenfalls fühlt es sich gut an, oder?«

»Ja.«

»Ich hoffe nur, es funktioniert«, sagte Sara.

»Ich auch. Aber es geht mir schon viel besser.«

»Mir auch!«

»Ich muss jetzt los.«

»Ich auch.«

»Du Seth!«, rief Sara ihm nach. »Falls deine Eltern heute Abend nicht glücklich sind, kannst du dich morgen einfach an deine Version erinnern statt an ihre. Weißt du, was ich meine?«

»Klar! Ich glaube, ich geh heute früh ins Bett. Es wird mir leichter fallen, sie mir glücklich vorzustellen, wenn ich ihre traurigen Gesichter nicht sehe.«

»Ja«, rief Sara lachend. »Das ist eine gute Idee!«

Dann rief sie ihm noch etwas hinterher. »Du Seth, ich glaube wirklich, alles wird gut. Ich habe ein richtig gutes Gefühl!«

»Ja, ich auch. Bis bald!«

Kapitel 32

Sara! Telefon!«, rief ihre Mutter aus der Küche.
Sara steckte den Kopf aus ihrem Zimmer und rief zurück: »Wer ist denn dran?«

»Mrs. Wilsenholm. Warum ruft Mrs. Wilsenholm dich an, Sara?«

»Keine Ahnung. Vielleicht weil ich ihr geholfen habe, ihre Katze wiederzufinden.« Sara nahm den Telefonhörer und ging damit gerade weit genug von ihrer Mutter weg, um nicht den Anschein zu erwecken, dass sie etwas zu verbergen habe.

»Hallo Sara. Ich habe gute Neuigkeiten für dich. Mr. Wilsenholm hat beschlossen, die Bäume nicht zu fällen. Er möchte dich kennenlernen. Und deinen Freund auch. Könnt ihr morgen nach der Schule vorbeikommen?«

»Klar«, sagte Sara und versuchte, ihre Aufregung zu verbergen. Sie legte den Hörer auf und wollte gerade wieder auf ihr Zimmer gehen, als ihre Mutter ein wenig misstrauisch fragte: »Sara, worum ging es denn?«

»Ach nichts. Mrs. Wilsenholm hat mich nur gefragt, ob ich morgen nach der Schule mal bei ihr vorbeikommen kann. Ich darf doch, oder?«

»Na ja, warum nicht?«, antwortete ihre Mutter.

Sobald sie die Tür hinter sich geschlossen hatte, sprang Sara aufs Bett. Sie hüpfte vor Freude darauf herum und musste sich die Hand vor den Mund halten, um nicht laut loszujubeln.

Es hat geklappt! Es hat wirklich geklappt!, jubelte sie in Gedanken.

Sara konnte kaum an sich halten. Wie gern hätte sie jetzt Seth getroffen, um ihm alles über die Bäume und ihre Verabredung mit Mr. Wilsenholm mitzuteilen.

Am nächsten Morgen rannte sie den ganzen Weg zur Schule und setzte sich neben dem Verwaltungsgebäude auf die Mauer, weil man von dort einen guten Blick auf den Schuleingang und den Fahnenmast hatte. Sie sah, wie ein Auto nach dem anderen Kinder absetzte und wie diese in Horden durchs Schultor strömten, aber von Seth keine Spur.

Wo bleibt er bloß? Sara fing wieder an, sich Sorgen zu machen.

Und wenn seine Familie wirklich wegzieht und sie bereits am Packen sind?

Sara erschauerte. Das war ein wirklich furchtbarer Gedanke. Als sie das starke Unbehagen spürte, erinnerte sich Sara an das, was Salomon einmal gesagt hatte: *Nach einer unglücklichen Reise kannst du nicht an einem glücklichen Ziel ankommen.*

Sich Sorgen machen und sich wohl fühlen sind gegensätzliche Schwingungen. Du kannst dich nicht wohl fühlen, wenn die Sorgen dich fest im Griff haben.

»Weiß ich doch, weiß ich doch«, sagte Sara laut.

»Was weißt du?«, fragte Seth, der plötzlich hinter Sara auftauchte.

»Mensch, Seth, hast du mich erschreckt. Was um alles in der Welt hast du hinter dem Gebäude gemacht?«

»Nichts Besonderes. Ich geh manchmal ein bisschen früher los und mache einen Umweg. Heute war mir einfach danach.«

Sara spürte, dass er eigentlich über die Spannungen zu Hause reden wollte, sich aber bemühte, sie mit keinem Wort zu erwähnen, weil er – wie Salomon sagen würde – die negative Situation nicht noch verstärken wollte.

»Seth, ich habe tolle Neuigkeiten. Gestern Abend hat mich Mrs. Wilsenholm angerufen und gesagt, ihr Mann habe beschlossen, die Bäume nicht zu fällen. Er möchte uns beide kennenlernen. Sie hat gefragt, ob wir nach der Schule vorbeikommen können. Ich darf. Und du?«

»Ich denke schon. Mensch Sara, das ist ja toll!«

In diesem Augenblick läutete es und die beiden mussten ihr Gespräch unterbrechen. Während sie über den Rasen gingen, fragte Seth: »Warum er uns wohl kennenlernen will?«

»Keine Ahnung.«

»Also bis später. Sehen wir uns am Fluss?«

»Klar. Und stell dir ein glückliches Ende vor!«, rief Sara ihm noch nach.

»Klar! Du aber auch!«

Kapitel 33

Sara bemühte sich den ganzen Tag, aufmerksam am Unterricht teilzunehmen, der kein Ende zu nehmen schien. Sie versuchte sich vorzustellen, worüber Mr. Wilsenholm mit ihnen reden wollte, aber wenn sie nur daran dachte, drehte sich ihr Kopf wie ein Karussell.

Mr. Wilsenholm war ein sehr einflussreicher Mann und in der ganzen Stadt bekannt, weil er einen der größten Höfe besaß. Sara war sich nicht sicher, wie viele Weiden im Tal ihm gehörten, aber es mussten sehr viele sein.

Endlich gelang es Sara, sich auf den einen Gedanken zu konzentrieren, der sie immer wieder glücklich machte: die Erinnerung an ihren ersten Sprung vom Baum und an die erste perfekte Landung.

Erstaunlich, wie froh es mich macht, mich an diesen glücklichen Augenblick zu erinnern, dachte sie.

Als es endlich läutete, sprang sie sofort auf, stürmte aus dem Klassenzimmer, warf die Bücher in ihr Fach und rannte aus der Schule, um so schnell wie möglich am Fluss zu sein.

Als sie dort ankam, wartete Seth bereits. Beide waren völlig außer Atem und grinsten einander nur stumm an.

»Also los! Finden wir heraus, was er will!«

Sie gingen den gepflegten Weg zum Haus der Wilsenholms hinauf. Sara fiel auf, wie schön der Garten war. Große Bäume spendeten Schatten und zwischen den Platten auf dem Weg spross zartes Grün.

Sie klingelten und warteten.

Mrs. Wilsenholm öffnete die Tür und lächelte sie freundlich an. »Danke, dass du gekommen bist, Sara. Und wer ist dieser junge Mann?«

»Ich bin Seth. Seth Morris. Sehr erfreut.«

Sara lächelte, weil Seth so steif und formell daherredete. Sie dachte, wenn er einen Hut trüge, hätte er ihn bestimmt schwungvoll abgenommen und sich tief verbeugt.

»Kommt herein und setzt euch. Ich habe euch Kekse gebacken. Eure Mütter haben doch nichts dagegen, oder?«

»Nein. Sehr freundlich von Ihnen.«

»Macht es euch bequem. Ich hole die Kekse. Mr. Wilsenholm sollte gleich da sein.«

Sara und Seth saßen schüchtern in einer Ecke des riesigen Sofas. Das war mit Sicherheit das schönste Haus, das Sara je gesehen hatte, und so wie Seth sich umsah, war es auch für ihn etwas ganz Besonderes.

Dann, gerade als Mrs. Wilsenholm mit den Keksen zurückkam, fiel draußen eine Autotür ins Schloss. »Ah, da ist er ja. Pünktlich wie immer. Er wäscht sich wohl noch die Hände und kommt dann gleich. Geniert euch nicht und greift ordentlich zu. Ich bin auch gleich wieder da.«

Sara knabberte an einem Keks. Er schmeckte ganz hervorragend, aber ihr war nicht nach Keksen zumute. In ihrem Kopf drehte sich alles und ihr Herz klopfte wie verrückt. »Ich glaube, ich war noch nie so nervös.«

Seth lachte heiser. »Ich auch nicht.«

Da betrat Mr. Wilsenholm den Raum und sagte zur Begrüßung: »Also, du bist sicher die berühmte Sara, die auf Bäumen herumklettert und Katzen rettet.«

Sara lächelte und sagte artig: »Ja, Mr. Wilsenholm.«

»Und du bist?«, fragte Mr. Wilsenholm und nahm Seths Hand in seine Bärenpranke.

»Seth. Seth Morris, Mr. Wilsenholm«, antwortete Seth und schluckte. Neben diesem riesigen Mann kam er sich sehr klein vor.

»Und wenn ich recht informiert bin, seid ihr die beiden, die seit ein paar Monaten auf meinen Bäumen herumturnen.«

»Ja, Mr. Wilsenholm«, antworteten beide wie aus einem Munde.

»Hm!« Mr. Wilsenholm setzte sich und sah sie eindringlich an.

»Und wer hat das Seil angebracht?«

»Das war ich, Mr. Wilsenholm«, antwortete Seth.

»Und wer hat das Baumhaus gebaut?«

»Das war ich auch, Mr. Wilsenholm.«

»Hm!« Der große Mann nahm sich einen Keks. »Gestern war ich in eurem Baumhaus – oder sollte ich sagen, in meinem Baumhaus? Ich hab es mir genau angesehen und ich muss sagen, die Stabilität der ganzen Konstruktion hat mich beeindruckt. Woher hattest du das Baumaterial?«

»Na ja«, sagte Seth, »von hier und dort. Im Werkunterricht gab mir der Lehrer ein paar Reste, die er eigentlich wegwerfen wollte. Der Sportlehrer hat mir das Tau gegeben, weil er es zu rau für ein Kletterseil fand. Die Kinder holten sich immer Blasen an den Händen. Mein Vater, der im Eisenwarengeschäft arbeitet, brachte noch ein paar andere Reste mit nach Hause.«

»Hat dein Vater dir das Bauen beigebracht?«

»Eigentlich nicht. Ich hab es mir im Grunde selbst beigebracht. Ich arbeite nämlich gern mit Holz.«

Sara lächelte. Das Gespräch wurde allmählich immer entspannter.

»Eigentlich ist mein Vater Bauer. Jedenfalls meistens. Aber wenn ich ihn darum bitten würde, könnte er mir auch das Tischlern beibringen. Er kann nämlich so ziemlich alles.«

»Na gut. Weißt du, mein Junge, ich wollte einfach mal den Burschen kennenlernen, der ein so tolles Baumhaus gebaut hat. Mein Vorarbeiter geht bald in Pension, seine Kinder sind erwachsen und er hat keine Lust mehr zu arbeiten – nehme ich mal an. Er hat gesagt, er bleibt, bis ich einen Ersatz für ihn gefunden habe. Aber bis dahin will er nicht mehr so schwer arbeiten. Ich dachte, er könnte jemanden wie dich brauchen, der ihm zur Hand geht. Er könnte dir zeigen, wobei er Hilfe braucht. Zumindest bis ich einen Ersatz für ihn gefunden habe.«

In Seths Kopf explodierte ein Gedanke. Und in Saras Kopf explodierte genau derselbe Gedanke. Sie sahen sich an und wussten genau, was der andere dachte.

In diesem Augenblick meldete sich Mrs. Wilsenholm zu Wort. »Stuart, du könntest doch den Vater des Jungen anstellen. Er scheint genau der Richtige für die Stelle zu sein.«

Seth und Sara sahen sich erstaunt an. Sie konnten kaum glauben, dass Mrs. Wilsenholm ausgesprochen hatte, was sie beide eben gedacht hatten. Es ging alles sehr schnell.

Mr. Wilsenholm sagte eine Zeit lang nichts. Auch Sara und Seth saßen mucksmäuschenstill und versuchten sogar, nicht laut zu atmen. Dann fragte Mr. Wilsenholm: »Hast du gesagt, dein Vater arbeitet im Eisenwarengeschäft?«

»Ja, Mr. Wilsenholm.«

»Groß und schlank? Dieselbe Haarfarbe wie du?«

»Das ist er, Mr. Wilsenholm.«

»Ich habe ihn neulich kennengelernt. Er hat mir echt aus der Patsche geholfen. Hat sogar Überstunden gemacht. Und sich nicht einmal darüber beklagt.«

Mr. Wilsenholm kratzte sich am Kinn und fuhr fort: »Hast du gesagt, dein Vater sucht Arbeit?«

»Ja, Mr. Wilsenholm. Ich glaube es zumindest.«

Der große Mann zog seine Brieftasche hervor, nahm eine Karte heraus und reichte sie Seth.

»Gib deinem Vater meine Karte und bitte ihn, mich anzurufen, falls er interessiert ist, den Hof zu führen. Sag ihm, ich würde gern mit ihm darüber reden. Auch du könntest hier Arbeit finden, Seth. Natürlich nur, wenn du willst.«

Mrs. Wilsenholm stand in der Küchentür und strahlte.

»Jawohl, Mr. Wilsenholm«, stotterte Seth und starrte die Visitenkarte an, als sei sie aus Gold. »Ich werde sie ihm noch heute geben.«

Sara nahm sich eine von den Servietten, die Mrs. Wilsenholm auf den Tisch gelegt hatte. Sie hatte gar nicht gemerkt, dass die Schokoladenstückchen aus dem Keks in ihrer Hand geschmolzen waren.

»Also Kinder, ich danke euch, dass ihr vorbeigekommen seid. Und dir, Sara, danke ich nochmals, dass du meiner Frau aus der Patsche geholfen hast. Seth, ich freue mich darauf, von deinem Vater zu hören. Und wenn ihr in meinem Baumhaus spielen wollt, habe ich nichts dagegen. Aber seid trotzdem immer vorsichtig. Versprochen?«

»Versprochen, Mr. Wilsenholm!«

Als Sara und Seth draußen auf der Veranda standen, wussten sie nicht, ob sie lachen, weinen oder schreien sollten. Sie strengten sich nach Kräften an, nicht die Fassung zu verlieren, bevor sie das Ende des Fußweges erreicht hatten. Dann aber machten sie sich mit Freudensprüngen und unter großem Jubel auf den Rest des Heimwegs.

»Das glaubt uns kein Mensch, Sara. Wir haben es geschafft! Wir haben es wirklich geschafft!«

Kapitel 34

U nd wie zum Teufel kommt er auf die Idee, dass ich auch nur das geringste Interesse daran habe, auf seinem verdammten Hof zu schuften?«, brüllte Seths Vater und knallte Mr. Wilsenholms Karte wütend auf den Tisch.

Seth war wie versteinert angesichts der Reaktion seines Vaters auf die scheinbar gute Nachricht.

»Was verdammt noch mal hattest du dort überhaupt zu suchen?«

Seth schwieg. Er wusste, dass er seinem Vater ohnehin nicht von den vielen Wundern erzählen konnte, die das Gesetz der Anziehung ihnen beschert hatte und deren Höhepunkt die Begegnung mit Mr. Wilsenholm gewesen war. Es war besser, nichts zu sagen, wenn sein Vater in einer solchen Stimmung war. Sein Vater schien ein Talent dafür zu haben, hinter jeder guten Absicht etwas Böses zu vermuten.

Seth spürte, wie ihm Tränen in die Augen traten. Wie war das nur möglich? Wie konnte sich etwas so Wunderbares in etwas so Schreckliches verwandeln? War es möglich, dass sein Vater diese unglaubliche Gelegenheit nicht ergreifen würde?

»Mach, dass du rauskommst!«, bellte der jetzt.

Seth war froh, gehen zu können, bevor sein Vater seine Tränen sah.

Er wusch sich das Gesicht, kämmte sich die Haare, ging leise durch die Hintertür hinaus und rannte den ganzen Weg zur Schule. Dann lief er über das Footballfeld, schlich sich durch die Umkleideräume der Jungen, kletterte in der Sporthalle ganz hoch auf die Tribüne und wartete dort, bis es zum Unterricht läutete. Auf keinen Fall wollte er Sara begegnen. Er brachte es nicht übers Herz, ihr die furchtbare Nachricht zu überbringen.

Ist doch sinnlos, ihr auch noch die Laune zu verderben, dachte er.

Sara hielt den ganzen Tag Ausschau nach Seth. Sie konnte es kaum erwarten zu erfahren, wie sein Vater reagiert hatte. Natürlich ging sie davon aus, dass er angesichts der neuen Möglichkeiten unglaublich glücklich war.

Dann läutete es zum letzten Mal. Sara wunderte sich, dass sie Seth den ganzen Tag nicht gesehen hatte, aber sie war so froh, wieder ins Baumhaus zu dürfen, dass sie nicht weiter darüber nachdachte.

Als Sara am Baumhaus ankam, war Seth bereits dort. Frohen Herzens kletterte sie die Leiter hinauf, aber als sie Seths Gesicht sah, wusste sie, dass irgendetwas ganz und gar schiefgegangen war.

»Was ist passiert?«, fragte sie.

»Mein Vater will die Stelle nicht!«

»Was?«, stieß Sara hervor. Sie konnte nicht fassen, was sie da hörte. Dann wurde sie wütend. »Wie kann er nur …?«

Salomons plötzlicher Auftritt unterbrach ihren Redefluss. *Einen schönen guten Tag, meine lieben Freunde.*

»Hallo Salomon«, murmelte Sara lustlos und schaute nicht einmal auf.

Auch dies ist ein wichtiger Teil des Prozesses.

»Welcher Prozess denn?«, fragte Seth wütend. »Da entwickelt sich gar nichts. Im Gegenteil, es ist alles vorbei. Dafür hat mein Vater schon gesorgt.«

Da wäre ich mir an deiner Stelle nicht so sicher.

»Wieso? Weißt du etwas, das wir nicht wissen?«, fragte Sara mit neu erwachter Hoffnung.

Ich weiß, wie das Gesetz der Anziehung funktioniert. Und ich weiß auch, dass es immer noch eure Aufgabe ist, an eurer Vision festzuhalten. Und dann weiß ich noch, dass euch das Gesetz der Anziehung unterstützen wird, wenn ihr euch weiterhin mit ganzem Herzen auf eure Vision konzentriert.

»Aber Salomon, mein Vater will die Stelle überhaupt nicht.«

Ich weiß, wie hoffnungslos es zurzeit aussieht, aber das Gesetz der Anziehung ist äußerst machtvoll. Dein Vater ist ein sehr stolzer Mann, Seth. Er hat wahrscheinlich so heftig auf dieses Angebot reagiert, weil er durch Mr. Bergheims Kündigung tief verletzt wurde. Aber lasst nicht zu, dass euch die gegenwärtige Realität von eurer Verbindung zum Strom abschneidet. Ihr habt nur dann die Macht, die Realität zu beeinflussen, wenn ihr die Verbindung aufrechterhaltet.

Natürlich ist es leichter, unter günstigen Bedingungen mit dem Strom verbunden zu sein, aber die machtvollsten Schöpfer bleiben immer mit ihm verbunden – völlig unabhängig von äußeren Umständen. Deshalb sind sie ja so machtvolle Schöpfer. Wisst ihr, es gibt Schönwetterschöpfer und Allwetterschöpfer. Es ist leicht, ein Schöpfer zu sein, wenn alles so ist, wie man es haben will, aber erst wenn es euch gelingt, eine positive Schwingung aufrechtzuerhalten und euch unter allen Umständen gut zu fühlen, kommen eure wahren Fähigkeiten zum Vorschein.

Außerdem haben euch eure Vision und das Gesetz der Anziehung schon sehr weit gebracht. Ich an eurer Stelle würde nicht so schnell aufgeben.

Sara ging es bereits viel besser. Salomons Worte hatten sie schon durch so manche Krise getragen. Auch Seth schien es besser zu gehen.

»Was soll ich denn meinem Vater sagen?«

Oh, ich würde gar nicht viel sagen. Zumindest nicht zu diesem Thema, antwortete Salomon. *Ich würde mich einfach auf ein glückliches Ende konzentrieren und das Wie und Wann dem Gesetz der Anziehung überlassen. Du machst dir zu viele Sorgen, mein Freund. Dabei gibt es in Wirklichkeit überhaupt keinen Grund zur Sorge. Vertraue einfach auf ein glückliches Ende.*

»Es ist nur so, wenn mein Vater sich erst einmal etwas in den Kopf ...«

Seth hörte mitten im Satz auf, weil er merkte, dass er dem, was er nicht wollte, nur unnötig viel Unterstützung gab.

Salomon lächelte zufrieden.

Siehst du, Seth. Das ist Vertrauen: eine Vision dessen aufrechterhalten, was du möchtest, auch wenn alle Anzeichen dagegen sprechen. Vertrauen ist immer Vertrauen in das Gesetz der Anziehung und die Bereitschaft, geduldig abzuwarten, bis es seine Arbeit getan hat.

»Ich hoffe nur, es beeilt sich ein bisschen.«

Hab Geduld, während das Gesetz der Anziehung seine Arbeit tut, wiederholte Salomon.

Sara und Seth lachten gleichzeitig.

»Also gut, Salomon. Ich tu mein Bestes.«

Wenn ich einer von euch wäre, würde ich vor Dankbarkeit strahlen, dass ich in diesem Baumhaus sein darf. Ich würde anerkennen, wie gut sich alles entwickelt hat. Ich würde daran denken, dass ihr vorgestern noch aus diesem Baum vertrieben wart und dass ihr gestern bereits die Erlaubnis erhalten habt, euch hier aufzuhalten, sooft ihr wollt. Das ist doch erstaunlich, oder etwa nicht?

»Ja«, antworteten die Kinder wie aus einem Mund.

Ich würde anerkennen, wie machtvoll ihr seid, und dass das Universum eine Menge Umstände und Ereignisse so arrangiert hat, dass sie euch helfen. Und dann würde ich anerkennen, dass dieser Strom aus Umständen und Ereignissen endlos weiterfließt. Euch wird immer Gutes zuströmen. Schaut euch nach Beweisen dafür um und ihr werdet ganz viele finden.

Bevor all diese wunderbaren Dinge geschehen sind, musstet ihr sie euch erst einmal vorstellen. Aber jetzt könnt ihr euch die bereits wahr gewordenen vor Augen halten, während ihr euch noch andere wunderbare Dinge vorstellt. Deshalb wird es leichter und immer leichter. Ich wünsche euch viel Spaß dabei.

Mit diesen eindringlichen Worten flog Salomon davon.

»Das ist vielleicht ein optimistischer Vogel«, sagte Seth lachend, während er ihm nachschaute.

Sara lachte. »Ich möchte so sein wie er.«

»Ja«, antwortete Seth, »ich auch.«

Kapitel 35

Sara hatte den ganzen Tag nach Seth Ausschau gehalten. Sie hätte ihn gern getroffen, um ihn aufzumuntern, falls er Aufmunterung brauchte, denn sie wusste, dass es ihm schwerfiel, gute Gefühle zu entwickeln, weil es bei ihm zu Hause so negativ zuging.

Sie dachte an das, was Salomon ihnen gesagt hatte: dass man das Unangenehme, was ist, ignorieren und sich stattdessen auf den Traum oder die Vision konzentrieren sollte. Seth und sie hatten das schon oft geübt, aber Sara wusste, dass sie ihre Gedanken noch längst nicht unter Kontrolle hatte, und sie fürchtete, dass Seth seine Gedanken angesichts der Umstände überhaupt nicht kontrollieren konnte.

Dann dachte sie daran, was für ein guter Freund Seth geworden war. Und als sie sich vorstellte, dass er nicht mehr da war, krampfte sich ihr Magen zusammen. Das Gefühl der inneren Leere wurde so stark, dass es ihr geradewegs den Atem verschlug.

»Irre!«, sagte Sara laut. »Das ist eindeutig genau das, was ich nicht will!«

Sie atmete tief ein und versuchte, ein besseres Gefühl zu finden. Sofort musste sie an das Baumhaus denken, an das Schwingseil, die Plattform und daran, wie wunderbar sich alles entwickelt hatte. Sie dachte an die liebe Mrs. Wilsenholm und ihre Katze und an den angeblich so mürrischen Mr. Wilsenholm, in dessen Augen der Schalk blitzte.

Sie dachte an ihren lieben Salomon und seine guten Ratschläge. Sie dachte daran, wie es ihr das Herz gebrochen hatte, als er starb, wie sie aber trotzdem überlebt hatte und wie von jenem Augenblick an vieles nur noch besser geworden war. Ausgerechnet in dem Moment, der das Ende aller Freude zu sein schien, hatte sich alles zum Besseren gewendet.

Ein Schwarm Gänse flog mit lautem Geschnatter vorbei. Sara lächelte, als sie an Salomons erste Lektion dachte: Vögel gleichen Gefieders fliegen immer zusammen. Das wiederum erinnerte sie an das erste Mal, als sie vom Gesetz der Anziehung gehört hatte.

»Mensch, wie weit ich schon gekommen bin!«, staunte sie.

Da fiel ihr auf, dass sie sich nur ein paar Minuten, nachdem sie entschieden hatte, worauf sie ihre Gedanken richten wollte, schon viel besser fühlte und dass das schreckliche Gefühl in ihrem Bauch verschwunden war. Sie lächelte, als sie merkte, dass sie genau das getan hatte, was Salomon ihr geraten hatte. Sie bestimmte selbst, welche Schwingung sie ausstrahlte.

»Ich warte noch zwei Minuten, und wenn ich Seth bis dann nicht getroffen habe, gehe ich zum Baumhaus. Vielleicht war er heute gar nicht in der Schule. Wahrscheinlich wartet er dort schon auf mich.«

Als die zwei Minuten vorbei waren, machte sich Sara auf zum Baumhaus. Aber auf dem Weg dorthin fing sie wieder an, sich Sorgen zu machen. Und noch einmal merkte sie, wie wichtig ihr Seth geworden war.

Also, wenn er nicht da ist, muss das noch gar nichts heißen. Es gibt tausend Dinge, die ihn abgehalten haben könnten. Es ist doch gar nicht so wichtig, versuchte sie sich einzureden. Aber ihre Angst nahm nicht ab. Sie wurde eher noch schlimmer.

Je mehr Sara versuchte, den Gedanken zu verdrängen, dass Seth fortziehen könnte, desto stärker wurde er. »Das ist doch lächerlich«, schalt sie sich selbst. »Ich kann bestimmen, wie ich mich fühle!«

Ich brauche eine Flut von positiven Erinnerungen, dachte Sara. *Also, wofür bin ich dankbar?*

Ich bin dankbar, dass das Gesetz der Anziehung mir und allen anderen hilft.

Ich bin dankbar, dass Mr. Wilsenholm uns das Baumhaus zurückgegeben hat.

Ich bin dankbar, dass Mrs. Wilsenholms Katze mich mit ihrem Frauchen bekannt gemacht hat.

Ich bin dankbar, dass Mrs. Wilsenholm mich mit ihrem Mann bekannt gemacht hat.

Ich bin dankbar, dass ich Seth kennengelernt habe.

Aber als sie an Seth dachte, wurde ihr wieder schlecht. Eine Träne lief ihr die Wange hinunter. »Oh, Salomon«, flüsterte sie, »was mach ich nur, wenn Seth wirklich wegzieht? Wie soll ich jemals wieder einen solchen Freund finden?«

Sara wischte sich die Tränen aus dem Gesicht. Sie war wütend auf sich, weil sie ihrer Trauer nachgegeben hatte. »Das hilft doch niemandem!«, schimpfte sie mit sich selbst.

Da drangen Salomons Worte noch einmal in ihr Bewusstsein: *Bestimme deine eigene Schwingung. Ignoriere das, was ist. Richte deine Aufmerksamkeit auf ein glückliches Ende. Das Gesetz der Anziehung macht die Arbeit. Urteile nicht vorschnell. Mach es dir nicht so schwer. Alles ist gut.* Und siehe da, die Worte halfen ihr.

Als Sara am Baumhaus ankam, war Seth nicht dort. Auch Salomon war nirgends zu sehen.

»Hallo Leute, wo seid ihr?«, rief Sara aus.

Sie versuchte, angenehme Gedanken zu denken, aber nun war die Realität von Seths Abwesenheit zu stark, um sie noch länger ignorieren zu können.

Ich finde, du solltest dich ein wenig hinlegen und ausruhen, sagte Salomon, der plötzlich im Baumhaus landete.

»Salomon, wo bist du bloß gewesen?«

Überall, gab Salomon lächelnd zur Antwort.

»Du Salomon ...«, wollte Sara gerade loslegen, als er sie unterbrach.

Sara, manchmal ist es am besten, einfach nicht mehr an das zu denken, was einen so beschäftigt. Das Gesetz der Anziehung ist bereits an der Arbeit. Lauf nach Hause, mein liebes Kind, und geh heute früh ins Bett.

Sprach's, hüpfte auf einen höheren Ast und schwang sich in die Luft. Bald war er verschwunden.

»Mensch, nicht einmal Salomon kann mich heute aufheitern«, jammerte Sara.

Dann kletterte sie vom Baum und ging nach Hause.

»Ich muss dringend schlafen.«

Kapitel 36

Heute ging Seth zum ersten Mal, seit er in dieser Stadt wohnte, nicht zur Schule. Morgens nach dem Aufstehen hatte er gesehen, wie seine Mutter im Wohnzimmer Kartons stapelte. Um in die Küche zu gelangen, musste er über sie hinwegsteigen.

»Was hast du mit diesen Kartons vor?«, fragte Seth, obwohl er nur zu gut wusste, wofür sie bestimmt waren.

»Das sind Umzugkartons. Wir werden bald umziehen«, gab seine Mutter leise zur Antwort. Seth hörte, wie enttäuscht sie war. Seine Mutter hatte in der Ehe nicht viel zu sagen, aber Seth spürte, dass es ihr in der kleinen Stadt gut gefiel. Sie schien zufriedener, als Seth sie je erlebt hatte. Und obwohl sie immer etwas zu tun fand und nach Seths Meinung mehr arbeitete, als eigentlich nötig war, war sie in diesem Haus viel entspannter gewesen als früher auf den Bauernhöfen – wohl auch, weil ihr Mann im Eisenwarengeschäft arbeitete und dort gut verdiente.

Es machte Seth traurig, seine Mutter zu beobachten.

Er fühlte, wie sehr sie sich vor der ungewissen Zukunft fürchtete.

»Du fängst besser an, dich zu verabschieden, Sohn. Wir werden wohl nicht mehr länger als eine Woche hier bleiben.«

Seth spürte, wie es ihm die Kehle zuschnürte. »Ja, klar«, sagte er und ging auf die Veranda hinaus.

»Salomon«, rief er leise.

Denk an deine Vision, hörte er die Stimme Salomons in seinem Kopf.

Seth lehnte sich gegen das Verandageländer, schloss die Augen und sah sich selbst am langen Seil vom Baumhaus springen. In seinem Kopf erklang Saras Lachen und er spürte sogar den Wind auf seinem Gesicht. Seth merkte, wie sich die Schlinge um seinen Hals löste. Es ging ihm schon etwas besser.

Mach nur weiter, hörte er Salomons Stimme. *Stell dir nun deine Mutter als glückliche Frau vor.*

Seth hielt die Augen fest geschlossen und stellte sich vor, wie seine Mutter singend im Haus arbeitete. Er stellte sich vor, wie froh sie war, dass sie nun doch nicht umziehen mussten. Er sah, wie sie lächelte. Da war auch er erleichtert.

Gute Arbeit, Seth, sagte Salomon.

Seth öffnete die Augen. Er hörte, wie seine Mutter die Kartons hin und her schob, aber er bemühte sich, seine Aufmerksamkeit auf etwas anderes zu richten. Er wollte nicht wieder in die schmerzhafte Realität eintauchen. Er wollte an der von ihm gewählten Vision festhalten.

Plötzlich sagte seine Mutter: »Ich weiß zwar nicht, wo du deine freie Zeit verbringst, Sohn, aber wo immer es ist, du gehst jetzt besser dorthin – solange du noch kannst.«

Hatte ihn seine Mutter wirklich zum Baumhaus geschickt?

Seth sprang von der Veranda, lief zu Thackers Weg

404

und kletterte auf seinen wunderbaren Baum. Völlig außer Atem saß er ganz oben in den Ästen – allein, aber verrückt vor Freude.

Salomons Worte fielen ihm wieder ein: *Euch wird immer Gutes zuströmen. Schaut euch nach Beweisen dafür um und ihr werdet ganz viele finden.*

Seth lächelte, denn seine Mutter hatte ihm gerade bewiesen, dass der Strom des Wohlbefindens tatsächlich floss.

Er schloss die Augen, und ganz vom Gefühl der Verbundenheit mit diesem großen Strom erfüllt, stellte er sich gute Dinge vor. Er stellte sich vor, dass sein Vater glücklich war. Er versuchte nicht zu ergründen, warum er glücklich war. Jetzt zählte nur eins, nämlich dass er glücklich war. Er sah, wie seine Mutter lächelte. Er sah, wie Sara lächelte. Wie einfach alles war.

Er griff sich das Seil, sprang mit geschlossenen Augen vom Baum und schwang über dem Fluss hin und her. Er spürte den Wind auf seinem Gesicht und wusste einen Augenblick lang, dass wirklich alles gut war.

Kapitel 37

Als er am Klingeln der Türglocke hörte, dass jemand den Laden betreten hatte, kam Seths Vater aus dem Lager.

»Was kann ich für Sie tun?«, fragte er den Kunden.

»Ich brauche ein paar längere Schrauben für diese Türgriffe. Die Kürzeren halten sie nicht.«

»Schrauben sind hier drüben. Mal sehen. Ich glaube, da haben wir schon die richtigen. Passt die?«

Der alte Mann probierte die Schraube am Türgriff aus, um ganz sicherzugehen, dass es die richtige war. »Die passt genau. Vielen Dank, Sie haben mir sehr geholfen. Davon brauche ich vierundzwanzig oder besser gleich dreißig, falls ich welche verliere. Sie sind für meinen Werkzeugschrank im Pferdestall und der ist voller Heu. Meine alten Finger werden bestimmt ein paar fallen lassen.«

Seths Vater lachte. Er mochte den alten Mann. »Also, darüber würde ich mir keine Sorgen machen. Sie sehen aus, als kämen Sie prima zurecht.«

»Bald komme ich noch besser zurecht. Ich gehe nämlich in Pension und werde mit meiner Frau ein bisschen herumreisen. Seit Jahren verspreche ich ihr, ihre Familie an der Ostküste zu besuchen, aber ich hatte nie Zeit dazu. Aber jetzt machen wir es. Sie hat lange genug darauf gewartet. Was für eine Engelsgeduld sie mit mir hatte!«

»Was hat Sie denn davon abgehalten, auf Reisen zu gehen?«

»Ich war seit Jahren Aufseher auf dem Hof der Wilsenholms. War ein guter Job. Konnte mich nie über etwas beschweren und die Bezahlung war auch gut. Die Jungs wissen alle, was sie zu tun haben. Man muss nur ein Auge auf sie haben, wenn Sie wissen, was ich meine. Aber es sind alles gute Arbeiter und ehrlich sind sie auch. Der Chef sagt, er möchte mich am liebsten gar nicht weglassen. Aber jetzt hat er einen möglichen Nachfolger im Visier, der richtig gut sein soll. Er hat ihn schon mal gesehen und einen guten Eindruck von ihm gewonnen. Außerdem hat er die beste Empfehlung, die man sich wünschen kann, und zwar vom Sohn dieses Mannes. So, jetzt muss ich aber los. Meine Frau wartet nicht gern mit dem Essen auf mich. Danke für Ihre Hilfe.«

Seths Vater stand sprachlos da. Es kam ihm vor, als fiele ein Zentnergewicht von seinen Schultern. Er nahm die Karte heraus und griff zum Telefon.

Im selben Moment bekam Seth, der immer noch am Seil hing, am ganzen Körper eine Gänsehaut. Er öffnete die Augen und merkte, dass das Seil nicht mehr schwang und er direkt über dem Wasser hing. »Mann o Mann, ich träume echt zu viel«, sagte er zu sich selbst, ließ sich ins Wasser fallen und watete klatschnass ans Ufer.

Alles ist gut, hörte er Salomons Stimme in seinem Kopf. *Es ist wirklich alles gut.*

Kapitel 38

Als Sara aufwachte, ging es ihr viel besser. Das schreckliche Gefühl war über Nacht verflogen, und als sie aus dem Haus ging, fühlte sie sich wie neugeboren.

Was für ein herrlicher Tag, dachte sie und machte sich auf den Schulweg.

Plötzlich sah sie jemanden mitten auf der Kreuzung stehen. Als sie Seth erkannte, lachte sie übers ganze Gesicht. Als Seth Sara sah, lief er auf sie zu.

Sara hörte zwar nicht, was er im Laufen rief, aber es mussten gute Neuigkeiten sein.

Und dann verstand Sara die ersten Worte.

»Sara, du glaubst es nicht, du glaubst es nicht. Er nimmt die Stelle! Er nimmt sie wirklich! Sara, wir bleiben hier! Ein Wunder ist geschehen. Salomon hat recht gehabt. Sara, wir haben es geschafft, wir haben es wirklich geschafft!«

Sara ließ ihre Schultasche mitten auf den Bürgersteig fallen. Dann umarmte sie Seth und gemeinsam sprangen sie auf und ab und brüllten so laut sie konnten: »Wir haben es geschafft! Wir haben es geschafft!«

Ein paar Nachbarn, die in ihren Autos an ihnen vorbeifuhren, starrten sie erstaunt an.

Seth und Sara lachten nur. »Die denken bestimmt, wir sind vollkommen durchgedreht!«, rief Seth.

»Wenn die wüssten«, rief Sara lachend zurück. »Wenn die wüssten!«

Von oben kam das Geschnatter der Wildgänse.

Sara und Seth blickten auf und sahen einen Schwarm Gänse in perfekter V-Formation vorüberfliegen. Und wer flog ganz am Schluss? Salomon!

Sara und Seth schrien vor Überraschung und Freude auf, als Salomon aus der Formation ausscherte und zu ihnen herabgeflogen kam.

»Salomon, was machst du denn bloß in einem Gänseschwarm?«

Also, meine Lieben, die meisten Leute fänden das normaler, als dass ich mit euch herumhänge, oder?

Wieder lachten Sara und Seth.

Ich wollte nämlich immer schon wissen, wie das wohl ist.

»Was denn, Salomon?«

Na, der Formationsflug. Eulen tun so was nämlich eigentlich nicht.

Wieder lachten Sara und Seth.

Also bis später, sagte Salomon und schwang sich empor. *Ich muss noch viel üben. Die Gänse sind ziemlich streng, wisst ihr. Sie lieben Präzision über alles.*

»Bis später Salomon. Kommst du zum Baumhaus?«

Ich komme auf jeden Fall, rief Salomon zurück. *Ich komme auf jeden Fall.*

Esther & Jerry Hicks

Sara und das Geheimnis des Glücks

Aus dem Amerikanischen übertragen
von Martina Kempff

Vorwort

Auf einer Fahrt durch das traumhaft schöne Hinterland von Illinois und Indiana lasen wir einander den gerade erst vollendeten dritten Band unserer Sara-Reihe vor: *Sara und das Geheimnis des Glücks*. Wir genossen es sehr, zum ersten Mal die gemeinsam gefundenen Worte laut ausgesprochen zu hören. Nachdem wir unser Hotel erreicht hatten, legten wir die Füße hoch, schlossen die Augen und ergingen uns in diesem herrlich erfüllten Gefühl, ein Buch zu einem guten Abschluss gebracht zu haben.

Wie Sara können auch Sie in der grenzenlosen Weite des Universums – inmitten all dessen, was besteht und was nicht besteht, an existenten und an nicht existenten Orten – Antworten auf alles abrufen, was Sie jemals über irgendetwas wissen wollten. Diesem Universum entstammt Saras Lehrer Salomon und somit auch der dritte Band der Sara-Reihe.

Sie, liebe Leser, sind gerade dabei, sich in ein bemerkenswertes und aufregendes Abenteuer zu stürzen. Sie werden sich dem Wagnis aussetzen, Altvertrautes auf völlig neue Art zu betrachten. Sie werden bestimmt Spaß daran haben, völlig ohne Risiko mit Ihrer Wahrnehmung zu experimentieren und eine Verbindung zu Ihrem unzerstörbaren Inneren Sein herzustellen.

Dabei werden Sie einige bedeutende Erfahrungen machen: Alles wird sich immer zum Guten wenden; man kann sich unter jeglichen Bedingungen wohlfühlen; auch das, was man für schlecht hält, ist letztendlich gut; jedes »Unglück« dient einem Zweck; das Erwünschte kann sich unter einer Maske des Unerwünschten versteckt haben; man kann Eifersucht und Schuldgefühle ablegen und in Gefühle des Wohlbefindens überführen; man kann den Tod wahrnehmen und sich dennoch wohlfühlen; den Tod gibt es nicht; der Körper verfügt über Selbstheilungskräfte; harmonische Beziehungen kann man anziehen ...

Jeder Mensch ist dazu bestimmt, glücklich zu sein und all das zu erreichen, was er sich wirklich wünscht.

Wir haben den Stoff, aus dem dieses Buch besteht, für Sie gesammelt, damit Sie Ihr eigenes Glücksniveau anheben und auch anderen dazu verhelfen können, ein glücklicheres Leben zu führen.

Sobald wir nämlich begreifen, dass wir tatsächlich die Wahl haben, unsere Gedanken zu steuern und somit Einfluss auf unsere Gefühle und unseren Gesundheitszustand zu nehmen, fällt es uns schwer zu begreifen, weshalb in unseren Wohlstandsstaaten immer noch so viel Leid und Kummer vorherrschen.

Das Wohlbefinden durchströme alles, lehrt Saras Freund Salomon, ganz gleich, was auch geschieht. Aber man muss es zulassen.

Wie froh, glücklich und erfüllt unser Leben dann sein kann, mögen die folgenden Worte zeigen, die Salomon seiner kleinen Freundin mit auf den Weg gibt:

Wie wäre es denn, wenn du Freude zu deinem Thema machst? Zu deinem einzigen Thema: ›Nichts ist wichtiger, als dass ich mich wohlfühle.‹

Viele Menschen sind felsenfest davon überzeugt, dass sie sich nur in einer ganz bestimmten Situation wohl fühlen können. Und wenn sie dahinterkommen, dass ihnen die Macht, die Kraft oder die Wählerstimmen fehlen, um alles so zu ordnen, wie sie es gern hätten, dann ergeben sie sich in ihr Schicksal und führen ein unglückliches Leben ohne jegliche Macht. Ihr solltet begreifen, dass eure ganze Macht darin besteht, dass ihr euer Wohlbefinden selbst steuern könnt. Ihr habt die Möglichkeit, allen Dingen eine positive Sicht abzugewinnen. Und wenn euch das gelingt, dann liegt alles, was ihr euch wünscht, in eurer Macht. Denn alles, was ihr euch wünscht, versucht den Weg zu euch zu finden. Ihr selbst müsst nur den richtigen Zustand finden, um es einzulassen. Und ihr könnt das, was ihr euch wünscht, nicht einlassen, wenn ihr euch nicht gut fühlt. Ihr müsst in einer empfangsbereiten Verfassung sein, damit sich eure Wünsche erfüllen.

Du lebst in einer großen Welt, Sara, und da gibt es unzählige Menschen, die andere Vorstellungen von einem guten Leben haben als du. Du kannst sie nicht alle davon überzeugen, dass deine Sichtweise richtig ist, und du kannst sie nicht dazu zwingen, dir zu folgen. Es gibt nur einen einzigen Weg zu einer glücklichen und erfolgreichen Lebenserfahrung: Du musst dich ein für alle Mal dafür entscheiden, dass du dich wohl fühlst – ganz gleich, was da kommen möge. Und während du übst, deine Aufmerksamkeit auf die Angelegenheiten zu richten, die ein Wohlgefühl in dir hervorrufen, wirst du das Geheimnis des Glücks entdecken.

Wir haben selbst mit großer Freude verfolgt, wie Salomon Sara und ihren Freunden allmählich *das Geheimnis des Glücks* enthüllt. Und wir glauben, dass auch Sie Spaß daran haben werden, die Schätze zu heben, die in diesem Buch verborgen sind.

Der Sinn des Lebens ist Freude. Ihr liegt die Freiheit zugrunde, die wahres Wachstum sichert. Lassen Sie sich von Sara und ihrem Freund Salomon den Weg zu einem erfüllten glücklichen Leben aufzeigen, und begleiten Sie uns abermals auf eine Abenteuerreise. Auf die Reise ins Glück!

Aus tiefstem Herzen

Esther und Jerry Hicks

Kapitel 1

Ein Lächeln erhellte Saras Gesicht, als sie an das Wiedersehen mit Seth dachte, ihrem allerbesten Freund auf der ganzen Welt. Sie konnte es kaum erwarten, mit ihm über alles zu reden, was in den Sommerferien geschehen war. Sara sah hinauf zum klaren blauen Himmel, den kein Wölkchen trübte, und atmete die frische, würzige Bergluft tief ein. Ach, was war das Leben doch herrlich!

»Ich bin so froh, dass die Schule wieder anfängt«, sagte sie laut zu sich selbst. Allerdings freute sie sich nicht auf die Schule selbst, sondern darauf, endlich wieder mehr Zeit mit Seth zu verbringen.

Seth wohnte an Thackers Weg, gar nicht weit von dem Haus entfernt, in dem Sara mit ihren Eltern und ihrem kleinen Bruder Jason lebte. Sara und Seth verbanden viele Gemeinsamkeiten. Beide liebten Tiere und das Leben in freier Natur; beide waren ganz begierig darauf, immer wieder Neues zu erfahren und zu erleben. Doch obwohl sie so viele Interessen teilten, gab es zwischen ihnen einen gewaltigen Unterschied. Während Sara so ziemlich alles tun durfte, was sie wollte, schienen Seths Eltern weitaus strenger zu sein. Sie bürdeten ihm unzählige Aufgaben und Pflichten auf und schränkten damit seine Freiheit gewaltig ein.

Sara konnte sich nur schwer vorstellen, dass es wirklich so entsetzlich viel in Seths Haus zu erledigen gab. Schon als sie ihn kennengelernt hatte, schwante ihr, dass ihn seine Eltern nur deshalb mit Bergen von Aufträgen überhäuften, damit er nicht auf die Idee kam, Dummheiten zu machen. Aber Seth beschwerte sich nie. Er begegnete seinen Eltern mit großer Achtung und erledigte kommentarlos, was ihm aufgetragen wurde. Und irgendwie fand Sara das richtig gut.

Sobald allerdings die Schule wieder anfing, schienen Seths Eltern die Zügel zu lockern. Dann blieb ihm fast jeden Tag nach dem Unterricht Zeit, um mit Sara zu spielen. Jetzt war es endlich wieder so weit. Und deshalb hüpfte und rannte Sara voller Vorfreude mitten auf der Landstraße entlang. Sie sprang zur Seite, als sie einen Lastwagen hinter sich heranrattern hörte. Kaum war er an ihr vorbeigerollt, setzte sie ihren Weg auf der Straßenmitte fort. Schnell hatte sie die Ecke erreicht, an der Seths Weg die Landstraße kreuzte. Sie blickte zu Thackers Weg und Seths Haus hinüber. »Nun komm schon, Seth, wo steckst du bloß?«, fragte sie ungeduldig. Warum ließ er sich nur so viel Zeit?

An der Ecke ließ sie ihre Schultasche, die an diesem ersten Tag noch fast leer war, zu Boden fallen. »Seth, wo bleibst du?«, murmelte sie.

Ein Wagen der Müllabfuhr donnerte an ihr vorbei und hüllte sie in eine dicke Staubwolke ein. Sie kniff die Augen zusammen und wedelte wild mit den Händen herum, um den Staub zu vertreiben.

Endlich hatten sich die Schwaden verzogen, doch von Seth war immer noch nichts zu sehen.

»Hm, dann muss ich eben warten. Vielleicht ist er ja schon in der Schule«, tröstete sie sich. Sie hob ihre Tasche auf, warf noch einen sehnsüchtigen Blick die Straße hinunter und trottete weiter.

Saras Schulweg war nicht sehr lang, und weil sie voller fröhlicher Gedanken steckte, verging die Zeit meistens wie im Fluge. Die Menschen, die Sara auf diesem Weg begegneten, hielten sie für ein rundum glückliches Mädchen. Aber dieselben Leute konnten sich noch gut daran erinnern, dass Sara früher ganz anders gewesen war. Offensichtlich hatte sie eine wundersame Wandlung durchlaufen. Doch von all den Menschen in Saras Leben kannte nur einer das Geheimnis, das hinter dieser wundersamen Wandlung steckte. Und das war Seth.

»Guten Morgen, Sara!«, rief ihr Mr. Matson zu, als sie an der Tankstelle vorbeiging, die er schon lange vor ihrer Geburt besessen und betrieben hatte.

»Hallo, Mr. Matson!«, rief sie lachend zurück, während sie beobachtete, wie er sorgfältig Insekt um Insekt von Mrs. Pittsfields Windschutzscheibe kratzte. Sara mochte Mr. Matson. Jedes Mal, wenn sie an seiner Tankstelle vorbeikam, gab es zwischen ihnen einen kurzen fröhlichen Wortwechsel. Mr. Matson hatte Saras wundersame Wandlung ebenfalls mitbekommen, obwohl auch er keine Ahnung hatte, was dahintersteckte.

Sara hielt auf der Brücke an der Hauptstraße inne und blickte in den rauschenden Fluss unter sich. Sie holte tief Luft, betrachtete die Bäume am Ufer und lächelte versonnen. Wie sie diesen Ort liebte! Die alte Brücke, der ungezähmte Fluss und die mächtigen Bäume, die hoch in den Himmel ragten. Hier war sie Seth zum ersten Mal begegnet. Irgendwie wäre es passend, wenn sie ihren allerbesten Freund an ihrem Lieblingsplatz endlich wiedersehen würde.

Sara wunderte sich oft darüber, dass die Schönheit dieses Ortes anderen Menschen offenbar verborgen blieb. Aber das war auch gut so, fand sie, denn dadurch hatte sie diesen Platz ganz für sich.

421

Sie wanderte nachdenklich lächelnd weiter. *Das ist eben mit vielen Dingen so*, sagte sie zu sich selbst, *von außen kann man gar nicht erkennen, wie sie wirklich sind. Man muss in sie reingucken, um die Wahrheit zu erfahren.*

Viele Jahre zuvor hatte an dieser Stelle ein Lastwagenfahrer versucht, einem streunenden Hund auszuweichen, und dabei die Kontrolle über sein Fahrzeug verloren. Der Lastwagen war gegen das Geländer der Brücke geprallt und hatte es so verbogen, dass die rostigen Streben jetzt fast waagerecht über das Wasser hinausragten. Niemand dachte daran, das Geländer wieder in den alten Zustand zurückzuversetzen, auch wenn die meisten Bürger darüber klagten, dass die Brücke jetzt ein wirklicher Schandfleck und zudem unsicher sei. Andere meinten, sie sei sowieso nie eine Augenweide gewesen, weshalb man sich auch das Geld für eine Reparatur sparen könne.

Als Sara eines Tages von der Schule kam, fiel ihr auf, dass die Streben immer noch fest in der Brücke verankert waren und der kräftige Maschendraht dazwischen wie eine Wiege über dem Fluss hing. Zunächst hatte sie sich diesem Hängegestell vorsichtig genähert, denn es war schon etwas unheimlich, unmittelbar unter sich den brausenden Fluss zu sehen und zu hören, doch schon bald hatte sie herausgefunden, dass dieses sonderbare Gefüge stabil genug war, um sie zu tragen. Es wurde zu ihrem Lieblingsplatz, den sie zu ihrem Aussichtsbalkon ernannte. Wenn sie sich hineinlegte und den Fluss unter sich beobachtete, kam sie sich immer wie in einem riesigen Spinnennetz vor, von dem aus sie die abenteuerlichsten Sachen unter sich vorbeifließen sah. Sara fühlte sich nirgendwo auf der Welt wohler als an diesem Platz, auch wenn sie nicht hätte sagen können, warum das so war.

Genau dort hatte sie auch an jenem warmen Nachmittag gelegen, als Seth mit seiner Familie zum ersten Mal in das Städtchen fuhr. Den total überladenen, offenen alten

Lieferwagen, auf dem sich die ganze Habe von Seths Familie befand, hatte Sara damals kaum beachtet. Aber sie erinnerte sich noch gut daran, wie sich ihr Blick mit dem des etwa gleichaltrigen Jungen getroffen hatte, der hinten auf der Ladefläche saß. Der Junge, der ernsthaft und eindringlich zu ihr hinüberschaute, kam ihr seltsam vertraut vor. Dabei wusste sie, dass sie ihn noch nie zuvor gesehen haben konnte. Das war schon höchst merkwürdig gewesen.

Versonnen ging Sara weiter. Während sie das Rascheln der ersten trockenen Blätter unter ihren Füßen genoss, lief ihr bei dieser Erinnerung an Seth eine wohlige Gänsehaut über den Rücken. In der kurzen Zeit, in der sie ihn jetzt kannte, war wahnsinnig viel geschehen. Die erste Begegnung mit ihrem allerbesten Freund schien schon Ewigkeiten zurückzuliegen. Inzwischen hatten beide so viel gemeinsam durchgemacht, dass sie sich ein Leben ohne Seth schon gar nicht mehr vorstellen konnte. Sara war so erfüllt von der Freude, die ihr diese Freundschaft bereitete, dass sie unwillkürlich lächeln musste.

Obwohl sie sich damals auf der Stelle zu diesem neuen Jungen hingezogen fühlte, war sie wild entschlossen gewesen, ihn nicht Teil ihres Lebens werden zu lassen. Sie wollte nicht, dass ein Fremder alles durcheinander brachte. Als sie dahinterkam, dass Seths Familie jetzt im alten Haus der Thackers wohnte, hatte sie das ganz schön gewurmt. Es ging ihr gewaltig gegen den Strich, dass da andere Menschen so nahe an ihrem geliebten Thackers Weg lebten.

Von Sara abgesehen war sonst niemand in der kleinen Bergstadt an Thackers Weg interessiert. Aber das lag daran, dass keiner außer ihr wusste, was sie über Thackers Weg wusste. Sie fand es schon äußerst seltsam, dass all den Leuten hier entgehen konnte, welches wunderbare und erstaunliche Geheimnis dieser Ort in sich barg, und sie staunte über alle, die in seiner Nachbarschaft lebten und gar nichts davon ahnten. Aber das war ihr nur recht. Es gefiel ihr, dass sie die Einzige war, die Thackers Weg wirklich kannte. Und wenn es nach ihr gegangen wäre, hätte das auch so bleiben sollen.

»Hm ...«, murmelte Sara jetzt nachdenklich. Die alten Bedenken und Gefühle Seth gegenüber kamen ihr in der Rückschau albern vor. Das war alles schon so lange her und stammte aus einer ganz anderen Zeit. Inzwischen gehörte Seth nämlich ganz und gar zu ihrem Leben und war genauso Teil von Thackers Weg geworden wie sie. Jetzt fand sie es einfach wunderbar, dass sie ihr Geheimnis mit Seth teilte.

Bevor Seth in die Stadt gezogen war, hatte Sara Sommermonate und unzählige Stunden nach der Schule damit verbracht, im waldreichen Gebiet um Thackers Weg Pfade zu erforschen und Bäume zu besteigen. Sie liebte es, in den Wald hineinzugehen und sich für ein paar glückliche Stunden in einem Unterschlupf zu verkriechen, den sie sich aus Zweigen und Blättern gebaut hatte. Ihre provisorischen Hütten waren nie sonderlich stabil und nach einem Wolkenbruch oder einer kräftigen Windbö war meistens nichts mehr von ihnen übrig. Doch solange sie standen, machten sie ihr Freude.

Sara hatte keine Ahnung, dass sich auch Seth nach einem Schlupfwinkel sehnte, und sie hatte nicht einmal gemerkt, dass er wochenlang im Wald gearbeitet und hoch oben in einer riesigen Eiche ein Baumhaus errichtet hatte. An jenem Tag, an dem ihr Seth sein Geheimnis enthüllte und verkündete, dies sei von nun an ihr »geheimes Versteck«, war Sara so glücklich wie noch nie zuvor in ihrem Leben gewesen. Es war beinahe zu schön, um wahr zu sein.

Sie konnte sich noch gut daran erinnern, wie ihr der Schreck in die Glieder gefahren war, als Seth von einer Überraschung ganz in der Nähe von Thackers Weg sprach. Entsetzt darüber, dass er möglicherweise ihr Geheimnis entdeckt hatte, folgte sie ihm tief in den Wald hinein. Er führte sie über einen Trampelpfad, der in einer Lichtung direkt am Fluss endete. Dort blieb er stehen und deutete nach oben. Sara war unendlich erleichtert, dass Seth nicht hinter ihr Geheimnis gekommen war, und maßlos verblüfft, dass der Junge Hunderte von Stunden damit zugebracht haben musste, ein großartiges Baumhaus zu bauen, von dem aus man den Fluss überblicken konnte.

Der Anblick seines Kunstwerks überwältigte sie, und sie traute ihren Augen kaum, als sie es näher begutachtete: Auf die Rückseite des Riesenbaums hatte Seth fein säuberlich Bretter genagelt, die eine Leiter bildeten, an der man bequem hinaufklettern konnte. Das Baumhaus bestand aus einer Plattform, die über die Zweige hinausragte und von einem Geländer gesichert und mit zwei kleinen Sitzbänken ausgestattet war.

»Eine Startrampe«, erklärte Seth, als sie über einen dicken Ast auf die Plattform geklettert waren. Er zeigte ihr, wie er sich von dort aus an einem Seil weit über den Fluss hinausschwingen konnte.

Etwas so Aufregendes hatte Sara noch nie erlebt! Auch sie ergriff das dicke Seil, das Seth an einen hohen Ast gebunden hatte, stürzte sich vom Baum in die Tiefe und pendelte fröhlich jauchzend über dem Fluss hin und her. Von da an rannten Seth und Sara fast jeden Tag nach der Schule bei schönem – und manchmal auch ganz und gar nicht schönem – Wetter zu ihrem geheimen Versteck und segelten an dem Tau übers Wasser.

So verbrachten Sara und Seth viele, viele wunderschöne Stunden, bis der Moment gekommen war, an dem Sara im Baumhaus ihrem Freund endlich ihr eigenes ängstlich gehütetes Geheimnis um Thackers Weg anvertraute.

Kapitel 2

Möchtest du denn nicht reinkommen, Sara?«
Der Schulleiter Mr. Marchant hielt ihr die Tür auf. Verdutzt blickte Sara zu ihm auf. Sie hatte gar nicht gemerkt, dass sie schon vor der Schule stand, so sehr war sie in ihre Gedanken vertieft gewesen.

»Natürlich, danke«, murmelte Sara und versuchte, sich wieder auf die Gegenwart zu konzentrieren.

Der Flur war voller Schüler, die einander begrüßten und scheinbar ziellos umherliefen. Sara lehnte sich gegen die Wand und suchte die Menge mit den Augen ab. Wo war Seth?

»Tag, Sara, hallo, Sara!« Herzliche Begrüßungen von Schulkameraden, die sie den ganzen Sommer über nicht gesehen hatte, aber von Seth gab es keine Spur.

In jeder Pause hielt Sara nach ihm Ausschau. Sie musste ihn unbedingt sehen. Es war schließlich schon Ewigkeiten her, dass sie miteinander gesprochen hatten.

Am Ende der großen Pause entdeckte sie ihn schließlich. Er versuchte, sich einen Weg durch die Schülermenge im

Flur zu bahnen. Das Herz hüpfte Sara im Leib, als sie auf ihn zuging. Doch plötzlich hielt sie inne. Seth war nicht allein, sondern ganz offensichtlich in ein Gespräch vertieft, und zwar mit einem Mädchen, das Sara nicht kannte. Die beiden gingen ganz dicht nebeneinanderher, sprachen, lachten und sahen sehr vergnügt aus.

Wer ist das nur?, fragte sich Sara beunruhigt.

Es gab hier doch niemanden, den sie nicht kannte! Und wenn ein neuer Schüler in dem Bergstädtchen auftauchte, erfuhr jeder sofort, wer das war und woher er kam. Hier kannte schließlich jeder jeden.

Langsam folgte Sara den beiden. Irgendwo im Flur blieben sie stehen und redeten angeregt weiter. Sie schienen sich blendend zu verstehen. Dann lachte das Mädchen, nickte Seth zu und verschwand in einem der Klassenzimmer.

Ein Kloß formte sich in Saras Hals. Rasch zog sie sich auf die Mädchentoilette zurück. Sie starrte in den Spiegel, während sie eisiges Wasser über ihre Hände laufen ließ. Dann bespritzte sie sich das erhitzte Gesicht, trocknete es mit einem Papiertuch ab und schüttelte den Kopf.

»Was ist bloß mit mir los?«, fragte sie sich vorwurfsvoll. Schrill verkündete die Schulglocke, dass die Pause zu Ende war. Hastig eilte Sara in ihr Klassenzimmer.

Der Nachmittag verging im Schneckentempo und Sara hatte große Mühe, sich auf den Unterrichtsstoff zu konzentrieren. Nach der Schule schlich sie bedrückt über den Trampelpfad zum Baumhaus. Sie fühlte sich grauenhaft. Eigentlich ging es ihr sogar so schlecht, dass sie erwogen hatte, das Versteck überhaupt nicht aufzusuchen. Das Baumhaus war so ein glücklicher Wohlfühlort und irgendwie erschien es ihr unpassend, mit einer solch miesen Laune dort überhaupt zu erscheinen. Aber die Vorstellung nicht hinzugehen, war sogar noch grässlicher. »Was ist bloß mit mir los?!«, schimpfte sie wieder einmal mit sich selbst.

Hoffentlich ist er schon da, dachte sie, als hinter der letzten Biegung des Trampelpfads die Eiche mit dem Baumhaus auftauchte. Aber außer Vogelgezwitscher hörte sie nichts. Seth war nicht da. Sara lehnte ihre Schultasche an den Baumstamm, kletterte die Leiter hinauf, setzte sich auf die Plattform und wartete.

Seth preschte fröhlich pfeifend durch die Büsche.

»Hallo, Sara, bist du schon oben?«, rief er, als er die Leiter hinaufkletterte.

»Ja. Hallo, Seth«, entgegnete Sara bemüht munter.

Seth kletterte hinauf und ließ sich neben Sara nieder.

»Was gibt's Neues?«, fragte sie beiläufig.

»Eigentlich nichts. Und bei dir?«, entgegnete Seth.

»Wie war denn so dein Tag?«, bohrte Sara, ohne auf seine Frage einzugehen. Sie wusste nicht genau, was sie eigentlich hören wollte. Sie wusste nur, dass sie sich besser fühlen wollte, und hoffte, dass er etwas sagen würde, was dazu beitrug.

»Ganz in Ordnung. Eigentlich ein schöner Tag. Und deiner?«

»Ja, auch ganz gut, glaube ich.«

Auf diese Weise war aus Seth offensichtlich nichts herauszuquetschen, also entschied sich Sara für eine gezieltere Frage: »Ist in der Zwischenzeit irgendetwas Wichtiges passiert?«

»Nee, nicht wirklich.« Nervös knüpfte Seth seine Schnürsenkel auf, zog sie fester an und machte einen neuen Knoten.

»Wie wär's mit einem Sprung über den Fluss?«, fragte er und blickte auf das Wasser. Er hatte Sara nicht ein einziges Mal in die Augen geschaut.

»Nein, ich habe heute keine Lust. Aber mach du nur«, gab Sara schwach zurück.

»Ich habe eigentlich keine Zeit«, sagte er. »Dann geh ich mal wieder. Also bis morgen, Sara.«

Und damit kletterte er die Leiter wieder hinunter.

Sara blieb wie vom Donner gerührt auf der Plattform sitzen. So hatte sie sich den ersten Schultag nicht vorgestellt. Es hätte ein glücklicher Tag werden sollen. Ein Tag, an dem sich beide darauf freuten, wieder miteinander zu sprechen und sich über alles zu unterhalten, was in den Sommerferien geschehen war. Ein Tag, an dem sie sich endlich wieder laut jauchzend über den Fluss schwingen würden. Sie hatte sich so sehr auf diesen Tag gefreut. Was in aller Welt war nur passiert?

Sara sah Seth zwischen den Büschen verschwinden. Sie hätte am liebsten geweint. So schlecht hatte sie sich noch nie gefühlt.

Kapitel 3

Am nächsten Morgen erwachte Sara mit richtig guter Laune. Sie reckte und streckte sich genüsslich in ihrem Bett und setzte sich dann auf. Doch plötzlich fielen ihr wieder Seth und das neue Mädchen ein und mit einem Schlag war ihre wohlige Stimmung dahin. Sie warf sich auf ihr Kissen zurück und zog sich die Bettdecke bis zur Nase hoch. Nein, sie hatte nicht die geringste Lust, aufzustehen und diesen neuen Tag zu begrüßen. Am besten wäre es wohl, schnell wieder einzuschlafen, um diesem schrecklichen Gefühl zu entkommen.

Ihre Mutter klopfte, öffnete die Tür, ohne eine Antwort abzuwarten, und trat ein. »Bist du wach, Sara? Es ist schon beinahe halb acht!«

Warum klopfst du eigentlich an, wenn du sowieso gleich reinkommst?, dachte Sara unwirsch. Sie war äußerst ungehalten und wollte überhaupt nicht aufstehen.

»Ja, ja, ich weiß, ich weiß«, knurrte sie gereizt und verzog das Gesicht. »Ich steh ja schon auf.«

»Alles in Ordnung, mein Schatz?«, fragte ihre Mutter besorgt. Sie hatte Sara schon lange nicht mehr so schlecht gelaunt gesehen. Es war geradezu ein Schock, als Allererstes am frühen Morgen das sonst immer so heitere und unbekümmerte Mädchen in einer so schlechten Verfassung vorzufinden.

»Ja, klar doch, das ganze Leben ist voll in Ordnung!«, gab Sara ungehalten zurück.

Die Mutter spürte den Schmerz in Saras Stimme, aber sie hielt es für besser, nicht weiter nachzufragen. Das würde alles nur noch schlimmer machen. Sie verließ das Zimmer und zog die Tür leise hinter sich zu.

Sara saß auf dem Bettrand und fühlte sich noch elender, weil sie so unfreundlich zu ihrer Mutter gewesen war. »Verflixt noch mal, was ist bloß mit mir los!«, jammerte sie, warf sich wieder zurück aufs Bett und vergrub sich unter ihrer Decke.

»Bis heute Abend«, vernahm sie die Stimme ihrer Mutter. »Dein Pausenbrot steht auf dem Tisch.«

Sie hörte die Hintertür ins Schloss fallen und das quietschende Garagentor aufgehen. Dann kam das knirschende Geräusch von Reifen auf Kieselsteinen. Sara stiegen Tränen in die Augen. *Ich bin eine richtig fiese Tochter*, dachte sie. *Warum bin ich so gemein zu ihr?*

Plötzlich sprang sie mit einem Satz aus dem Bett. *Jetzt muss ich aber schnell machen, sonst komme ich noch zu spät zur Schule!*

Hastig kleidete sie sich an, schnappte sich die Papiertüte mit ihrem Pausenbrot vom Küchentisch und rannte los. Sie blickte auf ihre Armbanduhr.

»Noch zehn Minuten bis zur ersten Stunde. Wenn ich ganz schnell renne, kann ich es schaffen.«

Sie begann zu joggen, während ihre Schultasche im Rhythmus des Laufens hin und her schwang. Die Bewegung tat Sara gut und allmählich hob sich ihre Stimmung.

Sie hatte gerade das Schulgrundstück betreten, als die

Glocke den Unterrichtsbeginn ankündigte. Ein Lächeln flog über Saras Gesicht. »Gute Arbeit«, lobte sie sich selbst. *So ein kleiner Sieg kann einen schon ganz schön aufmuntern*, dachte sie.

Kapitel 4

Sara! Sara, warte auf mich!«, hörte sie Seth hinter sich brüllen. Sie blickte über ihre Schulter und sah ihn mit gerötetem Gesicht schnell näher kommen.

»Ich muss unbedingt mit dir über etwas sprechen«, rief er außer Atem.

Ein seltsames Gefühl machte sich in Saras Magengegend breit, und das gefiel ihr überhaupt nicht.

»Über was denn?« Sara mühte sich, ruhig und normal zu klingen.

»Ist das heute nicht ein echt herrlicher Tag?«, wich Seth aus. Seine Stimme klang immer noch etwas atemlos.

Sara spürte sein Unbehagen. Er schien genau zu wissen, dass sie nicht hören wollte, was er ihr zu sagen hatte. Sie konnte sich nämlich ganz gut vorstellen, um was es ging, und nein, sie wollte es gar nicht wissen. Innerlich wappnete sie sich gegen seine nächsten Worte, aber nach außen spielte sie die Gelassenheit in Person. Sie hatte keinesfalls die Absicht, es ihm leicht zu machen.

»Hmmm … Ich wollte … na ja, du weißt schon, wie wir … nun, da ist jetzt dieses Mädchen …«

Es war raus. Sara wollte kein weiteres Wort hören.

»Ja … und jetzt … weißt du, na ja …«

Sara sagte nichts. Sie hob ihre Schultasche an die Brust, umarmte sie wie ein Kissen, stützte ihr Kinn darauf und stolzierte mit gleichgültigem Gesichtsausdruck weiter.

Seth stotterte noch ein bisschen herum, bis es schließlich aus ihm herausbrach: »Sara, ich möchte Annette unser Baumhaus zeigen.«

Das war es also. Seth hatte eine neue Freundin. Offensichtlich eine ganz besondere Freundin, denn Sara und Seth hatten einander geschworen, das Baumhaus vor aller Welt geheim zu halten und niemals irgendjemandem auch nur das Geringste davon zu erzählen.

Saras Herz klopfte bis zum Hals und ihr Mund war staubtrocken. Sie schluckte schwer. Irgendetwas musste sie ja sagen, aber sie wollte nicht, dass ihre Stimme verriet, wie sie sich fühlte.

»Warum?«

Seth verlangsamte seinen Schritt. Eine so direkte Frage hatte er von Sara nicht erwartet. Er hatte damit gerechnet, dass sie fragen würde: »Wer ist Annette?«, und dann hätte er erklärt, dass sie ein neues Mädchen in seiner Klasse sei und neben ihm sitze. Aber Saras Frage erforderte eine vorsichtige Antwort, denn Seth wusste, dass Sara die Wahrheit nicht gut aufnehmen würde.

Warum ich Annette unser Baumhaus zeigen will? Weil sie ein wirklich tolles Mädchen ist und ich sie sehr mag. Sie ist echt fröhlich und hat auch gern Spaß. Und sie würde das Baumhaus genauso lieben wie wir.

Nein, so ging es bestimmt nicht. Seth hätte Sara niemals angelogen, aber er wollte sie auch nicht beunruhigen. Das war schon eine ziemliche Zwickmühle. Wie konnte er ehrlich zu Sara sein, ohne sie aufzuregen, und trotzdem das durchsetzen, was ihm am Herzen lag? Auf einmal fielen ihm die richtigen Worte ein. Erleichtert setzte er an: »Weil ich mich noch sehr gut daran erinnern kann, wie schwierig es ist, wenn man neu in der Stadt ist, und weil sich bei mir alles zum Guten gewendet hat, als ich dich traf. Ich dachte nur, dass du Annette auch helfen könntest, sich hier wohler zu fühlen – eben so, wie du mir damals geholfen hast.«

Seth sprach voller Ernsthaftigkeit und Offenheit. Erleichtert blickte Sara zum ersten Mal auf.

»Ja, wenn das so ist, dann …«

»Prima! Wir treffen uns morgen nach der Schule am Fahnenmast«, rief Seth. Er rannte die Stufen zum Eingang hinauf, wandte sich noch einmal um und sagte: »Tut mir leid, Sara, aber heute Abend kann ich nicht kommen. Ich muss noch was Wichtiges erledigen. Also bis morgen, wir treffen uns dann morgen!«

Weg war er. Verdattert blickte ihm Sara hinterher. Erst jetzt dämmerte ihr, was gerade vorgefallen war. Seth hatte sie regelrecht überrumpelt.

»Warte, Seth, warte!«, brüllte sie hinter ihm her, aber die schwere Tür des Schulgebäudes war bereits hinter ihm zugefallen. Und jetzt kam sie seinetwegen auch noch zu spät!

»O Mann«, sagte Sara laut, als sie die Tür aufstieß. »Was bildet sich Seth eigentlich ein? Und was wird dann mit Salomon?«

Den ganzen Tag über konnte sie sich kaum auf den Unterricht konzentrieren. Immer wieder kehrten ihre Gedanken zu Seth, dem Baumhaus und dem fremden neuen Mädchen zurück. Wie hieß sie noch einmal? Annette? Was hatte sich Seth eigentlich vorgestellt? Wie in aller Welt sollte es mit ihnen und Salomon weitergehen, wenn die Neue dabei ist?

Sollte Seth etwa vergessen haben, dass sie Salomon meistens am Baumhaus trafen? Natürlich hatte er es nicht vergessen. Das war völlig unmöglich. Wenn er dieser Annette also das Baumhaus zeigen wollte, hieß das etwa, dass er sie auch in das Geheimnis um Salomon einweihen wollte?

Saras Lehrer machte das Deckenlicht aus und richtete den Lichtstrahl des Projektors auf die Leinwand, die vor der Tafel stand. Sara lehnte den Kopf zurück an die Wand, stieß einen tiefen Seufzer aus und schloss verzweifelt die Augen. Was sollte sie nur tun?

Wieder dachte sie daran, wie sie Seth kennengelernt und es dann irgendwann ganz normal gefunden hatte, ihm ihr Geheimnis zu verraten. Aber sie erinnerte sich auch daran, dass sie es schon damals für ein gewisses Risiko gehalten hatte. Zum einen, weil er sie vielleicht nicht mehr mögen würde, wenn er von Salomon erfuhr, und zum anderen, weil sie fürchtete, dass er alles verderben könnte.

Wie verklickert man auch einem anderen Menschen, dass man sich regelmäßig mit einer sprechenden Eule namens Salomon unterhält? Noch dazu einer Eule, die alles über einen selbst weiß und auch über alles andere auf der großen weiten Welt informiert ist? Sara war davon überzeugt, dass man schon aus weitaus geringeren Gründen Menschen für immer hinter Schloss und Riegel einsperrte und den Schlüssel wegwarf. Daher war sie unendlich erleichtert gewesen, dass Seth keine Miene verzog, als sie ihm ihre ungewöhnliche Beziehung zu Salomon offenbarte.

Sara versuchte, sich Annettes Reaktion vorzustellen. Das würde wahrscheinlich etwa so verlaufen:

»Hallo, Annette. Willkommen in unserem Baumhaus. Ach, und noch was: Als ich mal so nichts ahnend durch den Wald wanderte, sah ich eine riesige Eule auf einem Zaunpfahl sitzen, und die sagte zu mir: ›Hallo, Sara, ist das nicht ein herrlicher Tag?‹ Und ich habe geantwortet: ›O ja, da hast du wirklich recht!‹ Und dann kamen mein schrecklicher kleiner Bruder und sein ätzender kleiner Freund und erschossen die Eule. Aber das war ganz in Ordnung, denn sie erwachte wieder zu neuem Leben und hatte noch alle Federn und nicht mal einen Kratzer. Und jetzt nimm schon das Schwingseil und spring über den Fluss!«

Die meisten Leute hören es wahrscheinlich nicht gern, dass man mit einer sprechenden Eule befreundet ist, die alles über jeden weiß! Da hält man doch lieber den Mund! Was fiel Seth eigentlich ein? Warum wollte er einem anderen Menschen von Salomon erzählen und damit möglicherweise alles aufs Spiel setzen?

Ziemlich erschöpft legte Sara den Kopf auf die Tischplatte und schlief ein. Im nächsten Augenblick befand sie sich schon inmitten eines Traumes. Sie saß allein mit Salomon oben im Baumhaus.

»Was ist bloß in Seth gefahren, Salomon? Warum hält er sich nicht an unseren Schwur?«

Nun, Sara, vielleicht denkt er darüber nach, wie glücklich es ihn gemacht hat, dass du ihm dein Geheimnis verraten hast.

»Aber Salomon ...«

Der Lehrer knipste das Licht an und katapultierte Sara damit aus ihrem Traum und ihrem Gespräch mit Salomon wieder in das Klassenzimmer zurück. Als sie die Augen öffnete, hörte sie Salomons Stimme in ihrem Kopf: *Wir sind alle Vögel gleichen Gefieders, Sara. Hier ist alles in bester Ordnung.*

Kapitel 5

Mit einem sehr unbehaglichen Gefühl machte sich Sara zum Baumhaus auf. Sie hatte keine Ahnung, welche wichtige Aufgabe Seth davon abhielt, dorthin zu kommen, aber sie war froh, dass er nicht da war. Sie wollte nämlich allein mit Salomon sprechen. Seth schien wild entschlossen zu sein, Annette in ihren Kreis aufzunehmen, und jetzt wusste Sara, dass auch Salomon damit einverstanden war.

Ich fand alles ganz prima, so wie es war, schmollte Sara. *Warum muss sich überhaupt dauernd alles verändern? Übermorgen wird gar nichts mehr so sein, wie es früher war!*

Sara erklomm die Leiter, legte sich im Baumhaus auf den Rücken und starrte hinauf in das Geäst. Wie üblich saß Salomon hoch oben auf einem Zweig. Als er sah, dass es sich Sara bequem gemacht hatte, flog er zu ihr hinunter, so wie er es schon Hunderte von Malen getan hatte.

Hallo Sara, ist es nicht ein wunderschöner Tag?

Ohne zu antworten, musterte Sara den Vogel. Sie hielt dies keineswegs für einen wunderschönen Tag. Und sie wusste, dass er wusste, dass sie es keinesfalls für einen wunderschönen Tag hielt. Außerdem wusste sie, dass Salomon keinen Tag als nicht wunderschön betrachten würde, und das machte ihr noch deutlicher, dass sie momentan auf einer ganz anderen Wellenlänge schwang als er.

Schau dir doch mal diesen prächtigen Himmel an, Sara. Hast du je einen so ausnehmend schönen Himmel gesehen?

An diesem Nachmittag hatte Sara den Himmel überhaupt noch nicht beachtet. Sie hatte nicht ein einziges Mal nach oben gesehen. Das tat sie jetzt. Eine schwere Wolkenbank schützte ihre Augen vor den Strahlen der Nachmittagssonne und so konnte sie von ihrem Platz im Baumhaus aus ein breites Band aus Rosa-, Lila- und Blautönen sehen.

»Das ist wirklich ganz besonders schön«, sagte sie leise und spürte, wie sich ihre Laune ein wenig besserte.

Ich glaube nicht, dass ich schon mal so einen Himmel gesehen habe, versetzte Salomon.

Sara nickte. Der Himmel sah wirklich ganz anders aus als sonst.

Ich glaube, man könnte dies einen perfekten Sonnenuntergang nennen, Sara. Von allen Sonnenuntergängen, die ich gesehen habe, gefällt mir dieser am besten. Und was sagst du dazu?

»Ja, da hast du wohl recht, Salomon.« Es kam ihr seltsam vor, dass sich Salomon so intensiv mit dem Himmel beschäftigte, während sie selbst diesen schrecklichen Druck in der Magengrube verspürte. *Vielleicht sollte er mir lieber bei meinem Problem helfen*, dachte sie. Inzwischen hatte die Eule weitergesprochen:

Mich erstaunt doch sehr, was für wunderschöne Bilder dieser Himmel bietet, und dabei wiederholen sie sich nie. Der Himmel verändert sich andauernd. Ist dir das auch schon aufgefallen, Sara?

»Ja, ich glaube schon.«

Tagein, tagaus sitze ich hier auf diesem Baum und nehme die Schönheit dieses Ortes wahr. Immer wieder bin ich überrascht von der außerordentlichen Vielseitigkeit der Lichtmuster, den unglaublich abwechslungsreichen Kombinationen von Sonne, Wolken und blauem Himmel. Und in all der Zeit, die ich nun schon hier verbracht habe, habe ich nie erlebt, dass sich ein Himmelsschauspiel auch nur ein einziges Mal wiederholt. Diese Reichhaltigkeit ist wirklich sehr bemerkenswert.

Sara hörte gut zu. Ihr war klar, dass ihr Salomon etwas Wichtiges mitteilen wollte.

Ja, dieser Augenblick ist tatsächlich perfekt und dennoch gleichzeitig ständigen Veränderungen unterworfen. Das finde ich in der Tat höchst spannend. Nun, Sara, ich werde diesen perfekten Tag jetzt von einer höheren Warte aus genießen. Ich wünsche dir einen wunderschönen Abend, mein liebes Mädchen.

Salomon breitete seine mächtigen Schwingen aus und stieg in die Höhe. Sara sah zu, wie er einen großen Kreis beschrieb und dann dem Sonnenuntergang entgegenflog. Die Sonne leuchtete hell hinter dunklen Wolken, die von einem glänzenden silbernen Ring umrahmt waren. Sara blickte Salomon so lange nach, bis er nicht mehr zu sehen war.

»Schon gut, ich habe es begriffen. Veränderungen sind also etwas Gutes«, sagte Sara leise. »Aber das heißt noch lange nicht, dass ich sie auch mögen muss.«

Kapitel 6

Sara wartete am Fahnenmast auf Seth und Annette. Unruhig musterte sie die Gesichter aller Kinder in der Nähe und versuchte sich daran zu erinnern, wie Annette aussah. Sie hatte bisher nur einen flüchtigen Blick auf das Mädchen werfen können, aber sie erinnerte sich, dass sie ziemlich groß war und sehr schlank. Ihr Haar hatte ungefähr die gleiche Farbe wie Saras, war aber länger und glatter.

»Sara? Ich bin Annette. Seth hat mir schon ganz viel von dir erzählt.«

Sara betrachtete das hübsche Mädchen vor sich.

»Hallo«, sagte sie leicht verunsichert und strich sich mit den Fingern durch ihre Locken.

»Seth hat gesagt, dass du die allerbeste Freundin bist, die er je gehabt hat und dass es keinen Menschen in der ganzen Stadt oder auf dem ganzen Planeten gibt, der mir besser tun würde als du.«

Sara lächelte. Das klang alles sehr gut.

»Ach, Seth ist wirklich total süß, Sara. Man könnte ihn glatt auffressen, findest du nicht auch?«

Wieder verspürte Sara den Knoten in der Magengrube.

»Kann schon sein«, gab sie leise zurück.

Beide Mädchen wandten sich um, als die schwere Schultür mit einem lauten Krachen ins Schloss fiel. Seth sprang in großen Sätzen die Treppe hinunter. *Er scheint das alles ja klasse zu finden,* dachte Sara.

»Hallo, ihr zwei! Ich sehe, ihr habt euch schon kennengelernt. Wollen wir gleich los?«

»Aber klar«, versetzte Annette fröhlich. »Ich bin ja total gespannt auf eure tolle Überraschung! Es ist wirklich toll, dass ihr mich mitnehmt.«

Ja, ja, ja, dachte Sara. *Sie ist toll, du bist toll, ich bin toll. Wir sind alle ja so unheimlich toll.*

Seth ging voran, da der Bürgersteig nicht breit genug für alle drei war. Sara und Annette liefen nebeneinander hinter Seth her. *Das fängt ja schon gut an,* dachte Sara mürrisch.

»Ihr beide geht lieber vor«, sagte Seth und trat aufs Gras, um die beiden vorbeizulassen. »Ich folge euch.«

Annette lächelte. »Du bist ja ein richtiger Herr, Seth Morris.«

Ja, ja, ja, dachte Sara gereizt.

»Seth hat mir erzählt, dass du schon dein ganzes Leben lang hier wohnst.«

»Stimmt«, gab Sara barsch zurück.

Seth sah zu Sara hin. Ihn überraschte die Einsilbigkeit, mit der Sara der neuen Freundin begegnete. So etwas war er von ihr nicht gewöhnt. Sara schien gar nicht sie selbst zu sein. Sie war ihm plötzlich ganz fremd geworden.

Beschämt blickte Sara auf ihre Füße. *Reiß dich zusammen!,* forderte sie sich selbst auf. *Es gibt keinen Grund, Annette gegenüber gemein zu sein. Sie ist bestimmt ein nettes Mädchen und verdient es nicht, schlecht behandelt zu werden.* Sie holte tief Luft, schluckte ihren Groll runter und sagte: »Ja, ich habe schon immer hier gewohnt.

Und ich mag es hier sehr. Hast du dich denn auch schon etwas eingelebt?«

»Na ja, es geht so. Es ist hier ganz anders als zu Hause – mein früheres Zuhause, meine ich. Aber ich werde mich bestimmt schon irgendwie daran gewöhnen.«

Annette sah sehr traurig aus. Sie schien den Augenblick gar nicht mehr zu genießen, sondern sich ganz woanders zu befinden. Ihre Augen blickten in irgendeine weite Ferne. Ganz offensichtlich war sie mit ihren Gedanken bei ihrem alten Zuhause. Mit einem Mal tat sie Sara leid. Es musste schon ziemlich schwer sein, alles Vertraute hinter sich zu lassen und in eine ganz neue Umgebung mit lauter unbekannten Leuten geworfen zu werden. In diesem Augenblick verstand Sara, warum Seth das Bedürfnis gehabt hatte, Annette in ihr Geheimnis einzuweihen. *Wenn ich sie als Erste getroffen hätte, wäre es mir wahrscheinlich genauso ergangen*, versuchte sich Sara zu trösten.

»Ich habe immer in der Großstadt gewohnt«, fuhr Annette fort. »Aber mein Vater meint, dass Kinder auf dem Land aufwachsen sollten. Ich weiß gar nicht, was er gegen die Großstadt hat. Da kann man doch super aufwachsen. Es gibt tolle Geschäfte, Mega-Kinos, jede Menge coole Restaurants und Museen und so was alles. Wo geht ihr hier denn immer essen?«

Seth und Sara sahen einander überrascht an. Was für eine komische Frage!

»Wir essen zu Hause«, antwortete Sara zögernd. »Jedenfalls meistens. Manchmal holen wir uns einen Hamburger in Pete's Laden. Und für die ganz Harten gibt's die Schulkantine.«

»Oje.« Annette klang enttäuscht.

»Wir sind beinahe da«, meldete sich Seth zu Wort. »Es gibt hier zwar keine Mega-Kinos oder coole Restaurants, aber ich wette, dass wir hier etwas haben, was du noch nie gesehen hast. Du musst aber erst versprechen, dass du es niemandem verraten wirst. Es ist nämlich unser Geheimnis und davon darf keiner was wissen. Nur wir drei.«

Sara verzog kurz das Gesicht. *Nur wir drei.* Es würde wohl noch etwas dauern, ehe sie sich an diese Formulierung gewöhnen konnte.

Ein breites Lächeln flog über Annettes Gesicht. »Na klar verspreche ich das! Und nun sag schon, was es ist! Ich kann's kaum erwarten! Los, erzähl es mir!«

»Das geht nicht. Wir müssen es dir zeigen. Es ist jetzt nicht mehr weit.«

Seth überholte die beiden und schlug den Trampelpfad ein. Im Gänsemarsch ging es weiter. Sara fiel auf, dass Seth jetzt mit besonders federnden Schritten auftrat. *Mach dir nicht zu große Hoffnungen*, dachte Sara. *Annette ist ein Stadtmädchen.*

»Täterätä«, trompete Seth, als er in der Lichtung stehen blieb. Er deutete auf den Baum. »Das ist es. Na, was sagst du dazu?«

»Ich sage dazu, dass ein Baum nun wirklich keine so aufregende Angelegenheit ist. Stell dir vor, sogar bei uns in der Stadt wachsen hier und da ein paar Bäume«, spöttelte Annette.

»Aber so einen Baum habt ihr da ganz bestimmt nicht«, gab Seth zurück und zeigte Annette die Rückseite der Eiche.

Der Mund blieb ihr offen stehen, als sie die Baumleiter sah, die bis ins Blätterwerk des ausladenden Baumes hineinreichte.

Seth grinste voller Selbstzufriedenheit. Er war wieder genauso stolz auf sein Werk wie damals, vor vielen Monaten, als er es erstmals Sara vorgeführt hatte.

»Hast du diese Leiter etwa selbst gebaut, Seth?«, fragte Annette ehrfurchtsvoll. Sie trat ein paar Schritte zurück, um sich die Bretterreihe genauer anzusehen, die Seth am Stamm des Baumes bis hoch oben befestigt hatte und deren letzte Stufen im Blätterwerk dem Blick entzogen waren.

»Hast du Lust raufzuklettern?«

»Super!«, antwortete Annette begeistert. »Klar doch!«

Na toll. Sie ist ja ganz hin und weg, dachte Sara.

Seth schwang sich auf die Leiter und kletterte in Windeseile zur Plattform hinauf. Annette folgte ihm fast ebenso schnell. Sara unterdrückte einen Seufzer und stieg schweren Herzens auf die erste Sprosse.

Als sie oben angekommen war, sah sie, wie Seth Annette die Besonderheiten seines Bauwerks zeigte. Die Holzbretter an der Rückseite des alten Baumes hatte er sorgfältig Stück für Stück abgeschmirgelt, damit man sich keine Splitter in die Finger jagte. Er führte ihr den Flaschenzug vor, den er installiert hatte, damit man nicht mit Gegenständen die Leiter hinaufklettern musste. Sara hörte zu und mühte sich, all das zu würdigen, was Seth in ihrem Versteck zustande gebracht hatte, aber sie fühlte sich keineswegs so glücklich und stolz wie damals, als er ihr die gleichen Dinge gezeigt hatte. Sie fühlte sich miserabel. *Ich dachte, er hat das alles nur für uns, für mich, gemacht,* ging ihr durch den Kopf.

Seth streckte stolz einen Arm aus und verkündete mit getragener Stimme: »Und das hier ist unsere Startrampe!«

»Startrampe? Du meinst doch nicht etwa …« Annette traute ihren Augen nicht.

»Damit können wir mühelos durch die Luft fliegen!«

»Das ist ja superklasse!« Annettes Stimme hallte über den Fluss.

»Sara, möchtest du Annette nicht zeigen, wie es funktioniert?«

Sara schrak zusammen. Seth war so begeistert von seiner neuen Freundin, dass er die alte kaum beachtet hatte. Sie war sich schon geradezu unsichtbar vorgekommen.

»Nein, mach du den Anfang«, meinte sie und versuchte

ihrer Stimme eine Leichtigkeit zu geben, die sie überhaupt nicht empfand.

»Also gut. Schau her, Annette, es geht so: Du setzt einen Fuß in diese Schlaufe und hältst mit den Händen einen dieser Knoten fest. Wahrscheinlich ist dieser für dich der beste«, sagte Seth und zeigte Annette den Knoten, den auch er immer benutzte. »Dann machst du einen Schritt nach vorn und fliegst einfach los.« Seth sprang von der Plattform und schwang sich über den Fluss.

»Wow«, staunte Annette, als Seth laut jubelnd hin- und herpendelte. »Irre! Das ist ja superklasse! Mann, ist das toll! Und wie hoch wir hier oben sind! Mann, ist das toll! Wie habt ihr bloß diese Stelle gefunden? Toll! Toll! Toll!«

Seth vollführte die allerbeste Landung, die er je gemacht hatte, was Sara nicht im Mindesten überraschte, und rief nach oben: »Jetzt bist du dran, Annette!«

Sara lehnte sich zurück und dachte an ihren ersten Absprung. Sie war sich dabei sehr ungeschickt vorgekommen und hatte ziemlich viel Angst gehabt. Sie dachte daran, wie schwer ihr und Seth anfangs die Landungen gefallen waren. Immer wieder waren sie in den Schlamm am Flussufer gestürzt, bis sie endlich den richtigen Dreh raushatten. Sie lächelte zufrieden, als sie sich Annettes erste Landung vorstellte.

Seth kletterte den Baum wieder hinauf und zog das dicke Tau zu sich auf die Plattform hoch. Als er gerade ansetzen wollte, Annette die Einzelheiten des Flugs zu erklären, griff sich das Mädchen das Seil und sprang von der Plattform. Sie schlang ihre Beine um das Tau, während sie sich auf den Fluss hinausschwang, offensichtlich völlig angstfrei hin- und hersegelte und die langen Haare fliegen ließ. Auf einmal nahm sie die Hände vom Seil.

»Pass auf!«, brüllte Sara entsetzt.

Doch Annette hatte das Tau fest um ihre Beine geschlungen und segelte jetzt anmutig mit dem Kopf nach unten und weit ausgestreckten Armen durch die Luft, so, als würde sie wirklich fliegen. Lachend und vor Freude quietschend schwang sie hin und her. Es sah richtig akrobatisch aus.

Sara starrte Seth verblüfft an.

»Sie ist Kunstturnerin«, bemerkte Seth gelassen. »Macht sie das nicht wirklich toll?«

»Ja!«, bestätigte Sara atemlos. »Das ist echt unglaublich!«

Sie blickte auf und sah Salomon auf einem Zweig hoch über ihren Köpfen. Salomon kniff ein Auge zu, so, als wollte er Sara versichern, dass er keinesfalls die Absicht habe, jetzt auf die Plattform herunterzukommen und sie in ein Gespräch zu verwickeln.

Alles ist gut, Sara. Sie vernahm Salomons ruhige Stimme deutlich in ihrem Kopf. *Irgendwann mal, wenn du den Wunsch dazu verspürst, darfst du mir Annette vorstellen. Wie du und wie Seth wird auch sie ihre Freude daran haben. Sie ist nämlich genau wie wir, Sara, sie ist ein Vogel unseres Gefieders.*

»Na, das ist ja wirklich super«, entfuhr es Sara laut.

»Was ist wirklich super?«, wollte Annette wissen.

Sara zuckte zusammen. Sie hatte gar nicht bemerkt, dass Annette wieder zur Plattform hinaufgestiegen war.

»Hast du diese Landung gesehen, Sara?«, rief Seth, der hinter Annette hochgeklettert war. »Ganz toll, Annette, wo hast du das nur gelernt? Kannst du uns das auch beibringen? Mensch, Sara, hast du so was schon mal gesehen?«

»Nein, noch nie«, entgegnete Sara und versuchte etwas Begeisterung in ihre Stimme zu legen. Sie wollte nicht zugeben, dass sie auf Annettes Landung überhaupt nicht geachtet hatte.

»Natürlich kann ich euch das beibringen. Es ist wirklich ganz leicht. Das richtige Timing ist wichtig und das ist eigentlich alles. Ich schwinge schon mein ganzes Leben an Seilen hin und her. Aber noch nie von einem Baum aus und noch nie unter freiem Himmel – und noch nie über einem Fluss. Ich hatte ja keine Ahnung, was ich bisher verpasst habe! So was Schönes habe ich in meinem ganzen Leben noch nicht erlebt! Ich danke euch, ich danke euch beiden so sehr, dass ihr mich hierher zu eurem geheimen Versteck mitgenommen habt! Was bin ich doch für ein Glückspilz! Danke, danke, danke!«

Seth grinste von einem Ohr zum anderen und Sara holte tief Luft. Annettes Begeisterung war wirklich echt. Und in Seths Augen entdeckte Sara einen neuen Glanz.

Wieder hörte sie Salomons Stimme in ihrem Kopf. *Mach dir keine Sorgen, Sara. Es wird sich alles wunderschön entwickeln. Entspanne dich und freue dich darüber, dass du eine neue Freundin hast. Sie wird in dir und Seth manches bisher Unbekannte zum Leben erwecken, so wie ihr in ihr einiges neu erwecken werdet. Gemeinsam werdet ihr auf wunderbare Weise Neues erschaffen. Du wirst schon sehen.*

»Willst du nicht fliegen, Sara?« Seths Worte katapultierten sie in die Gegenwart zurück.

»O doch«, sagte sie leise und ergriff das Schwingseil. Sie setzte ihren Fuß in die Schlaufe, hielt sich an ihrem Knoten fest und sprang in die Luft. Am liebsten hätte auch sie die Beine um das Tau geschlungen und die Arme ausgebreitet, um so graziös wie Annette durch die Luft zu fliegen, aber sie wusste, dass sie noch lange nicht so weit war. Doch schon der Gedanke, dieses neue Kunststück zu erlernen, war sehr aufregend, und während sie hin- und herschwang, versuchte sich Sara vorzustellen, wie viel Spaß es erst machen würde, mit dem Kopf nach unten über den Fluss zu segeln und aufs Wasser zu schauen.

Sara vollbrachte eine perfekte Landung am Ufer.

»Aber hallo, das war eine Superlandung!«, rief Annette von der Startrampe. »Toll gemacht, Sara!«

Sara war richtig stolz und ein Freudenschauer lief ihr

über den Rücken. Ein solches Kompliment war besonders viel wert, wenn es von solch einer Seilschwingexpertin wie Annette kam. Aber vor allem tat es gut, sich endlich wieder wohl zu fühlen.

Na also, Sara, willkommen zurück, hörte sie Salomons Stimme in ihrem Kopf.

»Danke«, flüsterte sie. »Es ist wunderbar, wieder hier zu sein.«

Kapitel 7

S ara blieb am Spind stehen, holte ihr Bibliotheksbuch
und die Pausenbrottüte aus ihrem Fach und stopfte ihre
Jacke und die Büchertasche hinein. Sie schnupperte an der
Tüte. *Hmmm, das riecht ja richtig gut*, dachte sie begeistert. Eigentlich duftete jetzt ihr ganzes Fach nach den le-
ckeren Frikadellenbrötchen, die ihre Mutter am Morgen für
sie gemacht hatte. Während sie den Gang entlangschlen-
derte, klemmte Sara das Buch unter einen Arm und öffnete die Tüte. Der Inhalt konnte sich sehen lassen. Ein roter Apfel, zwei große Schokoladenkekse und die beiden
fein säuberlich verpackten Brötchen. Da sich Sara so in
den Inhalt ihrer Pausenbrottüte vertieft hatte, schrak sie zusammen, als sie plötzlich jemanden anrempelte. Sie murmelte eine Entschuldigung und blickte auf einmal in Annettes leuchtende Augen.

»Hallo Sara, wie geht's dir denn so?«

»Gut. Tut mir leid, dass ich dich über den Haufen gerannt habe. Aber ich bin ganz hin und weg von meinen
Frikadellenbrötchen.«

»Deinen was?«

»Frikadellenbrötchen. Das ist mein Mittagessen. Und deins?«

»Ich geh grad zur Schulkantine.«

»Oh, wie furchtbar«, sagte Sara und das war gar nicht scherzhaft gemeint. Heute war Dienstag, und solange sich Sara entsinnen konnte, gab es dienstags immer Suppe. »Herzhafte Fleisch- und Gemüsesuppe« stand auf der Menütafel, die im Flur hing. Aber die Schüler, die diese Speise im Laufe der Jahre genossen hatten, nannten sie »Möhrenmatsch«. Wahrscheinlich schmeckte die Suppe nicht so schrecklich, wie sie aussah, aber ihr Anblick konnte einem schon den Magen umdrehen. Auf tiefen Tellern schwammen lange faserige Gemüsestücke, deren Ursprung nicht mehr erkennbar war, weil man sie zu Tode gekocht hatte. Fleisch suchte man in dieser Speise vergebens; vermutlich stimmten die Gerüchte, dass sich der Begriff »Fleisch« ausschließlich auf Brühwürfel bezog. Wie Sara verzichteten auch die meisten anderen Schüler auf die »herzhafte Fleisch- und Gemüsesuppe«.

»Hör mal, du kannst doch von mir etwas abhaben«, erklärte Sara spontan. Sie erschrak vor ihren eigenen Worten. Wo waren die bloß hergekommen? Aber jetzt konnte sie nicht mehr zurück. Höflich setzte sie hinzu: »Ich esse sowieso nicht alles. Und ich hatte gerade vor, mich mit einem Buch unter den Baum zu setzen. Kommst du mit?«

»Ich kann dir doch nicht dein Mittagbrot wegessen, Sara. Und die herzhafte Fleisch- und Gemüsesuppe klingt ja ganz gut.«

»Sie ist echt ätzend, glaub mir! Wer so was runterwürgen kann, ist nicht in der Lage, eine Baumrinde von einem Steak zu unterscheiden. Zum Beispiel der blöde Jimmy dort drüben, der würde alles essen. Wahrscheinlich hat er dauernd Angst, zu verhungern. Glaub mir, Annette, diese Suppe willst du gar nicht essen.« *Schon gar nicht, wenn du sonst an so coole Restaurants gewöhnt bist*, setzte sie in Gedanken hinzu. Aber diese Bemerkung verkniff sie sich natürlich.

Annette lachte. »Du bist wirklich witzig, Sara. Na gut, dann verzichte ich lieber auf die Suppe. Aber nur, wenn es dir wirklich nichts ausmacht, mir etwas von deinem Essen abzugeben.«

Sara musste sich eingestehen, dass sie Annette eigentlich sehr nett fand, und irgendwie wusste sie nicht, was sie davon halten sollte. Einerseits wollte sie Annette ja auch mögen, aber andererseits wollte sie das nicht wirklich. *Ich bin ja richtig verblödet*, dachte Sara, *aber was soll's!*

Sie blieb an einem Automaten stehen, warf eine Münze hinein, drückte einen Hebel und zog dann eine dicke Tüte Kartoffelchips heraus. »Mit Kartoffelchips geht alles besser, findest du nicht auch?«, meinte sie, als sie zwei weitere Geldstücke in den Automaten warf. Zwei Limonadendosen polterten heraus. »Viel Auswahl haben wir nicht gerade«, erklärte sie, »aber dafür ist es billig.«

Sara und Annette fanden ein sonniges Plätzchen auf dem Schulrasen und nachdem sich Sara mit der Hand davon überzeugt hatte, dass der Morgentau weggetrocknet war, ließen sich die beiden Mädchen dort nieder. Sara riss die Papiertüte so auf, dass eine Art Tischtuch entstand. Sie breitete es auf dem Gras aus, wickelte dann vorsichtig ein Brötchen aus seiner Zellophanhülle und legte es auf das Papiertuch. Danach löste sie ein Stück Zellophan von dem anderen Brötchen und reichte es Annette, wobei sie darauf achtete, es nicht mit ihren Fingern zu berühren. Annette lächelte. Sie konnte nicht umhin zu bemerken, was für ein rücksichtsvoller Mensch Sara war.

Beide bissen augenblicklich in ihre Brötchen und sahen sich dann mampfend an.

»Mann, Sara, das ist ja unheimlich lecker! Ich glaube, ich habe in meinem ganzen Leben noch nie so was Gutes gegessen! Wie kannst du davon auch nur einen Bissen abgeben! Hmm, ist das toll!«

Sara fand zwar auch, dass ihr Frikadellenbrötchen besonders gut schmeckte, hielt aber Annettes Reaktion für reichlich übertrieben.

»Schön, dass es dir schmeckt, Annette. Aber das ist doch kein Grund zur Aufregung! Schließlich ist es doch nur ein Brötchen.«

»Egal, was es ist, es ist einfach göttlich.«

Annette biss ein winzig kleines Stück ab und kaute darauf herum, als ob sie den Geschmack ganz lange bewahren wollte. Noch nie hatte Sara jemanden gesehen, der so viel Freude an einem Brötchen hatte – oder der mit so viel Hingabe überhaupt eine Speise genoss. Annette rührte die Kartoffelchips nicht an und trank auch keinen Schluck Limonade. Sie konzentrierte sich ganz und gar auf ihr Brötchen, bis sie es aufgegessen hatte.

Danach leerten die Mädchen die Tüte mit den Chips und die Limodosen. Sara blickte auf ihren Apfel. Da sie nichts hatte, um ihn durchzuschneiden, zog sie die beiden großen Schokoladenkekse hervor. Am Vorabend hatte sie mit ihrer Mutter eine Riesenmenge Kekse gebacken. Ein Teil davon war schon am Abend während des Fernsehens verputzt worden und der Rest sollte in den kommenden Wochen die Pausenbrottüten bereichern. Sara bot Annette einen Keks an. Annette zögerte keinen Augenblick, sondern griff sofort zu.

»Wow, ist das lecker!«, stöhnte sie mit geschlossenen Augen, nachdem sie hineingebissen hatte. »Sara, das ist ja soooooooo gut!«

Sara lächelte leicht verwirrt. Was war bloß mit diesem Mädchen los? Hatte sie noch nie ein Frikadellenbrötchen gegessen? Kannte sie denn keine Schokoladenkekse?

Sara liebte Schokoladenkekse. Eigentlich liebte sie jede

Art von Keksen. Aber so wie Annette liebte sie sie nicht. Nicht einmal annähernd.

Die Schulglocke schrillte. Beide Mädchen zuckten zusammen. »Das war eine kurze Stunde«, meinte Sara. »Die Zeit verfliegt eben, wenn man Spaß hat.«

»Danke, dass du dein Mittagbrot mit mir geteilt hast, Sara. Es war supergut.«

»Kein Problem«, erwiderte Sara, während sie aufstand und sich die Krümel abschüttelte. »Jederzeit wieder, wenn du magst.«

»Ach so ja, noch was«, fuhr Annette fort. »Ich kann heute nicht zum Baumhaus kommen. Mein Papa will, dass wir gleich nach der Schule irgendwas erledigen. Ich muss also schnurstracks nach Hause.«

»Schon gut, dann sehen wir uns eben am Montag.«

»Okay, bis dann.«

Sara blickte Annette hinterher und staunte über die unterschiedlichen Gefühle, die das Mädchen in ihr wachrief. Irgendwie wurde sie nicht recht schlau aus Annette. Sie war sehr hübsch, klug und durchaus recht nett, aber sie kam aus der Großstadt und machte viel zu viel Aufhebens um ein Frikadellenbrötchen und einen Schokokeks.

Was soll's, dachte Sara und ging ebenfalls auf die Schule zu.

Kapitel 8

Sara öffnete die Augen und blieb einen Moment lang still auf ihrem Bett liegen. Sie hatte keine Ahnung, was sie geweckt hatte. Ihr Wecker hatte nicht gerasselt. Sie drehte sich zur Seite und blickte auf das Zifferblatt. Viertel vor acht. *Es ist ja Samstag*, fiel ihr ein. Sie hörte ihre Mutter in der Küche laut rumoren. Das war wieder einmal typisch. Wenn ihre Mutter fand, dass Sara aufstehen sollte, dann verursachte sie gerade mal so viel Lärm, dass Sara nicht mehr weiterschlafen konnte. Aber wenn Sara dann in der Küche auftauchte, machte sie immer ganz große Augen, als sei das eine wirklich große Überraschung.

»Nanu, du bist ja schon auf! Guten Morgen, mein Kind, hast du denn gut geschlafen?«

»Ich glaube schon«, seufzte Sara, noch immer nicht ganz wach.

»Ich geh gleich einkaufen. Willst du mitkommen?«

»Warum nicht?«, gab Sara nicht gerade begeistert zurück. Sie hatte eigentlich keine Lust, ihre Mutter zu begleiten, aber sie wusste, dass sie ihr nicht zumuten konnte, all die

461

Taschen und Tüten allein zu schleppen. Außerdem konnte Sara so ein Wörtchen darüber mitreden, was in der nächsten Woche auf den Tisch kommen würde. Die Eintönigkeit der täglichen Kochverpflichtung hatte ihre Mutter ein bisschen fantasielos gemacht und so bat sie Sara manchmal, ihr auf die Sprünge zu helfen und sich Gerichte auszudenken. Auf diese Weise gelang es Sara immer wieder, dafür zu sorgen, dass ihre Lieblingsspeisen aufgetischt wurden.

Als sie den Wagen durch die Gänge des Supermarkts schoben, schlug sich ihre Mutter plötzlich vor den Kopf.

»Ach herrje, da habe ich doch glatt die Zwiebeln vergessen. Gehst du noch mal zurück und holst mir ein paar, Sara? Gemüsezwiebeln, aber nicht zu große. Und wenn du schon da bist, kannst du auch gleich noch eine Packung Eiscreme für den Nachtisch mitnehmen. Vanilleeis.«

Sara lief zum Gemüsestand zurück. Sie wusste ganz genau, wo sich die dicken Zwiebeln befanden. So weit sie zurückdenken konnte, waren sie immer in demselben Korb gelagert. Sie wählte zwei mittelgroße aus und machte dann einen Abstecher zur Tiefkühltruhe. Auf dem Weg dorthin jonglierte sie mit den Zwiebeln, warf sie hoch und fing sie wieder auf. Hoch und immer höher! Sie konzentrierte sich ganz auf dieses Spiel, anstatt darauf zu achten, wohin sie ging. Prompt stieß sie gegen einen Einkaufswagen und die Zwiebeln flogen ihr aus den Händen.

»'tschuldigung«, murmelte sie. »Ich habe nicht aufgepasst.« Sie bückte sich, um die Zwiebeln wieder aufzusammeln.

»Hallo Sara!«, rief eine Stimme überrascht.

Sara erhob sich und sah sich Annette gegenüber, die vor einem voll beladenen Einkaufswagen stand.

»Äh, hallo, Annette, na, wie geht's?«

Es war wirklich unglaublich. Jetzt hatte sie Annette schon zweimal innerhalb von zwei Tagen angerempelt. Und jedes Mal war sie irgendwie mit Lebensmitteln beschäftigt gewesen. *Sie muss mich ja für total bescheuert halten*, dachte Sara.

»Mir geht's prima«, erwiderte Annette. Sie wendete ihren Einkaufswagen und ging schnell weiter. »Bis später dann, in der Schule oder so.«

Komisch, dachte Sara, *warum hat sie es nur so eilig?*

Annette befand sich schon im nächsten Gang, doch Sara hatte noch einen Blick in ihren überfüllten Einkaufswagen werfen können: Lauter Dosen und Fertiggerichte und obendrauf lag eine große Tüte mit Schokokeksen.

Sara kehrte zu ihrer Mutter zurück und legte die Zwiebeln und das Vanilleeis in den Wagen. Käse und Oliven kamen noch dazu und dann stellten sich Mutter und Tochter an der Kasse an. Neugierig blickte sich Sara um. Sie war sehr gespannt auf Annettes Mutter.

Wahrscheinlich will sie nicht, dass ich ihre Mutter sehe, dachte Sara, *vielleicht ist sie deshalb so schnell abgedüst.*

Aber sosehr Sara auch Ausschau hielt, Annette war wie vom Erdboden verschluckt. Sara wusste selbst nicht, weshalb sie darüber enttäuscht war. Irgendwie kam sie sich fast so vor, als ob sie Annette hinterherspionierte. *Ich sollte das sein lassen*, dachte Sara. *Ganz klar, Annette will nicht, dass ich meine Nase in ihre Angelegenheiten stecke. Also werde ich mich in Zukunft zurückhalten. Ganz bestimmt. Ich werde mich nur noch um meine eigenen Angelegenheiten kümmern. Versprochen.*

Kapitel 9

G laubt ihr an Geister?« Annette platzte mit dieser Frage regelrecht heraus.

Sara und Seth blickten sich überrascht an.

»Na ja, ich glaube schon«, gab Sara zurück. »Ich meine, ich habe noch nie einen Geist gesehen, aber doch, ich glaube, dass es Geister gibt. Und du, glaubst du das auch?«

»Wie ist es mit dir, Seth, sag mal, glaubst du an Geister?«

Seth wusste nicht genau, wie er Annettes Frage beantworten sollte. An ihrem Gesichtsausdruck erkannte er, dass sie es ganz ernst meinte, und deshalb wollte er sich nicht einfach mit einem blöden Witz aus der Affäre ziehen.

»Was meinst du denn, wenn du von ›glauben‹ sprichst?«, wich er aus.

»Was heißt, was ich meine?«, gab Annette ziemlich scharf zurück. »Das war doch eine ziemlich einfache Frage.«

Seth begriff, dass er sie gekränkt hatte, aber er wollte noch etwas Wichtiges loswerden: »Nun, es ist eben so, dass viele Leute an etwas glauben, weil ihnen andere Leute sagen, dass es so etwas gibt. Mein Opa behauptet, dass man

Menschen nur lange genug etwas einreden muss, damit sie irgendwann dran glauben, ganz gleich, ob es stimmt oder nicht. Er meint, dass die Menschen wahnsinnig leichtgläubige Herdentiere sind und sich darin nicht von Schafen unterscheiden. Sie nehmen dir alles ab, wenn du es darauf anlegst. Aber so möchte ich eben nicht sein. Also habe ich schon vor Ewigkeiten beschlossen, mich nicht auf die Worte von anderen Leuten zu verlassen. Damit macht man es sich zu leicht. Ich glaube erst dann, dass etwas wahr ist, wenn mir meine eigene Erfahrung den Beweis dafür liefert.«

Sara staunte über die Entschlossenheit, mit der Seth sprach. *Er weiß in dieser Sache ganz genau, was er will*, dachte sie beeindruckt.

»Und da ich persönlich noch nie einem Geist begegnet bin, kann ich nicht aus eigener Erfahrung behaupten, dass es Geister gibt. Trotzdem halte ich das durchaus für möglich. Ich meine, ich habe da schon ein paar seltsame Erlebnisse gehabt ...«

Seine Stimme verlor sich. Er begriff, dass er kurz davor gestanden hatte, von Dingen zu sprechen, über die Annette noch nichts wissen sollte. Sara sah besorgt auf. Sie hoffte sehr, dass Seth Annette nichts von Salomon erzählen würde.

Annette registrierte Saras plötzliches Aufmerken. »Und was ist mit dir, Sara? Erklär doch mal genauer. Glaubst du an Geister?«

»Nun«, antwortete Sara zögerlich. »Ich glaube schon, dass es so was gibt.«

Sie dachte daran, wie Salomon in ihr Schlafzimmer gekommen war, nachdem Jason und Billy ihn erschossen hatten. In jener Nacht hatte sie Salomon eigentlich nicht als Geist wahrgenommen – sie war einfach so dankbar gewesen, dass er plötzlich wieder aufgetaucht war. Aber rückblickend begriff sie, dass in einem solchen Fall wohl die meisten Menschen Salomon für einen Geist gehalten hätten. Doch sie hatte keinesfalls vor, Annette auch nur irgendetwas von Salomon zu erzählen.

Sara und Seth sahen einander an. Wenn man überhaupt von Geistern sprechen konnte, gehörte Salomon ganz bestimmt in diese Kategorie. Das war beiden klar, doch keiner sprach es aus. Beide wussten nicht so recht, ob sie dieses Geheimnis ihrer neuen Freundin verraten sollten. Sara wünschte, dass sie das Thema wechseln und einfach wieder am Tau schwingen würden.

»Weshalb bist du denn so daran interessiert? Glaubst du denn an Geister?«, fragte Seth und musterte Annette forschend.

Annette sah erst zu Seth, dann zu Sara, dann wieder zu Seth und abermals zu Sara.

Sara und Seth warteten auf ihre Antwort.

»Nein, ich wollte einfach nur wissen, ob ihr daran glaubt«, versetzte Annette und erklärte dann unvermittelt: »Ich will jetzt wieder fliegen!« Und ohne ihre üblichen Vorbereitungen packte sie das Seil und sprang von der Startrampe, als ob sie nicht schnell genug verschwinden könnte.

»Was war das da eben eigentlich?«, fragte Sara, als Annette außer Hörweite war.

»Ich finde, dass wir ihr von Salomon erzählen sollten«, meinte Seth aufgeregt.

»Nein, Seth, nein! Ich finde, wir sollten ihr das nicht erzählen. Bitte versprich mir, Seth, dass du ihr nichts verrätst!«

Annette blickte zu ihnen hinauf und winkte.

»Sara, bist du dir sicher? Ich meine, ich glaube …«

»Bitte, Seth, versprich es mir!«

»Na gut.«

Kapitel 10

Am nächsten Morgen dachte Sara auf dem Schulweg unaufhörlich an Annette. Der Vorsatz, sich künftig nur noch um ihre eigenen Angelegenheiten zu kümmern, hatte sich in Luft aufgelöst. Etwa zweihundert Meter vor sich sah sie Seth gehen.

»He, Seth«, rief sie. »Warte auf mich!«

Warum brülle ich eigentlich? Er ist zu weit weg, um mich zu hören.

Aber Seth hielt inne, wandte sich um, winkte und begann, auf Sara zuzugehen. Sie rannte ihm entgegen.

»Sag mal, Seth«, fragte Sara atemlos, »hast du eigentlich schon mal Annettes Mutter gesehen?«

»Nein«, Seth fühlte sich sehr unbehaglich. »Das habe ich nicht.«

»Na ja, ich habe mich nur gefragt ...« Sara brach ab, weil sie daran dachte, dass sie jetzt doch ihre Nase in Angelegenheiten steckte, die sie überhaupt nichts angingen.

Sie liefen über die Brücke an der Hauptstraße und als

sie später an der Ampel warteten, fuhr ein glänzendes schwarzes Auto an ihnen vorbei.

»Das war doch Annettes Vater, nicht wahr?«, fragte Sara.

»Gesprächsthema Nummer eins in Pete's Laden«, erwiderte Seth. »Alle haben sich darüber gewundert, was jemand mit so einem teuren Wagen in unserer Stadt zu suchen hat. Es ist aber auch wirklich ein ganz besonders schönes Auto!«

Der lange dunkle Wagen mit dem vielen glänzenden Chrom bog in die Straße ein, die zur Grundschule führte. Wegen der getönten Fenster konnte man die Passagiere nicht gut erkennen, aber Sara glaubte, dass sie einen Mann auf dem Fahrersitz sah, eine ziemlich kleine Person auf dem Rücksitz und eine etwas größere auf dem Beifahrersitz. Wahrscheinlich war das Annette.

»Findest du es nicht seltsam, dass man ihre Mutter nie sieht?«

»Nee, finde ich nicht.«

»Hör mal, die wohnen jetzt schon einen Monat hier. Und ich habe Annette mal im Supermarkt gesehen, da hatte sie einen ganzen Karren voller …«

»Tut mir leid, Sara, aber mir fällt grad ein, dass ich was Wichtiges für den Unterricht vergessen habe. Geh du schon mal vor. Wir sehen uns später.« Seth wandte sich um und rannte die Straße zurück.

Mit offenem Mund blickte Sara hinter ihm her. So schnell hatte sie Seth noch nie davonlaufen sehen. »Seth, warte doch!«, rief sie. Aber er wandte sich nicht um.

Sara nahm ihm nicht ab, dass er etwas vergessen hatte. Offensichtlich hatte sie etwas gesagt, was ihm sehr unangenehm war. Aber weshalb sollten ihm denn Fragen über Annettes Mutter unangenehm sein? Das war irgendwie merkwürdig.

An diesem Tag sah sie Seth nicht mehr. Es war schon eigenartig, dass sie ihm in den Pausen überhaupt nicht über den Weg lief. Irgendwie kam es ihr so vor, als ob er ihr absichtlich auswich. Das ergab keinen Sinn, aber sein seltsames Verhalten am Morgen ergab auch keinen Sinn.

Nach der Schule überkam Sara Heißhunger auf einen Schokoriegel. Auf dem Weg zum Baumhaus betrat sie Pete's Laden. *Ich kaufe für jeden einen Riegel,* beschloss sie und griff tief in ihre Schultasche, wo sich unerklärlicherweise immer irgendwelche Münzen ansammelten.

»Wie traurig, dass diese netten kleinen Mädchen keine Mutter mehr haben«, hörte Sara die Worte einer anderen Kundin. »Finden Sie das nicht auch unendlich traurig?«

Sara spitzte die Ohren. Von wem sprachen diese Leute bloß? Als sie weiter zuhörte, ging ihr plötzlich ein Licht auf. Die Frauen unterhielten sich über Annette und ihre Schwester! Annettes Mutter war also tot! Saras Herz begann schneller zu schlagen.

»Meine Güte«, sagte jetzt eine andere Frau. »Ich hatte ja keine Ahnung! Ja, das ist wirklich sehr traurig.«

»Ich glaube nicht, dass hier viele Leute darüber Bescheid wissen. Sam Morris, der Mann, der letztes Jahr in das Thacker-Haus zog, ist Wilsenholms neuer Vorarbeiter und arbeitet mit meinem Mann zusammen. Er hat ihm erzählt, dass er und seine Söhne Mr. Stanley und seinen Töchtern beim Umzug in das große neue Haus oben am Fluss geholfen haben. Sie waren damit ein ganzes Wochenende und ein paar Abende vollauf beschäftigt, und er sagte, dass er in seinem ganzen Leben noch nie so viele Möbel und Umzugskartons gesehen hätte. Aber es hat ihm Spaß gemacht, den Leuten zu helfen. Er meinte, dass sie alle wirklich sehr nett sind. Und am ersten Tag erfuhr er dann, dass Mrs. Stanley vor Kurzem gestorben ist. Wirklich, das ist eine ganz traurige Sache. Die armen kleinen Mädchen.«

Sara konnte ihren Ohren kaum trauen. Annettes Mutter war tot. Und Seth wusste das. Warum hatte er ihr nichts davon erzählt? Warum hielt er diese wichtige Nachricht vor seiner besten Freundin geheim? Sara verschwendete keinen Gedanken mehr an Schokoriegel, sondern verließ benommen und verstört den Laden.

Ich werde nie wieder mit ihm reden! Soll doch Annette seine neue beste Freundin sein! Seine einzige Freundin, meinetwegen. Ich werde nie wieder mit ihm sprechen! Und mit ihr auch nicht!

Tränen stiegen Sara in die Augen, als sie die Straße zu ihrem Haus einschlug. Sie ging an Thackers Weg vorbei, ohne diesem Ort auch nur die geringste Beachtung zu schenken. Nein, heute wollte sie auf keinen Fall zum Baumhaus gehen.

»Sara!«, rief ihr Seth zu, »Sara, wo gehst du denn hin? Willst du denn nicht mit uns über den Fluss schwingen?«

Sara blickte stur geradeaus. Sie wusste, dass Seth wusste, dass sie ihn gehört hatte, aber sie verspürte nicht die allergeringste Lust, mit Seth oder Annette zu reden. Sie begann zu rennen und lief im Eiltempo nach Hause.

Kapitel 11

Sara saß auf ihrem Bettrand und rutschte unruhig hin und her. Ihr hübsches Zimmer kam ihr plötzlich wie ein Gefängnis vor. Irgendwie konnte sie da nicht genug Luft kriegen. Sie stand auf, öffnete das Fenster, setzte sich aufs breite Fensterbrett und blickte hinaus in den Garten. Der Rasen war mit farbenprächtigen Blättern übersät. Saras Blick fiel auf die Schaukel mit dem alten Autoreifen. Vor Jahren hatte ihr Vater einen ausgedienten Lastwagenreifen mit einem Seil an den dicken Ast eines alten Baumes gehängt. Es war schon eine richtig schöne Schaukel. Groß genug für zwei, wenn man eng zusammenrückte. Aber seit sie das Baumhaus kannte, hatte sich Sara nie wieder in den Autoreifen gesetzt. Schließlich war er wirklich keine Konkurrenz zu dem Schwingseil, das Seth im Baumhaus angebracht hatte. Das war unvergleichlich aufregender. Nachdenklich betrachtete Sara den Autoreifen, der in der leichten Brise kaum merklich hin- und herschaukelte. Er kam ihr wie ein alter, in Vergessenheit geratener Freund vor – und genauso fühlte sich Sara jetzt auch.

Sie sprang von der Fensterbank nach draußen – gut, dass ihre Mutter das nicht mitkriegte – und setzte sich in den alten Reifen. Man kam mit ihm nicht sonderlich hoch hinaus, da er nur an einem einzigen Seil hing und sich daher immer wieder um sich selbst drehte. Aber es machte Spaß, einfach nur dazusitzen, sich abzustoßen, hin- und herzuschaukeln und sich ein bisschen zu drehen. Irgendwie hatte das etwas Hypnotisierendes. Sara schloss die Augen, um diese Wirkung zu verstärken. Hin und her, eine Drehung rechts herum, eine Drehung links herum, hin und her, eine Drehung ...

Sara.

Salomons angenehme Stimme kam von oben.

Sie öffnete die Augen und blickte hinauf in den Baum. Tatsächlich, da saß Salomon. Sanft plusterte der Wind sein Gefieder auf.

»Hallo, Salomon! Was für eine Überraschung! Hier habe ich dich gar nicht erwartet!«

Ich habe dich hier auch nicht erwartet, Sara. Es ist schon ziemlich lange her, dass du dich auf diese alte Schaukel gesetzt hast.

»Ich weiß«, antwortete Sara leise. »Aber irgendwie hatte ich plötzlich Lust dazu.«

Salomon schwieg. Sara schwang hin und her, drehte sich einmal rechtsrum, einmal linksrum und schwang wieder hin und her.

Sie warten auf dich im Baumhaus, sagte Salomon.

»Na und.« Sara stieß sich ein wenig stärker vom Boden ab und wirbelte dann etwas schneller herum.

Salomon schwieg immer noch. Er drängte sich nie auf, wenn Sara keine Lust zum Sprechen hatte.

»Eins möchte ich doch zu gern wissen«, sagte sie jetzt. »Weshalb hat mir Seth verschwiegen, dass Annettes Mutter tot ist? Ich meine, er musste doch wissen, dass mich das interessiert. Ich habe ihn sogar mal gefragt, ob er Annettes Mutter getroffen hat. Und da hat er mich rundweg angelogen, Salomon! Ich kann es einfach nicht glauben. Ich dachte doch, dass wir Freunde sind!«

Weißt du, Sara, Seth saß da ganz schön in der Zwickmühle. Annette hat ihm nämlich das Versprechen abgenommen, dass er es niemandem erzählt. Und sie hat ihn vor allem darum gebeten, dir nichts zu sagen.

»Na toll! Es ging ihm also mehr darum, sie nicht zu verletzen als mich! Wie finde ich denn das!«

Ja, Sara, so könnte man es natürlich auch sehen. Du könntest aber auch davon ausgehen, dass er sich seiner Freundschaft mit dir sicherer ist und dass er dich im Augenblick für viel widerstandsfähiger hält als Annette. Mit anderen Worten: Er denkt wohl, dass Annette im Moment viel größere Sorgen hat als du.

Mit ihrem Ärmel wischte sich Sara die Träne weg, die ihr plötzlich über die Wange gelaufen war. »Aber warum sollte ich nichts davon wissen?«

Nun, ich vermute, dass Annette dahintergekommen ist, dass sie von Leuten, die Bescheid wissen, anders behandelt wird. Sie möchte nicht, dass die Menschen Mitleid mit ihr haben. Genau wie du ist sie ein starkes, stolzes Mädchen, das gern glücklich sein möchte.

Sara schluckte schwer. Jetzt schämte sie sich für ihr Verhalten und ihre Gefühle. Es war schon schlimm genug, dass sie nichts gegen ihre Eifersucht unternehmen konnte – immer wieder stieg dieses grässliche Gefühl in ihr auf. Und jetzt kam noch ein anderes Gefühl dazu: Sie fühlte sich schuldig, weil sie eifersüchtig war, und dieses Schuldgefühl verstärkte sich immer mehr, wenn sie an das traurige Schicksal der armen Annette dachte. Meine Güte, das alles war so entsetzlich traurig! Schuldgefühle über Schuldgefühle türmten sich in ihr auf.

Eine weitere Träne rollte ihr über die Wange, als sie daran dachte, wie die arme Annette im Supermarkt mutterseelenallein Fertiggerichte, Tiefgefrorenes und Dosen eingekauft und sich von maschinell hergestellten Schokokeksen vielleicht etwas Glück erhofft hatte.

Genau, Sara, das ist genau der Grund, weshalb sie nicht wollte, dass dir Seth was sagt. Sie hat nämlich wiederentdeckt, wie schön das Leben doch sein kann. Aber jedes Mal, wenn ein neuer Freund erfährt, dass ihre Mutter gestorben ist, wird sie wieder zurückgeworfen und durchlebt die ganze Trauer aufs Neue – eben aus der Sicht des anderen. Kannst du jetzt verstehen, weshalb sie so etwas vermeiden möchte?

»Ja«, flüsterte Sara unter Tränen. Sie schnäuzte sich die Nase und sah zu Salomon hinauf.

»Ach, Salomon, ich weiß doch selber nicht, was mit mir los ist. Ich fühle mich ganz entsetzlich grauenvoll.«

Salomon schwieg und wartete.

»Ich meine, seitdem Annette hier ist, scheint es mir schlecht zu gehen. Ich weiß ja, es ist nicht ihre Schuld, aber ...«

Nun, Sara, ich bin ziemlich sicher, dass es dir bald sehr viel besser gehen wird – du bist schließlich von Natur aus ein fröhliches Mädchen. Aber vielleicht lohnt es sich, wenn du dir ein bisschen Zeit nimmst, über alles nachzudenken, damit du aus diesen negativen Gefühlen einen Gewinn ziehst und dir über alles Klarheit verschaffst.

Sara schnäuzte sich noch einmal die Nase und betrachtete Salomon. Irgendwie war es immer sehr beruhigend, mit ihm zu sprechen. Und er hatte ihr schon so oft geholfen, miese Stimmungen zu überwinden.

Denk daran, dass dir ein sehr starkes Gefühl in erster Linie mitteilt, dass dir dasjenige, was es verursacht, wirklich sehr wichtig ist. Je stärker das Gefühl, desto wichtiger ist dir die Sache. Zweitens teilen dir deine Gefühle in diesem Augenblick mit, ob du dieser bedeutenden Sache auch gewachsen bist.

Sara wusste, was Salomon damit meinte. Darüber hatte sie schon oft mit ihm gesprochen. Ihr fiel wieder ein, was Salomon über das Gesetz der Anziehung gesagt hatte und wie er erklärt hatte, dass Vögel des gleichen Gefieders immer im gleichen Schwarm miteinander fliegen.

Man kann es auch anders sagen, Sara: Wenn in dir ein sehr starkes, sehr ungutes Gefühl aufsteigt, so etwas wie Angst, Wut, Eifersucht, Schuld oder Vorwürfe, dann heißt das, dass du über etwas nachdenkst, was dir sehr wichtig ist – aber dass deine Gedanken nicht zu dem passen, was du dir wirklich wünschst.

Sara hörte sehr aufmerksam zu.

Wenn in dir hingegen sehr starke und sehr angenehme Gefühle aufsteigen wie Liebe, Anerkennung, Dankbarkeit, Freude oder Begeisterung, heißt das auch, dass du an etwas denkst, was dir sehr wichtig ist – aber diese Gedanken passen vorzüglich zu dem, was du wirklich wünschst.

Negative Gefühle sind nicht unbedingt was Schlechtes, Sara. Sie helfen dir, besser zu erkennen, was du mit deinen Gedanken anrichtest. Du wirst es nicht für schlecht halten, wenn dir deine empfindlichen Fingerspitzen mitteilen, dass der Ofen heiß ist. Diese Empfindlichkeit schützt schließlich deine Finger vor Verbrennungen. Und so etwas Ähnliches bewirken auch negative Gefühle. Sie teilen dir mit, dass es dir nicht gut tut, dich noch länger mit Gedanken zu beschäftigen, die dir nicht gut tun.

Sara streckte die Füße aus und stoppte das leichte Hin-und-her-Schwingen des Reifens. Sie rutschte vom Sitz auf die Erde und vergrub ihr Gesicht in den Händen. »Ach, Salomon, das weiß ich doch alles. Du hast es mir doch schon hunderttausendmal gesagt!«

Salomon zwinkerte ihr zu. *Vielleicht noch nicht ganz hunderttausendmal, Sara.*

»Was soll ich nur tun, Salomon? Seth muss mich jetzt doch richtig hassen!«

Da gibt es eigentlich nichts zu tun. Es ist ja nichts Schlimmes passiert, was wieder in Ordnung gebracht werden muss. Deine Freundschaft mit Seth wird sich ewig weiterentwickeln, daran hat sich überhaupt nichts verändert. Ich gehe davon aus, dass ihr alle drei die besten Freunde werdet, die man sich nur vorstellen kann.

Sara schniefte. Dann wischte sie sich wieder die Nase und sah zu Salomon auf. »Aber ich fand alles ganz prima, wie es früher war. Ich will keine Verän...«

Ich erinnere mich daran, dass es dir mit unserer Freundschaft damals auch so ging, Sara. Aus dem gleichen Grund wolltest du Seth damals auch nichts von mir erzählen.

Sara schnäuzte sich kräftig, ehe sie Salomon noch einmal ansah. Er hatte recht. Genauso war es damals gewesen.

Und denk mal darüber nach, wie schön alles geworden ist. Mir ist jedenfalls nicht aufgefallen, dass du unglücklich darüber bist, dass wir beide Seth in unserem Kreis aufgenommen haben.

Sara schwieg. Salomon hatte völlig recht. Sara hatte überhaupt nichts dagegen, dass Seth Salomon liebte und Salomon Seth. Ganz im Gegenteil. Sie fand es wunderschön, dass die beiden einander kannten und miteinander sprachen. Sie freute sich darüber, dass beide einander Freude bereiteten. Und sie hatte festgestellt, dass ihre Beziehung zu jedem von ihnen besser geworden war, weil sie einander kannten.

Du bist jetzt seit langer Zeit ein sehr gesundes Mädchen gewesen, nicht wahr, Sara?

»Das stimmt!«

Jetzt stell dir doch mal vor, dass du deiner Mutter sagst: »Nun, da ich jetzt schon jahrelang gesund gewesen bin, habe ich beschlossen, ein paar Jahre lang krank zu sein, damit ich anderen Leuten die Gelegenheit gebe, gesund zu sein.«

Sara brach in schallendes Gelächter aus. »Nein, Salomon! Das wäre wirklich zu albern!«

Und warum ist es albern? Weil du begriffen hast, dass die anderen nicht deshalb krank sind, weil du so außergewöhnlich gesund bist. Du hast begriffen, dass dein Wohlbefinden nichts mit dem der anderen zu tun hat.

Lächelnd nickte Sara: »Ich habe es verstanden.«

Du solltest immer daran denken, dass es in dieser Welt sehr viel Liebe gibt. Seths Begeisterung für Annette zieht ihm nichts von seiner Begeisterung für dich ab. Tatsächlich verstärkt sie diese sogar. Und du solltest dich jetzt damit beschäftigen, an die wärmsten und besten Gefühle für deine beiden liebsten Freunde zu denken. Das nenne ich gute Gedankengefühle.

Sara holte tief Luft. Es ging ihr schon sehr viel besser. »Gut, Salomon, ich werde darüber nachdenken. Ich danke dir.«

Salomon breitete seine Schwingen aus und erhob sich in die Lüfte. Sara blickte ihm nach, bis er nicht mehr zu sehen war.

Kapitel 12

Am nächsten Tag eilte Sara gleich nach der Schule zum Baumhaus. Sie wollte dort auf Seth und Annette warten, aber irgendwie war ihr etwas unbehaglich zumute. Sie konnte nicht stillsitzen, rutschte auf der Plattform hin und her und fand keine Position, in der sie sich wohlfühlte. Sie schämte sich immer noch über ihr gestriges Benehmen und sie wusste nicht genau, was sie den beiden eigentlich sagen sollte.

Sara hatte sich große Mühe gegeben, für Seth und Annette gute Gedankengefühle aufzubringen, aber sie ertappte sich immer wieder dabei, dass sie an die traurige Geschichte von Annettes Familie dachte. Sie konnte sich ein Leben ohne ihre eigene tolle, wunderbare Mutter gar nicht vorstellen. Wenn die nun plötzlich sterben würde! Der Gedanke war einfach zu grauenhaft.

»Oje«, sagte sie leise zu sich selbst. »Diese Gedanken fühlen sich aber gar nicht gut an. Ich sollte ganz schnell etwas anderes denken.«

»Hallo, ist da oben irgendjemand?«

Annettes Stimme klang fröhlich.

»Ja, ich bin da!«, rief Sara zurück. Sie sprang auf, stopfte sich ihr Hemd in die Hose und fuhr sich durch die Haare. Irgendwie kam sie sich ertappt vor.

Sara sah, dass Annette eine viereckige Blechdose in den Eimer am Boden steckte und ihren Mantel darauf legte. Dann kletterte sie die Baumleiter hinauf.

»Was ist in der Dose?«, fragte Sara.

»Ach, Zeug, das ich von zu Hause mitgenommen habe. Ich wollte es dir zeigen.«

»Schön. Willst du damit warten, bis Seth kommt? Er müsste jeden Moment hier sein.«

Annette schüttelte den Kopf. »Heute kommt er nicht«, sagte sie. »Ich habe ihn vorhin gesehen, und da hat er gesagt, dass wir uns morgen hier treffen sollen.«

Schon wieder stieg in Sara ein ganz ungutes Gefühl auf. *Wahrscheinlich hasst er mich jetzt,* dachte sie.

»Du bist wirklich die allerbeste Freundin, die Seth je hatte«, erklärte Annette geradeheraus.

Überrascht sah Sara zu ihr hin. Es kam ihr beinahe so vor, als ob Annette ihre Gedanken lesen könnte.

»Er sagte, dass er dich schon den ganzen Tag gesucht hat, aber du warst irgendwie nicht aufzutreiben. Er wollte ganz sichergehen, dass ich dir sage, dass er dich morgen unbedingt sehen will.«

»In Ordnung, danke«, erwiderte Sara.

Es ging ihr schon viel besser.

Annette band das Tau los und zog den Eimer zur Plattform hinauf.

»Lass mal, das mach ich schon«, meinte Sara und befestigte das Tau wieder am Ast, als Annette ihren Mantel aus dem Eimer nahm und wie eine Decke auf der Plattform ausbreitete. Dann stellte sie die Blechdose in die Mitte.

»Sie ist sehr schön«, sagte Sara leise und kniete sich neben Annette hin, um die Dose genauer zu betrachten.

Annette griff an die Kette, die sie um den Hals hängen hatte, und zog ein hübsches Medaillon hervor, das Sara bisher noch nie aufgefallen war. Sie öffnete es und entnahm ihm einen winzigen Schlüssel, den sie in das winzige Schloss in der Blechdose steckte und umdrehte.

Gespannt saß Sara da. Sie hatte den Eindruck, dass ihr gleich ein wunderbarer Schatz gezeigt werden würde. Annettes Bewegungen waren so präzise, als ob sie diese Handlung schon Hunderte von Malen verrichtet hätte. Der Deckel der kleinen Dose sprang mit einem lauten Klick auf. Erschrocken stieß Sara einen kleinen Quietschton aus.

Sie schämte sich über ihre alberne Reaktion auf die sicher sehr feierliche Öffnung dieser kostbaren Dose, aber Annette schien nichts bemerkt zu haben. Irgendwie schien sie in diesem Augenblick an nichts anderem interessiert zu sein als an dem, was sich in der kleinen Dose befand.

Sara setzte sich zurück, holte tief Luft und versuchte, sich zu entspannen.

Mit ihren zierlichen Fingern griff Annette in die Dose. »Das ist meine Mutter.« Sie reichte Sara ein glänzendes Foto.

Sara sah Annette nicht an, als sie das Bild entgegennahm, und sie wusste nicht, ob sie sich das Foto wirklich betrachten wollte. Wie sollte sie angemessen darauf reagieren? Sie hatte furchtbare Angst, etwas Falsches zu sagen oder zu tun.

»Und das bin ich. Mit ihr«, brach Annette das Schweigen.

Sara sah sich das Foto an. Es war sehr abgenutzt, hatte Eselsohren und eine Bruchstelle in der Mitte. Sie konnte die Gesichter der sehr gut gekleideten Frau und des kleinen Mädchens kaum erkennen, weil die Szene aus weiter Entfernung aufgenommen worden war. Die Leute auf dem Bild waren winzig. Auf der Rückseite stand in Kinderschrift mit Buntstift geschrieben: »Ich und Mama«.

»Das ist das erste Bild von mir und meiner Mutter«, erklärte Annette. »Das habe ich geschrieben, als ich ungefähr vier Jahre alt war.« Annette lachte. Sie nahm Sara das Foto wieder ab und legte es zurück in die Dose. Sara schwieg immer noch.

»Hier sind wir ein Jahr später. Papa sagt, dass meine Mama immer wollte, dass er, überall wo wir hingingen, Fotos von uns macht, aber er hatte keine Lust dazu. Er sagte immer, dass die meisten Leute viel zu viel Zeit damit verbringen auf ihr altes Leben zurückzuschauen, anstatt das zu genießen, was sie gerade erleben. Trotzdem glaube ich, dass es ihm heute leid tut, dass er nicht mehr Fotos gemacht hat.«

Sara sah sich das Bild an. Auch hier waren die Gesichter der Frau und des kleinen Mädchens nicht zu erkennen. Die Frau saß am Rand eines großen Brunnens und das Mädchen stand vor ihr.

»Mein Papa sagt, dass ich diesen Brunnen geliebt habe. Er stand in dem Park ganz in der Nähe unseres Hauses. Er sagte, dass ich da immer auf den Rand geklettert und stundenlang darauf herumgelaufen bin. Und ich soll jedes Mal geweint haben, wenn wir von diesem Brunnen weggingen.«

Sie wühlte in der Dose und reichte Sara ein weiteres Bild.

»Das ist unsere ganze Familie«, sagte sie.

»Ohhh«, brach es aus Sara heraus, bevor sie nachdenken konnte. »So ein schönes Bild habe ich noch nie gesehen!«

»Mein Papa sagt, dass meine Mama darauf bestand, wenigstens ein Familienfoto zu haben. Du hast ja schon gesehen, dass mein Papa die Bilder immer von ganz weit weg aufnimmt, sodass man die Gesichter gar nicht richtig sehen kann. Meine Mama sagte, dass wir ebenso gut ganz fremde Leute sein könnten, weil man uns höchstens an der

Kleidung erkennen kann. Aber mein Papa behauptet, dass ein Foto eine ganze Geschichte erzählen soll. Es gehe mehr darum, was passiert, als wem es passiert.«

Sie holte noch ein Bild hervor. »Das war das Lieblingsbild von meiner Mama.«

Sara nahm es in die Hand und betrachtete die schönen Gesichter. Annettes Mutter war ganz besonders schön. Sie hatte langes dunkles Haar wie Annette und große dunkelbraune Augen. Annettes Vater sah auch sehr gut aus. Und ihre kleine Schwester schien eine Miniaturausgabe von Annette zu sein, war also auch ein ausgesprochen hübsches Mädchen.

»Mensch, Annette, du hast wirklich eine wunderschöne Familie!«

Sara erschrak. Hätte sie das bloß nicht gesagt! Tränen stiegen ihr in die Augen, als ihr wieder einfiel, dass diese Familie ja gar nicht mehr vollständig war. Sie blickte zur Seite, damit Annette nichts bemerkte.

»Na ja, das Foto hat ein richtiger Fotograf gemacht. Es ist das Einzige, auf dem unsere Gesichter zu erkennen sind. Und auf diesem hier.« Annette zog aus der Dose ein Zeitungsfoto von einem kleinen, etwa dreijährigen Mädchen und einem riesengroßen Hund. Das seltsame Paar war in Großaufnahme zu sehen. Der Hund schleckte dem Mädchen das Gesicht ab.

»Ich wünsche, ich könnte mich daran erinnern!«, bemerkte Annette lachend. »Meine Mutter hat mir erzählt, dass wir im Park spazieren gingen und ich gerade ein Eis gegessen hatte. Mein Gesicht war total verschmiert. Und da kam plötzlich dieser Riesenhund auf uns zu und schleckte mir das Gesicht ab. Meine Mutter sagte, dass zufällig ein Zeitungsreporter auf einer Parkbank saß und einfach dieses Bild geschossen hat. Es erschien am nächsten Tag in der Zeitung. Meine Mama fand das sehr beschämend: Endlich hatte jemand ein richtig deutliches Foto vom Gesicht ihrer Tochter gemacht – und darauf schleckt ihr ein Hund das Gesicht ab!«

Sara las die Bildunterschrift: »*Weil sich das kleine Mädchen das Gesicht nicht abwischen wollte, wusch ihr ein Vierbeiner den Kopf.*« Beide Mädchen lachten.

»Sie hoffte, dass keiner unserer Bekannten das Bild sah. Aber mein Papa liebte es. Er kaufte jede Zeitung auf, die er kriegte, und schickte sie allen Leuten, die wir kannten. Er hat ja immer gesagt, dass ein Bild eine Geschichte erzählen sollte, und er fand, dass es sich wirklich lohnte, diese süße Geschichte zu erzählen. Er sagt immer, ein Bild ersetzt tausend Worte.«

Annette zog noch mehr Bilder hervor und beschrieb sie. Allmählich begann sich Sara zu entspannen. Ab und zu fragte sie: »Wer ist denn das?« oder »Wo wurde dieses Bild aufgenommen?« oder »Sag bloß, das ist euer Haus! Habt ihr euch darin nicht verlaufen?«

Als alle Bilder betrachtet waren, machte Annette die Dose zu und verschloss sie feierlich. Sorgfältig verstaute sie den Schlüssel in ihrem Medaillon. Beide Mädchen blickten auf die Dose, und Sara kam es so vor, als hätte sie gerade einen Film gesehen, der nie zu Ende gehen sollte.

»Stell dir vor, dass dein Vater von uns beiden hier auf der Plattform ein Foto macht. Wie würde das wohl aussehen?«, brach sie das Schweigen.

»Das kann ich mir gut vorstellen«, erwiderte Annette grinsend. »Zunächst würde er sich so weit von uns entfernen wie nur möglich, zum Beispiel da oben in den Baumwipfel hinaufsteigen. Dann würde er versuchen, das Baumhaus in voller Größe draufzukriegen, möglichst auch mit dem Flaschenzug und dem Schwingseil. Und ein bisschen vom Fluss müsste auch drauf sein. Wir beide würden dann wie kleine Tupfer auf der Plattform aussehen.« Sara lachte. Es machte Spaß, sich ein solches Bild vorzustellen.

»Und er würde etwas darunterschreiben.« Annette hielt inne und sah Sara geradewegs in die Augen: »Er würde schreiben: Es ist also tatsächlich möglich, wieder glücklich zu sein.«

Über Saras ganzen Körper lief eine Gänsehaut. All die Spannung, von der sie gar nicht geahnt hatte, dass sie noch in ihr steckte, löste sich plötzlich in nichts auf. Sie kam sich auf einmal leicht und frei wie ein Vogel im Wind vor und blieb ganz still sitzen, um dieses wunderbare Gefühl richtig zu genießen.

»Ich habe dir das alles gezeigt, weil du wissen sollst, dass es mir gut geht. Und dass ich damit umgehen kann«, sagte Annette leise.

Dann blickte sie auf ihre Armbanduhr. »Oje, das ist jetzt aber spät geworden! Ich muss unbedingt los!«, sagte sie erschrocken. »Ich hatte ja keine Ahnung, dass wir schon so lange hier sind. Wollen wir morgen weiterreden, Sara?«

Sara nickte. »Sehr gern.«

Sie blieb im Baumhaus sitzen und schaute Annette hinterher. Wie schön es doch war, so eine liebe neue Freundin zu haben!

Kapitel 13

Auch am nächsten Tag trafen sich die beiden Mädchen nach der Schule im Baumhaus. Sara fand es recht merkwürdig, dass Seth Annette wieder mitgeteilt hatte, dass er auch heute leider nicht kommen könne. Sara fand es zwar nicht schön, dass sie ihn schon wieder nicht sehen würde, aber sie freute sich darauf, das Gespräch mit Annette fortzusetzen.

»Sehe ich da etwa deinen Vater hoch oben im Baum auf einem Ast balancieren, während er ein Foto mit kleinen Tupfern schießt?«, witzelte Sara und versuchte damit, die gute Atmosphäre des Vortags zurückzuholen.

Annette lachte. »Nein, ich glaube, er hängt noch viel weiter oben aus einem Hubschrauber heraus. Der Baumwipfel ist viel zu nah!«

Schweigend ließen sich beide auf der Plattform nieder. Sara wünschte so sehr, dass sie genau da weitermachen könnten, wo sie gestern aufgehört hatten, aber mittlerweile waren vierundzwanzig Stunden vergangen und beide hatten in der Zwischenzeit etwas anderes erlebt. Eine ganz

spezielle Stimmung kann man nicht einfach herbei-
wünschen.

Schließlich brach Annette das Schweigen: »Vielleicht
schreibe ich eines Tages ein Buch darüber.«

»Darüber, wie es ist, wenn jemand …« Sara brach ab.
Sie konnte das Wort nicht aussprechen.

»Nicht so sehr darüber, wie es ist, wenn jemand, den
man ganz doll liebt, stirbt«, beendete Annette Saras Satz,
»aber vielleicht kann man mit einem solchen Buch anderen Leuten helfen, die nicht wissen, wie man mit Leuten
umgeht, die jemanden, den sie sehr lieben, verloren haben.«

Sara überlegte, ob sie Annette richtig verstanden hatte.
Sie wollte nicht ein Buch schreiben, um denen zu helfen,
die geliebte Menschen verloren hatten, sondern denen, die
Menschen kannten, die geliebte Menschen verloren hatten?

»Weißt du, was das Schwerste ist, Sara? Ich meine, wenn
etwas Zeit vergangen ist. Das Schwerste ist es zuzusehen,
wie sich die Leute um dich herum verhalten, sobald sie es
erfahren haben. Sie wissen nicht, was sie sagen sollen, und
fühlen sich rundum unbehaglich. In Wirklichkeit macht es
überhaupt nichts aus, was sie sagen. Ganz gleich, was es
ist, alles fühlt sich für dich sowieso schlecht an: Wenn sie
es nicht wissen, denkst du, sie sollten es aber wissen. Wenn
sie es wissen, wünschst du dir, dass sie es nicht wissen.
Wenn sie versuchen, dich zu trösten, findest du das manchmal ganz eklig klebrig und heuchlerisch, und wenn sie nicht
versuchen, dich zu trösten, kommen sie dir herzlos vor.
Und deshalb würde ich gern ein Buch schreiben, das irgendwie hilfreich ist.«

Sara lehnte sich zurück und betrachtete ihre neue Freundin mit ganz anderen Augen. Wie selbstlos Annette doch
war! Sie hatte in ihrem ganzen Leben noch nie etwas so
Selbstloses gehört.

»Bitte, Sara, schau mich nicht an, als ob ich besonders edel bin oder so. Das ist es nicht.«

Sara zwinkerte mit den Augen und setzte sich gerade hin. Sie sah Annette an und versuchte zu verstehen, was in ihr vorging. Irgendwie schien sie überhaupt nicht an sich selbst zu denken und daran, wie schlimm es war, dass ihre Mutter nicht mehr lebte.

»Meine beste Freundin Caroline hat mal gesagt, sie ist heilfroh, dass es meine Mutter getroffen hat und nicht ihre.«

Sara sah Annette entsetzt an.

»Damals hielt ich das für so ungefähr das Gemeinste, was ein Mensch einem anderen sagen kann. Aber heute sehe ich das anders. Sicher, es wäre besser gewesen, sie hätte es nicht gesagt, aber sei doch mal ehrlich: War es nicht ganz logisch, dass sie so etwas gefühlt hat? Und was ist denn falsch daran, wenn man sagt, wie einem zumute ist? Meine Freundin hat nichts falsch gemacht. Sie hat es ja nicht böse gemeint. Und außerdem befand sie sich in einer unmöglichen Lage. Ganz gleich, was sie auch gesagt hätte, nichts hätte bewirken können, dass ich mich besser fühle. So ist das eben.«

Annette machte eine Pause und blickte wieder in die Ferne. Nur ahnte Sara diesmal, wo sie sich aufhielt.

»Eines Tages habe ich ein Gespräch im Supermarkt mitbekommen. Eine Frau sagte, dass es nicht so schlimm ist, wenn in einer reichen Familie die Mutter stirbt, weil es sich der Vater ja leisten kann, Leute einzustellen, die seine Kinder erziehen. Eine richtige Tragödie ist es nur, wenn die Mutter einer armen Familie stirbt, weil dann niemand da ist, der sich um die Kinder kümmert.«

Mit offenem Mund starrte Sara Annette an. Sie konnte nicht glauben, was sie da zu hören kriegte.

»Ich weiß.« Annette lächelte. »Und als diese Frau ihren Einkaufswagen einen Augenblick lang allein stehen gelassen hat, habe ich ihre Tomaten mit meiner Haarspange angestochen und feste auf ihr Brot gespuckt.«

»Die hätte noch was Schlimmeres verdient!«

»Hm, darum geht es doch nicht, Sara. Die Leute sind ja nicht absichtlich herzlos. Sie wissen einfach nicht, was sie in so einer Situation sagen sollen. Und auch dafür gibt es einen Grund, denn nichts, was sie sagen, kann an der Situation auch nur das Geringste ändern. Es geht also nicht darum, dass irgendjemand etwas für dich tun sollte. Meine Mama sagt immer ...«

Annette brach ab, ganz plötzlich, so, als ob sie nichts mehr zu sagen hätte. Dann setzte sie wieder an: »Ich glaube, es gibt zwei Dinge, die ich mir wirklich wünsche: Ich möchte, dass alle Leute, die um den Tod eines Menschen trauern, begreifen, dass sie sich irgendwann wieder wohl fühlen werden; und dass das gar nicht furchtbar lange dauern muss. Und dann wünsche ich mir, dass alle Menschen, die in ihrer Nähe sind, sich von ihrer Anspannung lösen und einfach darauf warten, dass es bei den anderen vorbeigeht. Die Leute machen sich wirklich einen zu großen Kopf um die Sache mit dem Tod.«

Sara blickte überrascht auf und sah Annette ins Gesicht. Sie traute ihren Ohren kaum. Das klang genauso wie etwas, was Salomon sagen würde. Und ohne Salomon je begegnet zu sein, wusste Annette auch Bescheid.

»Kurz nach dem Tod meiner Mutter brachte uns meine Tante ein wunderschönes, flauschiges weißes Kätzchen. Das gefiel meinem Papa überhaupt nicht. Ich glaube, er war richtig böse, dass sie das Kätzchen gekauft hatte. Meine Tante setzte das Kätzchen in die Mitte unseres Wohnzimmers und es sprang sofort auf den Lieblingsstuhl meiner Mama. Sie hatte immer so gern da am Fenster gelesen. Das Kätzchen rollte sich auf dem Sitz zusammen und legte den Kopf auf die Pfötchen, als wollte es sagen: ›So, ich gehöre jetzt hierher.‹ Mein Papa war ganz außer sich. Er schob die Katze vom Sessel und das Tier sprang auf den nächsten, dann auf einen anderen, dann aufs Sofa. Ich glaube, die Katze ist auf jedes Möbelstück in unserem Haus gesprungen. Ich erinnere mich jedenfalls daran, dass ich sie durchs ganze Haus verfolgt habe und dass es wohl keinen Winkel gab, den sie nicht erforscht hat. Und als sie durch war, sprang sie wieder auf Mamas Sessel.«

Annette lächelte versonnen, während sie Sara diese Geschichte erzählte.

»Und was war dann?«, fragte Sara gespannt.

»Ich hab mich einfach zu ihr gesetzt und sie auf den Arm genommen. Sie fuhr mir mit ihrer rauen Zunge übers Gesicht und schnurrte ganz laut. Ich erinnere mich daran, dass ich total glücklich war. Ich erinnere mich daran, dass ich die ganze Zeit furchtbar lachen musste. Und dass ich mich plötzlich richtig wohlfühlte. Dann hörte ich, wie mein Papa meine Tante im Nebenzimmer ausschimpfte. ›Tausend Katzen werden ihr nicht die Mutter zurückgeben‹, sagte er. Und da antwortete meine Tante: ›Ich versuche ja nicht, ihre Mutter zurückzubringen. Ich versuche, Annette zurückzubringen.‹ Und ich erinnere mich noch ganz genau, dass ich dachte: *Ja, ich bin wieder da.*«

Diese Worte gingen Sara durch und durch. Annette hatte ihr eine Menge wichtiger Dinge gesagt. Jetzt zweifelte sie nicht mehr daran, dass es höchste Zeit war, Annette ihr Geheimnis zu enthüllen. Annette musste unbedingt erfahren, wer Salomon war.

Sara konnte es kaum erwarten, mit Seth zu sprechen, um ihm zu sagen, dass sie ihre Meinung geändert hatte. Sie wollte Annette jetzt alles erzählen. Und sie wollte vor allem, dass Annette ihren Freund Salomon kennenlernte.

Kapitel 14

Sara verließ die Schule so schnell wie möglich. Sie hoffte, Seth auf dem Weg zum Baumhaus zu begegnen, damit sie ihm ihre Entscheidung mitteilen konnte. Aber Seth und Annette saßen bereits auf der Plattform im Baumhaus und warteten auf Sara.

»Hallo, Leute!«, rief Sara atemlos hinauf, als sie die Baumleiter erklomm.

»Tag, Sara!«, Seth grinste. Er war offensichtlich froh, sie zu sehen.

Als Sara oben angelangt war und sich gesetzt hatte, schauten sich alle drei zunächst ganz verlegen an. Plötzlich brach es aus Annette heraus: »Meine Mama sagt, ich sollte …« Ihre Stimme verlor sich. Sie blickte nach unten und spielte an dem Medaillon herum, das über ihrem T-Shirt hing.

Sara und Seth sahen einander an.

Sara gab sich einen Ruck. »Was solltest du denn?«, fragte sie sanft.

»Sie sagt, ich soll mit euch offen reden. Sie sagt, dass

ihr anders seid als die meisten anderen Kinder. Sie sagt, dass ihr den Tod begreift. Sie sagt, dass ihr einen toten Freund habt und dass mich euer toter Freund auch kennt.«

Sara und Seth tauschten wieder Blicke aus. Aber keiner wusste, was er sagen wollte. Schließlich setzte Sara zu einer Erklärung an: »Nun«, begann sie langsam. »Unser Freund ist nicht mehr richtig tot. Ich meine, er war tot, aber jetzt ist er es nicht mehr.«

Annette kniff die Augen zusammen, starrte Sara ungläubig an und versuchte ihren Worten irgendeinen Sinn zu entnehmen: »Er war tot, aber er ist es nicht mehr?«, fragte sie ungläubig.

»Na ja, er hat mal gelebt«, mischte sich Seth ein. »Salomon, so heißt er nämlich, aber dann haben ihn Saras kleiner Bruder und sein Freund totgeschossen, mit einem Luftgewehr.«

Annette riss die Augen weit auf. »Mit einem Luftgewehr totgeschossen? Dein kleiner Bruder hat einen Mann mit einem Luftgewehr erschossen?!«

»Nein, nein, Annette, Salomon ist kein Mann, er ist eine Eule.«

»Euer toter Freund ist eine Eule?!«

Sara und Seth blickten einander leicht verzweifelt an. Irgendwie kam alles verkehrt raus. »Ja, aber jetzt ist er nicht mehr tot. Aber er ist eben eine Eule. Eine sprechende Eule.«

Annette holte tief Luft und lehnte sich zurück. »Ach, so ist das also«, sagte sie, ohne das Geringste verstanden zu haben.

Seth und Sara blieben schweigend sitzen. Sie sahen einander und dann Annette an. Das lief ja überhaupt nicht gut!

Wenn uns Annette nun nicht glaubt? Wenn sie uns für durchgeknallt hält? Nicht auszudenken, wenn sie anderen erzählt, was wir ihr gerade gesagt haben! Jetzt wünschte sich Sara, dass sie geschwiegen hätten. Aber es war zu spät. Gesagtes konnte man nicht in den Mund zurückstopfen.

»Was meint ihr damit, dass diese Salomon-Eule tot war und jetzt lebendig ist?«, versuchte Annette, Licht ins Dunkel zu kriegen.

Sara atmete tief durch. »Also«, begann sie zögerlich. »Das ist eine sehr lange Geschichte, pass jetzt gut auf.« Gedankenverloren krempelte sie die Ärmel ihres Pullovers auf, als ob sie eine schwere körperliche Arbeit vor sich hätte. Seth rückte näher an Sara heran, musterte sie nachdenklich und beugte sich weit vor, als sei er ganz begierig auf die spannende Geschichte, die nun folgen würde. Sara spürte seine Nähe und war unendlich erleichtert, dass sie hier gemeinsam durchmussten. Es war zwar schwierig, sich ihrer neuen Freundin zu offenbaren, aber diesmal stand Sara eben nicht ganz so allein da, wie damals, als sie Seth die Geschichte erzählt hatte. Im schlimmsten Fall würde Annette nicht nur sie, sondern auch Seth für übergeschnappt halten.

Da seit ihrer ersten Begegnung mit Salomon so viel in ihrem Leben geschehen war, fiel es Sara schwer, einen Anfang zu finden. Sie hatte so viel von Salomon gelernt, dass es irgendwie unerheblich erschien, ganz von vorne zu beginnen, und sie war sich nicht einmal sicher, ob sie das überhaupt konnte.

Seth begriff, dass Sara um die richtigen Worte rang, aber er hielt es für das Beste, wenn sie die ganze Geschichte erzählte. Schließlich hatte sie Salomon als Erste kennengelernt.

Sara erinnerte sich an den verschneiten Wintertag, als sie Salomon zum ersten Mal auf dem Zaunpfahl an Thackers Weg gesehen hatte. Wie verblüfft sie gewesen war, als er sie so ansprach, als sei es völlig normal, dass eine Eule auf einem Zaunpfahl einem kleinen Mädchen mitteilt, was für ein schöner Tag es doch sei. Sara dachte daran, wie klug Salomon war und dass er auf alle ihre Fragen gute Antworten hatte. Sie dachte daran, wie Salomon ihr das Fliegen beigebracht hatte und wie er sie und Seth auf wunderschöne Nachtflüge über die kleine Bergstadt mitgenommen hatte.

In ihrem Kopf drehte sich alles. Sie konnte einfach keinen richtigen Anfang finden. Am liebsten wäre es ihr gewesen, wenn Annette einfach sofort alles über Salomon begriffen hätte. Womit sollte sie bloß anfangen? *Sara*, hörte sie Salomons Stimme in ihrem Kopf, *wer ich bin, ist eben, wer ich bin, und daran ändern ausführliche Erklärungen überhaupt nichts. Genau wie du und Seth wird sich auch Annette an die Idee gewöhnen, dass es mich gibt. Es ist alles in Ordnung. Fang einfach an.*

Seth bemerkte, dass Sara plötzlich ganz locker wurde. Er entspannte sich und lehnte sich zurück. Er spürte, dass alles gut war und dass Sara jetzt wusste, wie sie anfangen sollte.

»Nun, Annette, am besten erkläre ich dir erst mal, wer Salomon überhaupt ist.«

»Eine Eule, nicht wahr?«, versetzte Annette.

Sara und Seth sahen einander grinsend an.

»Das stimmt, aber … Mensch, Annette, das ist längst nicht alles! Salomon sagt, dass wir alle so viel mehr sind, als wir denken.« Aufmerksam musterte sie Annettes Gesicht, um zu sehen, ob sich da Unglauben oder gar Bestürzung breit machte.

»Weiter«, forderte Annette sie auf.

»Salomon sagt, dass wir hier zwar in Körpern leben, die wir sehen und spüren können, aber dass es in uns noch einen Teil gibt, der viel älter ist und der nie stirbt – und dass dieser Teil immer bei uns bleibt. Salomon sagt, dass manche Leute dazu Seele sagen, aber er nennt es unser Inneres Sein.«

Annette hörte gebannt zu.

»Salomon sagt, unser Inneres Sein lebt ewig. Und dass es sich manchmal als körperliche Erfahrung zeigt. Er sagt, das hat nichts mit lebendig oder tot zu tun, weil es so etwas wie ›tot‹ gar nicht gibt. Es ist so, dass unser Inneres Sein manchmal in körperlicher Gestalt daherkommt und manchmal nicht – aber es ist trotzdem immer lebendig und immer glücklich.«

»Weiter, weiter«, drängte Annette mit leuchtenden Augen.

»Wir sind sozusagen die Erweiterung unseres Inneren Seins. Und wenn wir uns ganz besonders gut fühlen, dann erlauben wir einem noch größeren Teil des Inneren Seins, durch uns hindurchzuströmen. Wenn es uns aber nicht so gut geht, wenn wir Angst haben oder wütend sind, dann geben wir dem Inneren Sein keine Gelegenheit, uns zu zeigen, wer wir wirklich sind. Wir entfernen uns dann immer weiter von uns selbst.«

Eine Träne glitzerte in Annettes Augen und rann dann langsam über ihre Wange. Sara hielt inne. Sie wusste nicht, ob sie weitersprechen sollte.

»Meine Mama hat mir das Gleiche gesagt, Sara«, flüsterte Annette. »Sie ist mir in einem Traum erschienen, und sie hat mir gesagt, dass sie mit mir reden wird – aber nur, wenn ich glücklich bin. Sie sagte, ich werde sie nicht hören können, wenn ich nicht glücklich bin. Als ich aufwachte, musste ich so doll weinen, dass ich überhaupt nicht mehr aufhören konnte. Und weil sie tot war, dachte ich, dass ich nie wieder glücklich sein werde und ich deshalb auch nie wieder mit ihr sprechen kann.«

Annette schüttelte den Kopf. »Aber dann brachte mir meine Tante dieses Kätzchen, das mir das Gesicht abgeschleckt hat. Dabei ging es mir so gut, dass ich ganz laut lachen musste. Und da hab ich plötzlich die Stimme meiner Mama gehört. Sie sagte: ›Was für eine süße kleine Katze, Annette, ich finde, du solltest sie Sara nennen.‹ Mann, war ich da glücklich! Ich meine, natürlich war ich immer noch ganz traurig, wenn ich an ihr Sterben dachte, aber ich hatte etwas kapiert: Wenn eine kleine Katze mich von meiner Trauer so ablenkt, dass ich die Stimme meiner Mutter hören kann, dann muss es doch noch eine Menge anderer Möglichkeiten geben, die mir ihre Stimme auch zurückbringen.«

Voller Erstaunen hörten ihr Sara und Seth zu. Sara hätte Annette am liebsten umarmt. Sie fragte sich, weshalb sie sich solche Sorgen gemacht hatte. Das eigene Leben hatte Annette bereits vieles von dem gelehrt, was Sara ihr erzählen wollte.

Eine Weile lang saßen die drei in ihrem kleinen Kreis schweigend zusammen und sahen einander richtig beglückt an. Alle drei hatten Tränen in den Augen. Sie begriffen, wie nah sie einander waren; sie erkannten, was sie füreinander waren, und fühlten sich pudelwohl. Sara streckte die Arme aus, legte einen um Seth und den anderen um Annette. Und dann streckten auch die beiden anderen Kinder die Arme aus und hielten einander fest.

Ich glaube, jetzt bin ich dran, sagte Salomon, der sich im Baumwipfel auf einem Ast niedergelassen hatte. *Ein besserer Zeitpunkt ist kaum denkbar.* Und so schwebte er nach unten und landete mit einem Plumps mitten in ihrem kleinen Kreis.

Habt ihr noch Platz für mich?, fragte er.

»Salomon!«, quiekte Sara. »Wir sind so froh, dass du gekommen bist!

Nun, meine lieben ungefiederten Freunde, gesehen zu werden hat durchaus seine Vorteile. Hallo, Annette, wie schön, dass wir uns jetzt ganz offiziell kennenlernen können.

Annette sperrte den Mund weit auf. Sie blickte erst zu Sara, dann zu Seth, dann zu Salomon und dann wieder zu Sara. Ihre Lippen bewegten sich, aber sie brachte keinen Ton raus.

Sara und Seth strahlten sie an. Sie wussten ganz genau, wie sich Annette fühlte, denn so lange war es nun auch nicht her, dass Salomon sie zum ersten Mal angesprochen hatte.

Sara fand, dass Annette jetzt genug gestaunt hatte, und ergriff das Wort: »Wie heißt es doch so schön in dem alten Sprichwort: Eine sprechende Eule ersetzt tausend Worte.«

Seth und Annette brachen in Gelächter aus.

Also, Kinder, ich kann mich nicht lange aufhalten, meinte Salomon. *Sonst verpasse ich noch meinen Spanischunterricht. Aber ich bin morgen wieder da, und wenn ihr wollt, können wir dann ausführlicher reden. Hasta la vista, ihr Lieben.* Und er verschwand wie der Blitz.

Sara und Seth sahen sich vergnügt an.

»Wie? Er spricht nicht nur unsere Sprache? Er kann auch noch Fremdsprachen?«, prustete Annette heraus. Sie musste so lachen, dass ihr Tränen die Wangen hinunterliefen.

»Scheint so«, gluckste Sara. »Eins kann ich dir jedenfalls versprechen: Hier wird es nie langweilig. Alles ist hier total perfekt, auch wenn es sich andauernd wandelt.«

Alle drei hingen ihren eigenen Gedanken nach.

»Möchtet ihr über den Fluss springen?«, brach Seth schließlich das Schweigen und deutete auf das Schwingseil.

»Nö«, sagte Sara.

»Nö«, sagte Annette.

Kapitel 15

Sara, Seth und Annette saßen auf der Plattform des Baumhauses und warteten auf Salomon.

»Wir könnten ja 'ne Runde über den Fluss schwingen«, schlug Seth vor.

»Nicht nötig, mir geht's auch so gut«, meinte Sara.

»Mir auch«, stimmte Annette zu.

In Saras Kopf jagten sich die Gedanken. Sie hatte nachts kaum geschlafen und in der Schule kaum etwas mitgekriegt. Es gab vor allem eine ganz bestimmte Frage, die sie Annette unbedingt stellen musste.

»Du hast doch gesagt, dass dir deine Mutter von uns erzählt hat?«

»Ja.«

Sara sah sie erwartungsvoll an.

»Sie besucht mich in meinen Träumen. Nicht jede Nacht, nur manchmal. Au, guckt mal, da ist er ja!« Annette sprang auf und deutete nach oben.

Seth und Sara standen auch auf.

»Mann, ist er riesig!«, versetzte Annette, als sie zusah,

wie Salomon am Himmel über dem Baumhaus große Kreise zog.

Grinsend sahen sich Sara und Seth an. Es war schon ein Weilchen her, dass sich Salomon so einen eindrucksvollen Auftritt geleistet hatte. Sara beobachtete Annette und spürte das vertraute Gefühl der Vorfreude, als sich Salomon immer noch kreisend dem Baumhaus näherte.

Dann ließ er sich auf dem Geländer nieder und schüttelte die Flügel aus.

Ich grüße euch, meine lieben ungefiederten Freunde ...
Annette quiekte vor Begeisterung.

Wie geht es dir denn heute, Fräulein Sara? Salomon blickte ihr tief in die Augen.

»Besser denn je!« Sara hätte Bäume ausreißen können, so großartig fühlte sie sich.

Daran habe ich nicht den geringsten Zweifel. Und wie geht's dir, Meister Seth?

»Bestens, Salomon, bestens.«

Das sehe ich auch. Wir sind sehr froh, dass du jetzt zu uns gehörst, Annette. Hattest du denn auch einen schönen Tag?

»Mir geht es irre gut, Salomon. Und ich bin so froh, dass ihr mich aufgenommen habt! Was für ein Glück ich doch habe! Ich kann es gar nicht glauben! Ich bin ja so glücklich, Salomon!«

Das geht uns allen so, Annette. Es ist einfach herrlich, zusammen zu sein. Wir alle sind Vögel eines Gefieders, solltest du wissen – und Vögel eines Gefieders fliegen immer in einem Schwarm und gehen zusammen durch dick und dünn!

Annette nickte.

Sag mal, Sara, was war für dich eigentlich die wichtigste Lektion, die du in der Zeit unseres Zusammenseins gelernt hast?, fragte Salomon und hob eine Kralle wie ein strenger Lehrer.

Annette und Seth lachten.

Sara starrte Salomon an. Weshalb nur stellte er ihr jetzt eine so ernste Frage? Warum fing Salomon nicht einfach damit an, Annette die Welt so zu erklären, wie er sie erst ihr und dann Seth erklärt hatte? Sie hatte gehofft, dass Salomon Annette das Fliegen beibringen würde, wie er es ihr bei der ersten Begegnung gezeigt hatte und Seth auch.

Auf der Suche nach einer Antwort auf diese ungeheuer große Frage runzelte Sara nachdenklich die Stirn und atmete tief aus. »Puh ...«

Schließlich hatte ihr Salomon wahnsinnig viele wichtige Dinge beigebracht. Seit sie sich mit der Eule unterhielt, war irre viel in ihrem Leben passiert. Salomon hatte ihr und Seth in zahlreichen verzwickten Situationen aus der Patsche geholfen, ihnen viele Wege gezeigt, die zum Wohlbefinden führten, und sie zu großen Abenteuern angeregt – es war reinweg unmöglich, das alles jetzt plötzlich in Gedanken durchzugehen und sich für das Allerwichtigste zu entscheiden.

»Salomon, ich kann doch nicht ...« Sara, unterbrach er sie. *Ich gebe dir einen Hinweis. Das Wichtigste findest du dann heraus, wenn du dich an das allerstärkste, allermächtigste Gefühl erinnerst, das es hervorgerufen hat. Denk mal nach. Wenn du dich an die allermächtigsten Gefühle deines Lebens erinnerst, wirst du wissen, was das Wichtigste ist.*

»Meinst du damit gute oder schlechte Gefühle?«, erkundigte sich Sara. Die Sache fing an, ihr Spaß zu machen. Sie genoss es immer sehr, wenn sie von Salomon etwas auf diese Weise lernte.

Ganz gleich, ob gut oder schlecht. Wenn das Gefühl sehr stark ist, dann geht es immer um etwas Wichtiges. Aber es ist oft sehr viel leichter, sich an starke schlechte Gefühle zu erinnern. Meistens sind sie der erste Hinweis darauf, dass sich etwas Bedeutendes ereignen wird.

505

»Du meinst also, dass ich mich an das Allerschlimmste erinnern soll, das mir je zugestoßen ist, oder an das allerschlimmste Gefühl, das ich je gehabt habe, und dann werde ich wissen, was das Allerwichtigste ist?

Ganz genau.

»Also, dann fällt mir die Antwort leicht. Ich habe mich in meinem ganzen Leben noch nie so fürchterlich gefühlt wie damals, als dich Jason und Billy erschossen hatten. Du hast so furchtbar geblutet. Und dann hast du die Augen geschlossen und dich nicht mehr bewegt. Ich dachte, du bist tot.«

Annette zuckte zusammen und hielt die Arme fest um ihren Körper geschlungen.

Sara, ich war tot!, erklärte Salomon mit dramatischer Betonung. *Jedenfalls war ich das, was ihr Sterblichen für tot haltet. Den kläglichen Haufen zerrupfter und von Motten zerfressener Federn, aus dem ich bestand, hat dein Vater doch im Garten vergraben. Hinter dem Hühnerstall! Wahrscheinlich glaubte er, dass sich Geflügel bei Geflügel wohlfühlt. Hat er ja gar nicht mal so unrecht. Aber es hat da am Hühnerstall schon gewaltig gestunken.*

Sara brach in Gelächter aus. Sie hatte gar nicht mehr an Salomons Missachtung für den Tod gedacht! Und dieses ernste Thema schien wirklich sehr viel von seinem Schrecken zu verlieren, wenn man, wie sie jetzt, mit jemandem, der gestorben war, über seinen Tod sprach und dieser Jemand so lebendig vor einem saß und Witze machte.

Ich sehe schon, wir drei werden noch eine Menge fröhlicher Gespräche über den Tod führen.

Auch Annette musste jetzt lachen, aber dann sagte sie: »Ich weiß nicht, Salomon, du hast schon eine ganz merkwürdige Art, die Dinge zu sehen!«

Was denn, ich soll eine merkwürdige Art haben, die

Dinge zu sehen? Ich glaube eher, ihr Sterblichen habt eine merkwürdige Art, die Dinge zu sehen. Denk doch mal darüber nach: Als ihr in eure wunderbaren Körper einfuhrt, wusstet ihr doch alle, dass sie euch nur als vorübergehende Behausung dienen würden. Auch jetzt weiß jeder von euch, dass er nicht ewig drinstecken wird. Ihr glaubt alle, dass ihr sterben werdet, weil ihr noch nie von jemandem gehört habt, dem das nicht widerfahren ist. Und doch besteht ihr darauf, euch deswegen Sorgen zu machen und euch dem Tod zu widersetzen. Ihr betrachtet ihn nicht als die schöne, normale, wundersame Angelegenheit, die er in Wirklichkeit ist. Wenn eure Gesellschaft jemanden – aus was für Gründen auch immer – gänzlich verurteilt, wird über ihn sogar die ›Todesstrafe‹ verhängt. Kein Wunder, dass ihr dieses Thema gründlich verwirrend findet.

Schweigend starrten die drei Salomon an. Er hatte recht. Keiner kannte schließlich irgendeinen Menschen, der sich nicht graulte, wenn er an den Tod dachte. Es war eben ein ernstes und ziemlich ungemütliches Thema.

Die meisten Menschen haben eine so große Angst vor dem Tod, dass sie sich nicht einmal zugestehen zu leben. Und das ist besonders bedauerlich, da es den Tod schließlich gar nicht gibt. Es gibt nur das Leben und noch mehr Leben.

»Ich möchte genauso viel wissen wie du, Salomon«, sagte Sara.

Aber, Sara, du weißt das ja alles schon längst. Ich bin nur hier, um deiner Erinnerung wieder auf die Sprünge zu helfen. Dir wird eins nach dem anderen wieder einfallen, alles zu seiner Zeit. Übrigens macht ihr alle drei sehr gute Fortschritte darin, euch an das zu erinnern, was ihr wirklich seid. Nun, ich muss jetzt wieder weiter. Viel Spaß beim Seilschwingen, liebe Kinder. Ich wünsche euch einen wunderschönen Tag. Salomon breitete seine mächtigen Schwingen aus, erhob sich in die Lüfte und war im Nu verschwunden.

Annette sah ihre beiden neuen Freunde an. Sie konnte sich nicht darin erinnern, je glücklicher gewesen zu sein. »Meine Mutter hatte recht«, sagte sie leise. »Ihr wisst wirklich über den Tod Bescheid.«

»Wir wissen nur, dass wir uns erinnern müssen«, entgegnete Sara.

Kapitel 16

Sara zog ihre Jacke auf der Brücke an der Hauptstraße aus und kletterte auf ihren Aussichtsbalkon. Es war ein warmer Samstagnachmittag. Sara liebte diesen Ort. Und sie liebte den Fluss. Sie liebte den Fluss mehr, als je irgendjemand diesen Fluss geliebt hat. Sie liebte ihn im Frühling, wenn er über seine Ufer trat und den über ihm liegenden Baumstamm umspülte, auf dem Sara so gern herumkletterte. Sie liebte ihn im Winter, wenn sich das Eis vom Ufer aus langsam zur Flussmitte durcharbeitete, bis unter der schneebedeckten Oberfläche kein Wasser mehr zu erkennen war. Sie liebte ihn im Sommer, wenn er so warm war, dass sie mit nackten Beinen hineinwaten konnte. Und sie liebte ihn im Herbst, wenn, wie jetzt gerade, wunderschön gefärbte Blätter wie kleine bunte Flöße flussabwärts zu unbekannten Orten trieben. Oft stellte sie sich vor, dass sie wie Däumelinchen, ihre liebste Märchenfigur, als ganz klitzekleines Geschöpf auf einem winzigen Blattfloß den Fluss hinunterfuhr und die wunderbaren unbekannten Welten entdeckte, die zwischen ihrem Bergstädtchen und dem riesigen Meer lagen. Sara setzte sich bequem hin, stützte ihr Kinn auf die Knie und machte in Gedanken eine solche Reise.

Mutter würde das ganz toll finden, dachte sie spöttisch. Ihr war eingefallen, welche Befürchtungen ihre Mutter immer äußerte, wenn sie von Saras Begeisterung für den Fluss sprach. Saras angenehme Gedanken schwanden, als sie an die Ängste ihrer Mutter dachte.

Eltern machen sich ständig unnötige Sorgen, ging es ihr durch den Kopf. *Sie machen sich andauernd um alles irgendwelche Sorgen, obwohl das doch völlig unsinnig ist.*

Ihre Gedanken kehrten zu jenem erstaunlichen Tag zurück, an dem sie erstmals mit dem Fluss richtig in Berührung gekommen war. Immer, wenn sie daran dachte, stieg in ihr eine seltsame Mischung der unterschiedlichsten Gefühle auf. Sie war damals von dem Baumstamm gefallen, der quer über dem Fluss lag – oder, besser gesagt, ein großer hektischer Hund hatte sie hinuntergestupst. Sie befand sich zwar nur kurze Zeit unter Wasser, aber in dieser kurzen Zeit hatte sie viele Gefühle durchlebt: von panischer Angst bis zu dem gar nicht unangenehmen Gefühl entspannter Ergebenheit in das Schicksal, nun tatsächlich zu ertrinken. Und dann kam unglaubliches Erstaunen in ihr auf, als ihr die Schönheit des Flusses bewusst wurde, während sie auf dem Rücken stromabwärts trieb. Dieses Erstaunen gipfelte in der überwältigenden Erkenntnis, dass in ihrem Leben alles in Ordnung sei, ganz gleich, was da kommen möge. Sara wusste, dass sie sich durch diese bemerkenswerte Reise auf diesem fantastischen Fluss grundlegend verändert hatte. Damals hatte sie zum ersten Mal richtig begriffen, dass alles wirklich gut war.

»Sara! Sara! Sara!«

Die aufgeregte Stimme ihres Bruders riss sie aus ihren Gedanken.

»Hast du schon gehört, Sara? Dass Samuel Morris beinahe im Fluss ertrunken ist? Hast du das schon gehört?«, brüllte Jason, als er auf sie zustürzte.

Sara kroch von ihrem Aussichtsbalkon und stellte sich auf die Brücke.

»Samuel?«, fragte sie verwirrt. »Wer ist denn Samuel Morris? O nein!«, schrie sie auf, als sie es mit einem Mal begriff. *Seths kleiner Bruder!*

»Woher weißt du das? Wer hat dir das erzählt? Wo ist er jetzt? Ist er okay?« Ihre Fragen folgten so schnell aufeinander, dass Jason mit den Antworten gar nicht nachkam.

»In Pete's Laden spricht man über nichts anderes!«

»Nun rede schon!«, brüllte ihn Sara verzweifelt an. Sie packte Jason am Arm und sah ihm ins Gesicht. »Was wird da gesagt?«

»Das weiß ich doch nicht!«, brüllte Jason zurück und riss sich los. »Mensch, Sara, was hast du denn damit zu tun!«

»Tut mir leid, Jason. Ich wollte dich nicht so hart anfassen. Ich meine …« Saras Stimme verlor sich. Schließlich hatte sie keinesfalls die Absicht, ihrem kleinen Bruder von der wunderbaren Freundschaft zu erzählen, die sie mit Seth verband, Samuels großem Bruder. Sie hätte niemanden erklären können, was diese Freundschaft für sie bedeutete, nicht mal, wenn sie dafür hundert Jahre Zeit gehabt hätte. Und jetzt war schon gar nicht die Zeit dafür.

»Sag mir einfach, was du gehört hast!«

Jason blickte stur zur Seite. Er konnte es nicht leiden, wenn Sara ihn herumkommandierte. Es gefiel ihm, dass er jetzt etwas wusste, was sie gern gewusst hätte. Dadurch kam er sich stärker vor und dieses Gefühl wollte er nicht so schnell wieder aufgeben.

»Bitte, Jason, was hast du gehört? Bitte, bitte, sag es mir!«

Das war schon besser. Viel besser.

»Ich weiß nur, dass dieser dumme kleine Junge versucht hat, ein Floß zu bauen. Dann hat er versucht, damit den breiten Bach runterzufahren, aber da, wo der Bach in den Fluss reinkommt, kippte das Floß plötzlich um. Der Junge fiel ins Wasser, aber da war die Strömung so stark, dass er abgesoffen ist und nicht mehr ans Ufer zurückkonnte. Ach so, ja, und irgendwas über seinen Bruder haben sie auch gesagt. Der hat ihn wohl im allerletzten Moment gerettet oder so was.«

Seth!, dachte Sara. »Ist ihm … ist den beiden was passiert?«

»Keine Ahnung, Sara. Mehr weiß ich auch nicht.« Jason wandte sich um und rannte davon.

Sara blieb mitten auf der Brücke stehen. Sie wusste nicht, was sie tun sollte. Zu Seths Haus gehen und einfach anklopfen? Das erschien ihr sehr kühn. Sie hatte Seth noch nie zu Hause besucht. *Vielleicht ist es am besten, wenn ich einfach an seinem Haus vorbeigehe und gucke, ob ich irgendwas mitkriege.* Und damit drehte sie sich um und machte sich auf zu Seths Haus.

Die Straße sah genauso aus wie sonst auch. Sara konnte niemanden sehen, weder Autos noch Menschen. Das Haus stand da wie immer und nichts schien sich darin oder drumherum zu bewegen.

Saras Herz schlug bis zum Hals. Sie wollte ihren Freund finden und sich vergewissern, dass alles in Ordnung war, aber sie hatte keine Ahnung, wo er stecken könnte. An Wochenenden sah sie Seth sowieso nur selten. Weil sie nicht wusste, was sie tun sollte, beschloss sie zu Pete's zu gehen. Vielleicht unterhielt man sich dort immer noch über den Unfall. Vielleicht konnte ihr da irgendjemand mehr erzählen.

Sie stürzte durch die Eingangstür des alten heruntergekommen Gebäudes und wurde gleich von einer Vielzahl vertrauter Gerüche begrüßt: Das Aroma von Hamburgern und gebratenen Zwiebeln vermischte sich mit dem Duft von Kosmetikprodukten. Eine Handvoll Leute saß in der Imbissecke und unterhielt sich eifrig. Sara wollte nicht gesehen werden. Also verbarg sie sich hinter dem Zeitungsstand und spitzte die Ohren.

»Dumme Gören! Die wollen einfach nicht begreifen, wie gefährlich die Strömung in diesem Fluss ist«, klagte gerade eine ältere Frau. »Sie halten ihn für einen Spielplatz, der nur zu ihrem Vergnügen da ist.«

»So sind Kinder heutzutage eben«, erwiderte Pete, während er die Theke mit einem fleckigen, fettigen Tuch abwischte. »Die halten eben alles für ein Spiel. Von Arbeit haben die noch nie etwas gehört. Das war zu meiner Zeit ganz anders.«

Sara zog unwirsch die Augenbrauen zusammen. *Ihr alten Miesepeter*, dachte sie, *jetzt kommt doch endlich zur Sache! Ich muss wissen, was los ist!*

»Schließlich ist es nicht das erste Mal, dass ein Kind beinahe ertrunken ist. Das Mädchen der Hendersons ist ja auch nur mit knapper Not davongekommen, könnt ihr euch noch daran erinnern? Wie heißt sie noch mal – Sara, nicht wahr? Die ist doch auch in den Fluss gefallen und wäre fast ertrunken. Man sollte wirklich etwas dagegen unternehmen, dass die Kinder am Fluss spielen. Man sollte ihnen das ein für alle Mal verbieten.«

Sara machte sich hinter dem Zeitungsstand so klein wie möglich. Ihr Herz pochte jetzt so laut, dass sie schon Angst hatte, man würde es hören. Am liebsten wäre sie einfach fortgelaufen und hätte sich versteckt, aber sie wusste nicht wohin. Sie würde mit Sicherheit tot umfallen, wenn man sie jetzt entdeckte.

»Ihre Mutter sagte mir, dass sie dem Mädchen Tausende von Malen verboten hatte, an den Fluss zu gehen, aber das hat überhaupt nichts geholfen. Gelegentlich sehe ich sie immer noch auf der alten Brücke über dem Fluss hängen, da wo das Geländer kaputt ist. Da liegt die einfach in dem Maschendraht und das ist wirklich lebensgefährlich. Eins kann ich euch sagen: Wenn das meine Kinder wären, würden sie ganz bestimmt nicht am Fluss spielen. Ich würde die so auf Trab halten, dass sie dafür keine Zeit hätten, und wenn sie es trotzdem täten, na, dann könnten sie mich mal richtig kennenlernen«, bemerkte eine sehr kräftige Frau.

Sara lugte kurz aus ihrem Versteck hervor und streckte in Gedanken der Frau die Zunge raus. *Wenn ich dein Kind wäre, würde ich ein Floß bauen und so weit wie möglich von dir wegfahren*, dachte Sara. *Weg von euch allen! Ihr seid gemeine, schreckliche Menschen, die über nichts Bescheid wissen.*

Die Ladentür schlug krachend auf und drei Männer traten ein.

»Sieht so aus, als ob alles in Ordnung ist«, hörte Sara einen sagen. »Der ältere Bengel hat sich an einem Stück Stacheldraht das Gesicht ganz schön aufgerissen, aber es sieht nicht wirklich lebensgefährlich aus. Wahrscheinlich heilt das wieder. Natürlich nur, wenn er vorher nicht verblutet.«

Entsetzt hielt Sara die Luft an. *Seth!*, dachte sie verzweifelt. Ihre Augen füllten sich mit Tränen. Es war nicht zum Aushalten.

»Aber der Knabe kann wirklich ausgezeichnet schwimmen. Ich meine, ich hätte zweimal nachgedacht, ehe ich in den Fluss gesprungen wäre, gerade an der Stelle, wo der Kleine reingefallen ist – da ist die Strömung ganz besonders stark.«

»Hat ihn der Doktor genäht?«

»Der Doktor ist heute nicht da. Sie haben ihn ins Krankenhaus gefahren. Nach Fowlerville.«

Krankenhaus! Seth ist im Krankenhaus! Sara wollte nichts mehr hören. Sie rannte aus dem Laden, ohne dass es jemandem auffiel. Niemand beachtete sie, kein Mensch. Sie hätte genauso gut unsichtbar sein können. Tränenblind rannte sie die Straße hinunter. Sie konnte sich nicht daran erinnern, dass sie sich jemals so elend gefühlt hätte.

Sie lief über die Hauptstraßenbrücke, den Weg am Fluss entlang, über all die geheimen Trampelpfade, die sie mit Seth angelegt hatte, und erklomm schließlich Seths Baumleiter. Oben auf der Plattform, in ihrem geheimen Versteck, ging es ihr allerdings noch schlechter, denn sie dachte daran, dass er verletzt und möglicherweise voller Angst war und dass sie, Sara, ihn nicht sehen und trösten konnte. Sie konnte gar nichts tun, um ihm zu helfen, und das war ein ganz fürchterlicher Gedanke. Sara vergrub ihr Gesicht in den Händen und weinte bitterlich.

»Salomon! Salomon! Wo bist du nur, Salomon! Ich brauche dich, weil du Seth helfen musst. Salomon, wo bleibt du nur!«

Salomon kreiste hoch oben über dem Baumhaus. Sara öffnete die Augen und gab sich Mühe, den Himmel abzusuchen, aber ihr Blick war durch all die Tränen so getrübt, dass sie kaum etwas sehen konnte. Sie wischte sich das Gesicht mit dem Ärmel ab und schniefte laut, um die Nase frei zu bekommen. Sie hatte den Eindruck, als ob in ihrem Kopf nur noch Watte steckte. Sie bekam überhaupt keine Luft mehr durch die Nase. Es war schon lange her, dass Sara so fürchterlich geweint hatte. Und es fühlte sich gar nicht gut an.

Dann entdeckte sie Salomon und die Tatsache, dass er in aller Ruhe über ihr seine Kreise zog, ließ sie sofort wieder gefasster werden.

Sie hatte eine Menge von dieser wunderbaren magischen Eule gelernt. Aber das Allerwichtigste war dabei das Gesetz der Anziehung gewesen.

Ein Gesetz, das wichtiger ist als alle anderen Gesetze zusammengenommen, hatte Salomon ihr damals erklärt. *Dieses Gesetz lautet: »Das, was sich gleicht, zieht sich an.«*

Und das bezog sich auf alles und jeden. Sara wusste genau, dass ihr augenblickliches schreckliches Gefühl überhaupt nicht zu dem Wohlbefinden passte, von dem Salomon immer sprach. Sie wusste auch, dass Salomon ihr nicht helfen konnte, solange sie sich so grauenvoll fühlte, ja, dass er nicht einmal zu ihr kommen konnte, wenn sie sich in einer so scheußlichen Verfassung befand. Schließlich war Salomon der Lehrer des Wohlbefindens. Sara setzte sich gerade hin und löste das Gummiband, das ihre Haare zusammenhielt. Sie steckte es sich zwischen die Zähne und begann, sich mit den Fingern ihre Haare zu kämmen. Danach band sie sie wieder mit dem Gummiband zu einem ordentlichen Pferdeschwanz zusammen, wischte sich mit dem Ärmel das Gesicht ab, setzte sich aufrecht hin, holte tief Luft und mühte sich, ein paar gute Gedankengefühle heraufzubeschwören, so wie es ihr Salomon beigebracht hatte. Sie wusste aber, dass sie das nur schaffen konnte, wenn sie erst diese grauenhaften Gefühle loswurde. Aber das fiel ihr diesmal besonders schwer. Wie konnte sie der Tatsache, dass sich ihr allerbester Freund auf der ganzen Welt in Schwierigkeiten befand, etwas Positives abgewinnen?

Sara blickte nach oben und verfolgte Salomons Flugbahn. Seine riesigen Flügel schlugen auf und nieder, als er kreisend hochstieg, immer höher, höher, höher und dann wieder kreisend nach unten schwebte, immer tiefer, tiefer, tiefer, bis er wieder aufstieg, höher, höher, höher. Als Sara diesen hypnotisierenden Kreisen folgte, begann sie sich allmählich besser zu fühlen und wurde immer ruhiger. Irgendwann war ihr Kopf von allen Gedanken geleert, und das war der Augenblick, in dem sich Salomon mit einem Plumps neben ihr auf der Plattform niederließ.

Alles ist gut, meine liebe Sara, setzte er an.

»Danke, Salomon, ich danke dir, dass du gekommen bist. Samuel ist in den Fluss gefallen und Seth hat ihn gerettet.

Aber ich glaube, dass Seth verletzt ist, und ich weiß überhaupt nicht, wie es Samuel geht.«

Salomon hörte zu und sagte nichts.

Und dann fiel Sara plötzlich ein, dass sie Salomon überhaupt nichts erklären musste. Schließlich wusste Salomon immer über alles Bescheid. Das hatte Sara ja oft genug erfahren. Also wusste er natürlich auch, was Samuel und Seth zugestoßen war. Gute Freunde wissen immer alles übereinander.

Scheint mir, dass du dich von den Leuten im Laden und ihren Ängsten ganz schön hast beeinflussen lassen, Sara. Hast du denn vergessen, dass das Wohlbefinden durch alles strömt?

Betroffen sah Sara Salomon an. »Ja, ich glaube, das habe ich ganz vergessen«, gab sie leicht beschämt zu.

Sei nicht so streng mit dir selbst, Sara. Es ist eine ganz normale menschliche Eigenschaft, sich von der Wirklichkeit, so wie man sie wahrnimmt, den Ton für die entsprechende Stimmung angeben zu lassen. Es ist ganz normal, das man sich mies fühlt, wenn jemand, den man liebt, etwas Schlimmes durchmacht. Aber vergiss nie, Sara, dass du bedingungslose Liebe anbietest. Und wer etwas von bedingungsloser Liebe versteht und danach lebt, fühlt sich immer und unter allen Umständen gut.

Sara lächelte, als sie an die vielen Stunden dachte, in denen sie mit Salomon über bedingungslose Liebe gesprochen hatte. Und wie leicht es doch war, sich wohlzufühlen und jemandem oder einer Sache Liebe entgegenzubringen, wenn alles wie am Schnürchen lief. Der wahre Test für bedingungslose Liebe aber bestand darin, auch dann ganz von ihr erfüllt zu sein, wenn etwas Schreckliches passierte, das alles durcheinanderbrachte.

Seth und seinem Bruder geht es gut, Sara. Und die Wunden, die der Stacheldraht gerissen hat, werden ziemlich schnell verheilen. Doch die Wunden, die eine in Ängsten lebende Stadt oder furchtsame und verunsicherte Eltern zu reißen vermögen, nun, die geben schon Anlass zu größerer Besorgnis.

Sara wusste genau, was Salomon meinte. Sie hatte so etwas Ähnliches gespürt, als sie sich hinter dem Zeitungsstand im Laden versteckt gehalten hatte.

Da könntest du eine große Hilfe sein, Sara.

»Wie meinst du das? Was kann ich denn tun?«

Du wirst diejenige sein – und zweifellos die Einzige –, die den ganzen negativen Vorfall nicht unnötig dramatisieren wird. Du wirst als Einzige ganz gefestigt vor Seth stehen können und das Wohlbefinden kennen, das auch bei dieser Erfahrung durch ihn geströmt ist.

Sara spürte, wie sich in ihr eine Welle von Schuldgefühlen aufzubauen begann, denn sie hatte ihr Wissen um Seths Wohlbefinden fallen gelassen und sich von den Ängsten und aufgeregten Worten der anderen Leute mitreißen lassen.

Lass dich von deinen Sorgen nicht runterziehen, Sara. Deine Angst ist nur ein Beweis für die große Liebe zu deinem Freund. Und du hast ja dein Gleichgewicht schnell wiedergefunden. Gerade, weil du es verloren hattest, bist du jetzt in deinem Wissen sogar noch viel mehr gefestigt. Weil dadurch nämlich dein Wunsch größer geworden ist, dein Gleichgewicht zu halten.

Sara ging es jetzt sehr viel besser.

Du zeigst deinem Freund, dass du ihn liebst, wenn du seinen Verletzungen überhaupt keine Aufmerksamkeit schenkst, Sara.

»Aber Salomon, dann würde er doch denken, dass ich ihn im Stich lasse!«

Ich habe nicht gesagt, dass du deine gesamte Aufmerksamkeit von deinem Freund abziehen sollst – nur deine negative Aufmerksamkeit. Kümmere dich um

Seth, aber konzentriere dich nur auf jene Aspekte sei-
nes Erlebnisses, die bei dir ein gutes Gefühl hervorru-
fen, wenn du daran denkst. Ich glaube, dass sich aus
dieser Sache viel Gutes ergeben wird, Sara. Alles ist in
Ordnung, mein liebes Mädchen, wir sprechen uns später.
Salomon breitete seine mächtigen Schwingen aus und
flog davon.

Sara atmete tief durch. Salomon hatte ihr wieder eine
Menge zum Nachdenken gegeben. Sie fragte sich, wann
sie Seth wohl wiedersehen würde. Und sie fragte sich, was
sie ihm dann sagen würde. Irgendwie war sie recht erleichtert, dass sie ihn nicht gleich sehen konnte, denn sie
brauchte Zeit, um über dies alles nachzudenken. Außerdem
musste sie noch ganz schön üben, um nur gute Gedankengefühle in sich zu haben.

Kapitel 17

Am nächsten Tag suchte Sara in jeder Pause die überfüllten Schulflure ab. Sie hoffte, Seth endlich wiederzusehen, um sich selbst davon zu überzeugen, dass alles in Ordnung war. *Ich wünsche mir so sehr, dass es ihm gut geht,* dachte sie traurig.

Sie lief die Treppe hinunter. Erst vom vierten Stock in den dritten, dann in den zweiten und hinter der letzten Biegung sah sie Seth ganz vorsichtig die Treppe zum ersten Stock hinuntergehen. Sie verlangsamte ihren Schritt und beobachtete ihn von ihrer etwas höheren Warte aus.

Sein Rucksack baumelte von seiner rechten Schulter und schlug ihm im Takt seines Schritts gegen die Seite. Als Sara genauer hinsah, erkannte sie, weshalb er den Rucksack nicht auf dem Rücken trug. Seths linker Arm war nämlich von der Schulter bis zu den Fingerspitzen verbunden.

Sara schluckte. Dem Verband nach zu urteilen musste sich Seth am linken Arm böse verletzt haben. Er war inzwischen im Erdgeschoss angekommen, und als er sich zur

Seite wandte, um die große Eingangstür aufzustoßen, entfuhr Sara ein kleiner Entsetzensschrei. Ein riesiges Pflaster bedeckte Seths linke Gesichtshälfte. Sara wollte auf ihn zustürzen, ihm was Nettes sagen und ihn trösten. Oder wollte sie etwa, dass er sie tröstete? Sie zwang sich, ihrem Impuls nicht zu folgen.

Sie griff ans Treppengeländer, um sich festzuhalten, denn plötzlich waren ihre Knie weich wie Wackelpudding geworden. Salomons Worte fielen ihr wieder ein: *Du wirst diejenige sein – und zweifellos die Einzige –, die den ganzen negativen Vorfall nicht unnötig dramatisieren wird. Du wirst als Einzige ganz gefestigt vor Seth stehen können und das Wohlbefinden kennen, das auch bei dieser Erfahrung durch ihn geströmt ist.*

Ja, Seth durfte auf keinen Fall merken, wie aufgewühlt sie war. Jetzt freute sich Sara darüber, dass sie Seth den ganzen Tag über nicht gesehen hatte. Sie brauchte nämlich tatsächlich noch etwas Zeit, um zur Ruhe zu kommen. Wie in aller Welt sollte sie als gefestigte Person vor Seth stehen und sein böses Erlebnis nicht dramatisieren, wenn sie diese schlimmen Verbände sah? Wie konnte sie so tun, als sei alles unverändert und in Ordnung?

Salomon!, flehte Sara die Eule im Geist an. *Ich brauche deine Hilfe. Bitte, bitte hilf mir dabei, irgendetwas Gutes an Seths Verbänden zu sehen.*

Sie war ganz erleichtert, als sie Salomons Stimme in ihrem Kopf hörte: *Das sind ganz wunderbare Verbände, Sara. Sie tragen zum Heilungsprozess bei und unter diesen Verbänden stecken hochintelligente Zellen des Wohlbefindens. Diese Zellen rufen jetzt die Energiequelle herbei, und zwar auf viel stärkere Weise als sonst, damit der Heilungsprozess voranschreitet. Der menschliche Körper ist schon etwas sehr Bemerkenswertes, meine liebe Sara. Er ist widerstandsfähig, flexibel und kräftig und jetzt stell dir vor, dass die Verbände abge-*

nommen werden und dein wunderschöner Seth darunter ganz erneuert zum Vorschein kommt.

Sara lächelte. Salomon schaffte es doch immer wieder, dass sie sich sooooo viel besser fühlte.

»Danke, Salomon!«

Und damit rannte sie die Treppen runter und aus der Schule raus auf den Hof.

»He, Seth, warte auf mich!«

Seth kam zwar nur langsam voran, aber er hatte schon den halben Hof überquert. Sara rannte ihm hinterher.

»Hallo da!«, rief sie, als sie ihn eingeholt hatte.

»Selber hallo da«, antwortete Seth und wandte das Gesicht ab.

»Ich habe gehört, dass du ein ausgezeichneter Schwimmer bist und dass dich die starke Strömung nicht im Geringsten behindert hat«, bemerkte Sara. Das war das Positivste, was ihr zu seiner schlimmen Erfahrung einfiel.

Seth schwieg.

»Und dass du Samuels Leben gerettet hast, weil du so rasend schnell reagiert hast.«

Seth schwieg noch immer.

»Und Mrs. Carlisle fiel das Haarteil in den Bananenpudding, es wurde von der Küchenmaschine so herumgewirbelt, dass der Pudding ungenießbar wurde. Man musste ihn wegwerfen.« Sara hatte keine Ahnung, woher sie diese Idee hatte, aber sie freute sich, dass Seth jetzt endlich grinste.

»Du machst Witze, Sara. Das ist doch nicht wirklich passiert?«

Sie setzte ein ernstes Gesicht auf. »Ehrenwort! Ich würde dich doch nie anlügen, Seth! Schon gar nicht, wenn es um etwas so ungeheuer Wichtiges wie Bananenpudding geht!«

»Stimmt!«, erwiderte Seth, jetzt lachend. »Dann bin ich ja beruhigt.«

»Mensch, ist das schön, dass du wieder da bist, Seth! Du hast mir so sehr gefehlt.«

»Du mir auch, Sara. Ich glaube zwar nicht, dass ich mich so schnell wieder über den Fluss schwingen kann, und ich werde auch heute leider nicht zum Baumhaus kommen können, weil …« Er brach ab, weil er ihr nicht sagen wollte, dass er am Abend zum Arzt gehen und sich die Verbände erneuern lassen musste.

»Kein Problem«, flötete Sara. »Dann treffen wir uns eben in ein paar Tagen. Ich muss dir wahnsinnig viel erzählen, Seth, aber das hat Zeit. Also bis dann!«

Seth winkte ihr mit seinem heilen Arm zu, als er um die Ecke bog, und Sara kam sich vor, als hätte sie ein großes Hindernis erfolgreich überwunden. Dabei hätte so vieles schiefgehen können! Ein winziges Lächeln flog über ihr Gesicht und sie fühlte sich nach der Begegnung mit Seth ziemlich gut. Sicher, es war nicht gerade ein erhebendes Gespräch gewesen, das wusste sie auch. Aber sie hatte das, was die meisten wohl eine üble Erfahrung nennen würden, in keiner Weise dramatisiert. Sie hatte Seth aufheitern wollen, und sie hoffte, dass es ihr auch geglückt war.

Gut gemacht, Sara, hörte sie Salomons Stimme in ihrem Kopf.

»Danke«, erwiderte Sara. »Ich danke dir für deine Hilfe, Salomon.«

Kapitel 18

Es war schon seltsam, das Baumhaus aufzusuchen und genau zu wissen, dass Seth nicht da sein würde. Annette hatte ihr mitgeteilt, dass sie wahrscheinlich auch nicht kommen könnte. Ihr Vater hatte eine neue Haushälterin eingestellt und Annette sollte sie kennenlernen.

Sara ging an diesem Tag nicht an Pete's Laden vorbei, sondern trat ein, um sich einen Schokoriegel zu kaufen. Sie stand vor der Auslage und überlegte, auf welchen sie Lust hatte. Sie griff zu einem, änderte aber dann ihre Meinung und legte ihn zurück. Sie nahm einen anderen, aber eigentlich war auch er nicht genau das, was sie wollte. Also legte sie ihn ebenfalls zurück. Worauf hatte sie eigentlich Lust? Sie musste über ihre Unentschlossenheit selbst lachen, denn im Laufe der Jahre hatte sie mit größtem Genuss schon Hunderte von Schokoriegeln verzehrt. Aber heute schien ihr keiner zuzurufen: »Iss mich, bitte, bitte iss mich!«

Du siehst ja ganz gut aus, dachte sie und wählte einen Riegel mit Mandeln aus. Dann stellte sie sich an die Kasse, um Pete das Geld zu geben.

Pete stand in der Imbissecke und unterhielt sich mit Kunden, die dort auf den hohen Barhockern saßen. Er hatte Sara offensichtlich noch nicht entdeckt und wischte während des Gesprächs die Theke gedankenverloren mit seinem schmuddeligen Tuch ab.

»Der Kleine hat nicht sonderlich viel abgekriegt, der wird wohl in ein paar Tagen wieder ganz in Ordnung sein«, hörte Sara eine Frau in einem weißen Rüschenkleid sagen. »Aber der ältere Bruder, Junge, Junge, das ist etwas ganz anderes. Da werden wohl ein paar ganz hässliche Narben zurückbleiben. Welch ein Jammer! Das war so ein hübscher Junge! Und jetzt wird er durch so eine Dummheit übel entstellt sein. Na ja, da kann man eben nichts machen, Kinder lernen halt nie etwas dazu.«

Sara ließ den Schokoriegel bei der Kasse liegen und marschierte aus dem Laden hinaus. Ihr war jegliche Lust an Süßigkeiten vergangen. Schweren Schrittes lief sie über den Trampelpfad zum Baumhaus.

Sie saß auf der Plattform, lehnte sich seufzend zurück, zog die Beine an und legte den Kopf auf die Knie. Es war ein warmer Herbsttag. Das sanfte Rauschen des Windes in den Baumkronen und das Rascheln fallender Blätter schienen alle anderen Geräusche auszulöschen. Sara holte tief Luft.

Hallo, Salomon, wo immer du jetzt auch sein magst. Heute sind es nur wir beide. So wie früher.

Seufzend streckte sich Sara aus. Sie lag auf dem Rücken und blickte hoch hinauf in den riesigen alten Baum. Hin und wieder fegte ein Windstoß durch die Wipfel und ließ goldene Blätter auf sie herabregnen. Sara überlegte, wie lange es wohl dauern würde, bis ihr ganzer Körper unter diesen Blättern begraben war. Sie lächelte bei der Vorstellung, dass Seth nach ein paar Tagen die Baumleiter hinaufklettern und ihren reglosen Körper unter Aberhunderten von gefallenen Blättern finden würde. *Ach, wenn er doch nur hier wäre,* dachte sie sehnsuchtsvoll, als sie plötzlich von einem Gefühl der Einsamkeit gepackt wurde. Es war gar kein so schlechtes Gefühl, nur eben ungewohnt. *Sag mir doch, Salomon, weshalb kriegen Menschen Narben?*

Sara hörte über sich Blätter rascheln. Ein ganzer Schwall fiel auf sie herab und dann plumpste Salomon plötzlich neben ihr auf die Plattform. Lachend setzte sich Sara auf und kämmte sich mit den Fingern die Blätter aus den Haaren. *Kriegt eigentlich jeder Narben, Sara?*

»Das weiß ich nicht. Ich glaube schon.«

Nun, Sara, das ist höchst unterschiedlich. Einige Menschen kriegen Narben, andere nicht. Das hängt vom jeweiligen Grad der Widerstandsfähigkeit ab. Es hängt davon ab, inwieweit sie ihren Körpern das natürliche Wohlbefinden zugestehen. Schau, euer Körper setzt sich aus Billionen von Zellen zusammen und jede einzelne Zelle trägt ein Bild von ihrer Vollkommenheit und ihrer perfekten Lage im perfekten Ganzen in sich.

»Können diese Zellen denn denken, Salomon? Ich meine, wenn du das so sagst, kommt man ja auf die Idee, dass alle diese Zellen lauter winzige Menschen sind oder so was.«

Sie haben unterschiedliche Bedeutung und ihr Bewusstsein konzentriert sich auf etwas anderes als deins, aber sie verfügen genauso wie du über ein Bewusstsein. Und sie denken auch. Sie verstehen. Sie besitzen ein mächtiges Wissen. Aber was am wichtigsten ist: Jede Zelle trägt ein deutliches Bild ihrer Vollkommenheit in sich und fordert ständig das an, was sie braucht, um diese unaufhörliche Vollkommenheit zu erhalten. Weißt du, Sara, es ist nämlich so, dass die Lebenskraft deines Körpers der unaufhörlichen Nachfrage dieser Zellen zu danken ist.

»Irre! Aber dann begreife ich eins nicht. Wenn diese Zellen wissen, wer sie sind, und ein Bild der Vollkommenheit

527

in sich tragen, dann verstehe ich nicht, weshalb Menschen überhaupt krank werden oder Narben bekommen können.«

Das liegt nur daran, dass sich diese Menschen mit Sorgen, Angst oder Wut aufhalten und dann der Energie, nach der die Zellen fragen, nicht gestatten, in reiner Form durch sie hindurchzuströmen. Ihre ängstlichen Gedanken verursachen einen Stillstand in ihrem Körper, der die Energie nicht ungehindert durchfließen lässt. Du solltest nämlich eins wissen, Sara: Wenn eine noch so winzige Zelle in deinem Körper etwas verlangt, dann wird es ihr immer gegeben. Wenn also ein Körper irgendwie verletzt ist, rechnen sich die Zellen, die der Verletzung am nächsten sind, genauestens aus, was sie benötigen, um ihr Gleichgewicht zurückzuerhalten, und schicken ihre Forderung sofort los. In dem Augenblick beginnt die Energie zu strömen und alle anderen Aspekte des Körpers reagieren ebenfalls darauf. Unterstützende Nährstoffe jeglicher Art machen sich auf ihre Reise durch den Körper und so fängt der natürliche Heilungsprozess an. Wenn der Mensch, der diesen Körper bewohnt, froh, aufmerksam oder dankbar ist, wird der Heilung zugestimmt. Aber wenn der Mensch traurig, wütend oder ängstlich ist, behindert das seine Heilung.

»Hmmm. Aber wie kann man denn froh oder dankbar sein, wenn man gerade einen schrecklichen Unfall hinter sich hat? Das muss doch furchtbar mühsam sein.«

Stimmt. Dann ist es schon erheblich schwieriger. Aber trotzdem kann es jeder schaffen – mit ein bisschen Anstrengung, versteht sich –, wenn er den natürlichen Heilungsprozess des Körpers versteht. Aber das funktioniert bei den meisten Leuten deshalb nicht, weil sie ihrer eigenen Situation nicht genug Aufmerksamkeit schenken und sich nicht bewusst sind, was sie sich zugestehen sollten oder worin sie sich behindern, und dann daraus ihre Schlussfolgerung ziehen. Stattdessen richten sie ihre

Aufmerksamkeit auf andere Leute, denen es ähnlich ergangen ist wie ihnen. Und wenn sie feststellen, dass bei denen Spuren zurückbleiben, gehen sie davon aus, dass das eben so sein muss, wenn man sich verletzt hat. *Sie kommen gar nicht auf die Idee zu fragen, ob der andere Mensch der heilenden Energie überhaupt den Zustrom erlaubt hat. Die meisten Menschen verstehen leider nichts von der Kraft des Heilens, die in ihrem eigenen Körper steckt. Und deshalb fühlen sie sich verletzlich und ziehen sich zurück, anstatt sich stark und voller Energie zu fühlen. Die Leute scheinen ziemlich blind zu sein, denn schließlich gibt es für den natürlichen Heilungsvorgang überall genügend Beweise.*

»Du behauptest also, dass Seth keine Narben zurückbehalten wird, wenn er sich wohlfühlt?«

Stimmt, Sara. Sein Körper erinnert sich genau daran, wie er vor der Verletzung war. Und wenn man es ihm erlaubt, stellt er diese Vollkommenheit wieder her.

»Aber Salomon, schau dir doch mal meine Narbe an!« Sara zog ein Hosenbein hoch, um eine lange schmale Narbe auf ihrer Wade zu enthüllen. »Ich wollte auf einen Baum klettern und stand auf einem Ast. Plötzlich ist er abgebrochen. Und beim Runterfallen habe ich mich verletzt. Warum ist bei mir dann diese gemeine Narbe geblieben?«

Woran erinnerst du dich denn, wenn du an diesen Tag zurückdenkst?

»Meine Hose war zerrissen und mein Bein blutete ziemlich schlimm. Meine Mutter war stinksauer, weil sie mir verboten hatte, auf diesen Baum zu klettern. Sie warf meine Hose weg, weil die einfach zu kaputt war. Und dann hat sie mir so eine brennende rote Flüssigkeit übers ganze Bein gegossen. Das hat wirklich wehgetan. Sie sagte, dass damit die Bakterien getötet werden. Und dann hat sie mir das Bein verbunden. Und zwar das ganze Bein. Dadurch sah alles noch viel schlimmer aus, als es wirklich war.«

Was noch?

»Also, ich weiß noch, dass es ein Samstag war und die ganze Familie zum Schwimmbad nach Fowlerville gefahren ist. Aber ich durfte natürlich nicht ins Wasser. Ich weiß noch ganz genau, dass es ein richtig heißer Tag war und dass mein Verband auf der Wunde klebte. Es tat richtig weh, als ihn meine Mutter herunternahm. Ich durfte ewig lange nicht baden. Und dann …«

Das reicht erst mal, Sara. Würdest du rückblickend sagen, dass du dich eher glücklich, begeistert und dankbar gefühlt hast oder dass du wütend, enttäuscht und traurig warst?

»Was für eine Frage! Ich war sauer auf mich selbst, weil ich vom Baum gefallen war. Ich hätte besser aufpassen müssen. Außerdem war ich traurig, weil meine Hose versaut war, weil ich ja wusste, dass mir das Ärger einbringen würde. Auch, weil ich überhaupt auf den Baum geklettert bin. Ich hätte das eben nicht tun sollen.«

Normalerweise würde ich dich ja nicht gerade dazu auffordern, so viel Zeit mit der Erinnerung an einen Vorfall zu verbringen, bei dem du dich nicht wohlgefühlt hast, aber du wolltest ja etwas über ein sehr wichtiges Thema wissen, nämlich wie man dem Körper die Genehmigung zum Heilen erteilt. Es ist daher unerlässlich, dass du begreifst, was ihn von der Heilung abhält.«

»Willst du damit etwa sagen, dass Verletzungen gut heilen und nicht einmal Narben hinterlassen, wenn man sich einfach nur gut fühlt?«

Ganz genau.

Sara saß schweigend da und strich über die Narbe, die sich schon seit zwei Jahren auf ihrer Wade befand. Sie konnte sich gar nicht mehr vorstellen, sie nicht zu haben.

Sich wohlzufühlen lautet die Antwort auf alle Lebenserfahrungen.

Während Sara gedankenverloren an ihrem Bein herumrieb, versuchte sie sich noch genauer an den Tag zu erinnern, an dem sie vom Baum gefallen war. Eine befreundete Familie war zum Mittagessen gekommen und hatte den ganzen Tag bei Saras Familie verbracht. Die Leute kamen ungefähr zweimal im Jahr, aber es war für Sara nie das reine Vergnügen. Es kostete nämlich immer viel Zeit, das Haus auf den Besuch vorzubereiten, eine Menge Lebensmittel einzukaufen und die üppigen Mahlzeiten zu kochen. Ihre Eltern freuten sich zwar immer auf ihre Freunde, aber Sara konnte deren Kinder nicht leiden. Der Junge war genauso alt und genauso ätzend wie ihr kleiner Bruder und die Tochter Kay ein Jahr älter als Sara. Kay war ein richtiges Stadtmädchen. Sie trug immer schicke Markenklamotten und kam Sara ziemlich arrogant vor. Schon weil sie andauernd ihr vollkommen perfektes Leben in der Stadt mit dem primitiven Leben verglich, das Sara wohl auf dem Land führen musste. Sara gab sich immer größte Mühe, höflich zu bleiben, obwohl Kay sich unablässig darüber ausließ, wie furchtbar öde doch das Landleben sein müsste. Doch als Kay dann einen Kommentar darüber losließ, wie bedauerlich es sei, dass es in dieser Hinterwäldlerischsten aller Provinzen noch nicht mal ein vernünftiges Geschäft gäbe, in dem man anständige Lebensmittel kaufen könnte, war Sara mit ihrer Geduld am Ende gewesen. Sie erinnerte sich daran, wie sie auf dem Absatz kehrtgemacht hatte und in den Garten gerannt war – wild entschlossen, etwas zu tun, das so wenig städterisch oder damenhaft wie nur möglich war. Voller Zorn war sie auf den Baum gestiegen, in der Hoffnung, dieses grässliche Mädchen niemals wiedersehen zu müssen.

Salomon meldete sich zu Wort.

Wenn du jetzt so darüber nachdenkst, dann wird dir doch klar, dass dein Sturz vom Baum eine ganz logische Reaktion auf deine Gefühle war, oder nicht?

»Ja«, erwiderte Sara lachend, »da hast du wohl recht.« *Und angesichts deiner damaligen Gefühle und der Widerstände, die du in dir aufgebaut hast, bevor du vom Baum gefallen bist, erscheint es mir auch ganz logisch, dass diese Widerstände noch größer wurden, nachdem du vom Baum gefallen warst, oder nicht? Erstens hattest du dir wehgetan, zweitens waren deine Hosen kaputt und drittens hattest du deine Mutter verärgert.*

Sara nickte und sah alles wieder vor sich. Sie konnte sich noch gut an die Schadenfreude in Kays Gesicht erinnern, als sie da auf der Erde gelegen hatte und kaum Luft holen konnte. »Kay hatte den ganzen Tag lang über meine Familie und unser Leben hergezogen, und nun kam es mir so vor, als ob all ihre gemeinen Sprüche stimmten. Als ich da auf dem Boden vor ihr lag, war ich doch der lebende Beweis dafür, dass diese blöde Ziege recht hatte.«

Salomon schwieg. Er wusste, dass Sara endlich begriffen hatte, worum es ging.

Sie sah zu Salomon auf und ließ einen tiefen Seufzer los. »Kein Wunder, dass wir Narben kriegen. Es ist wirklich nicht leicht, das Wohlbefinden einfach fließen zu lassen.«

Salomon schüttelte sein Gefieder. *Nun, Sara, es wird mit der Zeit immer leichter. Man muss nur fleißig üben.*

»Okay, Salomon, aber jetzt muss ich wieder los. Danke.« *Gern geschehen, Sara.*

»Da ist noch was, Salomon«, sagte sie rasch, ehe er sich wieder in die Luft erhoben hatte. »Wie war das mit Seth? Befand er sich in einer üblen Verfassung? War das der Grund, weshalb er sich verletzt hat, als er Samuel zu Hilfe kam?«

Ganz im Gegenteil, mein liebes Mädchen, er befand sich in ausgezeichneter Verfassung. Und weil er sich eben so gut fühlte – und dadurch seine Antennen gewissermaßen ausgefahren hatte –, hat er sich ganz intuitiv an diesem Nachmittag für diesen Nachhauseweg entschieden. Ein Mensch, der mit seinem Inneren Sein weniger verbunden gewesen wäre, hätte Samuel gar nicht erst entdeckt.

»Das verstehe ich nicht, Salomon. Wenn Seth seine Antennen richtig gut ausgefahren hatte und mit seinem Inneren Sein so gut verbunden war, hätte er sich doch nicht so gemein verletzen können?«

Lass dich doch nicht wieder von den Leuten im Laden zu negativen Schlussfolgerungen verleiten, Sara! Von einer höheren Warte aus hat sich alles zum Guten gefügt.

»Aber hätte Seth seinen Bruder nicht retten können, ohne sich dabei selbst zu verletzen?«

Natürlich, Sara. Das wäre durchaus möglich gewesen. Aber du darfst nicht von vornherein davon ausgehen, dass etwas Furchtbares passiert ist. Fantastische Chancen verstecken sich oft hinter scheinbaren Schwierigkeiten. Nur wenn du begriffen hast, dass das Wohlbefinden wirklich durch alles strömt, wirst du auch in der Lage sein, all die Goldstücke aufzuheben, die um dich herum verstreut sind.

»Na gut, Salomon. Du hast ja immer recht. Ich hatte nur das Gefühl, dass ...«

Erinnerst du dich noch an den Vorfall, als dich dein vierbeiniger Freund damals von dem liegenden Baumstamm in den Fluss befördert hat?

»Das werde ich nie vergessen.«

Und was glaubst du, wie andere Menschen diese Begebenheit bewerten, Sara? Denkst du, dass sie froh darüber sind, dass du in den Fluss geschubst wurdest und flussabwärts getrieben bist?

»Nein, Salomon, sie fanden es alle ganz furchtbar. Und sie hielten mich für ziemlich bescheuert, dass ich überhaupt auf dem Baumstamm herumbalanciert bin. Sie waren der Meinung, dass ich gar nichts am Fluss zu suchen hatte und dass man mir hätte verbieten sollen, dort zu spielen.«

Und wie denkst du selbst darüber, Sara? Tut es dir

denn heute leid, dass du damals in den Fluss geschubst worden bist?

Ein Strahlen breitete sich über Saras Gesicht, als sie endlich verstand.

»Nein, Salomon, es tut mir überhaupt nicht leid!

Warum denn nicht? Warum fühlst du etwas ganz anderes als alle anderen, wenn du dich an dein aufregendes Abenteuer im Fluss erinnerst?

Sara musste darüber nicht lange nachdenken. »Als ich damals aus dem Fluss stieg, hatte ich auf einmal überhaupt keine Angst mehr vor allem, was mir hätte passieren können. Ich kam mir sehr stark vor. Ich dachte, dass alles, was die Leute immer über den Fluss und seine Gefahren gesagt hatten, nicht stimmte. Es kam mir vor, als ob ich gut aufgehoben war, ganz gleich, wie es die anderen sahen. Und das war der Moment, an dem mir klar wurde, dass der Fluss keine Bedrohung für mich ist. Ich glaube, da habe ich zum ersten Mal eine wirkliche Ahnung von meinem eigenen Wohlbefinden gekriegt. Es war eine irre Erfahrung. Ich bin froh, dass ich das erlebt habe. Ja, wirklich.«

Willst du mir damit sagen, dass man den wahren Wert einer Sache unter Umständen nicht richtig erkennen kann, wenn man sie nur von außen betrachtet?

Sara lächelte. Salomon war wirklich weise. Er verstand einfach alles.

Und dass nur der Mensch, der die Erfahrung am eigenen Leib erlebt, den wahren Wert oder den Grund für diese Erfahrung kennen kann? Schau her, Sara, Seth wird aus seiner Erfahrung großen Gewinn ziehen. Einen Gewinn, der sich viele Jahre lang auf sein Leben auswirken wird. Das Wohlbefinden ist immer reichlich vorhanden, Sara, ganz gleich, wie eine Sache zuerst aussieht oder wie sie von Außenstehenden beurteilt wird.

Sara strahlte. Sie fühlte sich wieder ausgesprochen gut. »Danke, Salomon, danke!«

Kapitel 19

S ara konnte es kaum erwarten, Seth und Annette wieder im Baumhaus zu treffen. Sie sprudelte vor lauter Begeisterung fast über und war von ihrem neuen Verständnis über das Wohlbefinden völlig erfüllt. Sie war fest davon überzeugt, dass Seth schnell wiederhergestellt sein würde, und war ganz begierig, ihm alles über die Zellen in seinem Körper zu erzählen und wie diese genau wüssten, was sie zu tun hatten. Schon sehr bald würde er sich wieder über den Fluss schwingen können, da war sie sich ganz sicher. So aufgekratzt, stark und fröhlich hatte sich Sara noch nie gefühlt.

In den Pausen zwischen den Unterrichtsstunden hielt sie Ausschau nach Annette und Seth, lief aber zunächst keinem von ihnen über den Weg. Immer wieder spielte sie in ihrem Kopf durch, wie sie ihnen ihre neuen Erkenntnisse mitteilen würde. Sie hatte begriffen, dass manchmal etwas scheinbar Fürchterliches geschieht – dass aber in Wirklichkeit immer alles in Ordnung ist.

In einer Pause kam Annette ziemlich niedergeschlagen auf Sara zu.

»Wo brennt's denn?«, platzte Sara heraus und wünschte im selben Augenblick, dass sie das Gespräch nicht gleich mit einer so negativen Bemerkung begonnen hätte.

»Mann, Sara«, antwortete Annette seufzend, »ich habe gerade mit Seth gesprochen. Seine Eltern haben ihm verboten, zum Baumhaus zu gehen. Er soll sich überhaupt ganz vom Fluss fern halten. Ach, Sara, was können wir da nur tun?«

Sara war wie vom Donner gerührt. Sie konnte kaum glauben, was ihr Annette gerade gesagt hatte.

Urteile nicht zu schnell, Sara, hörte sie Salomons Stimme in ihrem Kopf. *Du hast schon Dinge erlebt, die viel, viel schlimmer aussahen. Und trotzdem hat sich immer alles gefügt. Zieh jetzt keine negativen Schlussfolgerungen.*

Annette sah so aus, als würde sie jeden Augenblick in Tränen ausbrechen. Und obwohl Annettes Offenbarung sie ganz schön durcheinandergebracht hatte, fühlte sich Sara durch Salomons Worte etwas getröstet. Sie wusste, dass Salomon immer recht hatte.

»Mach dir keine Sorgen, Annette«, versuchte Sara, ihre Freundin zu trösten. »Wir haben schon viel Schlimmeres überstanden und letztendlich hat sich alles zum Guten gewendet.«

»Hoffentlich«, flüsterte Annette tonlos.

»Nein, wirklich, Annette. Zum Beispiel war da die Geschichte mit Mr. Wilsenholm. Ihm gehört das Land, auf dem unser Baumhaus steht. Ehrlich gesagt, glaube ich, dass ihm die halbe Stadt gehört. Als er dahinterkam, dass wir uns an einem Tau von einem seiner Bäume schwingen, ist er fast durchgedreht. Er wollte alle Bäume am Ufer fällen lassen.«

»Du machst Witze!«, rief Annette entsetzt. »All die wunderschönen Bäume? Das ist ja furchtbar!«

»Stimmt, darum erzähle ich es dir ja. Aber sie sind ja

nicht gefällt worden, weil Mr. Wilsenholm im letzten Moment seine Meinung geändert hat. Salomon sagt immer, wir können alles so verändern, wie wir es uns wünschen – wenn wir nämlich unsere Gedanken ändern.«

Die Schulglocke schreckte die Mädchen aus ihrem Gespräch. Es war ganz schön schwer, dieses wichtige Thema erst mal fallen zu lassen und die Langeweile der nächsten Unterrichtsstunde über sich ergehen lassen zu müssen. Sara hatte Annette noch so viel zu erzählen! Zum Beispiel wie Mrs. Wilsenholm sich eingeschaltet hatte, nachdem Sara ihre Katze vom Baum runtergeholt hatte. Es gelang Mrs. Wilsenholm, ihren Mann davon zu überzeugen, dass in den Bäumen keine Gefahr für Seth und Sara lauerte. Und es gab so viele Beispiele von Ereignissen, bei denen so ziemlich alles schiefzulaufen schien und wo Sara und Seth unter Salomons Führung ihre Gedanken und somit ihre Gefühle geändert hatten und zu wundersamen Lösungen gekommen waren. Sara wollte Annette von Seths Familie erzählen. Von der Zeit, da Seths Vater seinen Arbeitsplatz in der Eisenwarenhandlung verloren hatte und ihm Mr. Wilsenholm den Job als Vorarbeiter angeboten hatte. Und wie schrecklich sie sich gefühlt hatten, als Seths Vater zunächst den neuen Job abgelehnt hatte, und wie er dann doch seine Meinung änderte, nachdem er begriffen hatte, dass dieser Job genau das Richtige für ihn war. In der kurzen Zeit, in der sich Seth und Sara kannten, hatten sie unzählige Hinweise auf das Vorhandensein des Wohlbefindens erhalten – und zwar besonders oft dann, wenn sie glaubten, einer ernsten Krise zu begegnen.

»Alles wird gut«, versicherte Sara. »Wir treffen uns nach der Schule im Baumhaus und sprechen da weiter.«

»Ich hoffe, dass uns Salomon helfen wird, alles wieder in Ordnung zu bringen, Sara.«

»Mach dir keine Sorgen, es wird sich alles fügen«, erwiderte Sara. »Du wirst schon sehen.«

»Hoffentlich, hoffentlich«, murmelte Annette, als sie die Tür zu ihrem Klassenzimmer öffnete.

Das hoffe ich auch, dachte Sara kleinmütig, als sie begriff, dass sie nicht ganz so zuversichtlich war, wie sie klingen wollte.

Kapitel 20

Auf dem Weg zum Baumhaus wurde Sara immer wütender. Sie dachte über Salomons Worte nach. Darüber, was er über den Heilungsvorgang des menschlichen Körpers gesagt hatte, und darüber, dass weniger Widerstände auftreten, wenn man sich gut fühlt und der Körper deshalb noch schneller wieder heilen kann.

Seths Eltern sind echt bescheuert, dachte Sara. *Anstatt ihm dabei zu helfen, sich wohlzufühlen, strafen sie ihn! Wie können sie ihm nur das verbieten, was er in der ganzen Welt am meisten liebt! Dadurch hindern sie ihn doch daran, gesund zu werden!*

»Sara, warte auf mich!«, hörte sie Seths Stimme hinter sich.

Plötzlich ging ihr auf, dass Seth sie mitten in einem ganz ungesunden, düsteren und negativen Gedanken erwischt hatte. Sie war beschämt und versuchte, ein äußerst zuversichtliches Gesicht aufzusetzen, aber das wollte ihr nicht recht gelingen. Seth musterte sie besorgt.

»Was ist los, Sara?«, fragte er. »Du siehst aus, als ob deine Katze zum zehnten Mal überfahren worden wäre.«

Sara lachte gezwungen. »Kein Problem. Meine Katze lebt sowieso ewig.«

»Annette hat dir wohl schon gesagt, dass ich vorübergehend vom Baumhaus verbannt worden bin.«

»Ja, das habe ich gehört.«

»Mach dir deswegen keinen Kopf, Sara. Wir haben doch schon viel Schlimmeres durchgemacht und überstanden. Die ganze Sache wird sich bestimmt im Sande verlaufen. Und außerdem kann ich mit diesen Verbänden sowieso nicht Tarzan spielen. Also: Kopf hoch!«

Sara musterte Seth. Sie sah ihm tief in die Augen, um herauszufinden, ob er wirklich so gelassen war und sich so ausgeglichen fühlte, wie er momentan klang. Er schien tatsächlich überhaupt nicht beunruhigt zu sein, sondern sogar recht fröhlich.

»Ja doch, ich weiß. Du hast recht, Seth. Alles wird gut sein. Das ist es doch immer.«

»Viel Spaß mit Annette beim Baumhaus! Schwingt eine Runde für mich mit! Wir sprechen uns dann später.«

Eine Zentnerlast fiel Sara von den Schultern. Sie war heilfroh, dass Seth nicht sauer auf seine Eltern war und sich selbst nicht in einen Zustand des Widerstands versetzt hatte, der seine Wunden von einer schnellen Heilung abhalten würde.

Sara bog um die Ecke und betrat den Trampelpfad, der zum Baumhaus führte, während Seth die Straße entlang nach Hause ging. Irgendwie fühlte es sich falsch an, dass er nicht mit ihr ging. Es kam ihr wie eine Trennung vor und das machte Sara sehr traurig.

Hinter der letzten Biegung, nahe am Fluss, sah sie zum Baumhaus hin. Annette stand auf der Plattform und blickte zum Wipfel hinauf. Irgendwie schien das alles ganz verkehrt zu sein. Seth sollte da oben sein! Er gehörte dorthin!

Seltsam, wie sich Zeit anfühlt, dachte Sara. Ihr kam es so vor, als sei sie erst gestern mit Seth fröhlich von ihrem Baumhaus aus über den Fluss geschwungen. Wie schön war das gewesen! Sie hatten sich alles erzählt und viele Geheimnisse miteinander geteilt. Und dann schien nur ein Augenblick vergangen zu sein und schon war alles anders. Seth war vom Baumhaus und sogar von Salomon verbannt worden und an seiner Stelle machte sich jetzt dieses neue Mädchen breit! Sara dachte daran, wie sehr sie sich zunächst Seths Wunsch widersetzt hatte, Annette in ihrem Kreis aufzunehmen – und jetzt schien Annette sogar Seth ersetzt zu haben. Seth war weg und Annette war hier. Da stimmte doch etwas nicht!

»Hallo, Annette«, sagte Sara tonlos, nachdem sie die Baumleiter emporgestiegen war. Sie wünschte, dass sie ihrer eigenen Stimme einen fröhlicheren Klang verleihen könnte.

»Tag, Sara.« Annette klang kein bisschen munterer. »Jetzt sind wir also hier.«

»Ja.«

Salomon saß oben im Wipfel eines anderen Baums am gegenüberliegenden Ufer und beobachtete die Mädchen. Nachdem sie es sich einigermaßen bequem gemacht hatten, flog er über den Fluss und landete mitten auf der Plattform. Plumps! *Guten Tag, meine ungefiederten, freiheitsliebenden, treuen weiblichen Freunde!*

Er klang so ausgelassen, dass beide Mädchen in Gelächter ausbrachen.

»Bist du eigentlich immer glücklich, Salomon?«

Nun ja, Annette, ich glaube schon. Die Alternative ist unannehmbar.

Sara sah zu Salomon hin. Sie bewunderte seine unveränderliche Einstellung, mit der er immer Ausschau nach den schönen Seiten des Lebens hielt. Sie wünschte, sie könnte das auch so mühelos fertigbringen.

»Unannehmbar?« Annette runzelte die Stirn. »Das klingt ja so, als ob du die Wahl hast.«

Ja, natürlich, die hat man immer.

Als Sara dem Wortwechsel der beiden lauschte und in Annettes aufmerksames Gesicht sah, das sich nach Salomons Bemerkung leicht verzogen hatte, dachte sie daran, wie oft sie mit Salomon das gleiche Gespräch geführt hatte. Es fiel ihr nicht schwer, Annettes Antwort zu erraten – schließlich hatte sie, Sara, damals genau die gleichen Worte benutzt.

»Aber, Salomon, manchmal passiert doch etwas, über das man überhaupt keine Kontrolle hat und bei dem man sich ganz schrecklich fühlt!«

Ich weiß, dass dies manchmal so zu sein scheint, Annette, aber in Wirklichkeit ist das nie der Fall. Warte nur ab, du wirst schon irgendwann verstehen, dass man seine Gefühle immer im Griff haben kann.

Sara wusste, dass Salomon damit recht hatte, denn ihr eigenes Leben hatte ihr dafür genügend Beweise geliefert. Inzwischen wusste sie nicht einmal mehr, wie oft sie ihre Gedanken schon in eine andere Richtung gelenkt hatte, um negative Gefühle loszuwerden. Und es hatte immer funktioniert. Doch als sie jetzt dem Gespräch zwischen Annette und Salomon folgte, konnte sie den Gedanken an den Tod von Annettes Mutter nicht ausblenden. Sie stellte sich vor, wie furchtbar Annette gelitten haben musste und wie unmöglich es doch sein müsste, angesichts einer solchen Tragödie an etwas anderes zu denken, um sich besser zu fühlen.

»Nein, Salomon, das nehme ich dir nicht ab. Wenn durch höhere Gewalt etwas Schlimmes geschieht, ist man dem doch machtlos ausgeliefert und kann gar nicht glücklich sein«, widersprach Annette.

Sara zog die Beine an und legte ihr Kinn auf die Knie. Sie schloss die Augen und wappnete sich gegen die schmerzlichen, quälenden Worte, mit denen Annette gleich auf den Tod ihrer Mutter zu sprechen kommen würde. »Nein, nein, es geht wirklich nicht, Salomon«, wiederholte Annette kopfschüttelnd. »Wie können Sara und ich denn glücklich durch die Luft schwingen, wenn unser Freund Seth, der dieses wunderschöne Baumhaus gebaut ist, nicht mal mehr mit uns hier spielen darf?«

Sara öffnete die Augen und starrte Annette fassungslos an. Nicht den Tod ihrer Mutter hatte sie gerade als schreckliche, unkontrollierbare Sache, als höhere Gewalt bezeichnet, sondern die Tatsache, dass Seth vom Baumhaus verbannt worden war!

Salomon warf Sara einen verschmitzten Seitenblick zu. Er schien es sehr zu genießen, dass ihr plötzlich etwas dämmerte.

Irgendwie schien Annette den Tod ihrer Mutter tatsächlich überwunden zu haben, auch wenn Sara nicht ganz verstand, wie so etwas möglich war. Salomon hatte unzählige Stunden lang mit ihr über das Wohlbefinden gesprochen, das immer durch jenen Menschen strömte, der im Hier und Jetzt seine Aufmerksamkeit erfreulichen Angelegenheiten zuwandte – selbst wenn er sich in einer ganz verzwickten Lage befand, aber zum ersten Mal verstand Sara, was damit wirklich gemeint war.

Sie lehnte sich zurück und freute sich darauf, dass Salomon jetzt auch Annette auseinandersetzen würde, wie man mit dem Strom des Wohlbefindens verbunden bleiben kann. Wie man lernt, seine eigenen Gefühle zu kontrollieren. Das war eigentlich gar nicht so schwierig: Da die Gefühle von der Situation abhängen, der man Aufmerksamkeit schenkt, kann man sie in den Griff kriegen. Schließlich ist es jedem selbst überlassen, worauf er seine Aufmerksamkeit richtet! Unerfreuliche Gefühle kann man in erfreuliche umwandeln.

Alles, was geschieht, ist gut, begann Salomon.

Aus großen Augen musterten die beiden Mädchen

schweigend die Eule. Mit diesem Satz hatte er sich ihre volle Aufmerksamkeit gesichert.

Die Angelegenheiten, die ihr ›gut‹ nennt, sind deshalb gut, weil ihr euch gut fühlt, wenn ihr mit ihnen zu tun habt. Und allem Guten folgt weiteres Gutes. Was ihr ›schlecht‹ nennt, ist in Wirklichkeit auch gut, weil es euch verdeutlicht, was ihr euch wirklich wünscht, wenn ihr euch darauf konzentriert. Das ist der Augenblick, in dem euer Verlangen nach dem Guten geweckt wird. Und sobald dieses Verlangen lebendig geworden ist, fängt das Gute schon an, zu euch zu kommen. Denn dann konzentriert ihr euch auf einen Wunsch, dem immer stattgegeben wird. Ihr müsst nur herausfinden, wie ihr dem neuen Wunsch erlauben könnt, sich zu erfüllen. Und das ist der Schlüssel des Ganzen: den Wunsch überhaupt zuzulassen oder hereinzulassen.

Lächelnd lauschte Sara Salomons Worten. Es machte ihr riesigen Spaß zuzuhören, wenn Salomon erklärte, wie alles zusammenhing. Er hatte ihr einst erklärt, dass Worte allein nichts lehrten, sondern dass dies die Lebenserfahrung tue. Am besten aber sei es, wenn beides zusammenkomme. Sara fand es immer ganz toll, wenn ihr Salomons Worte verdeutlichten, was sie am eigenen Leib erfahren hatte. Sie erinnerte sich daran, dass ihr die Eule einmal erklärt hatte, dass man immer dann am klarsten weiß, was man wirklich will, wenn man sich in einer Lage befindet, in der man sich ganz und gar nicht wohlfühlt. Es gefiel ihr, dass er andere Worte verwendete, um Annette diese Weisheit zu vermitteln: *Wird ein neuer Wunsch in dir lebendig, wird ihm immer stattgegeben. Du musst nur herausfinden, wie du ihn hereinlässt. Ich nenne das gern die Kunst des Gutheißens*, fuhr Salomon fort, *das ist die Kunst, es wirklich zuzulassen, ihm Raum zu geben.*

»Was sollte man denn gutheißen und zulassen?«, fragte Annette.

All das, was du für gut hältst: Klarheit, Lebenskraft, Wohlbefinden, Gesundheit, Ausgeglichenheit, Konzentration, Wohlstand, Seth, der zum Baumhaus zurückkehrt ...

»Du behauptest also, dass es gut ist, wenn so etwas Schlechtes passiert wie Seths Verbannung, weil wir dann das, was wir schon mal hatten, noch viel lieber als vorher haben wollen?«

Du hast es begriffen!

»Aber wäre es dann nicht viel besser gewesen, wenn er gar nicht erst verbannt worden wäre?

Das mag euch so erscheinen, aber nein, das wäre nicht besser gewesen. Gerade weil ihr jetzt mit der Kehrseite konfrontiert werdet, kristallisiert sich für euch das, was ihr wirklich wollt, noch viel deutlicher heraus. Ohne diesen Kontrast würde euch das Vergnügen entgehen, daran zu arbeiten, euren Wunsch in Erfüllung zu bringen. Und es würde euch auch die Gelegenheit entgehen, in eine noch bessere Lage als zuvor zu kommen.

Annette sah noch nicht sehr überzeugt aus. »Ich weiß nicht so recht, Salomon ...«

Wisst ihr, Kinder, was das Allerschönste an eurer herrlichen körperlichen Lebenserfahrung ist? Ihr könnt euch immer wieder aufs Neue Dinge herauspicken, die ihr euch wünscht. Wie Forscher durchstreift ihr alle möglichen Gedankengänge. Ihr entscheidet euch für eine Richtung – und dann helfen euch die unterschiedlichsten Universalkräfte dabei, euer Ziel zu erreichen.

Sara nickte lächelnd. Sie hatte dieses Thema schon früher mit Salomon ausführlich behandelt. Damals hatte er die Universalkräfte die »Feen des Universums« genannt.

Salomon sah Sara an und kniff ein Auge zu. *Man könnte sie auch die Feen des Universums nennen.*

Sara kicherte beglückt. Sie mochte es, wenn Salomon ihre Gedanken las.

»Ich habe es aber immer noch nicht begriffen!«, klagte Annette. »Mir kommt es so vor, als ob …«

Also gut, unterbrach Salomon. *Dann möchte ich dir eine Frage stellen: Wenn du jetzt direkt mit den Feen des Universums über das Vorgefallene sprechen könntest, worum würdest du sie dann bitten?*

»Wir möchten, dass Seth wieder zum Baumhaus kommt!«, rief Annette.

Gut, antwortete Salomon.

»Aber das heißt doch nur, dass wir wieder genau da sind, wo wir schon mal waren. Ich meine …«

Damit hast du völlig recht, Annette. Daher frage ich dich jetzt, ob du um noch etwas anderes bitten würdest.

»Wir möchten, dass Seths Wunden verheilen«, antwortete Sara.

»Selbst wenn uns dieser Wunsch erfüllt wird, landen wir doch auch nur wieder da, wo wir schon einmal waren«, warf Annette ein. »Man kriegt das Alte wieder zurück, aber das ist doch kein Fortschritt! Man steht wieder am Punkt null! Was für einen Sinn hat es denn, dass man verletzt wird, damit man wieder gesund wird, oder dass man verbannt wird, damit die Verbannung wieder aufgehoben werden kann? Dann wäre es doch viel besser, dass das Schlechte gar nicht erst passiert und man mit dem Guten weitermachen könnte, oder nicht? Es tut mir schrecklich leid, Salomon, aber ich verstehe das wirklich nicht.«

Gespannt auf Salomons Antwort hob Sara die Augenbrauen. Sie fand, dass Annette ein gutes Argument geliefert hatte.

Nun, Mädels, dann denkt doch mal etwas darüber nach. Der erste Schritt besteht darin herauszufinden, ob sich durch die neue Situation irgendein neuer Wunsch gemeldet hat, der über das hinausgeht, was ihr zuvor schon hattet: Was wollt ihr jetzt mehr als jemals zuvor? In der Zwischenzeit werde ich mir von einer höheren

Warte aus noch einmal alles durch den Kopf gehen lassen.

Und damit breitete Salomon seine mächtigen Schwingen aus und erhob sich in die Lüfte.

Rätselnd sahen die Mädchen einander an.

»Vielen Dank, Salomon, du warst uns wirklich eine große Hilfe«, spottete Annette.

»Ja, wirklich!«, stimmte Sara zu.

»Was wünschen wir uns *jetzt*?«, grübelte Annette über Salomons Worte nach.

»Ich wünsche mir nur, dass Seth wieder herkommen darf!«, erklärte Sara.

»Ich wünsche mir, dass er wieder ganz heil wird«, fügte Annette hinzu.

»Und keine Narben zurückbehält«, ergänzte Sara. »Und ich möchte so gern, dass ihn seine Eltern in Ruhe lassen, damit er endlich mal tun kann, was er selbst will.«

»Richtig!«, rief Annette. »Ich möchte, dass uns die Erwachsenen nicht mehr wie kleine Kinder behandeln, die nicht bis drei zählen können. Wir sind nicht so bescheuert, wie sie glauben.«

»Ja, das ist ein ganz wichtiger Wunsch«, stimmte Sara zu. »Und ich wünsche mir, dass sie uns mehr vertrauen würden.«

»Und sich auch mal anhören, wie wir über bestimmte Sachen denken.«

»Und uns nicht dauernd herumkommandieren.«

»Und uns mehr Freiheit geben!«

Das kam alles ganz schnell hintereinander und dann sahen sich Annette und Sara staunend an.

»Nun, jetzt wissen wir auf jeden Fall genauer, was wir uns wünschen«, meinte Annette. »Es ist ja nicht so, dass ich alle diese Sachen nicht schon vorher mal gedacht hätte, aber so richtig als Wünsche habe ich sie früher noch nie erkannt.«

»Da hast du recht«, stimmte Sara zu. »Das haben wir wirklich gut hingekriegt.«

Salomon glitt mit ausgebreiteten Schwingen über den Fluss und landete sanft auf der Plattform neben den Mädchen.

Nun, Mädels, angesichts all der Geistesblitze, die aus diesem Baumhaus geschossen sind, würde ich sagen, dass ihr mit euren Wünschen ein ganzes Stück weitergekommen seid. Besser gesagt: Ihr habt den ersten Schritt mit Bravour gemeistert!

Sara und Annette strahlten.

Und jetzt, meine Lieben, werden wir uns an Schritt drei machen.

»Wieso Schritt drei?«, erkundigte sich Annette. »Was ist denn mit Schritt zwei passiert?«

Schritt zwei ist nicht eure Aufgabe. Den vollziehen nämlich die Feen des Universums. Und das funktioniert folgendermaßen: Schritt eins lautet: Ihr bittet um etwas. Schritt zwei: Die Feen des Universums geben euch eine Antwort. Und Schritt drei: Ihr müsst für das, was ihr euch wünscht, auch empfänglich sein. Schaut, Mädels, dieser wundervolle Kontrast zwischen Zeit und Raum, wie er in eurer Welt herrscht, sorgt dafür, dass die Wünsche aus euch geradezu heraussprudeln. Und sobald ein neuer Wunsch geboren wird – auch dann, wenn ihr ihn gar nicht laut aussprecht –, hören ihn die Feen des Universums. Sie machen sich dann sofort an die Arbeit.

»Sag, Salomon, geben sie denn immer Antwort?«

Ja, Annette, ohne Ausnahme.

»Aber das kann doch nicht stimmen, Salomon! Millionen von Leuten haben Millionen Wünsche, die ihnen nicht erfüllt werden.«

Wenn das tatsächlich stimmt, meine liebe Annette, dann kann es dafür nur einen einzigen Grund geben.

Diese Menschen sind einfach nicht auf Empfang eingestellt. Manchmal kostet es schon etwas Arbeit, die Antwort überhaupt zuzulassen. Aber normalerweise ist das nicht so kompliziert, wie es für euch zunächst aussehen mag. Sucht unaufhörlich nach einem Gedanken, der sich gut anfühlt – bis ihr ihn gefunden habt. Und dann sucht weiter nach einem Gedanken, der sich noch besser anfühlt. Unweigerlich landet ihr dann an einem Punkt, bei dem ihr die Antwort hereinlasst.

»Aber was passiert denn, wenn wir es ganz doll versuchen und trotzdem keinen Gedanken finden?«

Dann hängt euch an euer Schwingseil und denkt über andere Dinge nach. Das Allerwichtigste ist, den Gedanken zuzulassen. Wenn euch bei einem Thema nicht behaglich zumute ist, sucht euch ein leichteres. Und vergesst eins nicht: Wenn ihr nicht völlig überzeugt seid, am richtigen Punkt angelangt zu sein, um die Antwort reinzulassen – unternehmt dann nichts, um sie zu erzwingen. Viel Spaß weiterhin, sagte Salomon und erhob sich unvermittelt in die Lüfte.

»Wir könnten ja tatsächlich mal wieder über den Fluss schwingen«, meinte Annette. Sie klang unentschlossen.

»Ja, das könnten wir«, erwiderte Sara genauso lustlos.

Eigentlich gefiel keiner von beiden der Gedanke, ohne Seth fröhlich am Schwingseil herumzuturnen.

»Wenn wir hier trübsinnig rumhängen, ändert das auch nichts an Seths Lage«, sagte Annette.

»Stimmt. Möchtest du zuerst?«, fragte Sara. Sie band das Tau los und reichte es Annette.

»Gern.« Annette setzte ihren Fuß in die Schlinge am Ende des Seils, hielt das Tau mit beiden Händen fest und schwang sich von der Plattform. Schweigend segelte sie über den Fluss. Sie machte die Hände nicht frei, um mit dem Kopf nach unten zu fliegen, sondern schwang sich nur einfach hin und her. Sara sah ihr von der Plattform aus zu und fragte sich, warum Annette nicht irgendeines ihrer Kunststücke vollführte.

Plötzlich zog Annette den Fuß aus der Schlinge und sprang ans Ufer.

»Sara, Sara!«, rief sie aufgeregt zum Baumhaus hinauf. »Ich habe eine Idee! Ich könnte dir ja beibringen, dich mit den Beinen festzuhalten, damit du auch mal verkehrt herum durch die Luft fliegen kannst. Hättest du dazu Lust?«

Eine Welle der Begeisterung stieg in Sara auf, als ihr klar wurde, was Annette gerade vorgeschlagen hatte.

»Ja!«, jauchzte sie.

»Gut, aber dafür musst du erst runterkommen.«

»Wieso denn das?«, fragte Sara enttäuscht. »Ich möchte doch fliegen!«

»Natürlich, aber du musst erst unten anfangen.«

Sara kraxelte die Leiter hinunter. Verblüfft sah sie zu, wie Annette ihre Hosenbeine hochkrempelte.

»Was tust du denn da?«, fragte Sara.

»Wir müssen in den Fluss hineinwaten, Sara. Ich habe in einer Turnhalle gelernt, wie man an einem Seil hängt. Das muss man erst eine Weile üben. Man muss mit dem Seil richtig vertraut werden, ehe man vom Baum springen und kopfüber fliegen kann. Wenn du die Grundlagen kennst, kannst du von oben runterspringen. Vorher ist das viel zu gefährlich, da könntest du dir glatt das Genick brechen!«

»Ach so.« Sara war enttäuscht, aber sie fand, dass Annettes Erklärung sehr vernünftig klang.

»Wir sollten aber auch nicht in den Fluss steigen«, gab sie zu bedenken. »Er hat ziemlich viele Untiefen und die Strömung kann ganz schön gemein sein.«

Nachdenklich sah Annette auf den Fluss. »Da hast du recht. Daran hatte ich überhaupt nicht gedacht. Das ist dann also keine so gute Idee.«

Es gefiel Sara, dass Annette ihren Worten Bedeutung zumaß, denn mit dem Fluss kannte sie sich aus. Aber was sollten sie jetzt tun?

»Also, was machen wir?«, fragte Annette. »Es ist zu gefährlich von da oben aus mit dem Kopf nach unten zu hängen, und es ist zu gefährlich, es von hier unten aus zu tun.« Sara zuckte mit den Achseln.

»Nun, wir wissen, was wir nicht wollen«, sagte Annette langsam, als sie sich das Gespräch mit Salomon noch einmal ins Gedächtnis rief. »Wir wollen nicht, dass du dir bei deiner ersten akrobatischen Übung das Genick brichst, und wir wollen nicht flussabwärts getrieben werden. Was wir wollen ...«, jetzt wurde ihre Stimme lauter, »... ist ein anderes Seil. Hängt hier in der Gegend irgendwo noch ein anderes Seil herum?«

Sara runzelte nachdenklich die Stirn. Dann fiel ihr etwas ein. »Ja, natürlich!«, rief sie fröhlich. »In unserem Garten hängt ein Seil. Da ist zwar ein alter Reifen dran befestigt, aber den können wir ja abnehmen.«

»Auf geht's!«, sagte Annette aufgekratzt. »Dann schauen wir uns mal dein Seil an.«

Die Mädchen sammelten ihre Siebensachen ein und rannten im Eiltempo zu Saras Haus.

»Da ist es«, keuchte Sara atemlos. Sie warf ihre Schultasche aufs Gras und begann, an dem Knoten zu ziehen, der den Reifen festhielt. »Was meinst du? Kriegen wir den Reifen ab?«

»Nee, Sara, lass mal, das Seil ist viel zu kurz. Wenn du richtig dran hängen willst, muss es ein ganzes Stück länger sein. Das hier geht überhaupt nicht. Wir müssen ein anderes Seil finden.«

Sara war schwer enttäuscht. Sie hätte am liebsten auf der Stelle mit dem Lernen angefangen.

»Wir können ja den Sportlehrer fragen, ob wir in der Turnhalle üben können. Der hat Seth ja auch die Seile gegeben, die er für unser Baumhaus brauchte.«

»Superidee!«, erwiderte Annette sarkastisch. »Dann wirst du deinen ersten Versuch wahrscheinlich in einem Jahr wagen können. So lange dürfte es etwa dauern, bis deine Eltern Tausende von Genehmigungsformularen ausgefüllt haben und die Schule neue Versicherungen abgeschlossen, eine Reihe von Netzen gekauft und extra Aufsichtspersonen eingestellt hat.«

Sara kratzte sich am Kopf. »Es fällt uns wirklich nicht schwer herauszufinden, was wir nicht wollen und was nicht funktioniert«, sagte sie. »Vielleicht sollten wir mal das versuchen, von dem Salomon gesprochen hat, und über unseren neuen Wunsch ausführlich reden.«

»Wir wollen ein Seil und wir wollen es auf der Stelle!«, rief Annette grinsend.

»Wir wollen ein langes Seil«, setzte Sara hinzu.

»Wir wollen ein langes, seidiges, glattes Seil!«, ergänzte Annette.

»Es soll an einem Baum hängen oder ...«

»An einer Brücke ....«

»Oder vom Himmel ...«

Die Mädchen brachen in Gelächter aus.

»Ja, das wäre ideal«, juchzte Annette. »Wir brauchen jetzt nur noch einen riesengroßen Haken, der im Himmelszelt verankert ist.«

»Einen riesengroßen Haken!«, versetzte Sara überrascht und schlug sich an die Stirn. »Ich weiß ganz genau, wo es einen riesengroßen Haken mit einem langen Seil gibt. Mensch, das fällt mir jetzt erst ein! In der Scheune! Ich hab das Seil gesehen, als ich die Leiter brauchte, um die Katze von Mrs. Wilsenholm aus dem Baum zu holen!«

»Wo ist denn diese Scheune, Sara? Hier in der Nähe?«

Sara nickte beglückt.

»Na komm, dann gehen wir gleich hin und schauen nach!«, rief Annette.

»Ach, ist das alles schön!«, stellte Sara beschwingt fest. »Wir tun jetzt doch genau das, was uns Salomon aufgetragen hat. Erst haben wir entdeckt, was wir nicht wollen – dass ich vom Seil falle und mir das Genick breche oder dass wir von der Strömung davongetragen werden. Das hat uns zu den Gedanken geführt, was wir wirklich wollen. Und je mehr wir darüber nachgedacht haben, desto klarer wurde alles, bis wir sogar das perfekte Seil zum Üben gefunden haben! Jetzt müssen wir nur noch dafür sorgen, dass wir die Antwort auf unseren Wunsch zulassen.«

»Na, es fühlt sich doch ganz so an, als ob wir sie zulassen!«, versicherte Annette. »Schließlich ist dir doch eingefallen, dass so ein Seil in der Scheune der Wilsenholms hängt. Das ist schon irgendwie irre, dass du dich daran erinnert hast.«

»Aber der Gedanke, ohne Erlaubnis in der Scheune der Wilsenholms fliegen zu üben, fühlt sich gar nicht gut an«, warf Sara ein. »Ebenso wenig wie der Gedanke, zu den Leuten hinzugehen und zu fragen, ob wir da üben können.«

»Was machen wir dann?«

»Vielleicht wollen wir alles zu schnell erzwingen. Davor hat uns Salomon ja auch gewarnt. Außerdem ist es schon ziemlich spät. Wir können uns ja morgen wieder im Baumhaus treffen und Salomon fragen.«

»Gut, Sara, dann also bis morgen!«

Kapitel 21

Fast die ganze Nacht lang dachte Sara über das Seil in der Wilsenholm-Scheune nach. Sie konnte es kaum abwarten, ihre Beine damit zu verflechten und sich kopfüber hängen zu lassen. Zunächst hatte sie nur daran gedacht, wie es wohl sein würde, so wie Annette mit ausgebreiteten Armen und dem Kopf nach unten durch die Lüfte zu segeln. Doch inzwischen hatte sie begriffen, dass sie erst »die Grundlagen erlernen« musste, wie Annette gesagt hatte, und jetzt konzentrierten sich ihre Gedanken ganz darauf, in die Scheune hineinzukommen und dort das Alphabet dieser Kunst zu erlernen.

Am nächsten Tag hatten sich die beiden Mädchen kaum auf der Plattform niedergelassen, als Salomon schon zu ihnen stieß.

Guten Tag, meine lieben kleinen Hühnchen! Wie ich sehe, habt ihr einen frischen, neuen Wunsch ausgebrütet.

Sara und Annette nickten lachend.

»Ach, Salomon, wir freuen uns ja so, dass du gekommen bist«, setzte Annette an. »Wir haben wirklich einen neuen Wunsch ausgebrütet, aber wir wissen jetzt nicht, wie wir ihn in die Tat umsetzen können.«

Das ist ja auch nicht eure Aufgabe, Annette. Aber mir scheint, dass ihr eure wichtigste Arbeit bereits erledigt habt: Ihr habt einen neuen Wunsch ins Leben gerufen.

»Aber wir haben doch noch gar nichts getan, Salomon! Da gibt es erst noch so viel zu erledigen, ehe wir ...«

Ich stimme dir zu, dass sich erst mal noch eine Menge entfalten muss, aber das Wichtigste ist bereits getan. Ihr habt einen ganz klaren Wunsch formuliert. Jetzt müsst ihr ihn nur noch zulassen.

»Wenn du das so sagst, klingt es ganz leicht, Salomon. ›Lass ihn zu, lass ihn herein‹ – aber sollten wir nicht irgendwie handeln?«

Wenn euer Wunsch ausgebrütet ist, kommt der nächste wichtige Schritt: Ihr müsst ihn zulassen. Und ihr wisst, dass ihr ihn zulasst, wenn ihr euch bei dem Gedanken an euren Wunsch wohlfühlt. Natürlich kann man auch dadurch etwas zulassen, dass man überhaupt nicht daran denkt. Nur wenn ihr euch bei dem Gedanken schlecht fühlt, lasst ihr nicht zu, dass das Gute zu euch kommt. An eurer Stelle würde ich jetzt irgendetwas tun, bei dem ich mich richtig gut fühle.

»Du würdest also nicht durch die ganze Stadt rennen, um ein Seil zu finden, mit dem wir üben können?«

Ich würde es vielleicht dann tun, wenn mir so etwas Spaß machen würde. Macht es mir keinen Spaß, würde ich etwas anderes tun. Mir ist aufgefallen, dass sich alles immer wundersam zu fügen scheint, sobald ein Wunsch entstanden ist und man sich wohlfühlt. Man scheint dann geradezu über alles Mögliche zu stolpern, das genau zu diesem Wunsch passt. Der Weg zur Erfüllung eröffnet sich Stück für Stück ganz von selbst. Irgendwie kommt es mir so vor, als ob Sara ziemlich ge-

nau weiß, wovon ich spreche, weil sie das wohl auch schon das eine oder andere Mal erlebt hat.

Sara zuckte ein wenig zusammen, als sie ihren Namen hörte. Während er gesprochen hatte, war sie völlig in Gedanken versunken gewesen. Sie hatte an die scheinbar wundersamen Dinge gedacht, die ihr und Seth immer wieder begegnet waren. In ganz aussichtslosen Lagen hatte es jedes Mal ein gutes Ende gegeben, weil beide nach guten Gefühlen Ausschau gehalten und nicht verzweifelt versucht hatten, irgendetwas zu unternehmen. Aber damals war es um viel entscheidendere Dinge gegangen als nur um die Suche nach einem Seil.

»Eins würde ich gern wissen, Salomon«, sagte Sara jetzt. »Funktioniert das Ganze besser, wenn es um eine wirklich wichtige Sache geht?«

Es funktioniert immer, Sara, ganz gleich, ob es um einen großen oder um einen kleinen Wunsch geht. Mir ist allerdings aufgefallen, dass man sich größere Mühe mit dem Wohlfühlen gibt, wenn der Wunsch besonders groß ist. Und je wohler du dich fühlst, desto schneller funktioniert es, denn je wohler du dich fühlst, desto eher lässt du zu, dass dein Wunsch erfüllt wird. Wenn man an das denkt, was man möchte – und warum man es möchte –, bringt das einen meistens ziemlich schnell zu dem Punkt, an dem man die Verwirklichung des Wunsches auch genehmigt.

»Wir wollen ein starkes, dickes, hängendes Seil finden. Ich möchte Sara beibringen, wie man gefahrlos mit dem Kopf nach unten daran hängen kann.«

Annette hatte ihre Worte sorgfältig gewählt und ganz langsam gesprochen.

Ausgezeichnet, Annette, sagte Salomon. Seine Augen blitzten.

»Und ich möchte ein starkes, dickes, sicheres Seil finden. Weil ich mit dem Kopf nach unten daran hängen möchte. Weil ich so gut am Seil schwingen möchte wie Annette«, meldete sich Sara zu Wort.

»Und weil man so viele tolle Kunststücke am Seil machen kann, die ich schon ewig nicht ausgeführt habe«, fügte Annette hinzu.

»Und weil ich das alles auch lernen will und weil ich am Seil fliegen möchte, wenn Seth zurückkommt.«

Sara und Annette strahlten. Sie waren vor lauter Begeisterung beinahe atemlos.

Nun, Mädels, ihr habt hier in der Tat die Kunst des Gutheißens ausgeübt. Ist euch aufgefallen, wie gut es tut, nur an das zu denken, was man sich wünscht, und dass man es nicht sofort in die Tat umsetzen muss, um sich wohlzufühlen?

»Ja, Salomon, es hat eine Menge Spaß gemacht, darüber zu reden und es sich vorzustellen. Aber es wird sicher noch mehr Spaß machen, es wirklich zu tun!«

Ja, sicher wird es Spaß machen, Sara, da stimme ich dir zu. Und es macht doch auch jetzt schon Spaß! So, ihr Lieben, ich werde mich jetzt an diesem wunderschönen Abendhimmel erfreuen. Ich habe doch immer wieder meinen Spaß an einem kleinen Gespräch mit euch, meine lieben ungefiederten Vogelscheuchen.

»Hat er uns etwa ›Vogelscheuchen‹ genannt?«, fragte Annette lachend, als Salomon davonflog.

»Hat er«, gab Sara ebenfalls lachend zurück. »Er ist einfach zu komisch!«

Abwechselnd schwangen sich jetzt Annette und Sara über den Fluss. Sara machte den Anfang und vollführte eine perfekte Landung am Ufer. Von dort aus beobachtete sie mit großer Aufmerksamkeit Annettes Flug. Sie wollte sich keine Einzelheit entgehen lassen und machte im Geiste jede Bewegung nach. Etwas Ungeduld keimte in ihr auf. Am liebsten hätte sie Annette sofort alles nachgemacht, und sie ärgerte sich darüber, dass sie noch warten musste.

Oje, ich lasse es momentan ja nicht zu, dachte Sara betroffen, als sie merkte, dass sich diese Ungeduld überhaupt nicht gut anfühlte. »Okay, es wird nicht mehr lange dauern, bis ich auch so fliegen kann«, sagte Sara laut und das unbehagliche Gefühl wurde schwächer. »Wie schön sie aussieht«, fuhr Sara fort, »und wie nett von ihr, dass sie mir das auch beibringen will.« Mit diesen Worten verschwand das unangenehme Gefühl. Sara fühlte sich wieder richtig gut.

Wie üblich landete Annette graziös und sicher am Ufer. Die Mädchen sammelten bald ihre Siebensachen ein und begaben sich auf den Heimweg. Vom Baumhaus bis zur gepflasterten Landstraße war es nicht sonderlich weit, aber der Trampelpfad nahm eine Reihe interessanter Biegungen, und es machte immer Spaß, auf das zu achten, was im Unterholz zu sehen oder zu hören war. Fröhlich plaudernd gingen die Mädchen ihres Weges. Sie sprangen über Äste, die im Weg lagen, und huschten unter Büschen und tief hängenden Zweigen hindurch. Jeder Strauch, jeder Baum, jeder Felsblock auf diesem bewachsenen, schattigen Pfad war ihnen bestens vertraut.

Als sie aus dem dunklen Wald auf die Landstraße traten, schlossen sie einen Moment vor den hellen Sonnenstrahlen die Augen.

»Pass auf!«, schrie Annette und packte Sara an der Schulter, um sie am Weitergehen zu hindern. Direkt vor dem Zugang zu ihrem Pfad hockte jemand am Straßenrand.

»Mrs. Wilsenholm!«, rief Sara bestürzt. »Ist alles in Ordnung?«

»Ja sicher, Sara«, erwiderte Mrs. Wilsenholm mit einem schiefen Grinsen. »Alles ist in bester Ordnung. Weil das Wetter so schön ist, wollte ich zu Fuß zum Markt gehen. Aber ich kaufe immer mehr, als ich eigentlich will, und da ist mir genau hier meine Tüte geplatzt. Du meine Güte, das Zeug ist aber weit gekullert!«

Sara und Annette sammelten zahlreiche Dosen, Orangen, Äpfel, Bananen, einen Kohlkopf und Kartoffeln ein. Es war ein Wunder, dass das alles in die Tüte gepasst hat, und sicherlich keins, dass sie geplatzt war!

»Wir können Ihre Sachen in unsere Schultaschen stecken«, bot sich Sara an. »Wenn jede von uns die Hälfte nimmt, müsste das eigentlich gehen.«

»Gute Idee«, stimmte Annette zu.

Mrs. Wilsenholm strahlte, als Sara und Annette die Einkäufe in ihren Schultaschen verstauten.

»Na, da seid ihr ja gerade rechtzeitig gekommen«, sagte sie. »In letzter Zeit scheinst du ja ständig zu meiner Rettung herbeizueilen, Sara.« Sie reichte Annette die Hand. »Ich glaube nicht, dass ich deine Freundin schon kennengelernt habe.«

»Das ist Annette, Mrs. Wilsenholm. Annette, das ist Mrs. Wilsenholm.«

Annette lächelte höflich und sah Sara an. Es gelang beiden Mädchen, nach außen hin ganz ruhig und gelassen zu wirken, doch innerlich schlugen sie vor lauter Freude Purzelbäume. Salomon hatte ihnen gesagt, dass sich alles schon fügen und man manchmal geradezu über die Lösung stolpern würde – aber das hier war wirklich irre!

Die Mädchen schnallten sich die gefüllten Schultaschen auf den Rücken und wanderten mit Mrs. Wilsenholm die Landstraße entlang. Sara lächelte bei dem Gedanken, was Passanten wohl über dieses seltsame Trio sagen würden, aber sie begegneten niemandem.

»Eure Schultaschen sind wirklich sehr praktisch«, meinte Mrs. Wilsenholm. »Eine richtig gute Erfindung. So einen leichten Stoff gab es noch nicht, als ich ein kleines Mädchen war. Unsere Ranzen waren viel schwerer und man konnte da längst nicht so viel unterbringen – allerdings mussten wir auch nicht so viele Bücher herumschleppen wie ihr heute. Du meine Güte, was müssen eure Taschen jetzt schwer sein! Da habe ich euch ja eine Menge aufgeladen. Das tut mir leid.«

»Nein, Mrs. Wilsenholm, Ihre Einkäufe sind nicht zu schwer. Diese dünnen Rucksäcke sind ja für schwere Dinge gemacht. Wir freuen uns, wenn wir Ihnen helfen können«, sagte Sara und freute sich jetzt schon darauf, wie ihnen Mrs. Wilsenholm helfen würde.

Mrs. Wilsenholm öffnete das Tor zu ihrem Grundstück und gemeinsam gingen die drei über die von Bäumen gesäumte Allee zum Hauseingang.

»Es ist wunderschön hier«, sagte Annette beeindruckt. »Das ist ja ein richtiger Park. Mann, ist das toll hier. Echt wunderschön.«

Erst jetzt merkte Annette, wie sehr ihr ein gepflegter Rasen und üppig blühende Blumengärten fehlten. Im Stadtviertel, in dem sie früher gelebt hatte, verbrachten die Menschen viel Zeit damit, ihre Gärten zu pflegen und zu gestalten. Das war in diesem Bergstädtchen mit dem rauen Klima ganz anders. Hier sorgte man zwar auch dafür, dass das Unkraut nicht überhand nahm, aber man machte kurzen Prozess mit ihm. Man köpfte das Gras mit dem Rasenmäher oder ließ einfach Ziegen oder Pferde darauf grasen. Es gab zwar Obstgärten, und manche Leute bauten auch Gemüse an, aber mit Blumen gaben sich die eher auf praktische Angelegenheiten ausgerichteten Bürger gar nicht erst ab. Die einzigen Blumen, die man hier fand, wuchsen wild, und niemand würde je auf die Idee kommen, sie zu gießen.

Aber Mrs. Wilsenholms Garten war anders. Er erinnerte Annette an den Garten, den ihre Mutter angelegt hatte. Mit leuchtenden Augen begutachtete sie jede Einzelheit, bückte sich, um an Blumen zu riechen, und fragte nach den Namen von Pflanzen, die sie nicht kannte.

Mrs. Wilsenholm strahlte. Sie war sehr stolz auf ihren Rasen und ihre Beete und sie genoss Annettes offensichtliche Bewunderung. »Wie schön, dass dir mein Garten gefällt, Annette. In dieser Gegend interessiert sich kaum jemand für Gärten. Aber ich habe ihn ja auch nicht für andere Menschen angelegt, sondern weil er mir selbst so große Freude macht. Stellt eure Taschen hier ab und dann zeige ich euch alles.«

Sara musste innerlich grinsen. *Annette und Mrs. Wilsenholm verstehen sich ja wirklich prima*, dachte sie.

»Lasst uns jetzt ums Haus gehen, Mädels«, schlug Mrs. Wilsenholm vor. »Hinten habe ich einen Lilienteich und einen Kräutergarten angelegt.«

Na so was, dachte Sara überrascht, *ich wusste ja gar nicht, dass Mrs. Wilsenholm einen Lilienteich und einen Kräutergarten hat.* Sie fand es recht schade, dass sie sich früher nie für Mrs. Wilsenholms schönen Garten interessiert hatte. Als sie sah, wie sehr sich Mrs. Wilsenholm über Annettes Begeisterung freute, wünschte sich Sara, sie wäre etwas aufmerksamer gewesen.

Annette ging neben Mrs. Wilsenholm her, deutete auf bestimmte Pflanzen, hörte zu und wusste auch etwas über Blumen, die Sara noch nie aufgefallen waren. Die gezähmte Natur interessierte Sara immer noch nicht sonderlich, aber sie genoss es, dass die beiden anderen so begeistert waren.

»Was haben Sie denn dort drüben geplant?«, fragte Annette und deutete auf eine etwas entfernter gelegene Ecke, die offensichtlich gerade erst freigeräumt war.

»Ich habe meinen Mann endlich davon überzeugt, einen Swimmingpool zu bauen«, erklärte Mrs. Wilsenholm. »Davon träume ich nämlich schon seit Jahren. Nirgendwo kann sich ein Körper besser entspannen als im Wasser. Die Schwerkraft macht meinen müden Knochen nämlich ordentlich zu schaffen. Ihr könnt das natürlich noch nicht wissen, aber es ist wirklich so. Und im Wasser fühlt man sich federleicht, das tut gut. In eurem Alter war ich übrigens eine hervorragende Schwimmerin.«

»So richtig mit Wettkämpfen und so?«, fragte Sara beeindruckt.

»Aber sicher, ja!«

»Wie schön! Haben Sie denn auch Pokale gewonnen?«

»Ja, Annette. Jede Menge sogar. Sie stecken in einer riesigen Truhe, aber ich weiß gar nicht, wo ich die hingestellt habe. Kennst du dich denn mit Wettkämpfen aus, Annette?«

»Nicht im Schwimmen, Mrs. Wilsenholm, aber ich bin Kunstturnerin. Ich habe schon als ganz kleines Mädchen damit angefangen. Aber Schwimmen macht mir auch Spaß. Ich glaube, ich würde da auch gern mal bei einem Wettkampf mitmachen.«

Die Scheune!, echote es verzweifelt in Saras Kopf. *Wo ist bloß die Scheune?*

Während sich Annette und Mrs. Wilsenholm sehr gepflegt übers Schwimmen unterhielten, überkam Sara eine plötzliche Panik, als sie begriff, dass die Scheune verschwunden war.

»Was ist denn mit der Scheune passiert?«, platzte Sara heraus.

»Ach, dieser alte Schandfleck. Mein Mann hat sie endlich abgerissen. Sie stand dort, wo jetzt der Swimmingpool hinkommt.«

Sara und Annette sahen einander an. Beiden kam es vor, als ob ihnen eine zentnerschwere Tür vor der Nase zugeschlagen wurde.

»Ach so«, sagte Sara ratlos.

»Wir sollten jetzt wohl gehen«, meinte Annette. »Vielen Dank, dass Sie uns alles gezeigt haben, Mrs. Wilsenholm. Das war wunderschön.«

»Du kannst jederzeit hierherkommen, Annette. Du natürlich auch, Sara. Ihr seid in meinem Garten sehr willkommen.«

»Vielen Dank«, entgegnete Annette höflich.

Sara nickte lächelnd. Es gelang ihr nur mühsam, ihre Enttäuschung zu verbergen. Um sich nicht durch die Stimme zu verraten, sagte sie gar nichts mehr. Beide halfen Mrs. Wilsenholm noch, die Einkäufe in der Küche zu verstauen. Dann verließen die beiden Mädchen schweigend das Haus und kehrten durch die hübsche Allee auf die staubige Landstraße zurück.

»Das war's dann wohl«, bemerkte Sara seufzend.

Annette ging nicht darauf ein.

»Kommst du morgen zum Baumhaus?«, fragte sie.

»Ja, werde ich wohl, bis dann also.«

Kapitel 22

Sara saß nachdenklich im Baumhaus und wartete auf Annette und Salomon. Sie wusste, dass Seth nicht kommen würde. Eigentlich fand sie es schrecklich, dass sie sich schon daran gewöhnt hatte, nicht mit ihm zu rechnen. Sie wollte sich nie an Seths Abwesenheit gewöhnen. *Mannomann, hab ich aber eine schlechte Laune,* dachte Sara.

»Hallo, Sara, bist du oben?«, hörte sie Annettes Stimme von unten.

»Ja, komm rauf«, forderte Sara sie auf.

Annette kraxelte die Leiter hinauf und streckte sich neben Sara auf der Plattform aus. Eine Weile lang sagte keines der Mädchen ein Wort.

Schließlich stieß Sara einen tiefen Seufzer aus und bemerkte: »Mann, Annette, du siehst ja genauso grantig aus, wie ich mich fühle.«

»Hoffentlich sehe ich nicht halb so grantig aus, wie ich mich fühle«, erwiderte Annette mit einem kleinen Lachen. Sie stützte ihr Kinn auf eine Hand, sah Sara an und fragte:»Was ist bloß mit uns los? So sind wir doch sonst nie!«

»Na ja ...«, setzte Sara zögerlich an und fuhr dann fort: »Wir waren uns unserer Sache ja so sicher gewesen ... Ich war felsenfest davon überzeugt, dass wir den idealen Übungsort gefunden hatten. Und ich hatte mich so darauf gefreut, dass du mir diese Kunststücke beibringst. Und es sah ja auch danach aus, dass sich alles so perfekt fügen würde, wie Salomon behauptet hat. Aber irgendwie scheint sich inzwischen alles gegen uns verschworen zu haben.« Sie gab ihrer Stimme einen weinerlichen Klang:»Ach bitte, Mrs. Wilsenholm, dürfen wir das lange Seil in Ihrer Scheune zum Kunstturnen benutzen?‹ *Nein, Mädels, das dürft ihr nicht. Und um sicherzugehen, dass ihr dieses Verbot auch einhaltet, habe ich die ganze Scheune abreißen lassen!* ›Wir werden ganz vorsichtig sein, Mrs. Wilsenholm, bitte, bitte bauen Sie uns doch eine neue Scheune.‹«

Beide Mädchen brachen in Gelächter aus.

Salomon schwebte zum Baumhaus herunter und plumpste auf die Plattform.

Tag, ihr Lieben.

Die Mädchen setzten sich sofort aufrecht hin.

»Hallo, Salomon!«

»Tag, Salomon!«

Es ist wichtig zu begreifen, dass sich nie etwas gegen euch verschwört. Alles arbeitet für euch, und zwar die ganze Zeit.

»Das haben wir auch erst geglaubt. Es war schon echt überraschend, dass uns Mrs. Wilsenholm ausgerechnet dann über den Weg lief, als mir das Seil in ihrer Scheune wieder einfiel. Aber dann ...«

Alles entfaltet sich immer in eurem Sinne, Mädels, ihr müsst es nur zulassen. Alles, um das ihr bittet, wird euch immer gegeben werden. Diese wunderbare Schöpfungsgleichung besteht aus drei Teilen. Nummer eins:

Ihr fragt. Nummer zwei: Das Universum antwortet immer. Nummer drei: Ihr müsst euch in einer empfangsbereiten Verfassung befinden. Wenn eure Schwingungen nicht mit eurem Wunsch übereinstimmen, könnt ihr der Erfüllung auch keinen Raum geben. Wenn ihr also angesichts der Beweislage zu der Überzeugung gelangt, dass gegen eure Wünsche gearbeitet wird, gebt ihr in diesem Moment der Erfüllung keinen Raum und lasst sie also nicht zu.

»Mensch, Salomon, die ganze, verdammte Scheune hatte sich in Luft aufgelöst!«, platzte es aus Sara heraus und dann begann sie zu lachen, als sie begriff, mit welcher Anrede sie die Eule belegt hatte. Annette stimmte in ihr Gelächter ein.

Salomon reckte seine Flügel. *Wenn diese Scheune der einzige Weg wäre, durch die dein Wohlbefinden strömen könnte, hättest du vielleicht tatsächlich einen Grund zur Aufregung, Sara. Aber da das Wohlbefinden durch endlose Kanäle strömt, sorgt eure Aufregung über die zugeschlagene Scheunentür nur dafür, dass auch alle anderen Türen geschlossen bleiben. Das Universum ist nicht nur in der Lage, auf alle eure Wünsche einzugehen, sondern schlüsselt sie auch nach Faktoren auf. Du weißt doch, dass ihr es nicht hereinlasst, wenn ihr negative Gefühle verspürt. Dann befindet ihr euch nicht in einer empfangsbereiten Verfassung. Wisst ihr, dass dies der einzige Grund ist, weshalb ihr das, was ihr wollt, manchmal doch nicht kriegt?*

»Irre!«, rief Annette. »Das ist ja riesig!«

Stimmt, Annette, das ist es. Es kann sinnvoll sein, auf die wunderbaren Signale zu achten, die negative Gefühle ankündigen. Wenn ihr also spürt, dass solche negativen Gefühle aufkommen, dann haltet inne und sagt leise zu euch selbst: ›Ich bin gerade im Begriff genau das zu tun, was mich davon abhält, das zu erhalten, was ich mir wün-

sche.‹ *Lacht darüber und sucht nach Gedanken, die euch in eine empfangsbereitere Verfassung versetzt.*

»Du behauptest also, dass uns jeder Wunsch erfüllt wird, wenn wir uns in einer empfangsbereiteren Verfassung befinden?«

Ja, Annette, so einfach ist das. Du fragst, das Universum antwortet – und jetzt musst du es nur noch hereinlassen.

»Das scheint ja ein Kinderspiel zu sein.«

»In der Tat«, stimmte Sara zu. Beide begannen sich schon erheblich besser zu fühlen.

»Ich habe eine Idee, Sara«, rief Annette aufgeregt. »Wie wäre es, wenn wir einen Pakt miteinander schließen, dass wir ganz besonders darauf achten, es hereinzulassen? Ich möchte mich immer in einer empfangsbereiten Verfassung befinden.«

»Ich mich auch.«

»Wir müssen das auch Seth erzählen. Es ist furchtbar, wie sehr er mir fehlt!«

»Ja, das geht mir genauso.«

Traurig sahen die Mädchen einander an. Mit diesen Worten hatten sie die empfangsbereite Verfassung wieder einmal hinter sich gelassen – und beiden war dies bewusst.

»Bingo! Ich habe es wieder getan«, sagte Sara betroffen.

»Und wie schnell das ging!«, staunte Annette. »Dass wir beinahe im selben Augenblick, in dem wir beschlossen hatten, immer empfangsbereit zu sein, diese Empfangsbereitschaft schon ausgeschaltet haben! Das ist wirklich schrecklich! Oje, damit tue ich es ja jetzt auch schon wieder!«

»Mann, ist das schwer!«, stöhnte Sara und setzte lachend hinzu: »Aber hallo, ich tue es ja auch schon wieder!«

Die Mädchen sahen einander an. »Ach, Salomon, wenn du davon sprichst, klingt es kinderleicht, immer empfangsbereit zu sein. Aber es ist echt sauschwer.«

»Und damit tun wir es schon wieder«, sagten beide gleichzeitig.

»Trotzdem hat das auch etwas Gutes«, meinte Sara. »Wir wissen jetzt jedenfalls, wann wir nicht empfangsbereit sind. Das ist doch auch schon was. Und wenn wir merken, dass wir nicht empfangsbereit sind, sollten wir es doch auch merken, wenn wir es wieder sind, oder nicht?«

»Stimmt. Guter Punkt. Und es muss doch jede Menge Themen geben, die uns in einer empfangsbereiten Verfassung halten können. Wenn wir wissen, wie das geht, kommt alles, was wir uns wünschen, von selbst auf uns zu.«

Denkt doch mal drüber nach, wie wunderbar das ist, Mädels: Das Gute – all das Gute, was ihr je wollt – wartet nur darauf, in euer Leben einzutreten. Ihr müsst nur dafür sorgen, es auch hereinzulassen.

»Das kann ich recht gut«, meinte Annette.

»Ja, ich auch«, versicherte Sara.

Geht spielerisch damit um, empfahl Salomon. Es wird euch viel Spaß machen, darauf zu achten, wann ihr euch in einer empfangsbereiten Verfassung befindet. Es macht auch Spaß, andere dabei zu beobachten. Man kann relativ schnell herausfinden, ob jemand empfangsbereit ist oder nicht. Nun, meine Lieben, ich muss los! Also bis bald.

Annette und Sara sahen zu, wie Salomon vom Baumhausboden abhob und hoch hinaus in den Himmel flog.

»Glaubst du, dass er uns immer sieht?«, fragte Annette leise.

»Ja, das glaube ich schon.«

»Stört dich das nicht? Ich meine, wenn er wirklich immer alles sieht …«

»Am Anfang hat mich das schon gestört. Aber nach und nach begriff ich, dass er mich liebt. Seine Gefühle für mich scheinen sich überhaupt nicht zu verändern – ganz gleich, was ich tue oder wie ich mich fühle. Also mache ich mir jetzt keinen Kopf mehr darüber, wie er über mich denkt. Das ist völlig egal. Ich fühle mich einfach gut, weil ich genau weiß, dass er mich liebt. Er liebt dich übrigens auch, Annette.«

»Ja, das weiß ich«, erwiderte Annette lächelnd.

Kapitel 23

Ein Monat war schon fast um, und Sara und Annette gaben sich in dieser Zeit große Mühe, auf ihre Gefühle zu achten. Beiden Mädchen gelang es immer besser, sich in einer empfangsbereiten Verfassung zu halten.

»Hallo, Sara, ich habe gehört, deine Katze ist gestern überfahren worden«, scherzte Annette.

»Na, das kann ja nur gut sein«, erwiderte Sara lachend, »jetzt schnurrt sie endlich bei ihrem Kater da oben im Himmel herum. Der ist sowieso schon ganz heiser, weil er sich die Kehle nach ihr ausgemaunzt hat.«

»Hast du schon gehört, dass Pete's Laden heute Nacht bis auf die Grundmauern abgebrannt ist?«

»Na, das kann ja nur gut sein«, entgegnete Sara. »Dann kriegt Pete endlich einen neuen Laden, und zwar einen so schönen, dass sogar die Leute aus der Großstadt scharenweise in Bussen ankommen, nur um bei ihm zu essen und sich mit Schokoriegeln einzudecken.«

»Und ich habe gehört, dass dein kleiner Bruder von zu Hause weggelaufen ist.«

»Dann stimmt es also, Annette, das Universum erfüllt mir jeden Wunsch!«, rief Sara. »Was habe ich doch für ein schönes Leben!«

Annette bog sich vor Lachen. »Findest du nicht auch, dass wir immer besser werden?«

Sara stimmte zu. Mit erheblich weniger Anstrengung, als sie zunächst für möglich gehalten hatte, entdeckte sie, dass es gar nicht so schwer war, Gedanken hervorzurufen, bei denen sie sich wohlfühlte. Und das war gut so – wenn man bedachte, dass fast alles im Leben vom Wohlbefinden abhing!

Jedes Mal, wenn Sara daran dachte, dass ihr Seth ganz schrecklich fehlte, richtete sie ihre Gedanken augenblicklich auf eine erfreuliche Erinnerung oder sie stellte sich etwas Schönes für die Zukunft vor. Wenn sie sich dabei erwischte, dass sie sich Sorgen um Seths Wunden machte oder Angst hatte, dass er nie wieder zum Baumhaus kommen dürfte, versuchte sie an all die schönen Dinge zu denken, die sie vor sich hatte. Und da Sara und Annette um etwas baten und sie in ihrer empfangsbereiten Stimmung die Antwort des Universums hereinlassen würden, war es nur eine Frage der Zeit, bis sie wieder zu dritt im Baumhaus sitzen würden.

»Ich möchte mit dir ein Spiel spielen«, sagte Annette plötzlich. Sie sah richtig aufgeregt aus.

»Okay«, stimmte Sara zu, ohne zu ahnen, was für ein Spiel Annette im Sinn hatte.

Annette umarmte sie lachend. »Ach Sara, ich mag dich wirklich wahnsinnig gern. Du bist so eine gute Freundin! Du würdest alles mitmachen, nicht wahr?«

Sara lächelte. Aus Annettes Begeisterung zog sie den Schluss, dass es sich um ein richtig schönes Spiel handeln musste. Inzwischen vertraute Sara Annette vorbehaltlos. Ihre Freundin würde nie etwas vorschlagen, bei dem man sich unwohl fühlen würde.

»Was für ein Spiel?«, fragte sie neugierig.

»Das Lauscher-Spiel.«

»Das was?«

»Das Lauscher-Spiel.«

»Das kenne ich nicht«, sagte Sara. »Hast du es gerade erfunden?«

»Ja«, erwiderte Annette grinsend. »Aber ich glaube, dass es uns riesigen Spaß machen könnte. Es geht so: Wir gehen durch die Stadt und tun so, als ob wir mit irgendwas beschäftigt sind, aber das sind wir gar nicht. Wir hören nur zu, was andere Leute sagen – kurzum, wir belauschen sie.«

Zweifelnd sah Sara Annette an. Sara hatte sich in letzter Zeit große Mühe gegeben, sich um ihre eigenen Angelegenheiten zu kümmern und ihre Nase nicht in die anderer Leute zu stecken. Sie wusste nicht so recht, was sie von diesem Spiel halten sollte.

»Wir können das Spiel ja auch ›Test der empfangsbereiten Verfassung‹ nennen. Wir hören anderen Leuten zu und versuchen herauszufinden, ob sie sich für das, was sie sich wünschen, in einer empfangsbereiten Verfassung befinden oder nicht.«

Saras Gesicht erhellte sich. Jetzt begriff sie, was Annette vorhatte. »Also geht es gar nicht darum, unsere Nasen in die Angelegenheiten anderer Leute zu stecken und ihnen hinterherzuspionieren, sondern in unserer Umgebung Beweise für die empfangsbereite Verfassung anderer zu sammeln?«

»Ganz genau! Wo sollten wir damit anfangen?«, fragte Annette.

»Wir könnten zu Pete's gehen. In der Imbissecke hängen immer irgendwelche Leute rum, die sich mit Pete unterhalten. Wenn wir uns hinter den Zeitungsstand stellen, werden sie uns nicht entdecken. Und wenn uns einer sieht, blättern wir eben ein paar Zeitschriften durch. Das ist schließlich nicht verboten.«

Voller Begeisterung kletterten die beiden Mädchen die Baumleiter hinunter. »Irgendwie glaube ich, dass uns das einen Megaspaß machen wird«, meinte Sara.

Die Ladenglocke läutete, als die Tür hinter den Mädchen ins Schloss fiel. Beide schraken leicht zusammen, als ob sie bei etwas Verbotenem ertappt worden wären.

»Hallo, Mädels.« Pete blickte kurz auf, während er neue Schokoriegel in die Auslage legte. »Was kann ich heute für euch tun?«

»Im Augenblick noch nichts«, erwiderte Sara hastig. »Wir wollen uns nur ein wenig umsehen.«

»Ein paar Comics ansehen«, fügte Annette hinzu. »Einfach mal gucken, was es da Neues gibt.«

»Nun, ihr wisst ja, wo sie sind«, sagte Pete und öffnete einen neuen Karton mit Schokoriegeln.

Sara und Annette machten sich hinter dem Zeitungsstand ganz klein.

»Warum komme ich mir so vor, als ob ich etwas Ungehöriges tue?«, fragte Sara.

Annette lachte und legte schnell die Hand auf den Mund. »Weil du ja genau das tust.«

Jetzt musste auch Sara lachen. »Aber heute ist niemand hier«, sagte sie enttäuscht. »Ich glaube, ich habe diesen Laden noch nie so leer gesehen.«

Die Ladenglocke ertönte abermals. Drei Frauen traten ein und steuerten auf die Imbissecke zu.

»Setzt euch hierher, setzt euch hierher«, flüsterte Sara atemlos und wünschte sich, dass die Frauen den Stehtisch hinter dem Zeitungsstand aussuchten.

Und tatsächlich: Eine dicke Frau ließ sich dort mühsam auf einem Barhocker nieder.

»Super!«, sagte Sara triumphierend.

»Schhhh …«, machte Annette. »Wir sind hier schließlich in geheimer Mission.«

»Mein Rücken bringt mich noch um«, klagte die dicke

Frau. »Ich habe keine Ahnung, weshalb er mich so quält. Der Doktor kann auch nicht dahinterkommen und auf den Röntgenaufnahmen ist nichts zu sehen.«

Sara sah, dass Annette einen Notizblock in der Hand hielt. Sie schrieb darauf: »Nr. 1 konzentriert sich auf etwas, was sie nicht will.«

»Wahrscheinlich wird er ganz von selbst wieder in Ordnung kommen«, erklang eine aufmunternde Stimme. »Manchmal verschwinden solche Beschwerden genauso schnell, wie sie aufgetreten sind.«

Annette schrieb eifrig auf ihren Notizblock. Neugierig las Sara den Text: »Nr. 2 versucht Nr. 1 wieder in die empfangsbereite Verfassung zu versetzen.«

»Das ist nicht sehr wahrscheinlich«, erwiderte die dicke Frau seufzend. »Ich weiß gar nicht, wann mir der Rücken mal nicht wehgetan hat. Wahrscheinlich muss ich mich eben an ständige Qualen gewöhnen. Schmerztabletten helfen da auch nicht. Ehrlich gesagt glaube ich, dass mein Arzt seinen Beruf verfehlt hat. Es kann doch nicht sein, dass er nichts findet, wenn ich solche grässlichen Schmerzen habe!«

Annette schrieb eifrig weiter: »Nr. 1 will nicht in die empfangsbereite Verfassung zurückgeführt werden.« Sara nickte grinsend.

Jetzt nahm Pete die Bestellung der drei Damen auf. Sara und Annette sahen einander befriedigt an. Sie freuten sich, dass sie schon so schnell Beweise zusammengetragen hatten.

Nachdem Pete wieder gegangen war, hörten die beiden Mädchen eine neue Stimme: »Sag mal, Elisabeth, hast du Emily schon von deinen Plänen erzählt?«

Sara sah, wie Annette notierte: »Nr. 3 wechselt das Thema. Das fühlt sich viel besser an.«

»Nein, noch nicht. Ich wollte es gerade tun«, erwiderte die muntere Stimme. »Stell dir vor, Emily, ich habe den Job gekriegt! Ich ziehe jetzt bald in die Stadt.«

»In die Stadt?«, fragte die erste Frau leicht entsetzt. »Hast du denn gar keine Angst, allein in die Stadt zu ziehen?«

»Wovor sollte ich denn Angst haben?« Die Stimme klang jetzt schon etwas weniger munter.

»Du weißt doch, wie gefährlich das Leben in der Stadt ist! Liest du denn keine Zeitung? Überfälle, Einbrüche, Handtaschenraub und Mord und Totschlag. In der Stadt passieren doch andauernd fürchterliche Dinge! Und erst der Verkehr! Da muss man doch ständig um sein Leben fürchten! Ich mache mir große Sorgen um dich. Hoffentlich stößt dir nichts zu.«

»Mach dir keine Sorgen«, sagte jetzt die Frau, die Elisabeth hieß. »Mir wird schon nichts passieren.« Aber sie klang überhaupt nicht mehr munter. Sie schien ein ganz anderer Mensch zu sein als noch vor wenigen Minuten.

Sara blickte Annette über die Schulter und las: »Nr. 1 gewinnt. Nr. 2 hat die empfangsbereite Verfassung verlassen.«

»Elisabeth geht es doch immer gut«, meldete sich jetzt die dritte Frau zu Wort. »Ganz gleich, wo du bist oder was du tust. Ist dir denn schon jemals etwas Schlimmes zugestoßen? Nein«, gab sie sich selbst die Antwort. »Nie. Elisabeth führt ein wahrhaft gesegnetes Leben. Und warum sollte sich das denn ändern? Und jetzt hast du so eine tolle Gelegenheit! Die hast du auch verdient. So schwer, wie du arbeitest! Ich freue mich für dich und ich weiß einfach, dass du dich in der Stadt sauwohl fühlen wirst. Und dann dieser großartige neue Job! Toll, dass du die Gelegenheit beim Schopf gepackt hast. Wirklich, Elisabeth, ich bin richtig stolz auf dich!«

Sara und Annette sahen einander an. »Irre! Das war ja geradezu eine Explosion von Empfangsbereitschaft!« Beide Mädchen waren von diesem Schwall positiver Worte derart beeindruckt, dass sie einen Augenblick lang vergaßen, dass sie sich eigentlich versteckt hielten. Sie reckten die Köpfe, um die Frau sehen zu können, die so viele wunderschöne aufbauende Worte von sich gegeben hatte.

»Na, Mädels, habt ihr gefunden, wonach ihr sucht?«, erkundigte sich Pete.

»Ja«, erwiderte Sara, »das heißt eigentlich nein, nicht wirklich.« Und damit eilten die beiden aus dem Laden.

Auf der gegenüberliegenden Straßenseite blieb Annette vor der einzigen Bankfiliale des Ortes stehen.

»Komm, wir warten hier, Sara.«

»Worauf?«

»Möchtest du dir die Frauen nicht genauer ansehen? Herausfinden, wer was gesagt hat?«

»Gute Idee.«

Sie setzten sich auf eine Bank und warteten auf die drei Frauen.

Wenig später öffnete sich die Ladentür. Die Frauen blieben noch ein paar Minuten auf dem Bürgersteig stehen und unterhielten sich. Sie waren zu weit weg, als dass Sara und Annette etwas verstehen konnten. Dann verabschiedeten sich die Frauen voneinander und schlugen getrennte Wege ein. Eine schlanke Frau in einem hübschen, hell gemusterten Kleid überquerte die Straße und kam mit breitem fröhlichem Lächeln auf Sara und Annette zu. Sie schien beinahe zu schweben, als sie an der Bank vorbeikam und die Mädchen ansprach.

»Na, ihr beiden, ist das heute nicht ein wunderschöner Tag?«

»Ja«, antworteten Sara und Annette wie aus einem Mund.

»Da muss es einem doch einfach gut gehen«, fuhr die Frau lachend fort.

»Stimmt«, antworteten Sara und Annette.

»Dann macht doch auch was Schönes aus eurem Tag«, sagte die Frau munter und ging federnden Schritts weiter.

»Nr. 3 befindet sich immer noch in empfangsbereiter Verfassung und will sie an andere weitergeben«, notierte Annette.

»Verdammt noch mal!«, ertönte ein Fluch von der anderen Straßenseite. Sara und Annette wunderten sich nicht, dass er von der dicken Frau aus der Gesprächsrunde kam. Sie stand neben einem Auto, hatte gerade die Fahrertür geöffnet und dabei hatte sich offenbar ihr Ärmel im Schloss verfangen. Wütend zerrte sie daran herum und riss ihn schließlich los. Ein Stofffetzen hing lose herab. »Wunderbar, jetzt ist auch noch mein neues Kleid versaut. Was für ein schrecklicher Tag!«

Kichernd schrieb Annette auf ihren Block: »Alles läuft schief für Nr. 1. Immer noch nicht in empfangsbereiter Verfassung.«

»Aufpassen!«, hörten die Mädchen jetzt irgendjemanden brüllen. Sie blickten auf und sahen einen herrenlosen leeren Einkaufswagen, der vom Supermarkt her in hohem Tempo auf das Auto von Nr. 1 zuraste. Die Frau saß wie versteinert in ihrem Auto, bedeckte dann rasch das Gesicht mit beiden Händen und weinte: »O nein, nicht auch das noch! Bitte nicht, mein Mann wird mich umbringen!«

Sara war schon über die Straße gestürzt und hatte den Einkaufswagen im allerletzten Moment abgefangen. Die Frau saß immer noch zusammengekauert in ihrem Auto und wartete auf den unvermeidlichen Knall. Als er nicht kam, nahm sie die Hände vom Gesicht. Sara lächelte in das Wagenfenster hinein.

»Der Karren hätte Sie doch beinahe erwischt!«, sagte sie sanft.

»Aber hallo!«, rief ein Passant, der den Vorfall beobachtet hatte. »Das ist ja noch mal gut gegangen! Heute ist wohl Ihr Glückstag, meine Dame!«

»Das glaube ich kaum«, gab die Frau voller Sarkasmus zurück, »so etwas kenne ich nicht.«

»Was kennen Sie nicht?«, fragte Sara.

»Glückstage«, seufzte die Frau. »Ich habe gerade mit meiner Cousine zu Mittag gegessen und die spricht über nichts anderes als über ihre Glückstage. Einer folgt dem nächsten. Wirklich beneidenswert. So etwas habe ich nicht. Ich kenne keine Glückstage.«

»Vielleicht Glücksmomente?«, fragte Sara schüchtern. »Das eben war doch ein Glücksmoment, oder etwa nicht? Man kann ja mal mit Glücksmomenten anfangen und dann weitersehen, ob sich nicht vielleicht ein Glückstag daraus entwickelt.«

Als die Frau in das freundliche offene Gesicht des Mädchens blickte, spürte sie mit einem Mal, wie alle Spannung aus ihr wich. Sie lächelte Sara an.

»Ja, Kind, da hast du vielleicht recht. Ich danke dir. Du hast wirklich dafür gesorgt, dass ich einen Glücksmoment hatte. Vielen Dank für deine schnelle Reaktion.« Sie ließ den Motor an und jauchzte fröhlich, als plötzlich das Radio losplärrte. »Gibt's denn so was!«, rief sie begeistert. »Das ist ja mein Lieblingsstück!«

»Toll«, erwiderte Sara, »sieht ja ganz so aus, als ob Sie zwei Glücksmomente nacheinander haben! Da muss irgendwo ein Nest sein!«

Die Frau nickte ihr lachend zu. »Vielleicht hast du recht. Drück mir mal die Daumen!«

Sara hielt beide Hände mit gedrückten Daumen hoch.

Die Frau lachte immer noch.

»Wohnst du hier?«, fragte sie dann. »Ich habe dich noch nie gesehen.«

»Ich heiße Sara«, erwiderte das Mädchen höflich und hielt der Frau ihre Hand durchs Fenster hin.

»Und ich Emily«, erwiderte die Frau, drückte Saras Hand und griff dann in die Ablage unter der Frontscheibe. »Ich habe sogar eine Visitenkarte. Sie bezieht sich zwar auf das Geschäft meines Mannes, aber mein Name steht auch drauf.«

Sara nahm das bunte Kärtchen und ließ es beinahe fallen, als sie las:»Nr. 1 in allen Reparaturfällen«. Sie fing schallend an zu lachen: Nr. 1!

Du wirst Augen machen, Annette!, dachte Sara grinsend.

Kapitel 24

Sara wusste, dass Annette ein paar Tage lang nicht zum Baumhaus kommen konnte, da sie mit Vater und Schwester in die Stadt gefahren war, um ihre Tante zu besuchen. Also ließ sich Sara auf dem Heimweg Zeit und betrat Pete's Laden, um einen Schokoriegel zu kaufen.

Nachdem sie bezahlt hatte und sich zum Gehen wandte, öffnete sich die Ladentür und Mrs. Wilsenholm trat ein.

»Guten Tag, Sara«, grüßte sie fröhlich. »Wie schön, dass du mir mal wieder über den Weg läufst.«

Sara lachte und dachte an das letzte Mal, als sie einander über den Weg gelaufen waren. Damals hatten sie und Annette Mrs. Wilsenholm beinahe umgerannt. Weil Mrs. Wilsenholm genau wusste, weshalb Sara lachte, stimmte sie mit ein. »Jedenfalls bin ich diesmal nicht in Not«, sagte sie, »das ist doch auch schon etwas!«

»Stimmt«, erwiderte Sara immer noch lachend.

Mrs. Wilsenholm musterte Sara nachdenklich. »Hör mal, Mädchen«, sagte sie jetzt ernst. »Mir ist aufgefallen, dass du über meinen neuen Swimmingpool gar nicht glücklich zu sein schienst. Du solltest wissen, dass du und deine Freunde jederzeit zum Schwimmen kommen könnt, sobald der Pool fertig ist. Es ist nicht so, dass ich die ganze Stadt einlade, das hast du hoffentlich begriffen. Aber ich mag dich und deine nette Freundin. Annette? So heißt sie doch? Und natürlich deinen Freund Seth. Wenn ihr drei wollt, seid ihr jederzeit willkommen. Du schwimmst doch gern, oder nicht, Sara?«

»Ja, Mrs. Wilsenholm. Vielen Dank, wir kommen gern, und das ist sehr großzügig von Ihnen. Ich freue mich ja darüber, dass Sie einen Swimmingpool bauen, es ist nur ...« Saras Stimme verlor sich.

»Was ist los, mein Kind?«

»Ich war total überrascht, dass die Scheune verschwunden ist.«

»Ach, das alte heruntergekommene Ding. Die Scheune war so alt wie die Berge. Beinahe so alt wie ich.«

Sara lachte. Mrs. Wilsenholm war wirklich eine witzige Frau.

»Bleib doch noch einen Moment hier und trink eine Limonade oder iss ein Eis mit mir«, forderte Mrs. Wilsenholm Sara auf. Ohne darauf zu achten, ob das Mädchen ihr auch folgte, steuerte sie auf die Imbissecke zu. Sara nahm neben ihr Platz.

»Was hättest du denn gern, Sara?«

Während Sara noch überlegte, bestellte Mrs. Wilsenholm für sich einen Pfirsichsahneeisbecher.

»Niemand auf dieser Welt macht so gute Pfirsichsahneeisbecher wie der gute alte Pete«, bemerkte sie. »Möchtest du vielleicht auch einen?«

»Ja, gern, danke«, sagte Sara lächelnd. Wie sollte sie auch etwas ablehnen, das hier jemand so gut machen konnte wie sonst keiner auf der Welt!

»So, Sara, jetzt erzähl mir doch mal, weshalb dir so an meiner alten Scheune gelegen war!«

Mrs. Wilsenholm kam ihr allmählich wie eine gute alte Freundin vor. Es war schön, dass sich ein Erwachsener für das, was einem am Herzen lag, richtig zu interessieren schien.

»Nun, es ist so ...«, begann Sara zögerlich. »Annette kann ...« Sie brach mitten im Satz ab. Vielleicht war es doch nicht so klug, der Eigentümerin des Waldes zu erzählen, dass sie in ihren Bäumen Tarzan spielten und eine von ihnen mit dem Kopf nach unten an einem Seil über dem Fluss schwang. Was, wenn Mrs. Wilsenholm darüber entsetzt wäre und sie aus dem Baumhaus vertreiben würde? Sara wurde bei diesem Gedanken ganz flau im Magen.

»Sprich weiter, Sara. Was kann denn deine Freundin?« Mrs. Wilsenholm sah so aufgeschlossen aus, dass sich Sara einen Ruck gab und das heikle Thema doch anschnitt.

»Annette ist ausgebildete Kunstturnerin. Das hat sie Ihnen ja auch erzählt. Und sie ist wirklich richtig gut. Jetzt hat sie versprochen, mir ein paar ihrer Kunststücke zu zeigen und mir auch einige beizubringen. Sie kann ...« *sich kopfüber vom Baum stürzen. Nein, das war keine gute Formulierung.* »... unglaubliche Dinge mit einem Seil tun. Und deshalb brauchen wir ein langes starkes Seil. Da ist mir eingefallen, dass ich so eins in Ihrer Scheune gesehen habe. Wir wollten Sie fragen, ob wir da üben können, aber die Scheune steht nicht mehr. Also hat sich die Sache ja erledigt.«

Mrs. Wilsenholm lächelte versonnen.

»Also, Sara, für euer Problem gibt es doch eine ganz einfache Lösung. Wenn ich dich recht verstanden habe, brauchen wir gar keinen alten Schuppen, sondern nur ein Seil, nicht wahr? Bäume, an die man es hängen kann, gibt es hier schließlich reichlich. Weißt du was? Ich werde meinen Mann fragen, was aus dem langen starken Seil geworden ist, und dann suchen wir einen geeigneten Baum, an den wir es hängen können. Wetten, dass dein Freund Seth schon einen bei eurem Baumhaus finden wird?«

Sara zuckte zusammen. Von Seth und Annette abgesehen, hatte sie noch nie mit irgendjemandem über das Baumhaus gesprochen. Und schon gar nicht mit einem Erwachsenen! Für die sollte das geheime Versteck eigentlich unsichtbar sein!

Pete stellte zwei Pfirsichsahneeisbecher vor sie hin. »Lasst es euch schmecken«, sagte er und verschwand wieder hinter der Theke.

Sara nahm den Löffel in die Hand und versuchte, ihre Beklommenheit zu verbergen.

»Ich geh da ziemlich oft spazieren«, fuhr Mrs. Wilsenholm fort. Sara traute ihren Ohren kaum. Hatte Mrs. Wilsenholm sie bei ihren Spielen etwa beobachtet?

»Ich gehe natürlich nur dann dahin, wenn ihr in der Schule seid«, sagte Mrs. Wilsenholm lächelnd, der Saras Unbehagen nicht entgangen war. »Da am Ufer gibt's einen wunderschönen großen, flachen Felsen, der es mir angetan hat. Ich setze mich da gern zum Nachdenken hin. Nichts ist entspannender, als in aller Stille an einem fließenden Gewässer zu sitzen und seinen Gedanken freien Lauf zu lassen. Aber ich halte mich nie dort auf, wenn ich vermute, dass ihr gerade da seid, Sara, also mach dir keine Sorgen. Ich weiß selbst, wie wichtig es ist, ein geheimes Versteck zu haben, einen ganz privaten Ort, an dem man ungestört ist.«

Sara schob sich einen großen Löffel voller Eis in den Mund. Diese Frau war wirklich erstaunlich!

»Schmeckt dir das Pfirsichsahneeis?«

»Ja«, erwiderte Sara. »Es ist wirklich ganz besonders gut. Vielen Dank für die Einladung!«

»Vergangene Woche habe ich eine riesengroße Eule in eurem Baum gesehen«, bemerkte Mrs. Wilsenholm und musterte Sara aufmerksam. »Hast du sie auch schon mal gesehen?«

Sara verschluckte sich und begann zu husten. Sie hielt sich die Serviette vor den Mund und versuchte, sich wieder zu fangen. Sie konnte gar nicht glauben, was sie gerade gehört hatte.

»Wirklich, Sara, ein wunderschöner Vogel. Er flog über den Fluss und ließ sich in eurem Baumhaus nieder. Als ich hinaufsah, kam er ganz plötzlich heruntergeflogen und schwebte direkt an meiner Nase vorbei. Es sah ganz so aus, als ob er mich genauer betrachten wollte. Und dann stieg er wieder auf und kehrte zu eurem Baumhaus zurück. Hast du diese Eule auch schon gesehen, Sara?«

»Ja, sicher«, erwiderte Sara, sehr bemüht, sich ihre Erregung nicht anmerken zu lassen. »Die taucht ab und zu mal auf, diese Eule.«

»Aha.«

Sara hielt den Atem an.

»Deshalb liebe ich das Landleben, Sara. Weil es überall um uns herum so viele wunderschöne Tiere gibt. Sie haben normalerweise eine Scheu vor uns Menschen, und das ist auch gut so. Ich finde es einfach großartig, dass wir alle miteinander auskommen. Die Welt ist schließlich groß genug für alle Kreaturen. Es gefällt mir, dass ich meine Bäume mit dir und deinen Freunden teilen kann, Sara, und auch mit dieser Eule.«

Erleichtert stieß Sara einen leisen Seufzer aus. *Das ist ja noch mal gut gegangen*, dachte sie. Und dann dachte sie: *Ich mag Mrs. Wilsenholm wirklich sehr gern.*

Sie hob den leeren Eisbecher an den Mund und leckte den letzten Rest aus. Mrs. Wilsenholm tat das Gleiche. Beide lachten.

»Ich werde meinen Mann gleich heute Abend nach dem Seil fragen. Dann überlegen wir uns, wo wir es befestigen können.«

Sara suchte nach Worten, um Mrs. Wilsenholm mitzuteilen, dass sie es nicht gut fand, wenn irgendjemand zum

Baumhaus ging, um dort ein Seil anzubringen. Aber wie sollte sie der Eigentümerin des Baumes sagen, dass Erwachsene dort nicht erwünscht waren?

»Nein«, meinte Mrs. Wilsenholm plötzlich. »Nach reiflicher Überlegung halte ich es nicht für gut, wenn irgendjemand dorthin geht. Euer geheimes Versteck sollte ein geheimes Versteck bleiben.«

Wieder war Sara erleichtert. Und dann verblüfft. Mrs. Wilsenholm schien ihre Gedanken zu lesen.

»Uns wird schon was einfallen, Sara, keine Sorge. Sobald ich das Seil habe, sage ich dir Bescheid.«

»Vielen, vielen Dank, Mrs. Wilsenholm«, sagte Sara, »und vielen Dank auch für den allerbesten Pfirsichsahneeisbecher auf der ganzen Welt.«

»Es war mir ein Vergnügen, mein Kind. Wir sprechen uns dann später.«

Kapitel 25

Salomon, wusstest du, dass Mrs. Wilsenholm über dich Bescheid weiß?«

Was überrascht dich denn daran, Sara?

»Dass du doch eigentlich ein Geheimnis bist. Ich dachte, dass dich außer mir nur Seth und Annette kennen.«

Mrs. Wilsenholm war ungefähr in deinem Alter, als wir uns zum ersten Mal begegnet sind.

»Was! Du hast sie schon gekannt, als sie ein kleines Mädchen war?«

Sie heißt Madeleine und jeder hat sie damals Maddie genannt. Sie war ein ganz schön wildes Mädchen, Sara, und sie hat den Wald genauso geliebt wie du. Damals waren die Bäume noch nicht ganz so hoch wie heute, aber sie ist andauernd in ihnen herumgeklettert. Und genau wie du hat sie auch Hütten aus Blattwerk und Zweigen gebaut, die nach jedem Sturm zusammengekracht sind. Ihrem Vater gehörte die Sägemühle und der Holzplatz und die haben Mrs. Wilsenholm und ihr Mann nach seinem Tod geerbt.

»Wie war das denn, als du Mrs. Wilsenholm, ich meine Maddie, zum ersten Mal begegnet bist, Salomon?«
Vielleicht ist es ja eine gute Idee, wenn du Maddie selbst danach fragst.

Sara war enttäuscht. Sie hätte gern mehr darüber gehört, wie Salomon Mrs. Wilsenholm in ihrer Kindheit kennengelernt hatte. Der Gedanke, mit Mrs. Wilsenholm über ihre eigene Beziehung zu Salomon zu sprechen, gefiel ihr überhaupt nicht. Schließlich hatte sie das Geheimnis um Salomon schon so lange gehütet, dass es ihr verkehrt erschien, in aller Öffentlichkeit mit irgendjemandem über ihn zu sprechen.

Wir sehen uns später, mein liebes Mädchen, erklärte Salomon. Er breitete seine Schwingen aus und machte sich abflugbereit.

»Bitte, warte noch einen Augenblick, Salomon«, bat Sara.

Er ließ die Flügel wieder sinken und sah Sara liebevoll an.

»Wie viele Leute in dieser Gegend kennen dich denn?«, fragte sie atemlos.

Ach, das waren im Laufe der Jahre schon recht viele, Sara. Aber die meisten können sich nicht mehr an unsere Begegnungen erinnern. Einige haben mich nie erkannt und andere, die einst mit mir gesprochen haben, haben das über die Jahre hinweg vergessen.

»Ich werde dich nie vergessen, Salomon!«, rief Sara entsetzt. »Wie ist es nur möglich, dass ...«

Maddie gehört genau wie du zu den ganz wenigen Leuten, zu denen ich eine ewige Verbindung unterhalte. Und sie unterhält auch eine ewige Verbindung zu dir, Sara. Das war's erst mal. Jetzt wünsche ich dir einen ganz wunderschönen Abend.

Ohne ihre Antwort abzuwarten, breitete er wieder seine Schwingen aus und schoss hinauf in den Himmel.

Sara blieb ganz verdattert im Baumhaus sitzen. In ihrem Kopf jagten sich die Gedanken. Sie wusste nicht, was sie als Nächstes tun sollte, ja, sie wusste nicht einmal, was sie fühlen sollte. Sie wollte Seth aufsuchen und ihm alles erzählen. Schließlich hatte sie soeben eine ungeheuerliche Information erhalten – viel zu ungeheuerlich, als dass sie sie für sich behalten könnte.

Wieso habe ich eine ewige Verbindung zu Mrs. Wilsenholm?, wunderte sich Sara. *Das ist schon komisch. Was hat Salomon nur damit gemeint? Ist das der Grund, weshalb Mrs. Wilsenholm immer dann auftaucht, wenn wir ihre Hilfe brauchen?*

»Sara, hallo Sara! Wie gut, dass du noch da bist! Ich hatte schon Angst, dich zu verpassen!«

»Mensch, Seth! Ach, ist das schön, dass du hier bist! Aber was tust du hier? Wirst du nicht Ärger kriegen? Du hast mir so gefehlt! Mann, habe ich dir viel zu erzählen!«

Seth war den Baum schon hinaufgeklettert und ließ sich atemlos neben Sara fallen. Sie strahlte ihn an. Es tat unendlich gut, ihn endlich wieder bei sich zu haben!

»Super! Die Verbände sind ja runter!« Sie musterte sein Gesicht. »Ich kann nicht mal erkennen, wo dich der Stacheldraht zerschnitten hat! Mensch, Seth, du hast ja überhaupt keine Narben!«

»Nee«, sagte Seth. »Ich kriege nie Narben.«

Sara grinste. Sie hatte ihm wirklich eine Menge zu erzählen!

»Als ich heute aus der Schule kam, sagte meine Mutter, dass mein Vater angerufen hat«, fuhr Seth fort. »Er wollte, dass ich mich mit ihm und Mr. Wilsenholm bei den Stallungen treffe, weil ich was Wichtiges für sie erledigen sollte. Und als ich da ankam, überreichte mir mein Vater ein unglaublich dickes Tau und sagte, dass ich es zu Mrs. Wilsenholm bringen soll. Mein Vater sagte, dass er es ihr eigentlich in seinem Lieferwagen vorbeibringen wollte, aber Mr. Wilsenholm hat darauf bestanden, dass ich diese Aufgabe übernehme. ›Er ist der Boss‹, sagte mein Vater, und es stehe ihm nicht an, Mr. Wilsenholms Entscheidungen infrage zu stellen. Also gab er mir das Seil und beauftragte mich, es zu Mrs. Wilsenholm zu bringen und ihr bei dem zu helfen, was sie damit tun wollte. Er sagte, es ist eine Art Projekt, das einige Wochen dauern wird, wenn ich mich jeden Tag nach der Schule ein paar Stunden lang damit beschäftige. Natürlich nur, wenn ich dazu bereit wäre. Und da sah mir mein Vater ganz streng in die Augen und fragte mich mit der typischen Stimme, die keine Widerrede duldet: ›Du bist doch dazu bereit, nicht wahr, mein Sohn?‹«

Sara konnte gar nicht mehr aufhören zu lachen.

Seth sah sie entgeistert an und fragte neugierig: »Sag mal, was ist daran so komisch? Hallo, Sara! Sag doch was! Wieso lachst du dich denn kaputt? Was ist denn an der ganzen Sache so komisch?«

»Alles, Seth, alles«, keuchte Sara. »Mannomann, hab ich dir eine Menge zu erzählen! Es ist der reine Wahnsinn! Und sie gehört zu uns, Seth!«

»Was? Wer? Wovon sprichst du überhaupt?«

»Maddie. Mrs. Wilsenholm. Sie gehört zu uns. Sie kennt Salomon, Seth. Sie hat ihn kennengelernt, als sie in unserem Alter war, stell dir das nur vor!«

»Was sagst du da, Sara? Ich verstehe nur Bahnhof. Kannst du mir nicht alles mal der Reihe nach erzählen?«

»Zu kompliziert. Aber denk doch mal nach! Wie Mrs. Wilsenholm immer dann in unser Leben reinschneit, wenn wir Hilfe brauchen. Weißt du noch, wie sie unser Baumhaus gerettet und dafür gesorgt hat, dass die Bäume nicht gefällt werden?«

»Ja«, erwiderte Seth zögernd. Saras Begeisterung war ihm regelrecht unheimlich. Er hatte nicht die geringste Ahnung, worauf sie hinauswollte.

»Und weißt du auch noch, dass es ihre Idee war, dass dein Vater bei ihrem Mann Vorarbeiter wird?«

Seth nickte. »Stimmt«, sagte er.

»Und jetzt kommt das Allerbeste! Sie hat nicht nur dafür gesorgt, dass du zum Baumhaus zurückkommen darfst, sondern sogar dafür, dass es dir dein Vater befiehlt! Mensch, Seth, sie ist wirklich eine ganz tolle Frau. Und sie gehört zu uns! Sie weiß über Salomon Bescheid!«

»Und woher weißt du das?«

»Sie läuft mir andauernd über den Weg. Irgendwie scheint sie immer da zu sein, wo ich grad hingehe. Und dann hat sie mich zu einem Pfirsichsahneeisbecher bei Pete's eingeladen und mir erzählt, dass sie sehr oft hierherkommt, aber nie, wenn wir da sind, weil sie weiß, dass wir nicht gestört werden wollen. Und sie kommt schon seit ganz vielen Jahren hierher an den Fluss und setzt sich auf einen großen Felsen zum Nachdenken. Und dann hat sie mir erzählt, dass sie eine riesengroße Eule in unserem Baumhaus gesehen hat – und da fragte sie mich, ob ich der schon mal begegnet bin. Stell dir das nur mal vor!«

»Salomon? Sie hat Salomon echt gesehen?«, fragte Seth ungläubig.

»Ja, und als ich das Salomon erzählte, hat er nicht mal mit der Wimper gezuckt. Er hat mir ganz ruhig erklärt, dass er schon seit vielen Jahren mit Maddie befreundet ist. Und dann hat er noch gesagt, dass ihn auch haufenweise Leute in der Stadt kannten, als sie Kinder waren wie wir, aber dass ihn die meisten vergessen hätten. Aber Mrs. Wilsenholm erinnert sich an ihn.«

»Hallo, Sara!«, kam ein Ruf von unten.

»Komm schnell rauf, Annette!«, rief Seth. »Es ist etwas Unglaubliches passiert. Das musst du einfach hören.«

»Schön, dass du wieder zurück bist, Annette!«, rief Sara begeistert. »Mach schnell, du kommst gerade rechtzeitig!«

Außer Atem ließ sich Annette auf den Boden des Baumhauses fallen.

»Toll, wieder hier zu sein! Tag, Sara, Tag, Seth! Mensch, ist das super, dass du wieder hier bist. Aber wirst du denn mit deinen Eltern keinen Zoff kriegen? Du siehst ja wieder richtig gut aus! Alles verheilt! Super!«

Seth grinste von einem Ohr zum anderen. Ja, es war wirklich super, dass sie endlich wieder zu dritt waren!

»Ich werde nicht nur keinen Zoff kriegen«, sagte Seth ganz langsam, damit Annette in all der Aufregung ja kein Wort verpasste, »sondern mein Vater hat mir ausdrücklich befohlen, mich hier aufzuhalten.«

Sara nickte fröhlich. »Junge, Junge, was wir dir alles zu erzählen haben! Du wirst Bauklötze staunen, Annette, es ist alles fast zu gut, um wahr zu sein!«

»Du hast jedenfalls das Seil gekriegt«, bemerkte Annette aufgeregt.

»Woher weißt du das?«

»Weil ich es da unten in der Schubkarre gesehen habe«, antwortete Annette und deutete über das Geländer nach unten.

Sara und Annette strahlten einander an.

»Wir haben es geschafft!«, riefen sie wie aus einem Mund.

»Was wollt ihr überhaupt mit diesem Seil?«, fragte Seth neugierig.

»Wo sollen wir bloß anfangen!«, überlegte Sara und schüttelte den Kopf.

»Es war Salomons Idee«, begann Annette.

»Ja, irgendwie schon«, setzte Sara an. »Gleich nach deiner Verbannung haben Annette und ich hier im Baumhaus rumgegangen. Du hast uns wirklich entsetzlich gefehlt. Ohne dich hat es überhaupt keinen Spaß gemacht, Seth. Und als wir Salomon fragten, was wir denn tun sollten, da meinte er – du weißt ja, wie er ist –, dass wir an etwas denken sollten, bei dem wir uns besser fühlen. Aber zu deiner Verbannung fiel uns nicht ein einziger positiver Gedanke ein. Daraufhin schlug Salomon vor, dass wir uns ablenken und dann eben an etwas ganz anderes denken sollten. Also haben wir das Schwingseil genommen und sind ein wenig hin- und hergependelt. Und auf einmal kam Annette auf die Idee, dass sie mir ja zeigen könnte, wie man kopfüber fliegt. Sie meinte aber, dass wir dafür ein dickes Seil brauchen, an dem ich erst mal üben müsste, mit dem Kopf nach unten zu hängen, bevor ich das direkt über dem Fluss mache. Weil das da nämlich zu gefährlich ist. Irgendwie haben wir dann vergessen, wie traurig wir ohne dich waren. Weil wir jetzt eine neue Aufgabe hatten. Wir mussten ein langes, kräftiges Seil finden ...«

Saras Stimme verlor sich, weil sie plötzlich ganz laut lachen musste. Annette stimmte mit ein.

»Und was ist daran so komisch?«, wollte Seth wissen.

»Salomon ist so ein kluger Vogel!«, bemerkte Sara.

In dem Augenblick stieß der kluge Vogel zu ihnen herab und ließ sich in ihrer Mitte nieder.

Wie schön, dass wir wieder vollständig sind, meine lieben ungefiederten Freunde.

»Salomon, stell dir vor, es hat wirklich funktioniert!«

»Was hat funktioniert?« Seth wusste immer noch nicht, wovon die Rede war.

Natürlich hat es funktioniert, meine liebe Sara. Es funktioniert immer.

»Was funktioniert immer?«, erkundigte sich Seth. Für ihn sprachen sie immer noch in Rätseln.

Alles funktioniert immer, erwiderte Salomon. *Alles, was du dir jemals wünschst, funktioniert und geht in Erfüllung, wenn du es nur zulässt.*

Lächelnd hörten ihm Sara und Annette zu.

»Heute fällt es uns schon erheblich leichter, daran zu glauben«, sagte Annette. »Das war das letzte Mal noch sehr viel schwieriger – als Seth von hier verbannt worden war.«

Salomon gab ein zustimmendes Geräusch von sich.

»Sag mal, Salomon, hast du denn die ganze Zeit gewusst, wie sich alles entwickeln wird?«

Ach, Sara, du wirst nie erleben, dass ›sich alles ent-

wickeln wird‹, sagte Salomon, *denn alles befindet sich andauernd in einem unaufhaltsamen Prozess des Nochmehrwerdens.*

»Du weißt schon, was ich meine. Wusstest du denn, dass Mrs. Wilsenholm dafür sorgen würde, dass Seth wieder zum Baumhaus kommen kann?«

Nun, Sara, ich habe keine Zeit darauf verwendet, darüber nachzudenken, wie nun was geschehen wird. Aber ich wusste, dass es geschehen würde, weil ich ja weiß, dass jede Frage beantwortet wird. Wenn du um etwas bittest, wird es dir immer gegeben. Du musst nur darauf achten, es auch einzulassen.

»Die Kunst des Gutheißens«, fügte Sara breit grinsend hinzu.

Stimmt, Sara. Damit du auch verstehst, worüber wir reden, Seth, lass es mich dir erklären: Es gibt drei Schritte zur Erfüllung deiner Wünsche. Schritt eins: Du bittest um etwas. Schritt zwei: Es wird dir gewährt. Schritt drei: Du musst es zulassen.

»Klingt sehr einfach«, erwiderte Seth. »Und wo ist der Haken?«

Der Haken?, fragte Salomon.

»Ja. So einfach kann es doch gar nicht sein, Salomon! Ich habe schon um so viele Dinge gebeten, die ich nicht gekriegt habe. Auf der ganzen Welt wünschen sich die Menschen ganz viele Dinge, die sie nie kriegen. Also muss an der Sache ja irgendwo ein Haken sein.

Nun Seth, es gibt tatsächlich so etwas wie einen ›Haken‹. Wenn du dir nämlich etwas wünschst, was du nicht hast, ist dir meistens deutlich bewusst, dass es dir fehlt. Dann scheint alles um dich herum total von dem Gefühl erfüllt zu sein, dass du es nicht hast. Du strahlst Signale des Nichthabens aus – und wenn das geschieht, kannst du das Gewünschte nicht hereinlassen. Du musst ein Signal ausstrahlen, das deinem Wunsch entspricht, ein positives Signal. Das Signal des Habenwollens eben. Erst dann bewilligst du deinem Wunsch die Erfüllung. Die Augen der beiden Mädchen leuchteten. Auf einmal verstanden sie alles so viel besser.

»Genau, Seth«, meldete sich jetzt Annette zu Wort. »Wir waren in der allerschlimmsten Verfassung, als wir uns sehnlichst wünschten, dass du zum Baumhaus zurückkommen kannst, und uns ganz unglücklich fühlten, weil das nicht ging.«

Sara nickte nachdenklich. Die »allerschlimmste Verfassung« passte wirklich vorzüglich zu Salomons Worten über die Signale des Nichthabens, die sie damals ausgestrahlt hatten.

»Wir haben uns riesige Mühe gegeben, uns irgendetwas Positives über deine Verbannung einfallen zu lassen, und auch versucht, uns vorzustellen, dass du wieder bei uns im Baumhaus bist, aber wir sind damit kläglich gescheitert. Immer, wenn wir an dich dachten, haben wir dich nur noch mehr vermisst. Und das waren dann überhaupt keine guten Gedanken. Also schlug uns Salomon vor, an etwas ganz anderes zu denken«, sagte Annette.

»Ja, und da hatte Annette eben die Idee, dass sie mir beibringen könnte, genau wie sie kopfüber zu fliegen. Und dazu hatte ich wirklich Lust. Versteh mich jetzt nicht falsch, Seth, aber als wir alle unsere Gedanken auf die Suche nach einem Seil konzentrierten, haben wir irgendwie ganz vergessen, wie schrecklich du uns gefehlt hast«, setzte Sara hinzu.

»Aber es war gar nicht so einfach, ein passendes Seil zu finden«, fuhr Annette fort, »also mussten wir darüber nachdenken und dann passierten noch eine Menge anderer Dinge, über die wir auch nachdenken mussten. Es war nicht so, dass du plötzlich unwichtig für uns warst. Wir waren nur eine Zeit lang abgelenkt.«

Dazu habe ich euch noch etwas Wichtiges zu sagen, bemerkte Salomon. *Nämlich, was vorgeht, nachdem ihr erst*

mal um etwas gebeten habt. Dann ereignen sich die selt-
samsten Dinge, die allesamt dafür sorgen, dass ihr das
kriegt, was ihr haben wollt. Eine einzige Bitte genügt,
man muss sie nicht andauernd wiederholen. Ihr solltet
nur begreifen, dass ihr euch nach Schritt eins – der Bitte
– sofort Schritt drei – dem Gutheißen – zuwendet.

»Und was ist aus Schritt zwei geworden?«, erkundigte
sich Seth. Die beiden Mädchen lächelten einander wissend
an.

Schritt zwei ist nicht deine Aufgabe.

»Wessen Aufgabe dann?«, fragte Seth.

Diese Aufgabe übernimmt das Gesetz der Anziehung.
Das könnte man auch die kreative Lebenskraft nennen
oder die göttliche Macht, die Feen des Universums. Jede
Menge unsichtbarer Kräfte des Wohlbefindens tun sich
zusammen, um eurem Wunsch zu entsprechen.

Sara, Seth und Annette hörten schweigend zu. Salomons
Worte klangen so verheißungsvoll, so überzeugend – und
es tat so gut, ihm zuzuhören.

An Schritt drei arbeitet ihr unablässig, fuhr Salomon
fort. *Ihr versetzt euch in eine Verfassung, die es euch ge-*
stattet, die Erfüllung des Wunsches auch zuzulassen.

»Und wie gelingt uns das?«, wollte Seth wissen.

Indem ihr genau das nicht tut, was euch daran hin-
dert, die Erfüllung des Wunsches zuzulassen.

Sara und Annette lachten. Etwas unsicher stimmte Seth
ein.

»Genau was nicht tun? Um was geht es da? Salomon,
ich habe dich immer noch nicht richtig verstanden«, sagte
er.

Nun, mein Lieber, da gibt es verschiedene Dinge, die
man nicht tun sollte. Aber du wirst immer ganz genau
wissen, ob du etwas tust, was du nicht tun solltest, weil
dann nämlich negative Gefühle in dir aufkommen. Im-
mer wenn du ein schlechtes Gefühl hast wie Angst, Wut

oder Vorwürfe, konzentrierst du dich auf das Gegenteil dessen, was du dir wirklich wünschst. Wenn du Schwingungen von dem aussendest, was du nicht wünschst, befindest du dich natürlich nicht in der Verfassung, dasjenige, was du willst, auch zuzulassen.

»Genau das haben wir getan, als wir traurig darüber waren, dass Seth nicht zum Baumhaus kommen konnte«, sagte Sara aufgeregt. »Aber als wir uns dann mit etwas anderem beschäftigt haben, bei dem wir uns nicht schlecht fühlten, machten wir nicht mehr etwas, was uns an der Erfüllung unseres Wunsches hinderte, sondern …«

»… dann waren wir in der Lage, das, was wir uns wünschten, auch wirklich zuzulassen, es hereinzulassen«, vollendete Annette Saras Satz.

Nun, Kinder, ich glaube, ihr habt es endlich begriffen, sagte Salomon. *Denkt nur mal darüber nach, wie vieles sich auf bemerkenswerte Weise gefügt hat und wie viele Ziele ihr im Verlauf der vergangenen Wochen erreicht habt. Ihr werdet Stunden brauchen, um das alles einzuordnen und zu erkennen, wie sich die einzelnen Teile des Puzzles zu dem von euch gewünschten Bild zusammengesetzt haben. Es gibt Leute, die so etwas für regelrechte Zauberei halten, andere bezeichnen es als ein Wunder und wieder andere einfach als Glück oder Schicksal, aber, man muss in jedem Fall eins selbst dafür tun, ganz gleich, ob absichtlich oder unbewusst: Man muss es zulassen!*

»Und genau das haben wir getan, Sara!«, rief Annette begeistert aus. »Überleg doch mal: Wir hatten gerade angefangen, nach dem Seil Ausschau zu halten, und schon sind lauter wundersame Dinge passiert! Das ist doch wirklich irre!«

So irre ist das gar nicht, Annette, denn die wundersamen Dinge passieren schon in dem Moment, wo der Wunsch in die Welt hinausgelassen wird. Eigentlich fan-

gen sie schon an, wenn man sich mitten in einer Krise, einem Problem oder gar einer Katastrophe befindet. Aber all diese Hilfe, die sich da anbietet, kann man überhaupt nicht wahrnehmen, solange man das tut, was einen an der Wunscherfüllung hindert. Erst wenn man damit aufhört, kann man sie einlassen.

»Irgendwie ist das ganz toll!«, meinte Sara. Sie lehnte sich zurück und strahlte ihre Freunde an. Alle drei fühlten sich ganz erfüllt.

»Wir sind solche Glückspilze«, erklärte Annette. »Nun ja, ich meine nicht Glück ...«

Glücklich zu sein ist ein gutes Gefühl, Annette. Das passt immer vorzüglich zu allem, was du dir erwünschst. Ganz gleich, ob du dich glücklich, gesegnet oder dankbar fühlst – oder ganz einfach nur froh –, damit lasst ihr alles zu, was ihr für gut haltet. Wenn ihr euch aber unglücklich, traurig, überfordert, wütend, schuldig oder sonst wie schlecht fühlt – dann befindet ihr euch in keiner empfangsbereiten Verfassung. Doch, Annette, Glück ist schon ein sehr schönes Gefühl. Von Pilzen verstehe ich allerdings nicht so viel. Salomon lächelte. Nun ihr Lieben, ich muss wieder weiter. Genießt euer Leben und freut euch, dass ihr wieder zusammen seid.

»Tschüss, Salomon, bis morgen!«

Ich bin wirklich eine Glückseule, sagte Salomon, als er sich von der Plattform erhob.

Die drei brachen in Gelächter aus.

Stimmt, Annette, rief Salomon ihnen noch zu, irgendwie klingt das ziemlich bescheuert. Was passt denn zu Eule? Irgendwas, das sich reimt? Heule-Eule? Nein, das klingt gar nicht gut. Vielleicht lieber ein Vers mir zu Ehren. Ich hab's! ›Mit Salomon gelingt's euch schon!‹ Sehr gut. Und wenn ihr jetzt glaubt, dass ich eitel bin, habt ihr völlig recht!

Kapitel 26

S ara wartete im Baumhaus auf Seth und Annette. Sie lehnte sich bequem zurück, blickte auf den Fluss und fühlte sich einfach pudelwohl. Dann streckte sie sich auf dem Boden aus, reckte die Arme und spürte, wie das Wohlbefinden durch ihren ganzen Körper strömte.

»Ach, was geht's mir gut!«, rief sie beglückt aus. »Könnte sich doch jeder Mensch auf der Welt so toll fühlen wie ich gerade – und sei es nur für einen Augenblick. Keiner würde sich danach jemals wieder mit einem schlechteren Gefühl zufriedengeben!«

Sara schwebte wie auf Wolken. Alles, was zuvor an jenem Tag geschehen war, schien in weiter, unbedeutender Ferne zu liegen. Es war beinahe so, als ob nicht sie, sondern ein ganz anderer Mensch ihren langweiligen, normalen Alltag erlebt hätte. Vollkommen gelassen räkelte sich Sara auf der Plattform. Sie dachte nicht darüber nach, wie sich der Tag weiter entwickeln würde. Annette und Seth schienen sich mehr Zeit als üblich zu lassen, um zum Baumhaus zu kommen, aber das störte Sara nicht. Sie war weder irritiert noch ungeduldig oder gar sauer. Alles war ihr in diesem Augenblick recht; sie fühlte sich völlig eins mit sich und der Welt. Es gab nichts, was sie tun sollte, obwohl sie es nicht tun wollte. Und sie tat genau das, was sie tun wollte. Es fehlte ihr nichts, sie brauchte nichts, alles war einfach so, wie es sein sollte.

»So sollte man sich immer fühlen!«, rief Sara in den Wald hinein.

Du hast völlig recht, antwortete Salomon, als er sanft zu ihr hinunterglitt und sich auf der Plattform niederließ. *So, wie du dich jetzt fühlst, sollte das Leben immer sein, in jedem Augenblick. Von einer Vollkommenheit, die sich ständig ausdehnt. Von einer Reichhaltigkeit, die sich vergrößert. Von einer Zufriedenheit, die nach Weiterem strebt. Von einer Vollkommenheit, die niemals ein Ende erreicht.*

Bedingungslose Liebe durchströmte Sara, als sie ihren wundervollen gefiederten Freund mit leuchtenden Augen ansah. »Ach, Salomon, es fühlt sich so gut an, sich gut zu fühlen. Was hat mich nur so glücklich gemacht?«, fragte sie strahlend.

Du hast dich selbst glücklich gemacht, Sara. Oder besser gesagt, du lässt jetzt zu, diejenige zu sein, die du wirklich bist. Es ist deine ganze normale Verfassung, in der du dich jetzt befindest. Es könnte jedem auf der Welt genauso gut gehen wie dir – wenn es nur jeder zulassen würde.

»Ich weiß, dass du recht hast, Salomon, und ich möchte es ja auch zulassen. Jeder würde es doch zulassen, wenn er wüsste, wie gut man sich dabei fühlt und wie man das hinkriegen kann. Warum geht es uns nicht immer so gut, Salomon? Warum scheint es so schwierig zu sein, das Gute einfach zuzulassen?

Stell dir vor, dass du ein wunderschöner Edelstein bist, so leuchtend wie ein Aquamarin, wie das wunderschöne blaue Meer. Aber du bist deiner Umwelt ausgesetzt und nach und nach trübt eine dünne Schicht aus Schmutz und Wasserrückständen deine Schönheit. Diese Ablagerung, die nicht zu deiner Natur gehört, sondern sich durch äußere Gegebenheiten gebildet hat, sorgt dafür, dass du nicht mehr so deutlich siehst wie zuvor, und auch, dass du selbst nicht mehr so deutlich gesehen wirst. Doch mit ein klein wenig Anstrengung kannst du diese widernatürliche Ansammlung von Rückständen entfernen und wieder genauso hell erstrahlen wie früher – und dich genauso wohlfühlen. Wenn es dir so gut geht wie jetzt, fällt es dir ganz leicht, das alles zu verstehen. Viel leichter, als wenn es dir nicht gut geht. Aber stell dir jetzt mal einen Moment lang vor, dass du an diesem Ort mit ganz anderen Gedanken als jetzt sitzt: Du bist ein junges Mädchen, das im Baumhaus auf seine Freunde wartet. Doch anstatt dich so fröhlich und frei zu fühlen wie heute, fühlst du dich von Tausenderlei bedrückt, das deine Sinne so trübt wie die Schmutzschicht den Edelstein. Es macht dich zum Beispiel traurig, dass dein Lieblingslehrer die Schule verlässt oder dass du eine Auseinandersetzung zwischen ein paar Jungen auf dem Schulhof beobachtet hast. Du befürchtest, dass dieser Streit eskalieren könnte, und denkst dabei an furchtbare Bilder aus dem Fernsehen. Und gestern hast du gehört, dass sich dein Vater über seinen Chef beschwerte, und da wurde dir klar, dass er in seinem Beruf seit einiger Zeit sehr unglücklich ist. Deine Mutter macht sich riesige Sorgen, weil ihre beste Freundin schwer krank ist. Das tut dir leid, und du fängst an, dich selbst auch ganz schön verletzlich zu fühlen. Spürst du jetzt, dass deine Freude beim Nachgrübeln über alle diese unerfreulichen Situationen Stück um Stück stärker getrübt wird?

Sara nickte nachdenklich. Es war sehr ungewöhnlich, dass Salomon so viele negative Dinge auf einmal erwähnte.

Jetzt triffst du eine Entscheidung. Zum Beispiel: ›Ich kann ja später darüber nachdenken, dass mein Lieblingslehrer die Schule verlässt, aber im Moment möchte ich mich nur daran erinnern, wie viel Spaß sein Unterricht gemacht hat und wie nett er immer zu mir war. Und ich wünsche zwar, dass sich die Jungen auf dem Schulhof nicht streiten, aber jetzt gehe ich einfach davon aus, dass sie ihre Differenzen eben auf ihre Weise lösen und sich schon wieder vertragen werden. Es wäre schön, wenn mein Vater sich auf der Arbeit wohlfühlen würde, aber dafür muss er schon selbst sorgen. Schließlich ist er erwachsen und findet sonst auch immer für alles eine Lösung. Ich möchte, dass die Freundin meiner Mutter wieder gesund wird, aber ich kann an ihrem Zustand nichts ändern, und es hilft niemandem, wenn ich mir Sorgen mache. Die Pflege der Genesenden sollte ich ihrer Familie überlassen, den Ärzten, den Engeln oder ihrem ganz persönlichen Salomon.‹ Und wenn dich dann immer noch etwas bedrückt, dann sagst du einfach: ›Ich brauche darüber jetzt nicht nachzudenken. Vielleicht später, aber nicht jetzt.‹ Stell dir vor, dass du jeden beunruhigenden Gedanken entlässt, einen nach dem anderen. Und noch einen und noch einen. Und jedes Mal, wenn du eine Sorge entlässt, fühlst du dich ein Stück leichter, ein Stück freier, ein Stück heiterer – bis du endlich wieder zulässt, der strahlende, klare, fröhliche Mensch zu sein, der du im Wesen bist. Damit hast du die Schmutzschicht von deinem Edelstein abgekratzt und erstrahlst wieder in neuem Glanz.

Salomon machte eine Pause und Sara, die ihm gebannt gelauscht hatte und bei seinen Beispielen tatsächlich ein wenig bedrückt geworden war, spürte voller Staunen, dass sie sich auf einmal wieder genauso beschwingt fühlte wie zum Anfang seiner Rede.

Alles, was deinem Leben die Fröhlichkeit nimmt, hängt damit zusammen, dass du an etwas festhältst, was deine Freude trübt, ganz gleich, ob dir das in dem Moment bewusst ist oder nicht. Lass deine Wut fahren und du wirst augenblicklich froh sein. Lass deine Trauer fahren und du wirst augenblicklich glücklich sein. Lass deinen Kummer fahren und du wirst augenblicklich Freude empfinden. Es ist wie mit Kopfschmerzen. Wenn man sie einfach loslassen könnte, wäre man augenblicklich geheilt. Es ist immer so: Wenn du dich gerade mal weniger gut als ausgezeichnet fühlst, liegt es daran, dass du irgendwo einen unangenehmen Gedanken aufgehoben hast und mit dir herumträgst. Aber das muss nicht sein. Du kannst ihn auf der Stelle fallen lassen!

Sara strahlte. Jedes Wort von Salomon ergab Sinn, und sie fragte sich, weshalb auch nur ein einziger Mensch Gedanken mit sich herumtrug, die unangenehme Gefühle hervorriefen, warum nicht jeder solche Gedanken einfach fallen ließ. Das schien ja gar nicht so schwer zu sein.

Nun, meine Liebe, wir werden uns später weiterunterhalten. Ich wünsche dir einen wunderschönen Nachmittag!

Salomon schien so leicht wie eine einzige Feder zu sein, als er sich ohne das geringste Geräusch von der Plattform in die Lüfte erhob. Sara lächelte, als sie seine Flugbahn in die Ferne verfolgte.

»Genauso leicht fühle ich mich auch«, sagte sie laut. »Ich liebe dich, Salomon.«

Kapitel 27

B ist du da oben, Sara?« Seths Stimme kam von weit her. »Ja, Seth, ich bin hier oben und warte auf euch!«, rief sie hinunter. Sie lehnte sich über die niedrige Brüstung der Plattform und sah zu, wie er durch die Büsche preschte. Er schien es sehr eilig zu haben. *Was er wohl vorhat?*, fragte sich Sara. Am Klang seiner Stimme erkannte sie, dass er ziemlich aufgeregt war. In ihr machte sich etwas Mutlosigkeit breit. Sie war sich nicht ganz sicher, ob sie überhaupt wissen wollte, was los war. Irgendwie schien es nichts Gutes zu sein. *Keine schlechten Gedanken,* wies sie sich selbst zurecht. *Ich muss mich zusammenreißen!* Sie gab sich große Mühe, das Wohlbefinden so durch sich strömen zu lassen wie noch vor wenigen Minuten, als Salomon bei ihr gesessen hatte, aber sie spürte ganz deutlich, dass der Strom bereits schwächer war.

Seth war inzwischen die Baumleiter hinaufgekraxelt. Außer Atem ließ er sich neben Sara nieder und sah zu Boden. Er brachte keine guten Nachrichten, das sah sie sofort.

»Was ist los, Seth?«

Er zögerte einen Moment, aber dann platzte er heraus: »Ich glaube, dass etwas Schlimmes passiert, aber ich will nicht, dass du dich darüber aufregst!«

»Was denn?«, fragte sie, jetzt doch sehr beunruhigt.

»Nun, auf der Hauptstraße steht ein Kran ...«

Sara zog die Augenbrauen hoch. Sie hatte keine Ahnung, worauf Seth hinauswollte. Wieso sollte sie ein Kran auf der Hauptstraße aufregen?

»Na und?«

»Sara, ich fürchte, dein Aussichtsbalkon wird abgerissen. Es sieht ganz so aus, als ob sie ein neues Geländer an der Brücke anbringen wollen. Geplant war es wohl schon seit Längerem. Du weißt ja, dass sich viele Leute über die kaputte Brücke aufgeregt haben.«

»O nein«, sagte Sara tonlos.

Ihre gute Laune war auf der Stelle futsch. Sie ließ Mantel und Schultasche auf der Plattform liegen und stürzte auf die Baumleiter zu.

»Bleib lieber hier, Sara. Du kommst sowieso nicht durch. Man hat die Straße abgesperrt.«

»Ich muss aber dahin«, erwiderte Sara und wandte sich zu ihm um. »Kommst du mit?«

Seth kannte diesen Blick. Er wusste, dass sich Sara jetzt durch nichts aufhalten lassen würde. Wenn sie so guckte, dann war sie wild entschlossen.

»Ja, klar doch«, sagte er und folgte ihr die Baumleiter hinunter. Sie rannte so schnell über den Trampelpfad, dass er Mühe hatte, ihr zu folgen, da er immer noch ziemlich atemlos war.

Die Straße war abgesperrt und die Brücke voller Bauarbeiter. Der Sheriff Mr. Thompson stand vor der Brücke und leitete den Verkehr um.

»He, Kinder, ihr könnt hier nicht rüber!«, rief er ihnen zu. »Ihr müsst den anderen Weg nehmen. Ich will nicht, dass euch was passiert oder dass ihr Ärger macht. Verschwindet!«

Sara funkelte ihn wütend an. ›Ihr seid diejenigen, die Ärger machen, nicht wir!‹, hätte sie ihm am liebsten zugerufen.

»Mensch, Seth«, jammerte sie, »warum müssen Erwachsene immer alles kaputtmachen?«

Sie war todunglücklich. Sie konnte sich nicht mehr daran erinnern, wann sie sich zuletzt so furchtbar gefühlt hatte. Und diesmal ging es ihr ganz besonders schlecht, weil sie sich noch ein paar Minuten zuvor so besonders gut gefühlt hatte. Aber wie konnte sie sich auch gut fühlen, wenn etwas vernichtet werden sollte, das ihr so wichtig war?

»Komm, Sara, lass uns zum Baumhaus zurückgehen und mit Salomon sprechen. Vielleicht weiß er ja Rat«, schlug Seth vor.

Sara warf noch einen Blick zur Brücke und schloss die Augen, als sie sah, wie sich der Arm des Krans ihrem Aussichtsbalkon näherte. Es war wirklich ein abscheulicher Anblick.

»Komm schon«, drängte Seth.

Sara wandte sich ab und folgte ihm. Tränen stiegen ihr in die Augen, sodass sie kaum sehen konnte, wo sie hintrat. Ihr Körper kam ihr wie eine schwere Last vor, als sie über den Trampelpfad stolperte. Fast wäre sie über einen Ast gestürzt. Unzählige unterschiedliche Gefühle stürzten auf sie ein. Zuerst kam eine ungeheure Wut. Am liebsten hätte sie sich den Sheriff gegriffen und ihn mit aller Kraft in den Fluss gestoßen. Doch das hätte sie nie geschafft! Ein Gefühl grenzenloser Ohnmacht überwältigte sie. Nichts konnte sie tun, ganz und gar nichts! Hier war sie den höheren Mächten einfach machtlos ausgeliefert! Große Trauer erfasste sie, als sie daran dachte, dass sie nie wieder auf dem Maschendraht in ihrem Ausguck liegen und den rauschenden Fluss unter sich beobachten könnte. Nicht einmal Abschied hatte sie von ihrem Aussichtsbalkon nehmen können!

Und dann ärgerte sie sich über ihre Wut und ihre Trauer. Sie schämte sich, dass sie sich so hatte hinreißen lassen, und war stinksauer auf sich selbst, dass sie es zugelassen hatte, so aus dem Häuschen zu geraten. In nur wenigen Minuten hatte sie es geschafft, sich vom besten Gefühl, das sie je gehabt hatte, zum schlechtesten, das sie je gehabt hatte, zu katapultieren. Es war wirklich fürchterlich!

Ich grüße euch, meine zauberhaften ungefiederten Freunde, sagte Salomon mit einer ganz ungewohnten Zwitscherstimme, als er auf der Plattform landete. *Hat sich da etwa eine kleine Schmutzschicht auf deinem Edelstein abgelagert, meine liebe Sara? Kann es sein, dass deine Sicht ein wenig getrübt ist?*

Seth runzelte die Stirn. Er hatte keine Ahnung, wovon Salomon sprach.

Vielleicht könntest du deinen Freund ja aufklären?

Sara blickte zu Boden. Sie hatte nicht die geringste Lust, Seth irgendetwas von klaren, hellen und leuchtend blauen Edelsteinen zu erzählen, die man andauernd polieren musste, damit sie ordentlich glänzten.

Salomon schwieg und wartete. Seth wartete ebenfalls.

Sara verzog das Gesicht. Sie wusste nicht, was sie sagen und wie sie anfangen sollte.

Fang doch einfach damit an, wie wir auf Edelsteine gekommen sind. Erzähle ihm erst einmal, wie du dich vorhin gefühlt hast, und teile ihm dann mit, worüber wir dann gesprochen haben.

»Also gut«, begann Sara langsam. »Ich war heute schon ziemlich früh hier und saß eine ganze Weile allein auf der Plattform. Und je mehr Zeit verging, desto besser habe ich mich gefühlt. Es gab überhaupt nichts, um das ich mir Sorgen gemacht habe, und die ganze Welt schien einfach superokay zu sein. Mensch, ging es mir gut! Am liebsten wäre ich aufgestanden und hätte meine Freude laut rausgebrüllt! Und das hätte ich auch beinahe getan. Und da wünschte ich mir, dass es allen Menschen auf der Welt so gut geht wie mir in dem Augenblick. Ich wünschte, dass ich mich immer so toll fühlen würde.«

Ein kleines Lächeln stahl sich in ihr Gesicht, als sie an dieses herrliche Gefühl zurückdachte. Doch das Lächeln schwand prompt wieder, als sie daran dachte, wie schnell sich ihre Stimmung ins Gegenteil verkehrt hatte. Sie räusperte sich und fuhr fort:

»Und dann tauchte Salomon auf. Er sagte mir, dass wir uns alle andauernd so gut fühlen würden, wenn wir nicht ständig damit beschäftigt wären, über Dinge nachzudenken, die kein gutes Gefühl hervorrufen. Er verglich uns mit wunderschönen reinen Edelsteinen, die so hell und klar leuchten wie das blaue Meer. Aber wenn wir unzufrieden sind, wütend oder traurig und wenn wir uns Sorgen machen, dann setzen sich da im Laufe der Zeit allmählich Ablagerungen fest, die unsere klare Sicht trüben. Wir können aber diese Schmutzschicht jederzeit wieder wegpolieren und dann zu dem Gefühl des Wohlbefindens zurückkehren.«

Sara sah Salomon fragend an. »So geht das doch vor sich, nicht wahr, Salomon? Es geschieht etwas. Etwas, was wir nicht ändern können. Und wir sehen zu, während es geschieht, und fühlen uns dadurch schlecht. Dann setzen sich Ablagerungen fest und verändern uns. Ich glaube, dass ältere Leute deshalb oft weniger glücklich sind. Sie sind von einer Schmutzschicht ganz bedeckt, weil sie so viel erlebt haben, was sie traurig macht.«

»Ja, Sara, so geht das in der Tat vor sich. Die Menschen entdecken nach und nach immer mehr Dinge, über die sie sich Sorgen machen, und dadurch verlieren sie im Laufe der Zeit zunehmend an Fröhlichkeit und

Unbeschwertheit. Aber das muss nicht sein, Sara. Man muss nicht zusehen, wie sich eine Schmutzschicht auf die andere legt und Klarheit und Freude trüben. Wenn du deinen Edelstein jeden Tag ein wenig polierst, dann bleibst du glücklich und heiter. Jeder kann das jederzeit tun, wenn er spürt, dass er Gedanken braucht, bei denen er sich besser fühlt. Du musst dich nicht mit Gedanken abgeben, die dir nicht gut tun, Sara. Man kann nämlich aus einer Vielzahl anderer Gedanken diejenigen auswählen, die einem Freude machen. Das ist nur eine Frage der Übung.

»Das weiß ich doch alles, Salomon. Aber ich finde es echt ätzend, dass mir mein Ausguck weggenommen wird!«

Natürlich kannst du dich mit diesem Gedanken beschäftigen, meine liebe Sara, und du hast ja auch recht: Es ist dein Ausguck. Und der hat dich bisher wirklich glücklich gemacht. Und jetzt wird er abgerissen. Das ist alles wahr. Aber ich möchte, dass du dir eine ganz bestimmte Frage stellst: Was fühle ich, wenn ich daran denke? Wenn du darauf antwortest, dass du dich gar nicht wohl bei diesem Gedanken fühlst, dann lass ihn fahren und suche dir einen anderen aus, damit sich keine Ablagerungen auf deinem Edelstein festsetzen.

»An was soll ich denn denken?«

Du könntest darüber nachdenken, dass du jetzt dieses wunderschöne Baumhaus hast, das wirklich so viel mehr bietet als dein alter Ausguck. Du könntest daran denken, dass du jederzeit hierherkommen und dich wohlfühlen kannst. Du könntest an das Schwingseil denken, Sara, oder an deine Freunde Seth und Annette oder vielleicht sogar an mich – deinen allerliebsten, entzückenden und toten – nun, vielleicht nicht mehr so ganz toten – Eulenfreund Salomon, dann schaffst du's schon.

Sara musste lachen und Seth stimmte erleichtert mit ein. Vielleicht schaffte es Salomon wirklich, Sara aus dieser furchtbaren Stimmung herauszuholen!

Denke darüber nach, dass der Fluss immer noch strömt, die Sonne immer noch scheint, der Regen immer noch fällt, das Getreide immer noch wächst, der Mond immer noch aufgeht, die Schule immer noch steht und euer Baumhaus immer noch existiert. Und denke an all die Millionen anderer Dinge, die dir ein gutes Gefühl verschaffen, weil sie genauso sind, wie du sie gerne hast. Und dann wird sich dieses unangenehme Gefühl von dir verabschieden und dich heiter, strahlend und im Einklang mit dir selbst zurücklassen. So bist du nämlich von Natur aus, meine gute Sara, und du solltest dich nicht mit weniger zufriedengeben. Und irgendwann wirst du einen Punkt erreicht haben, an dem nichts anderes mehr zählt, als dass du dich wohlfühlst. Dann wird es erheblich weniger wichtig sein, sich über irgendwelche sogenannte Tatsachen den Kopf zu zerbrechen oder sich mit sogenannten Wahrheiten zu beschäftigen, als Gedanken zu finden, bei denen es dir gut geht.

Sara schwieg. Sicher, sie fühlte sich bereits erheblich besser, aber trotzdem gab es noch eine Sache, die sie störte. Salomon hatte ihr und Seth schon so oft geholfen, sich angesichts zahlreicher Krisen besser zu fühlen, und sobald das geschehen war, schien der Wendepunkt erreicht zu sein, von dem an alles wie am Schnürchen lief. Ihr fiel wieder der Tag ein, an dem Mr. Wilsenholm vorhatte, die Bäume zu fällen und somit auch das Baumhaus zu vernichten. Damals hatten sie und Seth sich mächtig angestrengt, um bessere Gefühle hervorzurufen, und nachdem das geglückt war, änderte sich plötzlich alles und die Bäume blieben stehen. Ja, es wurde ihnen sogar ganz offiziell erlaubt, dort zu spielen! Sie erinnerte sich daran, wie Seths Vater wieder einmal einen Umzug in eine andere Gegend geplant hatte, weil ihm gekündigt worden war. Damals hatten sie und Seth sich mit aller Mühe auf gute Gedanken konzentriert und es war ihnen gelungen. Wie durch ein Wunder fand Seths Vater auf einmal einen guten neuen Job als Vorarbeiter bei den Wilsenholms und so konnte die Familie tatsächlich in dem Bergstädtchen bleiben. Die Liste solcher Ereignisse war wirklich sehr lang. Doch diesmal war die Lage anders. Sie konnte nicht mehr verhindern, dass ihr Ausguck zerstört werden würde. Wahrscheinlich war er in diesem Moment sogar schon weg. Deshalb hatte sie eine ganz klare Frage für Salomon:

»Du hast unserem Wohlbefinden immer auf die Sprünge geholfen, das stimmt, und danach hat sich immer alles zum Guten gewendet. Du hast uns so oft geholfen, etwas wieder in Ordnung zu bringen. Aber das geht diesmal nicht, weil mein Aussichtsbalkon wahrscheinlich schon kaputt ist. Wie kann das denn rückgängig gemacht werden? Wirst du dafür sorgen, dass wieder ein Lastwagenfahrer gegen das Geländer donnert, oder was?«

Salomon plusterte sich auf. *Meine Liebe, ich habe euch nie dabei geholfen, etwas wieder in Ordnung zu bringen. Ich sorge für überhaupt nichts. Ich habe euch nur beigebracht, wie ihr euch in einen Schwingungszustand versetzt, der eurem natürlichen Wohlbefinden das Durchkommen erlaubt. Das ist alles.*

»Aber mein Lieblingsplatz wird zerstört. Mein Aussichtsbalkon. Da, wo ich immer so glücklich war. Er wird kaputt gemacht und ich kann gar nichts daran ändern. Das ist doch nicht fair, Salomon.«

Sie war etwas ungehalten, dass er auf ihre Frage nicht direkt geantwortet hatte.

Da möchte ich dir doch gern eine Frage stellen: Wie wäre es denn gewesen, wenn andere Kinder aus eurer Gegend deinen Aussichtsbalkon entdeckt hätten und da auch jeden Tag hätten hingehen wollen?

Sara verzog das Gesicht. »Das hätte mir überhaupt nicht gefallen.«

Aber wenn es ihnen dort doch so gut gefällt? Was wäre gewesen, wenn dein Aussichtsbalkon auch zu ihrem Lieblingsplatz geworden wäre?

»Schon gut, Salomon, ich begreife ja, worauf du hinauswillst. Du findest, dass ich lernen sollte, die schönen Dinge mit anderen zu teilen. Klar, ich weiß, dass es wichtig es ist, nicht egoistisch zu sein, aber in einem solchen Fall ...«

Würdest du in einem solchen Fall Verantwortung übernehmen? Die ganze Sache so organisieren, dass jeder irgendwann mal drankommt? Würdest du Regeln aufstellen, nach denen man beispielsweise erst ab einem bestimmten Alter oder einer bestimmten Größe im Maschendrahtausguck liegen darf? Würdest du die Kinder bestrafen, die sich nicht an deine Regeln halten? Und wenn ja, wie würden dann die entsprechenden Strafen aussehen?

Sara runzelte die Stirn. »Was meinst du damit, Salomon? Was du da sagst, klingt ja schrecklich, nach jeder Menge Ärger. Wahrscheinlich würde ich traurig sein, dass mein Aussichtsbalkon besetzt ist, und mir dann lieber einen anderen Ort suchen, um ...«

Du hast völlig recht, Sara. Es würde eine ganze Menge Ärger geben, wenn du versuchen wolltest, jeden zufriedenzustellen, der an diesem Ausguck interessiert ist. Ehrlich gesagt, glaube ich nicht, dass du die ganze Sache organisieren könntest, selbst wenn du dafür hundert Jahre Zeit hättest. Aber es gibt etwas, was du tun kannst, und das ist überhaupt nicht schwierig: Du ziehst deine Aufmerksamkeit von allem ab, was dich nervt und stört und richtest sie auf etwas, was dir gefällt. Vor allem am Anfang erfordert das eine gewisse Anstrengung, aber mit ein wenig Übung wird es dir bald gelingen, nur noch Gedanken zuzulassen, die sich gut anfühlen. Und ehe du dich versiehst, geht es dir schon wieder sehr viel besser.

»Trotzdem wird mein Aussichtsbalkon weg sein.«

Du hängst doch an ihm, weil du dich dort so wohlfühlst, nicht wahr?

»Stimmt.«

Aber wenn du dich sowieso wohlfühlst, ist das dann nicht ebenso gut?

Sara schwieg. Sie sah ein, dass Salomon hier ein starkes Argument vorgebracht hatte. »Ich dachte nur, dass du uns beibringst, wie wir dafür sorgen können, dass sich alles genauso fügt, wie wir es uns wünschen«, sagte sie schmollend. So schnell wollte sie ihren Aussichtsbalkon nicht aufgeben.

Ja, das bringe ich euch bei, Sara. Aber seinen eigenen Willen durchsetzen heißt nicht, dass man die Menschen bekämpft, die eine andere Vorstellung haben. Dass sich alles so fügt, wie ihr es euch wünscht, bedeutet in Wirklichkeit, Gedanken zu finden, bei denen man sich so wohlfühlt, dass man dasjenige, was man sich wünscht, auch zulassen kann. Alles ist immer auf das höchste Wohl ausgerichtet. So sollte es sein. Aber wenn du etwas bekämpfst, was du nicht wünschst, lässt du nicht zu, dass sich alles zu deinem Wohl fügt.

»Willst du damit sagen, dass man meinen Aussichtsbalkon nicht kaputt machen wird, wenn ich Gedanken finde, die sich gut anfühlen?«

Nein, Sara, ich sage dir etwas anderes. Ich sage dir, dass du dich wohlfühlen wirst, wenn du Gedanken findest, bei denen es dir gut geht – und dann wird dein Aussichtsbalkon überhaupt kein Thema mehr für dich sein.

»Ich will aber nicht, dass mein Aussichtsbalkon kein Thema mehr für mich ist«, beharrte Sara. Sie war jetzt wirklich aufgebracht. Offensichtlich konnte ihr Salomon in dieser Sache überhaupt nicht helfen.

Wie wäre es denn, wenn du Freude zu deinem Thema machst? Zu deinem einzigen Thema: ›Nichts ist wichtiger, als dass ich mich wohlfühle.‹

»Und was passiert dann mit meinem Aussichtsbalkon?«

Ganz gleich, was damit passiert, das spielt keine Rolle mehr für dich.

»Wieso nicht?«

Weil du sowieso glücklich bist. Du brauchst ihn nicht, um dich wohlzufühlen.

Sara schnaufte. So kamen sie überhaupt nicht weiter. Er wollte sie wohl einfach nicht verstehen. Salomon musterte sie liebevoll und fuhr dann fort: *Viele Menschen sind felsenfest davon überzeugt, dass sie sich nur in einer ganz bestimmten Situation wohlfühlen können. Und wenn sie dahinterkommen, dass ihnen die Macht, die Kraft oder die Wählerstimmen fehlen, um alles so zu ordnen, wie sie es gern hätten, dann ergeben sie sich in ihr Schicksal und führen ein unglückliches Leben ohne jegliche Macht. Ihr solltet begreifen, dass eure ganze Macht darin besteht, dass ihr euer Wohlbefinden selbst steuern könnt. Ihr habt die Möglichkeit, allen Dingen eine positive Sicht abzugewinnen. Und wenn euch das gelingt, dann liegt alles, was ihr euch wünscht, in eurer Macht. Denn alles, was ihr euch wünscht, versucht den Weg zu euch zu finden. Ihr selbst müsst nur den richtigen Zustand finden, um es einzulassen. Und ihr könnt das, was ihr euch wünscht, nicht einlassen, wenn ihr euch nicht gut fühlt. Ihr müsst in einer empfangsbereiten Verfassung sein, damit sich eure Wünsche erfüllen.*

Sara sagte nichts mehr. Sie begann langsam zu begreifen, was Salomon damit meinte.

Du lebst in einer großen Welt, Sara, und da gibt es unzählige Menschen, die andere Vorstellungen von einem guten Leben haben als du. Du kannst sie nicht alle davon überzeugen, dass deine Sichtweise richtig ist, und

du kannst sie nicht dazu zwingen, dir zu folgen. Es gibt
nur einen einzigen Weg zu einer glücklichen und erfolg-
reichen Lebenserfahrung: Du musst dich ein und für alle
Mal dazu entscheiden, dass du dich wohlfühlst – ganz
gleich, was da kommen möge. Und während du übst,
deine Aufmerksamkeit auf die Angelegenheiten zu rich-
ten, die ein Wohlgefühl in dir hervorrufen, wirst du das
Geheimnis des Glücks entdecken.

»Ja, ich glaube, dass ich es jetzt begriffen habe, Salomon. Jedenfalls im Augenblick. Vielen Dank.«

Kopf hoch, mein liebes Kind, wir sprechen uns später.

Kapitel 28

Sara machte ganz plötzlich die Augen auf. Irgendetwas hatte sie geweckt. Sie blieb still in der Dunkelheit liegen und spitzte die Ohren. Aber im Haus war alles ruhig. Ein Blick auf ihren Wecker zeigte ihr, dass es 1.11 Uhr war. *Viel zu früh, um aufzustehen*, dachte Sara. Sie zog die Decke bis zur Nase hoch, schloss die Augen und kuschelte sich in ihr Kissen. Innerhalb von Sekunden war sie wieder eingeschlafen.

Dann machte sie ganz plötzlich wieder die Augen auf. Abermals hatte sie den Eindruck, dass irgendein Geräusch sie geweckt hätte. Sie blickte zu ihrem Nachttisch hin. Die grünen Leuchtziffern auf ihrem Wecker zeigten 2.22 Uhr an. *Was soll denn das?*, dachte sie nur kurz und schlief dann auf der Stelle wieder ein.

Und wieder öffnete sie die Augen. Diesmal blickte sie sofort auf ihren Wecker, um zu sehen, wie spät es diesmal war. »Na so was!«, sagte sie laut, »3.33 Uhr.« Sie dachte angestrengt nach, ob ihr das denn schon jemals zuvor passiert war. »Das ist zu merkwürdig«, wunderte sie sich.

Ich würde dazu nicht ›zu merkwürdig‹ sagen. Jeden-
falls nicht zu sehr merkwürdig und nicht zu wenig merk-
würdig, sondern genau das richtige Maß von merkwür-
dig, hörte sie Salomon in der Dunkelheit flüstern.

»Wo steckst du denn, Salomon?«, fragte Sara überrascht zurück.

Komm jetzt gleich zu uns zum Baumhaus, antwortete Salomon leise.

Sara setzte sich auf. Sie war nun hellwach, aber sie wusste nicht, ob sie Salomons Stimme nur geträumt oder tatsächlich gehört hatte. Wieder sah sie auf die Uhr. Es war immer noch 3.33 Uhr. Die Sache war schon äußerst spannend.

Sie sprang aus dem Bett und schlüpfte in einen Jogginganzug. Dann zog sie Schuhe und Jacke an, öffnete leise ihr Schlafzimmerfenster und stellte fest, dass es eine mondhelle Nacht war. Sie glitt vorsichtig aus dem Fenster und machte sich auf zum Baumhaus. Im Mondschein hatte sie keine Schwierigkeiten, sich zurechtzufinden.

»Genau das richtige Maß von merkwürdig«, sagte sie lachend, als sie in den Trampelpfad einbog. »Ich glaube nicht, dass jeder das so sehen würde.«

Schon von Weitem konnte sie Stimmen im Baumhaus hören, und als sie näher kam, begriff sie, dass Annette und Seth bereits da waren. *Was um alles in der Welt ...,* dachte Sara.

Sie kletterte die Baumhausleiter hinauf und begrüßte ihre Freunde: »Könnt ihr mir sagen, was hier los ist?«, fragte sie.

Annette schüttelte verwirrt den Kopf. »Also, so etwas Merkwürdiges habe ich noch nie erlebt«, sagte sie. »Ich bin um 1.11 Uhr aufgewacht, dann um 2.22 Uhr ...«

»Und dann um 3.33 Uhr«, vollendete Sara Annettes Satz.

»Ich auch«, meldete sich jetzt Seth zu Wort. »Bei mir lief es ganz genauso ab. Das ist wirklich höchst merkwürdig.

Und wir haben beide Salomons Stimme gehört. Er hat uns aufgefordert, zum Baumhaus zu kommen.«

»Mensch, ist das merkwürdig!«, sagte Annette und erschauerte leicht.

»Genau das richtige Maß von merkwürdig«, bemerkte Sara lachend.

Genau das richtige Maß von merkwürdig, bestätigte Salomon, als er mit einem Plumps zwischen ihnen mitten auf der Plattform landete.

»Salomon!«, begrüßten ihn alle drei aufgeregt. »Was tun wir hier? Warum sind wir alle hier?«

Nun, wir sind noch nicht alle hier. Wir müssen noch auf Maddie warten. Bei jedem Vollmond steige ich mit ihr in die Lüfte. Wir fliegen schon seit vielen Jahren zusammen. Es war ihre Idee, euch diesmal dazu einzuladen. Sie mag euch wirklich sehr gern!

»Maddie fliegt?«, platzte Sara heraus. Sie traute ihren Ohren kaum. »Wie kann das sein! Sie ist doch schon erwachsen!«

»Wer ist Maddie?«, fragten Seth und Annette gleichzeitig.

»Mrs. Wilsenholm«, antwortete Sara. »Sie heißt eigentlich Madeleine, aber sie wurde Maddie genannt, als sie so alt war wie wir.«

Fliegen hat ganz und gar nichts mit dem Alter zu tun, Sara. Beim Fliegen geht es darum, wie leicht man sich fühlt. Wer von Problemen und Sorgen zu Boden gedrückt ist, kann sich nicht in die Lüfte erheben. Das geht nur, wenn man sich leicht fühlt. Es ist nämlich dein reiner wahrer Geist, der sich emporschwingt, Sara. Ich weiß, dass es euch so vorkommen muss, als ob ihr mit euren wunderbaren physischen Körpern hierhergekommen seid, aber das stimmt nicht. Eure Körper liegen immer noch im Tiefschlaf in euren Betten. Heute Nacht werde ich mit dem Teil von euch fliegen, der das aus-

*macht, was ihr wirklich seid. Und wir werden viel Spaß
miteinander haben.*

»Heißt das denn, dass wir gar nicht wirklich hier bei dir
sind?«

*Nein, Sara, das heißt es nicht. Ihr seid wirklich hier
bei mir. Du hast nur deinen Körper in deinem Bett zu-
rückgelassen.*

»Aber ich bin doch schon früher mit dir geflogen, Salomon. Und ich weiß noch ganz genau, dass mein Körper
damals auch mitgeflogen ist.«

*Auch damals, als du mit mir geflogen bist, lag dein
wunderbarer Körper schlafend unter deiner Bettdecke
in deinem Bett.*

»Aber ich bin doch mit dir geflogen! Ich erinnere mich
ganz genau!«

*Ja, du bist mit mir geflogen, Sara. Und morgen wirst
du dich höchstwahrscheinlich auch an den heutigen Flug
erinnern. Wenn du dich leicht und von Sorgen befreit
fühlst und an einem glücklichen Punkt in deinem Leben angekommen bist – eben dort, wo du zulässt, diejenige zu sein, die du wirklich bist –, wirst du dich daran erinnern können.*

»Werden wir wirklich richtig fliegen, Salomon?«, platzte
Annette aufgeregt heraus. Sie war so gespannt, sie konnte
es kaum noch aushalten. »Es ist mir schnurzpiepegal, ob
mein Körper mitkommt oder nicht, Sara. Ich möchte nur
fliegen, fliegen, fliegen. Wie geht das vor sich? Bitte, bitte,
lasst uns gleich losfliegen!«

Sara blickte über den Fluss. Plötzlich streckte sie den Arm
aus und fragte überrascht: »Was ist denn das da drüben?«

Eine schlanke weiße Gestalt schien genau auf sie zuzu-
schweben.

»Mrs. Wilsenholm! Das ist ja Mrs. Wilsenholm!«, rief sie
erstaunt. »Maddie, Maddie, hallo! Sie können ja richtig
fliegen!«

»Ja, aber du kannst es doch auch, Sara. Da haben wir uns wirklich eine besonders schöne Nacht ausgesucht, keine Wolke am Himmel, ein Traumwetter zum Fliegen. Willst du mit mir kommen?«, fragte Maddie und streckte eine Hand aus. Ohne auch nur einen Augenblick nachzudenken, trat Sara von der Plattform und schwebte zu Mrs. Wilsenholm hin. Sie ergriff sie bei der Hand und hielt ihre eigene freie Hand Annette hin. Die wiederum nahm Seth bei der Hand und Sekunden später schwebten sie alle über den Fluss.

»Juchhu!«, jauchzte Seth.

»Leute, könnt ihr wirklich begreifen, was gerade passiert?«, fragte Annette und rief dann immer wieder: »Ich fliege! Ist denn das die Möglichkeit!«

Sara lachte begeistert. Sie konnte sich noch genau an das große Erstaunen bei ihrem ersten Flug erinnern. Und das Gefühl war jetzt wieder da. Es war einfach unglaublich und unglaublich wunderbar.

»Sara, du könntest Annette und Seth ja zeigen, wie man richtig fliegt. Das heißt, wenn du dich noch daran erinnern kannst«, schlug Mrs. Wilsenholm vor.

Sara nickte. »Ich erinnere mich daran, dass es ganz leicht war. Man muss sich nur entscheiden, ob man hoch hinaus oder einfach geradeaus fliegen möchte. Wenn ihr hoch hinaufwollt, blickt ihr nach oben, wenn ihr runterwollt, streckt ihr einen Fuß aus und deutet mit dem großen Zeh in die Richtung, wo ihr hinwollt. Und dann geht die Post ab!«

»Versucht es doch!«, schlug Mrs. Wilsenholm lächelnd vor.

»Hinauf!«, rief Seth mit erhobenem Kopf und er schoss sofort nach oben. »Noch ein klein wenig höher«, sagte er dann mit etwas leiserer Stimme, und so flog er noch etwas höher und blieb dann dort in der Schwebe.

»Ich möchte nach drüben«, erklärte Annette und deutete auf die andere Seite des Flusses. Und schon war sie drüben.

»Ich auch«, meinte Sara und auch sie flog über den Fluss.

»Ich will höher, tiefer, höher, tiefer, höher, tiefer!«, rief Seth voller Begeisterung, während er höher, tiefer, höher, tiefer, höher und tiefer flog. Er konnte überhaupt nicht mehr aufhören.

»Junge, Junge, ist das ein Spaß!«, rief er den Mädchen zu.

»Wer möchte zur Schule fliegen?«, fragte Annette. »Sie mal von oben sehen?«

»Ich«, meldete sich Seth.

»Ich auch«, stimmte Sara zu.

Und schon waren sie unterwegs. Mrs. Wilsenholm flog hinter ihnen her. Sie schwebten über dem Sportplatz und warteten darauf, dass Mrs. Wilsenholm sie einholte.

»Ist euch schon aufgefallen, dass alles, wozu ihr euch entschließt, sofort umgesetzt wird?«, fragte Mrs. Wilsenholm.

»Ja, das ist wirklich unglaublich!«, antwortete Annette.

»Ist euch auch aufgefallen, dass dafür keine Worte erforderlich sind? Dass nur die reine Absicht genügt?«

»Ja«, erwiderte Seth. »Alles, was ich möchte, passiert einfach irgendwie.«

»Haltet euch an den Händen. Jetzt werde ich euch etwas ziemlich Interessantes zeigen«, fuhr Mrs. Wilsenholm fort.

Sara nahm Seth und Annette an je eine Hand, und Mrs. Wilsenholm ergriff die freien Hände von Seth und Annette, sodass alle vier einen Kreis bildeten.

»So, Sara, jetzt entschließt du dich, nach oben zu fliegen, Annette, du willst nach unten und du, Seth, willst in eine andere Richtung. Eins, zwei drei, los!«

»Nichts ist passiert! Wieso ist nichts passiert?«, rief Sara überrascht.

»Jetzt lasst eure Hände los. Ihr habt immer noch das Gleiche vor: Du richtest dich nach oben, Sara, du, Annette, nach unten und du, Seth, fliegst zur Seite.«

»Ohhh!«, kam großes Staunen auf, als Sara nach oben schoss, Annette nach unten und Seth zur Seite ausscherte. Lachend flogen sie alle wieder aufeinander zu und bildeten erneut einen Kreis.

»Ihr seht also, Kinder, dass eure Absichten augenblicklich umgesetzt werden, wenn ihr allein seid und genau wisst, was ihr wollt. Das liegt daran, dass ihr in völliger Übereinstimmung mit euch selbst seid. Wenn man sich aber in einer Gruppe befindet und unterschiedlicher Meinung ist, wird keinem Wunsch nachgegeben. Haltet euch gut fest! Jetzt nehmen wir uns alle vor, nach oben zu fliegen.«

Sara, Seth und Annette fassten den Entschluss – und der Kreis schoss nach oben.

»Irre«, sagte Sara. »Das ist wirklich cool! Aber ich habe eine Frage, Maddie: Als wir uns nicht miteinander in Übereinstimmung befanden, weshalb hat sich da nichts bewegt? Ich meine, warum hat nicht jeder das gekriegt, was er wollte? Wir hätten ja aneinander zerren können, oder nicht?«

»Ja, so etwas kann vorkommen. Bei einigen Leuten ist das auch der Fall. Doch ihr drei seid sehr gute Freunde und daher ist eure Absicht, gut miteinander auszukommen, sehr stark. Anstatt aneinander zu zerren, habt ihr auf eine gemeinsame Lösung gewartet. Ihr wolltet keinem anderen euren Willen aufzwängen.«

Seth suchte den Himmel ab.

»Wo ist eigentlich Salomon?«, fragte er.

Ich bin auch hier, hörten sie seine Stimme, als er aus großer Höhe niederschoss. *Eure Flugweise gefällt mir. Ich übe sie auch gerade. Ich vermute, dass ihr dem Fliegen eine ganz neue Note verleiht.*

»Es macht so wahnsinnig viel Spaß«, sagte Annette. »Wäre das nicht schön, wenn wir für immer hier bleiben könnten?« Ihre Stimme klang sehr sehnsuchtsvoll.

Ja, Kinder, das Fliegen ist schon eine sehr tolle Sache. Ich tue es dauernd. Aber ich bin eben ein Vogel, nicht wahr? Und für euch ist das Fliegen auch eine schöne Sache, jedenfalls ab und zu. Aber in Höhen emporschwingen müsst ihr euch schon auf andere Weise. Es wäre nämlich überhaupt nicht gut, wenn euch das Fliegen von eurer hoch wertvollen menschlichen Perspektive ablenken würde. Aber ich halte es durchaus für angebracht, wenn ihr noch ein paar Minuten hier bleibt. Außerdem gibt es noch jemanden, der mit euch fliegen möchte.

»Noch jemanden?«, fragte Sara erstaunt. »Wer ist es denn, Salomon? Kenne ich ihn?«

Sie stammt nicht gerade aus dieser Gegend, Sara. Aber sie kennt uns alle sehr gut.

Salomon wandte sich um und blickte zum Sportplatz hinüber. Eine schöne weiße Gestalt mit undeutlichen Umrissen schwebte auf sie zu.

Sara hörte einen Aufschrei von Annette.

»Mama, Mama! Oh, Mama, du bist es ja wirklich!«, rief sie und flog auf die Gestalt zu.

Sara, Seth und Maddie hielten sich zurück. Sie beobachteten, wie Annette auf ihre Mutter zuflog, und sahen dann, wie sich die beiden Gestalten in der Luft umarmten.

»Mama, Mama, wie toll, dass du hier bist! Ich kann dich ja anfassen! Du bist hier bei mir und so echt, wie es nur sein kann!«

Annettes Mutter lachte leise. »Ja, Annette, ich denke schon, dass ich echt bin. Das sind wir alle. Wir alle sind immer echt. Ich bin so froh, dass du herkommen konntest, um mich so wiederzusehen.«

»Mama, wirst du denn jetzt wieder lebendig werden wie Salomon? Wirst du mit mir nach Hause fliegen und so wie früher wieder bei uns leben?«

»Ach, meine süße, kleine Annette! Wie würden wir das

denn den Nachbarn erklären? Ich werde nie von dir fern sein, Annette. Ich bin nur einen Gedanken weiter weg. Und wann immer du mich brauchst, werde ich für dich da sein. In Ausnahmefällen – so wie heute Nacht – wirst du mich sogar sehen und anfassen können. Und jedes Mal, wenn du glücklich bist, wirst du mich hören und spüren können.« Annette strahlte ihre Mutter an. Sie hätte es selbst nicht erklären können, aber irgendwie verstand sie ganz genau, was ihre Mutter ihr mitteilte. Alles schien total logisch und richtig zu sein.

»Mama, wie fühlt es sich denn an, tot zu sein?«, fragte Annette plötzlich.

»Also, ehrlich gesagt, Annette, das weiß ich nicht. Den Tod scheint es wohl gar nicht zu geben. Ich bin so lebendig wie eh und je. Eigentlich sogar noch lebendiger. Und ich bin sehr glücklich, Annette. Ich hatte ja keine Ahnung, dass es eine solche Freude überhaupt geben kann.«

»Ach, Mama, da bin ich aber froh! Ich bin auch glücklich!«

»Das weiß ich, meine Süße, ich sehe das doch jeden Tag.«

Inzwischen war Maddies Stimme auch zu Annette durchgedrungen: »Kinder, es wird Zeit, dass wir aufbrechen. Sonst werden wir uns noch in Gänseblümchen verwandeln oder so etwas.«

Annette drückte sich noch einmal an die Brust ihrer Mutter. »Werde ich dich wiedersehen, Mama?«

»Natürlich, mein Kind, ich werde dich ganz oft besuchen. Hab viel Spaß mit deinen Freunden! Und wenn du nach Hause kommst, gib jedem von mir einen Kuss.«

Annettes Mutter winkte noch einmal, dann schien sie sich im Nachthimmel langsam aufzulösen. Schweigend schwebten Sara, Annette, Seth und Maddie über dem Sportplatz. Sara legte einen Arm um Annettes Schultern und einen um Seths. Seth legte den anderen Arm um Maddie und Maddie hielt Annette fest. Wortlos schwebten sie in ihrem Kreis.

Sara erwachte mit einem Ruck, öffnete die Augen und drehte sich sofort zu ihrem Wecker um. Darauf stand 3.34 Uhr. Sie lächelte. »Junge, Junge, das war wirklich zu merkwürdig!«

Genau das richtige Maß von merkwürdig, hörte sie Salomons Stimme in ihrem Kopf.

Kapitel 29

Am nächsten Tag konnte sich Sara in der Schule kaum konzentrieren. Sie wartete ungeduldig darauf, zum Baumhaus zu gehen und dort mit Seth und Annette über ihr unglaubliches nächtliches Erlebnis zu sprechen. Jedenfalls hoffte Sara, dass sie es auch erlebt hatten, denn je mehr Stunden vergingen, desto mehr begann sich Sara zu fragen, ob sie die ganze Sache vielleicht doch nur geträumt hatte.

Sie begriff, was Salomon ihr über ihren materiellen Körper erzählt hatte. Dass er eben schlafend im Bett verblieben war, während sich ihr Bewusstsein auf diesen magischen Flug begeben hatte. Die gestrige Erfahrung war aber weit über das hinausgegangen, was Sara bis dahin erlebt hatte. Die ganze Sache schien einfach zu schön, um wahr zu sein. Ob sich Seth und Annette genauso daran erinnerten wie sie?

Als sie nach der dritten Stunde in den Flur ging, sah Sara Annette auf sich zukommen, aber sie befand sich mitten in einem Gespräch mit anderen Kindern. Am liebsten hätte

Sara sie sofort zur Seite genommen und gefragt, was – wenn überhaupt etwas – sie in der vergangenen Nacht erlebt hatte. Doch Sara wusste, dass sie über so etwas nicht sprechen sollte, wenn andere in der Nähe waren, die das nicht verstanden hätten. Sara musterte Annettes hübsches Gesicht, als ihre Freundin näher kam. *Ob sie sich wohl erinnert?* Annette sah Sara in die Augen und lächelte sie wissend an, so, als könnte sie ihre Gedanken lesen. Annette sah an diesem Morgen noch viel schöner als sonst aus. Sie wirkte ganz gelassen und entspannt und schien voller Freude zu sein.

»Wir sprechen uns später!«, rief ihr Annette über die Schulter hinweg zu. Der Blick, den sie Sara dabei schenkte, besagte, dass auch Annette für nichts in der Welt dieses Treffen im Baumhaus auslassen würde.

Sara eilte wieder in ihre Klasse. *Ach, wenn wir nur sofort zum Baumhaus gehen könnten!*, dachte sie.

In dem Augenblick kam Seth angerannt und steckte ihr rasch und unauffällig einen Zettel in die Hand. Dann eilte er weiter, aber er wandte sich noch einmal um, zwinkerte ihr mit einem Auge zu und strahlte sie dann an.

Sara entfaltete den Zettel und las: »BAUMHAUS – GLEICH NACH DER SCHULE – GANZ BESTIMMT.«

Er erinnert sich auch, dachte Sara lächelnd.

Nach Schulschluss rannte Sara so schnell wie möglich zum Baumhaus. Sie konnte es wirklich kaum noch erwarten, mit Seth und Annette über die Erlebnisse der vergangenen Nacht zu sprechen.

Als sie am Baumhaus ankam, war Annette bereits oben. Seth hastete gleich hinter Sara in die Lichtung.

Sie kicherte, als sie sich dranmachte, die Baumleiter so schnell wie möglich hochzusteigen. Irgendwie hatte sie das Gefühl, dass Seth sonst vor lauter Eile und Aufregung über sie hinwegkraxeln würde.

Außer Atem saßen die drei Freunde schließlich auf der Plattform und strahlten einander an.

Annette ergriff als Erste das Wort.

»Ist das, woran ich denke, heute Nacht wirklich passiert?«, fragte sie etwas unsicher.

»Ich glaube, dass das, von dem du denkst, dass es passiert ist, wirklich passiert ist«, erwiderte Sara. »Aber ich weiß ja nicht ganz genau, was du denkst, was passiert ist, und ob es das Gleiche ist, was ich denke, das passiert ist.«

Sie lachte, weil sich offenbar keiner traute, sofort ganz offen über das nächtliche Erlebnis zu sprechen.

»Eins steht jedenfalls fest«, sagte Seth. »Ich denke, dass wir niemandem von dem erzählen sollten, von dem ich denke, dass ihr denkt, dass es passiert ist.«

Salomon kam mit seinen mächtigen Schwingen über den Fluss geflogen und plumpste auf die Plattform.

Guten Tag, meine lieben ungefiederten Freunde. Oder sollte ich lieber sagen, meine großartige glänzende Geisterschar? Was gibt's Neues? Oder sollte ich fragen: Wie steht's mit der Bodenhaftung und wie hoch geht's denn heute bei euch her?

Alle brachen in Gelächter aus.

»Ach, ist das schön, dich zu sehen, Salomon!«, seufzte Sara beglückt. »War das nicht unglaublich erstaunlich, was heute Nacht passiert ist?«

Also, ich würde das wirklich nicht unglaublich erstaunlich nennen, bemerkte Salomon, *mir kam es eigentlich ziemlich normal vor.*

»Na gut, aber was für dich normal ist, Salomon, ist für uns schon ganz schön abgefahren«, warf Seth ein.

Wohl eher ganz schön abgeflogen, versetzte Salomon. *Dabei macht ihr drei gerade eine Wiederentdeckung: Ihr entdeckt aufs Neue, was wirklich normal ist.*

»Normal!?«, stießen Sara und Annette gleichzeitig aus. »Das war normal?«

Ja, meine Lieben, ihr erinnert euch wieder an euer uneingeschränktes Wesen. Das ist normal.

Ihr verspürt Freude, während ihr euch mit fröhlicher Ungezwungenheit bewegt.
Ihr begreift, dass es keinen Tod und somit keine Trennung von geliebten Menschen gibt. Das ist normal.
Ihr fühlt euch lebendig und bewusst.
Ihr seid ganz von dem erfüllt, wer ihr wirklich seid, und befindet euch in gänzlichem Einklang mit eurem Inneren Sein.
Ihr wisst, dass das Wohlbefinden durch euch strömt. Das ist normal.
Ihr begreift, dass – ganz gleich, was geschehen möge – alles gut ist. Das ist normal.
Schweigend lauschten die drei Freunde Salomons Worten. Es tat ihnen so gut, einfach zuzuhören und zu spüren, wie alles, was er sagte, wirklich stimmte.
Ihr liebt euer Leben ...
Ihr seid voller freudiger Erwartung auf das, was vor euch liegt ...
Ihr begreift, dass diese frohe Reise nie enden wird ...
Ihr wisst, dass ihr im Laufe der Zeit alles kapieren werdet ...
Ihr liebt diejenigen, die euch unterwegs begleiten ...
Ihr begreift, dass wir alle unterschiedlich und trotzdem alle vollkommene Wesen sind ... Das ist normal.
Ihr begreift, dass es nie, nie, nie zu Ende geht ...
Und dass ihr es nie verkehrt machen könnt ...
Ihr seid so von euch selbst erfüllt und liebt das Wesen, das ihr in Wahrheit seid, dass euch nichts von euren glücklichen Augenblicken abhält.
Nun, das ist normal.
Aber alles andere ist auch voll in Ordnung.
Wieder lachten alle drei. Annette strahlte Salomon an.
»Ach, Salomon«, sagte sie. »Ich habe dich so schrecklich lieb. Und ich bin glücklich. Ich bin einfach ganz doll glücklich!«

Das bist du in der Tat, erwiderte Salomon nickend.

»Und was kommt als Nächstes, Salomon?«, fragte Sara aufgeregt. Sie hatte schon längst begriffen, dass Salomon mühelos in die nahe und ferne Zukunft schauen konnte.

Mehr, erwiderte er nur.

»Wovon mehr?«, fragte Sara.

Mehr von dem, meine Liebe, auf das ihr eure Aufmerksamkeit richtet.

Sara lachte. »Das hätte ich mir denken können. So läuft das doch immer, nicht wahr?«

Ja, meine Freunde, so läuft das immer. So war es immer und so wird es immer sein.

Und damit breitete er seine Schwingen aus und erhob sich in die Lüfte. Die drei Freunde blieben so lange schweigend sitzen, wie sie Salomons Flug verfolgen konnten. Dann blickten sie einander grinsend an. Es war gar nicht mehr nötig, über die Erlebnisse der Nacht zu sprechen. Jeder schien zu wissen, was der andere dachte. Wie das eben bei sehr guten Freunden der Fall ist.

Plötzlich sprang Annette auf und strahlte Sara an.

»Na, wie wär's?«, fragte sie. »Hast du jetzt Lust, was Neues zu lernen? Zum Beispiel kopfüber zu hängen und so durch die Luft zu fliegen?«

Seth lächelte. Er wusste, wie lange Sara sich genau das gewünscht hatte.

Sara stand ebenfalls auf und strahlte ihre Freunde an.

»Mehr«, sagte sie. »Noch mehr. Das gefällt mir echt gut!«

Über die Autoren

Esther und Jerry Hicks widmeten ihre Arbeit dem Ziel, Menschen für einen Neustart in ein besseres, sinnerfüllteres und glücklicheres Leben zu inspirieren. Weltweit veranstalteten sie äußerst erfolgreiche Workshops. Ihre Bücher, u.a. über die Abenteuer der kleinen Sara, erschienen zunächst im Selbstverlag – mittlerweile sind sie Bestseller der spirituellen Literatur und in zahlreiche Sprachen übersetzt. Jerry Hicks verstarb am 18. November 2011 im Alter von 84 Jahren.

Esther & Jerry Hicks

Du selbst bist der Schöpfer deiner Wirklichkeit!

Was bestimmt unser Leben? Das Schicksal oder wir selbst? Ist alles purer Zufall oder hat es eine Bedeutung? Hier finden Sie die Antwort: Nur wir selbst sind die Schöpfer unserer Wirklichkeit! Denn mit unseren Gedanken und Gefühlen erschaffen wir fortwährend unsere geistige und materielle Realität. Dies ist das Gesetz der Anziehung, das die weltberühmten Lebenslehrer in ihrem Buch entschlüsseln.

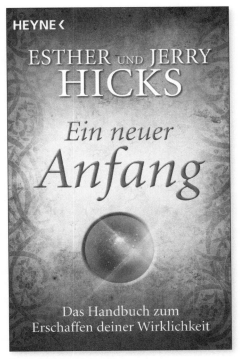

978-3-453-70188-5